La Gran Pacificación
[Taiheiki]

La Gran Pacificación
[Taiheiki]

Edición de Carlos Rubio
Traducción de Akikazu Yano, Twigyy Hirota y Carlos Rubio

EDITORIAL TROTTA

La edición de esta obra se ha realizado con la ayuda de The Japan Foundation

PLIEGOS DE ORIENTE

Título original: 太平記 [Taiheiki]

© Editorial Trotta, S.A., 2016
Ferraz, 55. 28008 Madrid
teléfono: 91 543 03 61
fax: 91 543 14 88
e-mail: editorial@trotta.es
http://www.trotta.es

© Carlos Rubio, para la edición, introducción, notas y anexos, 2016
© Akikazu Yano, Twiggy Hirota y Carlos Rubio, para la traducción del japonés, 2016

isbn: 978-84-9879-649-0
depósito legal: M-35199-2016

impresión
Grupo Gráfico Gómez Aparicio

ÍNDICE

LIBRO TERCERO

LIBRO CUARTO

LIBRO QUINTO

LIBRO SEXTO

LIBRO SÉPTIMO

LIBRO OCTAVO

LIBRO NOVENO

LIBRO DÉCIMO

LIBRO UNDÉCIMO

INTRODUCCIÓN

A caballo entre la historia y la ficción, con más justicia *La Gran Pacificación* podría llamarse «Las grandes guerras», pues guerra y violencia, y no paz ni pacificación, son sus grandes temas. En cuatro dimensiones. A lo ancho y alto: batallas interminables, cabalgadas feroces, asedios, traiciones, fugas, guerreros despeñados, ahogados o asaeteados, conjuras y destierros, incendios, decapitaciones, bonzos asesinos, sangrientos e incontables harakiris, asesinatos por ahogamiento de niños. Eso sí, entremedias —cómo no en la narrativa medieval japonesa— un rosario de sentidos poemas y un mar de compasivas lágrimas. De fondo: el río narrativo de cinco decenios (1318-1367) en torno a la tentativa histórica del emperador Godaigo por derribar el poder del sogunato[1] de Kamakura.

Y por encima y abajo, a derecha e izquierda, delante y detrás, tres bancos de niebla sutil pero penetrante. Son las tres nociones que retratan el pulso espiritual de la época: el mundo en caos (*mappō*, en términos budistas), la sociedad al revés (*gekokujō*, en términos sociales), el código ético de una clase social (*bushidō* lo llamarán mucho después). Sin estas tres sendas de comprensión del turbulento Japón del aquel siglo, la enmarañada selva de episodios y personajes, de hipérboles retóricas, de digresiones históricas chinas, de píldoras morales, de retrocesos narrativos, de portentos y contradicciones puede extraviar al lector más avisado. Unos comentarios de las tres nos permitirán, además, conocer el marco político, religioso, histórico y social de aquellos lejanos días dentro del cual se desplegará ante nuestros ojos este lienzo de vistosos colores y briosos trazos llamado *Taiheiki* que, literalmente y a pesar de lo dicho, significa eso: *Crónica de la Gran Pacificación*.

---

1. De sogún (*DRAE*), hispanización de *shogun* —jefe nominal del gobierno militar—, hemos derivado el sustantivo «sogunato» (por asociación al de «emirato» de «emir») y el adjetivo «sogunal» (por asociación al de «califal» de «califa»).

El año 1052 estaba señalado como el comienzo de la Era Postrera de la Ley (*mappō*). En el budismo mahayana, el dominante en el Asia oriental, se enseña que a la muerte de Shakyamuni, el Buda histórico, la doctrina debía pasar por tres fases: una era de florecimiento (*shōbō* o Era de la Ley Verdadera), una era de madurez (*zobō* o Era de la Ley Imitativa) y una era de decaimiento o confusión (*mappō* o Era Postrera de la Ley). Aunque había diferentes modos de calcular la duración de cada era, en Japón se pensaba que en dicho año se había entrado en la tercera. Bastaba abrir los ojos y mirar alrededor para observar los signos que a partir de mediados del siglo XI probaban la veracidad de la enseñanza: la instauración del sistema político de emperadores retirados en la corte desde esos años, los disturbios en las provincias, los conflictos dinásticos que culminaron en las insurrecciones de Hōgen y Heiji a mediados del siglo XII, el incendio pavoroso de un templo tan emblemático como Hase-dera, la irrupción de una clase plebeya como la de los guerreros en la escena política y su usurpación del poder imperial en la década de 1170, el suicidio del emperador niño Antoku en 1185 junto con la pérdida irreparable del poder de la corte, la sucesión de devastadoras hambrunas, vendavales y terremotos que registran obras como *Heike monogatari*[2] y *Hōjōki*[3], el destierro del emperador Gotoba en 1221 tras el vano intento de recuperar el poder imperial, las dos tentativas de invasión mongola en 1274 y 1281 rodeadas de un ambiente social de cataclismo nacional. Eran demostraciones de que el mundo había entrado en una época de degeneración y caos. «Mundo en descomposición», «era de depravación», «caos de los tiempos» son expresiones que salpican las páginas de esta obra y con las cuales se pretendía explicar una cadena de situaciones insólitas en la historia del país. A los ojos alarmados del creyente, la idea de la Era Postrera de la Ley suministraba en clave religiosa lo que humanamente era inexplicable.

Hermana de esta idea de *mappō* es la de la fugacidad de la vida (*mujō* en japonés), un concepto que en la cultura japonesa llevaba cierto tiempo asumiendo derroteros estéticos. Los vaivenes de la fortuna que sacuden a los principales protagonistas del presente relato —el emperador, el regente del clan militar— son testimonios dramáticos de la ley inexorable de la caducidad que reina en el mundo:

> Y es que lo que hoy es semilla diminuta, mañana se convierte en árbol frondoso; lo que hoy es una flor marchita, mañana se transforma en apetitoso fruto.

---

2. Existe en español bajo dicho título, trad. R. Tani Moratalla y C. Rubio, Gredos, Madrid, 2005.

3. Vertida al español como *Un relato desde mi choza (Hoojooki)* de Kamo no Chōmei, trad. J. C. Álvarez Crespo, Hiperión, Madrid, 1998.

A la prosperidad sucede la decadencia; al honor, el deshonor. Es una ley de la naturaleza que no es nueva, sino que siempre ha sido así desde que existe el género humano.

Ignorante de estas verdades, la gente de Kioto lloraba perpleja ante esta prueba de la fugacidad del mundo, tan efímero y vano como efímeros y vanos son los sueños de la noche (Libro III, cap. 7).

La metáfora de la vida como sueño, vieja como el mundo y abundante en *La Gran Pacificación* para ilustrar el carácter ilusorio de la existencia humana, es, además, piedra angular del budismo. ¿Qué budismo profesan los personajes de nuestra obra?

En el complejo monacal de la escuela budista Tendai, situado en el monte Hiei, al lado de la capital Kioto, se desarrolló la idea de que en una era de corrupción como la presente resultaba necesario buscar algún poder exterior para lograr la iluminación. Esta creencia favoreció la fe en el poder salvador del buda Amida que reina en el paraíso llamado Tierra Pura de la Perfecta Felicidad. Amida es la transliteración japonesa del sánscrito Amitābha o Amitāyus (en esta lengua, *amita* significa «infinito», *ābha*, «luz» y *yus* es «vida») que aparece en las escrituras y que en las versiones chinas se nombraba «buda de la luz infinita» o «buda de la vida infinita», dos denominaciones que los chinos simplificaron en una: «Amida». Este buda hizo la promesa de salvar a todos los que invocaran su nombre haciéndolos renacer después de su muerte en un paraíso o Tierra Pura localizado idealmente en Occidente. El budismo amidista, en realidad una adaptación del más ortodoxo de la escuela Tendai, convivía con otras escuelas de incipiente arraigo a finales del siglo XIII, como la del Zen, la de Nichiren y la de Shinran[4]. El amidismo de la Tierra Pura será el credo dominante de los personajes que pueblan el presente libro. Se entiende así el deseo de muchos ellos de quedarse con la cabeza orientada hacia el oeste cuando mueren, y la ferviente invocación o *nenbutsu* del nombre del buda Amida que realizan antes de suicidarse. En realidad la devoción a Amida era ya conocida en el budismo chino, habiendo sido introducida en Japón en fechas muy tempranas, aunque fue solo hacia el siglo XI cuando la idea de la Era Postrera de la Ley puso en práctica el sello del apremio. El sencillo mensaje de salvación del budismo amidista, popularizado por Hōnen de Kurodani (1133-1212), con la simple repetición de las tres sencillas palabras del *nenbutsu* (*Namu Amida Butsu*), representaba sin duda una tabla de esperanza para un pueblo devastado por sucesivas guerras, calamidades y vuelcos del orden social.

4. Un vigoroso panorama del budismo que envuelve a la sociedad japonesa casi coetánea a esta obra nos lo ofrecen las decenas de historias, de variado protagonismo y frecuentemente amenas, reunidas bajo el título de *Colección de arenas y piedras*, del monje zen Ichien Mujū (ed. C. Rubio, Cátedra, Madrid, 2015).

Precisamente «vuelco del orden social» es lo que quiere decir la segunda gran noción, la de *gekokujō*. Literalmente significa «los de abajo se imponen a los de arriba». El término se aplica a las condiciones de barquinazo político o social, cuando muchos individuos de clase social inferior desplazan a sus superiores; en otras palabras, cuando el vasallo, por utilizar un término de la tradición medieval europea, toma el puesto de su señor; o, metidos en las aguas de este río, cuando el guerrero usurpa la autoridad del emperador. Tan impregnada de esta noción se halla el presente libro que bien pudiera titularse «Crónica del *gekokujō*». Si hay una tesis en la obra, podría ser la de vuelco social. La palabra se menciona por primera vez en el *Genpei seisuiki*, obra hermana de la presente, y reaparece con frecuencia creciente en los diarios del siglo XIV escritos por cortesanos que en carne propia sufren sus consecuencias, y naturalmente en las páginas de nuestra obra, una de cuyas expresiones más comunes es «la confusión de los tiempos». Dos de sus frases más significativas al respecto son estas: «Vivimos en la época en que el vasallo asesina a su señor, y el hijo a su padre. Solo prevalece la fuerza desnuda. Verdaderamente son los tiempos del *gekokujō*» y «Debido a los sucesos ocurridos de improviso en aquellos días, los espíritus de la gente se agitaron tanto que daba la impresión de que el cielo y la tierra se habían invertido. ¡Qué situación tan terrible!».

Terrible porque el redactor de nuestra obra, al final del siglo XIV, tenía a la vista cinco hechos concadenados: primero, la simple existencia de un sogunato de Kamakura (1185-1333), la institución de una oligarquía de guerreros que arrebata el poder al emperador; después, la aniquilación del clan dirigente de esa oligarquía, los Hōjō, a manos de antiguos vasallos suyos, en 1333; la tentativa fallida del emperador Godaigo de conservar el poder en 1336; en cuarto lugar, la traición de Ashikaga Takauji, anterior aliado el emperador, cuando instaura su propio sogunato, el llamado de Muromachi, en 1338; en quinto lugar, la prolongada disputa entre dos cortes imperiales, la del norte y la del sur (1336-1392). Pero la noción de *gekokujō* no caduca una vez escrita *La Gran Pacificación*: las devastadoras guerras de Ōnin (1455-1477), la ruina de la casa imperial (1464-1586) con emperadores que debían solicitar fondos para las ceremonias en la corte y tan empobrecidos de verse obligados a vender su caligrafía[5], las luchas entre los señores de la guerra que jalonan la segunda mitad del siglo XVI y el ascenso a la cúspide del poder en 1590 de un hombre como Toyotomi Hideyoshi de origen campesino. Es más: la cultura plebeya, excéntrica e irreverente de la era Edo (1600-1868), sin merma de su brillantez cultural, no se entiende bien fuera del foco de un *gekokujō* que se había gesta-

---

5. M. E. Berry, *Hideyoshi*, Harvard University Press, Cambridge, 1982, pp. 17-18; y C. Totman, *A History of Japan*, Blackwell, Oxford, 2000, p. 169.

do siglos antes. Hay historiadores modernos que hablan del espíritu de *gekokujō* como la fuerza dominante de los cambios sociales incluso en el Japón de nuestro tiempo[6].

Nuestra obra tiene el mérito dudoso de escenificar dicho concepto de la forma más clara posible. Y quizás la más sangrienta.

¿Cómo era la escena social japonesa del siglo XIV en donde fermenta tumultuosamente el fenómeno del *gekokujō*? Dos grupos comparten el protagonismo: la corte de la capital Kioto y la clase social de los guerreros. Un tercer colectivo, el clero budista, asume un papel menor y se deja querer por los dos anteriores. Los tres formaban una elite tal vez no superior al diez por ciento de la población total del país, pues convivían con una mayoría, silenciosa en la hechura de este mito que llamamos historia: campesinos, artesanos, leñadores, comerciantes, boyeros, marineros, gentes al margen de la ley. La silueta de esta masa sin nombre se puede vislumbrar a ráfagas en las páginas de la obra: son los «lugareños» que ora se enriquecen recogiendo los despojos y armaduras de los ejércitos vencidos, ora se angustian viendo sus casas incendiadas o saqueadas por los soldados de uno u otro bando; son también los «forajidos» o «gente fuera de la ley» que roban a los samuráis fugitivos y perdidos en los montes; son las «máquinas» productoras del arroz y mijo con que se alimenta toda la población; son «las gentes de clases más bajas, como los que acarrean leña y trabajan en el monte, o las que por vergüenza nunca salen a la calle» (Libro IV, cap. 5).

De las tres madejas de fibras naturales —seda, algodón y cáñamo— que trenzadas componen la urdimbre del relato donde se mueven los tres colectivos protagonistas —respectivamente, la corte, los guerreros y el clero budista—, la primera es la de seda, la más preciosa. Una seda cuya hebra principal, el emperador, tenía, además, una cualidad muy especial, la de sagrada. En efecto, el trono imperial de Japón, a pesar de las vicisitudes narradas en este libro, disfrutaba de una veneración religiosa basada en un origen institucionalmente divino; e «hijo del Cielo» es una denominación rutinaria del soberano, pues, en la convicción de que era el amo y señor del país, «todas las tierras, incluyendo personas y posesiones, que hay debajo del cielo pertenecen al emperador» (Libro IV, cap. 8). Así había sido desde los lejanos días de la reforma Taika del año 645. Un ejemplo, dudosamente consolador del respeto que la figura imperial suscitaba entre sus enemigos: al soberano hallado culpable de conspirar contra el Gobierno en las páginas de este libro no se le decapita; solo se le destierra.

Tan profunda era esa veneración religiosa entre todas las clases sociales del Japón de la época cuanto intensa debió de ser la angustia del pue-

---

6. Sobre la validez moderna del concepto de *gekokujō*, véase Masao Maruyuma, *Thought and Behavior in Modern Japanese Politics*, OUP, Oxford, 1969.

blo al ver que la autoridad imperial era usurpada a final del siglo XII por un clan de guerreros, gente ruda de las lejanas provincias del este ajena a los refinamientos de la corte de Heian (Kioto). ¿Podía haber prueba más elocuente de la «degeneración de los tiempos»? Desde entonces la facción de los guerreros podía alegar legitimidad para gobernar. Después de la victoria de los Minamoto, en 1185, su líder, Yoritomo, legitimado a gobernar como sogún[7], obligó a la corte imperial a aprobar una medida que se puede considerar el comienzo de la feudalización de la sociedad japonesa: el nombramiento por parte del sogunato de gobernadores militares (*shugo*) y administradores o supervisores militares —en realidad, recaudadores de tributos— (*jitō*) en todas las provincias del Imperio. En otras palabras, el control de la economía estaba en manos del gobierno militar que, desde los tiempos de Yoritomo, tendrá su sede en Kamakura (cerca de la actual Tokio), en el centro de esa tierra de «los bárbaros del este» —el este con relación a la posición de la capital, Kioto— como se menciona frecuentemente en el *Taiheiki* a los enemigos de la corte.

A pesar de este golpe de estado incruento, Yoritomo y sus dos sucesores en el cargo de sogún, Yoriie y Sanetomo, tratarán a la corte con gran respeto. Tras la muerte de Sanetomo y sin herederos aparentes, la fuerza del sogunato vaciló. Esto fue aprovechado en 1221 por el emperador Gotoba, exemperador por entonces, para intentar devolver el poder a la corte. Dictó un mandato imperial, con el prestigio que tales edictos ejercían, para derribar a Hōjō Toshitoki, el líder del sogunato[8]. Fue la insurrección de Jōkyū, repetidamente mencionada en las páginas de este libro, por ser el precedente directo de la sustancia narrativa del mismo. El conato fue un fracaso en toda regla: un ejército poderoso abatió sin dificultades a las tropas imperiales, Gotoba y sus hijos fueron desterrados, gran parte de sus tierras y las de los cortesanos que los apoyaron fueron confiscadas, y el gobierno de Kamakura estrechó la vigilancia de la corte instaurando en Rokuhara, un barrio de Kioto, dos delegados del clan Hōjō. En las páginas de este libro serán los «jefes supremos» de Rokuhara; y Rokuhara y Kamakura, por lo tanto, serán sinónimos: metáforas del gobierno sogunal. Fue por entonces también cuando el palacio imperial, un extenso complejo de edificios y jardines que albergaba igualmente los departamentos del gobierno y de la casa imperial, fue

---

7.   En su designación más común, *seii tai shogun* significa «generalísimo que somete a los bárbaros». En un principio se aplicaba al general encargado de subyugar a los habitantes del norte del país, pero después, señaladamente en la época de Edo (siglos XVII-XIX), pasó a aplicarse al jefe del gobierno militar. Como muchos cargos en Japón, tenía carácter nominal y hereditario. En los tiempos de esta obra, ya era un cargo prestigioso pero inoperante bajo la tutela del líder del clan Hōjō.

8.   Era hijo de Tokimasa, suegro de Yoritomo, el cual junto con su hija Masako venía controlando el gobierno militar instaurado por Yoritomo desde la muerte de este.

abandonado definitivamente. Un incendio en 1219 ya había destruido gran parte del recinto y, aunque se reedificó una parte, un nuevo incendio poco después de la rebelión de Gotoba, en 1227, arrasó los nuevos edificios. Como la corte carecía ahora de recursos para afrontar los gastos de reconstrucción, el gran recinto del palacio imperial, tan espléndido en otros tiempos, se sumió en el abandono, llegando a convertirse en terreno de caza. Los emperadores se vieron reducidos a habitar en diferentes mansiones de la capital o de su alrededores, frecuentemente residencias de cortesanos destacados.

La corte quedó tan debilitada, económica y políticamente, que hasta tuvo que humillarse para recurrir al arbitrio de Kamakura a fin de dirimir una disputa sucesoria. Como este cisma de la casa imperial es la semilla de un importante hecho de la historia japonesa —la Corte del Norte y del Sur (Nanbokuchō, 1336-1392)— y se imbrica en los sucesos de esta obra, es necesario detenerse en él. Desde los tiempos del emperador Gosaga, que reina entre 1242 y 1246, la familia imperial estaba escindida en dos ramas rivales: la Jinyōin (rama mayor) que descendía del emperador Gofukakusa, hijo mayor de Gosaga, y la Daikakuji (rama menor) que descendía de su hermano menor pero sucesor de Gosaga, el emperador Kameyama. La salomónica decisión del sogunato fue que reinaran —pues de gobernar, nada de nada— alternativamente. Ahora bien, cuando el emperador Godaigo, de la rama menor por ser nieto de Kameyama y uno de los protagonistas de *La Gran Pacificación*, subió al poder en 1318, no tardó en conspirar para repetir la tentativa de su antepasado Gotoba de sacudirse el yugo del gobierno militar. Es aquí precisamente donde comienza el caudal narrativo de esta obra.

Su protagonismo, frecuentemente a la sombra, lo ejerce este Godaigo (1288-1339), con treinta años cuando ocupa el trono después de que su padre, el emperador Gouda, hubiera reinado solo tres años. Gouda disolvió voluntariamente el gobierno de emperadores retirados y devolvió todas las prerrogativas imperiales al trono, permitiendo que Godaigo pudiera gobernar personalmente, el primer soberano en gozar de tal libertad desde el establecimiento del sistema de emperadores retirados (*insei*) hacía más de doscientos años. Este simple hecho fue una rareza en un sistema político que durante siglos se había basado en el control de un emperador niño por un pariente que frecuentemente era el abuelo materno —un Fujiwara— o paterno —un emperador retirado—. Envalentonado con esta situación, Godaigo será el artífice de una intentona de golpe de estado contra el sogunato en 1331, conocido en la historia japonesa como el incidente Genkō. Pero nuestro libro empieza antes. Godaigo conspira en 1324 (la conspiración de Shōchū), fracasa, vuelve a conspirar, huye, es apresado, desterrado a la remota isla de Oki, en el suroeste de Japón, y desposeído de su dignidad imperial. El sogunato instaura en el trono a Kōgon, biznieto de Gofukakusa, de la rama mayor. Será el primer emperador de la llamada «Corte del Norte». Los primeros cuatro libros de la presente versión cubren todos esos sucesos.

A pesar del fracaso de Godaigo, aumenta el número de los partidarios de la causa imperial o, más bien, el de desafectos de la causa sogunal. Entre estos destacan dos importantes líderes militares, Ashikaga Takauji y Nitta Yoshisada, que traicionan a los Hōjō y logran destruir el sogunato en 1333. Los seguidores de los Hōjō son perseguidos y aniquilados. Godaigo regresa triunfante a la capital y asume de nuevo la dignidad imperial, pero... Esta es la sustancia de la trama de esta obra que trazamos ahora para dar cuenta de los tejemanejes de la corte imperial, pero de la que daremos precisa relación más adelante.

Acabadas las páginas del libro, la historia de Godaigo no termina. Una vez destruido el sogunato de Kamakura y recuperado su poder, el soberano intenta restablecer la autoridad de la casa imperial. Con este fin, introduce importantes reformas, como la recuperación de antiguas ceremonias cortesanas, la reorganización de los órganos administrativos centrales y provinciales, así como sustanciales reformas fiscales y legislativas destinadas a fortalecer la autoridad de la casa imperial. Los esfuerzos de Godaigo, conocidos en la historia japonesa como la restauración Kenmu (1333-1336), fueron efímeros y acabaron en fracaso. No tuvo en cuenta a la clase de los guerreros, nada dispuesta a ceder su independencia política y los privilegios sobre la tierra disfrutados desde hacía ciento cincuenta años. La oposición de los guerreros la representó el antiguo aliado de Godaigo, Ashikaga Takauji cuyos ejércitos, después de algunos reveses iniciales, lograron derrotar a las tropas imperiales en la batalla decisiva de Minatogawa en el verano de 1336. Takauji entró triunfalmente en la capital y redujo al emperador a arresto domiciliario. Después lo obligó a abdicar a favor de Kōmyō, un hermano de Kōgon y miembro por lo tanto de la rama mayor. Este Kōmyō, que reinó en el periodo 1336-1348, fue el segundo soberano de la Corte del Norte. Mientras, Godaigo consiguió escapar —veremos que se le daban bien las fugas— y refugiarse en las montañas de Yoshino (actual prefectura de Nara), donde estableció la «Corte del Sur», así llamada por su posición con respecto a Kioto. Por su parte, Takauji formó un nuevo gobierno militar en Kioto e inauguró el llamado sogunato de Muromachi (1338-1573). Estos sucesos abrieron un periodo de más de cincuenta años de cisma imperial —dos cortes simultáneas— y de guerras civiles que forman parte de otras versiones más largas del *Taiheiki*. El autor o autores de *La Gran Pacificación* escriben desde el punto de vista de la Corte del Sur. En ese periodo Godaigo y sus sucesores mantuvieron desde Nara su derecho a la legitimidad imperial frente a la Corte del Norte con sede en Kioto. El cisma no se resolvió hasta 1392 cuando el emperador Gokomatsu de la Corte del Norte consiguió ser aceptado como único soberano por las dos líneas dinásticas. Fue un compromiso concertado por el sogunato de Muromachi que dispuso que las dos líneas ocuparan el trono alternativamente. La promesa no se respetó y la dinastía de la Corte del Sur desapareció de la historia[9].

Más allá de la disputa sucesoria y de la instauración de un nuevo sogunato, que se sale de la narración de este libro, al lector tal vez le interese más tener presente el ambiente de profunda insatisfacción que dominaba en la casa imperial y en la clase cortesana cuando comienza nuestra historia. La causa era simple: humillante y creciente merma de poder económico y político.

Reinaba el descontento con el presente y había una aguda nostalgia por los días anteriores a la irrupción de la clase militar en la vida política, cuando las decisiones de Estado se tomaban en la capital, las grandes ceremonias religiosas y civiles de las cuatro estaciones se celebraban con boato y ostentación, la corte se entregaba al cultivo de las artes y al disfrute de fiestas y certámenes poéticos. La bella descripción del sarao imperial en una noche de claro de luna, con los cortesanos intercambiando poemas desde las barcas del estanque del palacio, que podremos leer al final del capítulo 4 del Libro IV, es una nostálgica evocación. Eran días pasados, un tiempo esfumado, siendo inevitable que la conciencia de su irreparable pérdida encajara con el sentimiento de hallarse en la Era Postrera de la Ley. ¿Cómo podía explicarse, si no, la degeneración de los tiempos, la perfidia de los nuevos gobernantes, el sometimiento afrentoso del «hijo del Cielo», su destierro lejos de la capital? Había un destinatario evidente de ese profundo descontento: la clase militar, es decir, el guerrero, tanto el lejano, que vivía en Kamakura, como el cercano, el delegado del sogún, que vivía en Rokuhara, un barrio de Kioto. Pero en una sociedad en la cual solo el guerrero estaba legitimado para ejercer la violencia, la corte solo podía combatir empleando a guerreros contra guerreros. Así pues, *La Gran Pacificación* se puede leer como la historia de un conflicto de clases y también, desde una perspectiva más cercana, del choque de intereses dentro de una misma clase, la clase de los guerreros. Los samuráis.

---

9. ¿Desapareció? No del todo, pues el tema de la legitimidad imperial ha brotado más de una vez en círculos académicos y a veces políticos. Un caso pintoresco e interesante para demostrar que el conflicto, aunque enterrado, no estaba del todo muerto, fue el ocurrido a raíz de la Segunda Guerra Mundial. Hiromichi Kumazawa (1889-1996), un simple tendero de Nagoya, escribió al general de las tropas de ocupación de Estados Unidos, Douglas MacArthur, una carta en donde afirmaba, alegando y aportando pruebas solventes, que era el sucesor legítimo al trono imperial por descender de la línea Daikakuji, la de Godaigo, y ponía en duda el derecho a ocupar el trono del emperador Hirohito (póstumamente conocido como Shōwa), un descendiente de la Corte del Norte.

Es hora de tratar brevemente de esta clase social, la madeja de algodón, que acabamos de nombrar por primera vez como «samurái» (o «servidor»)[10], por emplear el anacronismo que ha hecho fortuna en Occidente y que usaremos rutinariamente en nuestra traducción. Su código ético, además, nos permitirá familiarizarnos con el tercer banco del cejo que da color a la mayoría de los personajes que navegan por este río. Es el espíritu de los samurái, los *bushi,* los «hombres del arco y las flechas» (*yumiya hito*) como aquí se llama. Estos profesionales de la guerra, constituidos como clase social hereditaria en el siglo X o antes, habían irrumpido con fuerza a mediados del siglo XII en una corte ociosa, culta y obsesionada por ideas de pureza y contaminación entre las cuales repugnaba especialmente la del derramamiento de sangre. Los samuráis, en cambio, que procedían de los entornos rudos de la provincia, sorprenden a la nobleza cortesana del siglo X con su desprecio a la vida, su destreza en el uso de las armas y del caballo, y su prontitud para matar. Un poco como los germanos cuando, en los estertores del Imperio Romano, fueron llamados por los emperadores de Roma para dirimir conflictos dinásticos, los samuráis son reclamados por la corte para apoyar sus disputas. Y, como los antiguos germanos, una vez cumplida su intervención, deciden quedarse en la corte y no volver a sus tierras de origen. Así los hizo el clan de los Taira (o Heike, en lectura china) en la década de 1160 y 1170. Este clan, junto con el de Minamoto (o Genji), rivalizarán por el control de la corte. El vencedor fue el mencionado Yoritomo en 1185 a raíz de las guerras Genpei que narra con dramatismo el monumental *Heike monogatari*. Yoritomo no comete el error de los Taira y asienta la base de su poder lejos de la influencia debilitadora de capital, en la lejana Kamakura, en las tierras del este. Pero Yoritomo sabía lo que hacía: celoso de preservar la austeridad y otras virtudes marciales de su clase, prohíbe los contactos entre sus vasallos y la corte[11]. Debía de pensar que la vida de la capital, Kioto, con sus certámenes poéticos, bailes y músicas, excursiones para contemplar los cerezos en flor o la luna, intrigas cortesanas, ceremonias deslumbrantes, mansiones ostentosas, vestidos lujosos..., era la peor influencia posible para el espíritu samurái. Por el contrario, se hacía preciso preservar intactas las virtudes marciales de los «hombres del arco y las flechas», las viejas virtudes que los habían encumbrado a la cima del poder: valor en el combate,

10.   Una forma contraída de *saburau* con el significado de «servir». «Samurái» se deriva del mismo verbo, un verbo apropiado en una sociedad que estimaba especialmente el servicio al señor. El verbo copulativo *sōrō*, asociado al lenguaje de los guerreros, hace su aparición por primera vez en los relatos de guerra (*gunki monogatari*) de siglos anteriores de cuyo lenguaje es deudor el de esta obra.

11.   El aciago destino de su hermanastro, Minamoto Yoshitsune, héroe de las guerras Genpei y fuente inagotable de leyendas y dramas posteriores, ilustra dramáticamente esta prohibición.

desprecio por la propia vida, terror a ser capturado vivo por el enemigo, un puntilloso sentido del honor, hábitos frugales, piedad filial, orgullo del nombre, religiosidad y, por encima de todo, lealtad y obediencia ciegas al señor. *La Gran Pacificación,* una obra —digámoslo ya— sobre samuráis y para samuráis, es un rico abanico de todos esos valores.

Paradójicamente, los beneficiados del triunfo de Minamoto Yoritomo no fueron sus descendientes, sino un clan, el de los Hōjō, de origen Taira. Extinguida la línea de Yoritomo en 1219, según se cuenta en el primer capítulo de este libro, los hijos de Hōjō Tokimasa, suegro de Yoritomo y viejo aliado suyo en las guerras Genpei, asumen el poder: «Todos ellos eran varones austeros y modestos. Gobernaron el país con benevolencia y cortesía, y sin jamás perder de vista el examen de sus propias acciones». Además, declinaron el honor de detentar el pomposo título de sogún, prefiriendo controlar todo, en la mejor tradición japonesa, desde la sombra, para lo cual importaron niños de la capital, primero de la linajuda familia de los Fujiwara, luego de sangre imperial, a los que hicieron sogunes en Kamakura. El sogún y el emperador, por tanto, serán simples títeres en las manos de los Hōjō cuyo control de la corte se había reforzado, como hemos indicado, tras la insurrección de 1221. Destacó entre los regentes el tercero, Yasutoki, el vencedor de la insurrección de Jokyū, el cual merece tanto crédito como el mismo Yoritomo por haber fijado las bases del gobierno y la administración militares que habrían de perdurar en Japón más de seis siglos. El poder de los Hōjō, que detentarán en calidad de regentes, se basará principalmente en un delicado equilibrio de alianzas con otros poderosos clanes militares. Así fue al menos hasta el último tercio de siglo. Casi todas las propiedades confiscadas a los Taira en 1185 y a la corte en 1221 fueron repartidas entre los clanes leales, además de ser apropiadas, naturalmente, por los mismos Hōjō. Como resultado, miembros del clan y vasallos directamente beneficiados por el reparto, fueron distribuidos en puntos estratégicos de todo el territorio, como gobernadores militares o administradores (los ya mencionados *shugo* y *jitō*), los cuales estaban unidos al clan gobernante no solo por vínculos de lealtad, sino también de interés.

El gigantesco esfuerzo defensivo que representaron las amenazas de invasión mongola, en la segunda mitad del siglo XIII, duró cincuenta o sesenta años y esquilmó muchos de los recursos del sogunato. Aparte de los gastos militares, hubo que pagar grandes cantidades de dinero o cuantiosas desgravaciones fiscales a templos y santuarios cuyas plegarias, se creía, habían propiciado los vientos divinos (*kamikaze*) responsables de ahuyentar las flotas invasoras. Pero, ni a los grandes centros religiosos, ni a muchos de los más poderosos clanes samuráis por su contribución armada, les parecieron suficientes las recompensas. Sin más tierras que confiscar de un territorio como el japonés en donde solo el trece por ciento de las tierras es cultivable, el clan gobernante de los Hōjō era a principios del nuevo siglo la víctima de un desafecto general, incluso entre su propia clase social. Para empeorar las cosas, la justicia y frugalidad de los primeros líderes del clan era ya cosa del pasado. En 1316 asciende al poder el decimocuarto regente (*shikken*) del sogunato: Takatoki (1303-1333). Debido a su juventud, el poder lo ejercen su abuelo materno Adachi Tokiaki, el consejero Nagasaki Enki, un vasallo de los Hōjō, y, algo más tarde, Nagasaki Takasuke, hijo de Enki. Los tres, especialmente los dos últimos, favorecieron la vida disipada del joven regente, y los tres eran manifiestamente corruptos. Ante esta situación, el emperador Godaigo, desde Kioto, debió de frotarse las manos considerando que el sogunato era una fruta a punto de caer del árbol. Había que meditar un plan para hacer que cayera del todo. La conspiración mencionada de 1324, narrada en las primeras páginas de *La Gran Pacificación*, fue el resultado del primer intento. El joven regente cae enfermo y se hace monje laico. Pero ni la cabeza rapada ni los hábitos le impidieron poner fin a su conducta poco ejemplar en un samurái y al cultivo de «aficiones a cual más rara», como la de peleas caninas. Estos son los trazos poco agraciados con que se retrata al regente en el *Taiheiki*:

Takatoki se conducía con imprudencia: no hacía caso de las quejas y críticas de sus súbditos; y su gobierno era injusto. En cuanto a su vida privada, se entregaba al libertinaje día y noche, ignoraba el sufrimiento del pueblo y mancillaba el honor de todos sus antepasados. No cesaba de entretenerse con extrañas diversiones y su conducta preludiaba ominosamente el fin de su estirpe (Libro I, cap. 2).

Y estos los no menos favorecidos al lado de los elogiosos de sus antepasados:

Todos los descendientes de este samurái [Hōjō Tokimasa] habían sido varones de mucha disciplina, discretos en su política, respetuosos con la tradición y atentos a gobernar con justicia sin nunca buscar el beneficio personal. Por eso el linaje había florecido generación tras generación. Pero Takatoki, lejos de seguir el ejemplo de sus antecesores, defraudó las esperanzas del pueblo y, para colmo de su insensatez, no respetó al emperador. Todo el mundo se burlaba del regente Takatoki a quien tomaban por necio, pensando que el fin de los Hōjō era inminente (Libro V, cap. 4).

Yoritomo, al fundar el sogunato de Kamakura, había destruido la vieja creencia de que los *bushi* eran subordinados obedientes a la corte imperial y proclamado el derecho de la casta militar a gobernar. Con ello creó unas diferencias irreconciliables entre los dos grupos sociales dominantes en el Japón de siglos futuros: los *kuge*, funcionarios asociados a la corte imperial —en nuestro *Taiheiki*, los cortesanos que rodean a Godaigo— y los *bushi* de los poderosos clanes samuráis. En el paisaje de la sociedad japonesa del siglo XIV, especialmente tras el escarmiento de la insurrección de Jōkyū de 1221, los dos grupos se veían como inasimilables, pero, a la vez, como complementarios. Mientras que los primeros, desde el pedestal del prestigio cultural de la capital, epicentro de las artes en siglos anteriores, y escudados por la figura inviolable del emperador como cabeza visible, se complacían en despreciar la rudeza samurái, los segundos, desde su nueva posición de poder político, van a desarrollar una retórica de autoestima basada en la premisa de que ellos y solo ellos poseían la integridad ética necesaria para gobernar. Ahora bien, cuando el dirigente supremo del sogunato, Takatoki, es percibido, conforme demuestra la cita anterior, como «necio», disipado y corrupto, la justificación moral para gobernar, de sólidas bases confucianas, se cae por los suelos. Generalizada tal percepción, a Godaigo no le va a resultar difícil conseguir el apoyo de los clanes samuráis más importantes y de los grandes centros religiosos, deseosos unos y otros de saldar viejas cuentas contra los Hōjō por pasados agravios. Y esto a pesar de que los lazos de lealtad y de servicio formaban el vínculo más fuerte entre los Hojō y los clanes confederados. Tal vínculo moral era una norma de carácter absoluto que ataba, no solo a los miembros de una generación, sino que era hereditario, afectando a varias generaciones.

Pero también los viejos rencores se heredan. Tal vez por eso, la ruptura de los lazos de vasallaje, en definitiva de lealtad, que en el *Taiheiki* realizan algunos poderosos clanes hacia los Hōjō precipitando la ruina de estos, parece ser el resultado de dos causas principales: por un lado, la fuerza del comentado resentimiento tras el injusto reparto de prebendas y recompensas por el esfuerzo militar de final del siglo XIII; por otro, la incompetencia de Takatoki como líder capaz de aglutinar a los diferentes clanes de su propio territorio, las provincias del este. Estos clanes —como los Nitta o los Ashikaga— alegaban, además, su filiación al tronco de los Minamoto, el gran rival de los Taira al que pertenecía el clan gobernante. Semejante invocación de antiguas lealtades tal vez era una simple excusa, cara al espíritu samurái, para justificar una vulgar ambición de poder estimulado ante el agotamiento del clan en el poder. Un apetito, que en los tiempos del *gekokujō* cuando, el vasallo se alza contra su señor, el súbdito contra el emperador, no era nada infrecuente. En definitiva, un pilar como la lealtad, otrora sólido del *ethos* samurái, se tambalea en este siglo de grandes cambios sociales. Pero también hay numerosas pruebas, frecuentemente conmovedoras, de su firmeza en las páginas de *La Gran Pacificación*: hombres que perecen al lado de sus señores o dispuestos a sacrificar sus vidas en heroicos gestos de abnegación.

Al lado de la lealtad y el servicio, la disponibilidad permanente a morir y la sed de honra formaban los cuatro pilares sobre los que se asentaba el código ético y social de los samuráis. Uno de ellos lo resume con estas palabras: «La vía del guerrero se funda en dos principios: el desprecio a la muerte y el aprecio a la honra» (Libro X, cap. 1). El hombre del arco y las flechas sensible al valor de la honra debía mantenerse en un estado de constante alerta en el campo de batalla y en su vida diaria a fin de no dañar, no solamente su buen nombre, sino el nombre de su clan y el de sus antepasados y descendientes —un punto importante este último que diferenciaba sustancialmente el sentido del honor del samurái del caballero de la Edad Media de Europa en donde, por cierto, se libraba por la misma época la guerra de los Cien Años—. De lo contrario acarrearía la temida vergüenza (*haji*) sobre sí y sobre todos ellos, una deshonra que solo lavaba el suicidio. Uno de los oprobios más temidos por el samurái de estas historias era caer prisionero. Y no tanto por el hecho de que, tras ser decapitado, su cabeza fuera expuesta con escarnio al público —circunstancia que podía ocurrir también si caía muerto en el campo de batalla—, sino porque era una demostración palpable de que no había perecido en combate que era la razón de ser social del samurái.

Pero el pueblo inmisericorde se burló de ellos al verlos prisioneros y todavía hoy, más de cien años después, los descendientes de aquellos dos samuráis continúan sufriendo el oprobio y se sonrojan de vergüenza [...] ¡Qué necios! Si hubieran caído en combate, sus nombres habrían sido recordados con orgullo por las generaciones futuras y habrían adquirido para siempre la gloria del guerrero. Pero así, ejecutados tras haber sido detenidos, ¡qué mancha imborrable para sus descendientes! (Libro XI, cap. 6).

Es en este contexto dentro del cual hay que entender la cadena interminable de harakiris de los capítulos finales del libro, así como el afán de no hacer reconocible el propio cadáver para lo cual solían provocarse incendios poco antes de suicidarse. Una verdadera cultura del honor que habría de perdurar hasta los albores del Japón moderno[12].

Hablando de samuráis, es oportuno tratar brevemente de armas, armaduras y tácticas de guerra pues las referencias a todas ellas son constantes en un relato bélico como el presente. En contra de lo que pudiera parecer por las cifras de soldados, notoriamente exageradas, que componen los ejércitos combatientes en el *Taiheiki*, el arte de la guerra en el Japón del siglo XIV no consistía en maniobras de grandes contingentes de tropas coordinadas bajo las órdenes de uno o varios generales. Antes bien, se trataba de movimientos

---

12. Hace poco más de cien años, en 1912, la opinión pública del Japón modernizado a la carrera se sobrecogió por la trágica pervivencia de este valor cuando el general Maresuke Nogi se suicidó, junto a su esposa, porque su regimiento había perdido la bandera en una batalla ocurrida treinta y cinco años antes. La vergüenza por este hecho, intensificada por el deseo de acompañar en la muerte a su señor —el emperador Meiji había muerto un mes antes—, el *junshi*, movió al viejo general a hacerse el harakiri. Una absorbente evocación de esta práctica en el Japón premoderno, se puede leer en los relatos de Mori Ōgai, el último samurái escritor, reunidos bajo el título de *La familia Abe*, Satori, Gijón, 2014.

bélicos a pequeña escala y frecuentemente desorganizados. Normalmente, un vasallo del clan gobernante acudía por su cuenta al llamamiento del líder del clan; lo hacía, si era un samurái de cierta importancia, al frente de sus propias huestes de un número que podía oscilar entre un pelotón de veinte o cincuenta hombres hasta un contingente de varios centenares. Raramente, más de mil. Podían ser soldados a pie, de nivel menor, o montados. Estos últimos se clasificaban por diferentes rangos en una escala de servicio al señor que se medía por edad, abolengo de la familia, años de servicio de sus antepasados, riqueza, destreza en las armas o caballería, etc. Los guerreros bien equipados llevaban como armadura una coraza de cuero de res atada con cordones de colores vistosos. Debajo vestían una prenda amplia de dos piezas –el *hitatare*– atadas por debajo de las rodillas y en las muñecas. En algún caso, como los cuatro forzudos de Bizen del capítulo 6 del Libro VIII, se protegían con una cota de malla debajo de la armadura. Llevaban también planchas protectoras en zonas especialmente vulnerables como el pecho, los costados y la espalda, así como faldillas, panceras y protectores en piernas y brazos. La cabeza se la cubrían con un yelmo y cubrenucas. Frecuentemente, encima de la armadura vestían un manto o capa de seda cuyo fin era amortiguar el impacto de las flechas enemigas. Ceñían un sable o katana por lo general de hoja ligeramente curva de entre sesenta y noventa centímetros de largo, pero, típicamente de los tiempos de nuestro libro, a veces de más de un metro y hasta metro y medio como se menciona con detalle en el relato, y otro más corto (*tantō*) empleado para cortar cabezas o para salvar el honor haciéndose el harakiri. He aquí la descripción del lujoso atavío guerrero del príncipe Moriyoshi:

> Este, al comprender que no tenía escapatoria, se puso un *hitatare* de brocado rojo y encima una armadura de color escarlata. Se ató el barboquejo también de color bermejo del yelmo, se colocó unas espinilleras forradas de pan de oro y, con una katana de tres *shaku* y cinco *sun* [un metro] debajo del brazo, salió a batirse con los enemigos (Libro VII, cap. 1).

Pero, aún en este siglo, el arma principal del guerrero no era la katana, sino el arco y las flechas. El primero tenía unos dos metros de largo, y era asimétrico, es decir, con la empuñadura por debajo de la mitad de su curvatura, lo cual debía de facilitar su manejo desde el caballo. Las flechas eran de bambú con plumas en un extremo y con aceradas puntas de varias formas en el otro, la más interesante de las cuales presentaba aspecto de bulbo y producía un zumbido característico destinado a intimidar al enemigo. Los soldados de a pie, con funciones de apoyo a la caballería, iban armados característicamente de una especie de alabarda (*naginata*) con una hoja a veces tan larga y ancha como la del sable unido a un asta de madera de entre uno y dos metros de largo. Era un arma común entre los bonzos guerreros:

Los dos bonzos blandían alabardas de hojas sumamente largas: de cuatro *shaku* [ciento veinte centímetros] y lo hacían sin esfuerzo pues movían las armas con la facilidad con que se mueve un molino de agua. Con ellas no les costó trabajo cortar las rodillas de los caballos que se les acercaban (Libro VIII, cap. 5).

Por lo general la batalla se iniciaba con el intercambio de flechas, seguido del lanzamiento de alaridos de guerra, cuyo triple fin era intimidar al enemigo, contagiar a los compañeros el espíritu de lucha y darse ánimo a uno mismo. A continuación era habitual que tuvieran lugar combates singulares entre jinetes señalados de uno y otro ejército, casi siempre precedido del anuncio, en tono desafiante, de la propia identificación con mención orgullosa de algún antepasado. He aquí, un par de ejemplos:

Pero de las filas de los de Rokuhara salió un guerrero de armadura y yelmo negros. Montaba un caballo castaño claro con baticola azul. Respondió:
—Soy Saitō Genki, de la generación decimoséptima del famoso capitán Fujiwara Toshihito. La de hoy es la madre de las batallas entre los clanes Taira y Minamoto. No tengo miedo a morir. ¡Que los sobrevivientes de hoy cuenten a sus hijos las proezas que verán en esta gran batalla! (Libro IX, cap. 4).

Takashige frenó su caballo y gritó para que todos lo oyeran:
—¡Soy Nagasaki Takashige, nieto de Nagasaki Enki, al servicio de Hōjō Takatoki, decimotercer regente del Imperio desde los tiempos de Taira Sadamori! Sadamori fue la tercera generación a contar desde el príncipe Kazurahara, quinto hijo del glorioso emperador Kanmu. Tengo el poder de la muerte del guerrero y voy a morir hoy para saldar mi deuda de gratitud con su señoría el regente. Si alguno de vosotros desea realizar una proeza, ¡que se acerque a luchar conmigo! (Libro X, cap. 8).

El empleo frecuente que de la palabra «fortaleza» se realiza en las páginas de *La Gran Pacificación* puede resultar engañoso para el lector occidental habituado a la imagen de un castillo de robusta construcción común en los escenarios bélicos del Medievo europeo. Los espléndidos castillos aún conservados en Japón datan del siglo XVI, de una época, por lo tanto, muy posterior a la del *Taiheiki*, del siglo en el que se conocieron técnicas de construcción militar extranjeras y empezaron a usarse las armas de fuego. No había tales construcciones en los tiempos de nuestro libro. Por lo general, las fortalezas entonces ocupaban amplios espacios, tenían a la madera como principal material de construcción y se conformaban a la orografía, normalmente irregular, de la zona. El interior de tal «construcción» podía incluir hasta colinas, valles y bosques.

Todavía en el Japón del siglo XIV el caballo constituía la principal unidad de combate. Las llanuras de Kantō —las provincias del este, es decir, actual zona de Tokio— con terrenos sometidos entonces a una agricultura

26

menos intensiva que en el oeste y centro del país, eran muy aptas para la cría de caballos. Se piensa que una de las claves de los fracasos iniciales de las tropas de Godaigo era contar con menos y peores caballos, una insuficiencia compensada por el mejor conocimiento del terreno y el empleo adecuado de la táctica de guerrillas cuando los combates se desarrollaban en el terreno fragoso y accidentado de las provincias del centro. Por lo general, las batallas se libraban en espacios abiertos donde podía resultar fácil desplazarse rápidamente con los caballos. Había que evitar, por tanto, zonas pantanosas y arrozales. Pero la importancia de las fortalezas no era en modo alguno secundaria. En comparación con las guerras de siglo y medio antes, como las de Genpei narradas en el *Heike monogatari*, en donde no aparecen fortalezas, ahora se generaliza la guerra de asedio, cuyo objetivo es la captura de una plaza o punto estratégico. Los partidarios de Godaigo, al contar con menos efectivos en hombres y caballos, supieron sacar buen partido del uso de fortalezas. No solamente evitaban ser aniquilados refugiándose tras sus muros o en los riscos de las cumbres, sino que frecuentemente salían de su recinto para sorprender a los ejércitos mucho más numerosos y mejor armados del sogunato. Como se ha indicado, estas fortalezas, lejos de la solidez que la palabra pudiera implicar, muchas veces no pasaban de designar un lugar fácil de defender y difícil de conquistar, como la cumbre de una montaña o una edificación religiosa —santuario sintoísta o templo budista— emplazado en medio de un lugar estratégico o delimitado parcialmente por un río, acantilado o terreno pantanoso. Si había tiempo y el enemigo era juzgado especialmente poderoso, se excavaban fosos o zanjas y se sembraban los accesos o muros de obstáculos para la caballería rival, como estacas, cuerdas, o incluso se levantaban falsos muros, como hace Kusunoki Masashige, un genio de la estrategia, en la defensa de Akasaka. Los muros, por lo general de troncos de árboles talados cerca, a veces se revestían de argamasa para hacer inoperantes las flechas incendiarias. También se erigían torres o atalayas de madera en ciertos puntos de la fortaleza desde las cuales observar los movimientos del enemigo sitiador o defenderse con flechas y otros proyectiles, como piedras y troncos; o con el lanzamiento de agua hirviendo, como leeremos en algunos asedios.

Al lado del cortesano y el samurái, el tercer estamento social era el religioso, un generoso término bajo el que englobamos al tercer colectivo más relevante en esta historia: los bonzos guerreros. Ya antes del siglo XIV, era un hecho conocido que los monasterios más importantes del país eran menos centros de religión que fuerzas políticas y militares capaces de plantar cara no solo a la corte, sino al mismo sogunato. Es célebre la frase el emperador Shirakawa que registra el *Heike monogatari*: «No hay cosa que más tema en el mundo que las crecidas del río Kamo, la suerte de los dados y la presencia de los bonzos guerreros del monte Hiei». El monte Hiei (Hiei-san), muy cerca de la capital, al noreste, albergaba en sus buenos tiempos más de tres mil monjes residentes distribuidos en un complejo monástico en el cual descollaba Enryaku-ji, el templo matriz de la escuela Tendai fundado en 788 por Saichō (Dengyo Daishi), en donde se veneraba al buda Yakushi. En las faldas del este del monte se localizaba también un importante santuario sintoísta, el de Hiyoshi, donde se veneraba a Sannō Gongen.

El sincretismo entre las religiones budista y sintoísta ya se había consumado en el siglo XIV: los budas eran manifestaciones de los *kami* o dioses sintoístas y, juntos, conviven armoniosamente en templos, santuarios y corazones de creyentes. Como botón de muestra esta frase que, además, evidencia la conciencia que tenían los bonzos del monte Hiei de la importancia de sus templos:

> Nuestra montaña es el lugar santo donde los budas se han manifestado como las deidades de Sannō Gongen. Ha sido, además, el sagrado bastión protector de los emperadores, los hijos del Cielo, a lo largo de muchas generaciones (Libro VIII, cap. 5).

Y harán uso de ella. Llevando a hombros los altares portátiles de la divinidad sintoísta, y de forma periódica en la historia japonesa, bajarán a la capital para dar sustancia a sus peticiones. El nombramiento como superior de Enryaku-ji, generalmente reservado a un miembro prominente de la familia imperial, en el caso de este libro al príncipe Moriyoshi (Morinaga), hijo del emperador Godaigo, comportaba un prestigio, riqueza y autoridad en asuntos seculares, equiparable al de un arzobispo de Toledo en la Castilla del siglo XV.

Aunque su profesión religiosa les prohibía portar armas, los bonzos guerreros (*sōhei* o *shūto*) se armarán y movilizarán para defender, ya desde el siglo X, sus derechos sobre tierras y privilegios. Hay que entender este hecho a la luz de que los más importantes monasterios se habían convertido con el paso del tiempo no tanto en epicentros de religión y saber cuanto de fuerza política, militar y económica. La razón de su poder era la tierra, la fuente de la economía en el antiguo Japón. Y a los grandes centros budistas, favorecidos por la corte desde el siglo VIII, se les había proporcionado fincas libres de impuestos engordadas en el curso de los siglos con donaciones, encomiendas y libertad para roturar nuevas tierras. Del templo Kōfuku se dice que hubo un tiempo en que controlaba casi toda la provincia de Yamato. Cuando la corte demostró ser incapaz de asegurar el orden público en la provincia, este y otros templos establecieron sus propias fuerzas de combate, al principio reclutadas de sus mismas tierras —bastaba raparse la cabeza y enfundarse unos hábitos para ser *sōhei*— a

28

fin de defender sus derechos. Pero pronto se hizo evidente que tales bonzos eran igualmente útiles para dirimir disputas con otros templos sobre conflictos territoriales, derechos de agua, recaudación de tributos y hasta asuntos aparentemente tan poco edificantes como el secuestro de novicios guapos[13]. La beligerancia creciente de estos bonzos guerreros los llevaba a acudir en tropel a la capital para protestar ruidosamente contra nombramientos impopulares o decisiones que afectaban sus intereses o tradiciones, siendo especialmente temidas las marchas de la boncería de Kōfuku-ji y Tōdai-ji, en Nara —la capital del sur en esta obra—, y Mii-dera (Onjō-ji) y el propio Enryaku-ji, en Kioto. En realidad, fue principalmente para protegerse de estas incursiones de monjes hostiles que la corte imperial recurrió a la fuerza militar de los clanes Minamoto y Taira, a finales del siglo XI —recuérdese la cita del emperador Shirakawa (1053-1129)—, con lo cual propició sin saberlo el ascenso político de la clase social de los samuráis. Para muchos japoneses del siglo XIV la osada beligerancia de estos bonzos era una demostración inquietante de que el mundo estaba en la Era Postrera de la Ley. Naturalmente que en dichos monasterios vivían también muchos monjes virtuosos y sabios, responsables algunos de la brillante producción literaria de su tiempo. Frecuentemente sus servicios eran requeridos por la corte para oficiar servicios «religiosos» destinados, por ejemplo, a maldecir. Es el caso del cónclave de monjes que en el capítulo 5 del Libro I ofician una compleja ceremonia para maldecir al sogunato y rezar por su caída. A algunos de ellos los veremos después, en el Libro II, caminar al destierro o sufrir en la prisión. Después, los bonzos guerreros de Enryaku-ji desempeñarán un papel activo, aunque no constante, en su apoyo a la causa imperial.

Resumiendo, si los grandes centros budistas —señaladamente, los cuatro mencionados en el párrafo anterior— eran entidades temibles por el poderío militar, económico y por su ascendencia espiritual sobre el resto de la población, por la misma razón podían ser aliados valiosos. En consecuencia, veremos en este libro los esfuerzos que realizan las dos fuerzas protagonistas de *La Gran Pacificación,* la casa imperial y el sogunato, por atraerlos a sus respectivas causas. Dos muestras:

Parecía que nadie podía someter a los insurrectos y que jamás reinaría la paz en los cuatro mares a no ser que se contara con el poder de la religión. Por esto, el emperador Kōgon decidió pedir a varios templos que celebraran oficios sagrados para impetrar el concurso de los budas en la derrota de los rebeldes (Libro VIII, cap. 4).

13. En la mencionada *Colección de arenas y piedra* (cit., Libro VI) hay un par de historias que lo confirman.

Ante esta noticia, las autoridades del sogunato trataron de granjearse el favor de los monjes de Enryaku-ji obsequiándoles trece grandes fincas y uno o dos terrenos bien situados. «Son para que recéis», les dijeron (Libro VIII, cap. 6). No es difícil entender, ante eso, la volubilidad del apoyo de los bonzos guerreros y la debilidad de su compromiso político.

Estructura, argumento, género, autoría, valores

Al lado de la falsedad de su título, el segundo hecho por el que a simple vista destaca *La Gran Pacificación* o *Taiheiki* es su extraordinaria extensión. Los cuarenta libros de que consta la convierten en la más larga de trasfondo histórico escritas en la era Muromachi (1333-1570) y en una de las más extensas de la literatura japonesa. Una edición completa equivaldría a cuatro volúmenes del tamaño del presente. Por eso, la mayoría de las ediciones divulgativas japonesas presentan el *Taiheiki* en uno o dos volúmenes de once o doce libros. La presente edición española, vertida de la prestigiosa de Tadashi Hasegawa, publicada por la editorial Shōgakukan (Tokio, 1994), cubre los primeros once: cronológicamente, desde más o menos 1318 cuando el emperador Godaigo asciende al trono, hasta su regreso triunfal a la capital en 1333 a raíz de la caída del sogunato de Kamakura; es decir, comprende el núcleo de la secuencia narrativa de una versión completa. En la obra completa, a partir del libro once, es decir, en casi tres cuartas partes del total, se abordan historias marginales y deslavazadas de combates en provincias, cuyo relato, sin subordinación directa al tema unificador de la trama, interesaba registrar sobre todo a grupos o clanes locales deseosos de dar a conocer y perpetuar sus hechos de armas. Se piensa que tales historias fueron el producto de refundiciones llevadas a cabo bastantes años después de haberse escrito los once primeros libros, una vez fundado el sogunato de los Ashikaga en 1336. Tradicionalmente se ha pensado que su inclusión se produjo en detrimento del núcleo de la obra. Se registran en ellas situaciones ya halladas en los primeros once libros, variando principalmente el lugar y los nombres. Su lectura, de interés primordial solo para el historiador o especialista, es monótona y repetitiva. Aun eliminadas, queda una obra en once libros, como la que tiene el lector en sus manos, de proporciones respetables, la cual, como se ha indicado, constituía la versión original del *Taiheiki*[14].

---

14.   Más información sobre los restantes libros en la introducción a la edición de Hasegawa citada y en la inglesa de Helen Craig McCullough, *The Taiheiki. A Chronicle of Medieval Japan*, Columbia University Press, Nueva York, 1959; reimpresa por Tuttle Publishing, Tokio, 2003.

En cuanto a la controvertida razón del engañoso título, se ha interpretado que las primeras dos sílabas —*tai-hei* o «gran pacificación»— se refieren a los esfuerzos de Godaigo por destruir el sogunato que, para él, equivalía a pacificar «los cuatro mares» (metáfora rutinariamente usada en el texto y que, prestada de la retórica de la historiografía china, significa la sociedad de su tiempo). La tercera sílaba —*ki*— designa «crónica», como la del famoso *Kojiki*[15]. Otra opinión plausible apunta al último hecho descrito en la obra completa: la elección de Hosokawa Yoriyuki como delegado del nuevo sogunato de Muromachi en 1367, un nombramiento en el cual todo el mundo cifraba la consecución de una paz duradera, esperanza que, como sabemos, no se cumplió.

A grandes rasgos hemos indicado en las primeras páginas de esta introducción la sustancia de la trama de la obra, tanto desde el punto de vista de la corte como del sogunato. A continuación presentamos una relación histórica de los hechos cubiertos en la versión completa que, contrastada con la masa narrativa de la aquí presentada, tal vez ayude al lector a ordenar la maraña de sucesos narrados. Al final del libro, en el Anexo 2, hay, además, una tabla de acontecimientos ordenados cronológicamente y no por su incidencia en la obra. Esta se inicia con las maquinaciones de Godaigo para recuperar el poder. Por el diario del exemperador Hanazono y otras fuentes, se sigue el desarrollo de las mismas: las ceremonias religiosas de maldición contra el sogunato (Libro I, cap. 5), las reuniones clandestinas, los esfuerzos para identificar líderes samuráis antagonistas al clan gobernante y hasta el nombramiento de su hijo Morinaga (el Moriyoshi del *Taiheiki*) como superior general de la escuela Tendai con el fin de atraerse el apoyo del clero budista y de los bonzos guerreros. Por ejemplo, el cortesano Hino Suketomo viaja hasta las provincias del este para sondear las intenciones de algunos samuráis, mientras que Toshimoto busca partidarios en Yamato y Kawachi, cerca de la capital. Los resultados de estos esfuerzos realizados en los primeros años de la década de 1320 no fueron muy prometedores. La primera conspiración contra el sogunato de Kamakura fue descubierta en 1324, pero el gobierno militar pasó por alto el protagonismo del emperador y se limitó a castigar a algunos de los cortesanos conjurados y a matar a los dos samuráis implicados, Kuninaga y Yorisada (Libro I, cap. 8). El emperador tuvo que escribir una carta exculpándose por medio de un mensajero, el cortesano Madenokōji Nobufusa, enviado a Kamakura para apaciguar al sogunato.

Pero Godaigo no ceja en su intento. En 1330 va en persona de visita (Libro II, cap. 1) a los más importantes centros religiosos de Kioto y Nara, a los que dona sustanciosos obsequios con intención de obtener ayuda mili-

---

15. *Kojiki. Crónicas de antiguos hechos de Japón*, trad. C. Rubio y R. Tani Moratalla, Trotta, ²2012.

31

tar. Mientras tanto, dos de sus hijos, investidos como superiores de algunos de esos centros, siguen recabando apoyos. La segunda conspiración sale a la luz en 1331. Esta vez el sogunato se la tomó más en serio. Detiene a algunos monjes y ejecuta a los cortesanos implicados. Godaigo o, más bien, su hijo Moriyoshi moviliza apresuradamente tropas de bonzos guerreros que atacan Rokuhara, la sede sogunal de Kioto. El sogunato despacha un ejército a la capital, pero se encuentra con que Godaigo, siguiendo la recomendación de su hijo, ha huido a Nara (Libro II, cap. 7) para luego refugiarse en un templo del monte Kasagi. Mientras, las tropas sogunales se deshacen fácilmente de los bonzos guerreros. Es al comienzo del Libro III cuando a través de la ficción de un sueño imperial (cap. 1) entra en escena el samurái tal vez más emblemático del *Taiheiki*, Kusunoki Masashige. Masashige se hace fuerte en Akasaka, cerca de la actual ciudad de Osaka, un lugar que él contempla como probable refugio seguro para Godaigo, cada vez más acosado y, finalmente, apresado (Libro III, caps. 6 y 7). El sogunato despacha un gran ejército que finalmente captura Akasaka. Tras esta conquista, Masashige y el príncipe Moriyoshi desaparecen de escena, pero siguen activos no lejos de la capital, el primero hostigando con la táctica de guerrillas al ejército sogunal y organizando el corte del suministro de víveres al ejército del sogunato; el segundo realizando labores de propaganda entre samuráis y monjes. El sogunato, mientras, nombra a un nuevo emperador de la rama rival, Kōgon, para lo cual obliga a abdicar a Godaigo, al que manda al destierro en la lejana isla de Oki, frente a las costas de la actual prefectura de Shimane. Esto ocurre al principio de 1332 (Libro IV, caps. 4 y 5). El nombramiento de Kōgon es la confirmación, no el origen, del cisma ya comentado de las dos cortes, la Corte del Norte apoyada por el sogunato y la del Sur de Godaigo y su particular séquito. Las actividades del príncipe Moriyoshi en la comarca de Yoshino, así como sus fugas, que se describen en varios capítulos del Libro V, probablemente se iniciaron después del destierro de su padre. En parte como fruto de esta labor, cada vez más samuráis consideran alzarse en armas contra el sogunato. Masashige, por su parte, levanta una nueva fortaleza en Akasaka (Libro VI, cap. 2), en un promontorio más elevado que la primera, y a comienzos del año 1332 derrota repetidamente a las numerosas tropas enviadas de Kamakura en las proximidades de Tennō-ji. Además, se hace fuerte en una nueva fortaleza, la de Chihaya. Las actividades de estos dos hombres, el príncipe imperial y Masashige, se hicieron tan preocupantes para las autoridades militares que deciden despachar un inmenso ejército contra Masashige que pone asedio a la inexpugnable Chihaya (Libro VII, cap. 2). Mientras, cunden las deserciones en el ejército sogunal, entre ellas una que resultará decisiva, la de Nitta Yoshisada. El desterrado Godaigo está al corriente del éxito de la resistencia y del aumento de sus partidarios gracias a la comunicación que, a través de marineros, sostiene con el príncipe

Moriyoshi. Parece ser que fue este, el verdadero artífice del levantamiento, quien le aconseja que el segundo mes del año 1333 intente la huida, la cual emprende (Libro VII, cap. 5) con ayuda de un guardia, logrando refugiarse en la mansión de Nawa Nagatoshi, un samurái principal de la actual provincia de Shimane donde se congrega un número creciente de seguidores. Los fieles a Godaigo, todavía en su refugio en Funanoe, Shimane, se sienten lo bastante fuertes como para intentar el asalto al bastión sogunal de Rokuhara (Libro VIII, cap. 2). Decisiva en la caída de la capital, sobre todo por lo que afectó a la moral del ejército sogunal, fue la defección de Ashikaga Takauji que había llegado a la capital el 16 del cuarto mes de 1333, supuestamente para combatir a Nawa Nagatoshi en Funanoe. Pero a final del mismo mes Takauji, a pesar de los lazos de sangre que lo ataban por matrimonio con los Hōjō, anuncia públicamente su defección y su apoyo a la causa imperial, a la vez que hace un llamamiento a todos los samuráis del país para que lo secunden. Estos hechos se cubren en el Libro IX, incluyendo la huida y captura del emperador Kōgon y la caída de Kioto. El clan gobernante de los Hōjō cada vez se ve más solo en Kamakura. Finalmente, poco después, a comienzos del quinto mes, un ataque concertado de los clanes del este bajo el liderazgo de Nitta Yoshisada asesta el golpe de gracia al moribundo sogunato conquistando Kamakura (primeros capítulos del Libro X) y empujando al suicidio colectivo de los líderes Hōjō (Libro X, cap. 9).

Godaigo regresó a la capital el día 5 del sexto mes de 1333. Con este hecho y el sometimiento de los últimos reductos de apoyo sogunal en Kiushu (Libro XI) termina nuestra versión. Las versiones completas incluyen hechos posteriores a 1333. Como Godaigo nunca había admitido su abdicación, no fue necesaria ninguna ceremonia para entronizarlo de nuevo y se condujo como si hubiera regresado de un viaje. Todos los cambios de Kōgon fueron simplemente ignorados, así como el nombre de la era y los nombramientos realizados. La restauración Kenmu solo duró tres años, pues Ashikaga Takauji cometió un segundo acto de traición, esta vez al mismo emperador al que antes había jurado lealtad. Deseoso de fundar su propio sogunato, Takauji no tolera los aires reformistas de Godaigo e instala en Kioto un emperador dócil a sus planes. Godaigo nuevamente se ve obligado a huir de la capital y a buscar refugio en la región montañosa de Yoshino donde va a establecer la Corte del Sur. Durante cierto tiempo las tropas fieles a Godaigo, al mando de Nitta Yoshisada y Kusunoki Masashige, son capaces de oponer resistencia a Takauji al que obligan incluso a desalojar Kioto. Pero Takauji regresa con un ejército superior y derrota a Yoshisada y Masashige en la trascendental batalla del río Minato, cerca de la actual ciudad de Kobe, en 1336. Masashige y su hermano se suicidan antes de ser capturados. En los momentos previos a su muerte, Masashige pronuncia unas palabras inmortales: «Ojalá que renaciera siete veces como

33

ser humano para luchar las siete contra los enemigos del emperador». Nitta Yoshisada, a pesar de la derrota de Minato, siguió luchando por Godaigo hasta su muerte en combate en 1338.

Después de la muerte de Godaigo en 1339, prosiguieron guerras entre las diversas facciones que apoyaban a Godaigo y al nuevo sogunato, cuya base estará en Muromachi, un barrio de Kioto. Incluso en 1350 estalló una violenta disputa entre Takauji y su hermano Tadayoshi. Los dos acabaron por reconocer la legitimidad de la Corte del Sur. La guerra hubiera terminado si no fuera porque el administrador principal de esta corte, Kitabatake Chikafusa insistió en la desaparición de la Corte del Norte con tanta vehemencia que hizo imposible todo compromiso. Las tropas de la Corte del Sur incluso invadieron Kioto y capturaron a tres soberanos de la corte rival. Las guerras continuaron y la pacificación, grande o pequeña, seguía siendo una utopía cuando acaba el volumen cuadragésimo de la obra en su versión completa.

El colapso del régimen reformista de Godaigo, después de solo tres años, aparte de la interpretación confuciana indicada al comienzo del *Taiheiki* de no tener la virtud necesaria en un soberano, fue debido, en opinión de los historiadores, a dos causas principales. Una, ignorar el paso del tiempo al no tener en cuenta la ambición de la clase samurái, que no iba a resignarse al papel de tres siglos antes; dos, no reconocer la contribución de su hijo, el príncipe Moriyoshi, en la recuperación del trono. Godaigo, al parecer con el temor de que su hijo deseaba ocupar su puesto, le instó a que volviera a la vida religiosa que había interrumpido para ayudarle. La evidente parcialidad del cronista hacia Godaigo es responsable del escaso crédito que se le concede a Moriyoshi como artífice principal del regreso triunfal de su padre en 1333. Mal se lo pagó este, pues fue Godaigo quien lo entregó a Takauji contribuyendo así a que tuviera una muerte miserable y a que Moriyoshi en sus últimos momentos odiara a su padre más que a sus enemigos[16].

El género del *Taiheiki* encaja en el de los llamados «relatos de hechos marciales» (*gunki monogatari*), una familia numerosa cuyo patriarca es el *Heike monogatari*. Numerosos recursos estilísticos, lances, comentarios y hasta digresiones históricas y morales del *Heike* hallan su réplica en nuestra crónica de *La Gran Pacificación*. Dentro de la literatura japonesa, eminentemente cortesana hasta el siglo XII, este género destaca por tener como protagonistas a una clase social plebeya cuyos valores pondera, por usar como escenario lugares frecuentemente alejados de la capital y por usar la historia como soporte principal del hilo narrativo. Se caracteriza,

16. Donald Keene, *Seeds in the Heart*, Columbia University Press, Nueva York, 1999, p. 878.

además, por narrar sucesos de guerras, por mezclar libremente la ficción con la historia, por la presencia de lo sobrenatural y maravilloso, de los sueños y presagios, de digresiones morales o de la historia china y por entrar en el pensamiento de los personajes como podría hacer una obra de ficción novelada.

Por algunos de esos rasgos, se ha emparentado este género japonés con los cantares de gesta del Medievo europeo e incluso con la épica homérica, una relación fortalecida por el fuerte elemento de oralidad de algunos de estos *monogatari*, por el ensalzamiento del valor y de la destreza en la guerra y por ser, frecuentemente, obras anónimas y fruto de refundiciones de varios autores. Pero también hay diferencias fundamentales tanto en contenido como en forma (notablemente que los *gunki monogatari* japoneses eran relatos en prosa y no en verso).

El *Heike* tuvo precursores que hicieron madurar el género: *Shōmonki* (*Crónica de Masakado*), escrito en chino, sobre el insólito hecho de un samurái, Taira Masakado, que osó intentar usurpar la dignidad imperial en el siglo X; *Hōgen monogatari* y su obra hermana *Heiji monogatari*, sobre sendas insurrecciones del mediados del siglo XII en las cuales los samuráis intervienen activamente en la resolución de conflictos dinásticos. Estas dos últimas obras marcan la emergencia de un nuevo sistema político y social basado en la importancia central de la clase militar. Además, se escriben en un nuevo estilo literario: sintaxis japonesa con numerosos términos chinos. Temas y lenguaje allanan el camino al *Heike monogatari*, sobre las guerras Genpei de finales del mismo siglo, una obra íntimamente asociada a su recitación melódica y que da origen a un género musical, el *heikyōku*, ejecutado por los ciegos del laúd o *biwa*, los famosos *biwa hōshi*. El *Taiheiki*, de sabor más cronístico como lo evidencia la última sílaba de su título original, en cambio, no era recitado con acompañamiento musical, sino que, según Keizaburō Sugimoto, se comunicaba principalmente en forma de sermón y pláticas budistas por los predicadores de la época[17]. Una versión ampliada del *Heike* fue el *Genpei seisuiki* (*Crónica del ascenso y caída de los Minamoto y los Taira*), aún superior en extensión al *Taiheiki*, centrada en la figura del héroe de las guerras Genpei, Minamoto Yoshitsune.

La segunda generación de relatos marciales versa sobre hechos acaecidos fuera de la era de Heian, que se cierra en 1185; todos ellos, escritos entre los siglos XIII y XV, fueron influidos por el *Heike* cuya grandeza épica ninguno pudo alcanzar. El primero es el *Jōkyūki* (*Crónica de la era Jōkyū*, 1221) sobre la insurrección del mismo nombre de la era, impulsada

---

17. En Keizaburō Sugimoto, *Gunki Monogatari no sekai*, Meicho Kankōkai, Tokio, 1985, pp. 147-149. Sin embargo, otro estudioso, Yasuaki Nagazumi, menciona la existencia de anotaciones musicales en secciones de algunos manuscritos de la obra (*Chūsei bungaku no kanōsei*, Iwanami shoten, Tokio, 1977, p. 409).

por el emperador Gotoba y ya varias veces mencionada. Después, este del *Taiheiki* o *Crónica de la gran pacificación*. Inferior a él en extensión e interés está el *Meitokuki*, un relato sobre la rebelión del clan Yamana contra el sogunato de los Ashikaga. Finalmente, el *Soga monogatari* o, como se ha traducido al español y está publicado por esta misma casa editorial, *La historia de los hermanos Soga*[18], el relato de una venganza de dos hermanos que tiene como fondo las costumbres samuráis de fines del siglo XII, de absorbente interés y que gozó de una popularidad sostenida y superior incluso al *Heike*.

Mucha tinta se ha vertido sobre la autoría del presente libro y su datación. La atribución de más peso es al monje Kojima. En la entrada del día 3 del quinto mes de 1374 del diario de un cortesano de nombre Tōin Kinsada, autor de la obra de genealogía *Sonpi bunmyaku*, se puede leer:

He oído que el monje (*hōshi*) Kojima falleció el día 28 o 29 del pasado mes. Fue el autor del *Taiheiki*, obra inmensamente popular en nuestro tiempo. A pesar de su humilde nacimiento, era un hombre de gran saber. Su muerte ha sido una gran pérdida[19].

Se ha sugerido que Kojima pudo ser un religioso de Enryaku-ji, en el monte Hiei, debido a la familiaridad con la geografía del lugar que evidencian las páginas de nuestra obra. Es interesante que sea llamado *hōshi*, un término con el cual se señalaba a los recitadores de relatos o historias edificantes. Otra pista para identificar al probable autor se encuentra en la obra *Nan Taiheiki*, de 1402, en la cual se menciona a un tal Echin, superior de Hosshō-ji, otro monasterio repetidamente citado en *La Gran Pacificación*, como probable autor[20]. La conclusión a los diversos intentos de aportar razones decisivas es que fue obra de varios monjes, todos partidarios de Godaigo y su Corte del Sur, a la cual pudo dar su versión definitiva Kojima en 1372. Según Ryōshun Imagawa en su crítica al *Nan Taiheiki*, el monje Gen'e produjo una versión en treinta libros por orden de Ashikaga Tadayoshi, el cual había hallado tantos errores en la versión de Kojima que hizo que se refundiera. Tras la muerte de este Gen'e y del propio Tadayoshi, con una nueva refundición se llegó a los cuarenta libros definitivos. En las últimas versiones se observa un espíritu más crítico con el régimen de los Ashikaga. La teoría de una autoría compartida cobra sentido habida cuenta del fuerte sabor confuciano de los primeros libros y el creciente budista de los últimos. El estilo, sin embargo, con una

---

18. *Historia de los hermanos Soga [Soga monogatari]*, trad. R. Tani Moratalla y C. Rubio, Trotta, Madrid, 2012.
19. Citado por McCullough, cit., p. XVII-XVIII.
20. Donald Keene, cit., p. 878.

mezcla de sintaxis japonesa y de fuerte léxico chino, está bastante unificado de principio a fin. Su lenguaje es el llamado *wakan konkōbun*, el mismo del *Heike* y otras obras del género, y antiguo precedente de ese lenguaje escrito híbrido que constituye la base del japonés escrito moderno.

El *Taiheiki* fue escrito con tres fines primordiales: informar, moralizar y entretener. Del primero, el cronístico, era responsable una historicidad cuyas bases fueron revisadas por los estudiosos japoneses de finales del siglo XIX. Aunque sus páginas presentan una imagen sustancialmente correcta de los sucesos, los historiadores observaron ciertas discrepancias cuando contrastaban los hechos narrados con informaciones descubiertas en historias locales o familiares, genealogías, archivos de templos y otros documentos más fidedignos. No cabe duda de que, como suele ocurrir con las obras históricas, el bando perdedor —en este caso, el sogunato de Kamakura y concretamente el clan Hōjō— sale bastante malparado, pero no el código samurái cuyos valores, especialmente la lealtad al señor y el valor en el combate, se ponderan continuamente. La causa imperial, por el contrario, es sistemáticamente ensalzada y el emperador Godaigo, «el hijo del Cielo», excepto por algunas leves críticas al principio de la obra, es tratado favorablemente. Víctima doliente de la iniquidad de la oligarquía samurái de Kamakura, Godaigo encarna los valores del viejo régimen cortesano que, sin embargo, no se muestran con el brillo, dramatismo y nostálgica simpatía que en el *Heike*; no en vano había pasado siglo y medio de la vieja era Heian. Aunque sin las cualidades líricas de esta, nuestra obra supera al *Heike* en valor como documento histórico. A pesar del dramatismo de algunas escenas, *La Gran Pacificación* carece del *pathos* trágico del *Heike*. En esta obra se trata de la derrota de un mundo civilizado a manos de un mundo de bárbaros, los samuráis; en el *Taiheiki*, en cambio, el mundo de los samuráis era ya una realidad demasiado evidente para soñar que pudiera acabarse con él, demasiado obvio para todos excepto para Godaigo. La obsesión de este protagonista, de quien se dice que murió con un ejemplar del *Sutra del loto* en la mano izquierda y una katana en la derecha, por retrasar el reloj de la historia trescientos años y la injusticia que cometió con su hijo le impidieron hacer realidad el título de la obra.

La aportación doctrinal de la obra tiene dos vertientes: confuciana y budista. Aunque frecuentemente entrelazadas, la primera es especialmente notoria en los primeros libros; la segunda, en los últimos. El confucianismo se muestra evidente en tres nociones ponderadas con frecuencia en las páginas del libro: la virtud del soberano como requisito para gobernar, la inviolabilidad del lazo entre vasallo y señor y, en menor medida, la piedad filial. Es interesante que el *Heike* se inicie con una evocación budista en donde se pondera la impermanencia de las cosas, mientras que *La Gran Pacificación* arranca con un pasaje en el cual se presenta la tesis confuciana, apoyada con ejemplos de la historia china, de que cuando un soberano carece de virtud no será capaz de mantenerse en el trono.

El lector observará numerosas hipérboles e inexactitudes, amén de bastantes contradicciones en el texto. La invencible querencia al dramatismo y a provocar una respuesta emocional en el oyente —es útil tener en cuenta que esta historia, como muchos de los *monogatari* del género estaban destinados a ser escuchados, y no tanto leídos a pesar de apellidarse *ki* o «crónica»— explica, por ejemplo, la extraordinaria lacrimosidad de los personajes: mangas mojadas por el llanto de tantos personajes, sean encallecidos samuráis o crueles carceleros. Mangas mojadas o húmedas es siempre metáfora de llorar. El autor tenía que destacar a toda costa el patetismo de la situación, fuera por admiración a un sacrificio, por el desgarro de una despedida, por el dolor de una muerte, para lo cual el llanto de los personajes afectados era un recurso santificado por una larga tradición literaria y una invitación a implicar emocionalmente al oyente. Otro ejemplo son las cifras abultadas de los ejércitos combatientes. La cifra de un ejército sogunal de dos millones de hombres que, al mando del general Sadafuji, pone cerco a la fortaleza de Chihaya (Libro VII, cap. 2) no debe tomarse al pie de la letra. Probablemente no fueran más de treinta o cincuenta mil. El propósito del redactor o refundidor era no caer en un realismo empobrecedor, sino poner de relieve, primero, la grandeza de las movilizaciones militares en el Japón de la época, y segundo, resaltar el contraste entre un gran ejército y el reducido número de las tropas imperiales o, expresado en términos simplistas, contrastar el poderío del «malo» y el heroísmo del «bueno».

Ni esas hipérboles ni los elementos de ficción que salpican la obra ni las inexactitudes cronológicas o geográficas rastreadas por los historiadores, restan valor documental sobre la vida samurái en este relato. La tendencia a invocar lo sobrenatural se observa en la reacción de Nitta Yoshisada al no poder identificar la ayuda que recibe a punto de marchar contra Kamakura:

> ¿Quién habrá sido esa persona? Ahora que lo pienso, seguro que ha sido un milagro del dios Hachiman que ha enviado en nuestra ayuda a ese ermitaño, o tal vez un *tengu* disfrazado (Libro X, cap. 1).

Es famoso el episodio milagroso, protagonizado por este mismo samurái, cuando arroja la katana después de rezar a la diosa Amaterasu para que baje la marea y pueda conquistar Kamakura, o la travesía prodigiosa merced a unos vientos divinos que a Godaigo le permiten escapar de los barcos de sus perseguidores cuando huye de Oki. Entre los elementos de ficción, destaca la importancia de los sueños, un motivo de venerable tradición de la literatura antigua japonesa. En las civilizaciones de Asia oriental, acunadas por influencias taoístas, en donde se subraya la vacuidad del mundo fenoménico, y budistas, con su fuerte énfasis en la ilusión de la vida humana, el sueño ha tenido una presencia constante. Pero de todos los sueños de la literatura japonesa, el de Godaigo relatado en el primer capítulo del Libro III es el más célebre.

Refugiado en un monasterio del monte Kasagi, cerca de Nara, ante el acoso de las autoridades sogunales, el soberano ve en sueños a dos niños que le hablan de un asiento orientado al sur y situado debajo de un árbol. Cuando Godaigo se despierta, reflexiona sobre las palabras del sueño...

> Decidió poner por escrito su visión. Cuando escribió el signo de árbol y del sur, pues era en la parte sur del árbol donde estaba el estrado, le apareció escrito el sinograma que se lee *kusunoki* y que quiere decir «árbol de alcanfor».

Será la pista para localizar el famoso guerrero Kusunoki Masashige. Este personaje, maestro en estrategia militar y samurái sin parangón por su desinteresada lealtad al emperador, emergerá como uno de los tres héroes más destacados de la historia japonesa, al lado de Yamato Takeru y de Minamoto Yoshitsune[21]. Glorificado, sobre todo en tiempos de fervor nacionalista, como dechado de lealtad sin reservas a la causa imperial, hoy día su estatua ecuestre se yergue ante las puertas del Palacio Imperial en Tokio en una gallarda pose guerrera con la que plasma ante el mundo su anhelo de proteger al emperador por toda la eternidad. Muchos japoneses, cuando oyen hablar del *Taiheiki,* piensan en Masashige y no en otros héroes. Frente a él, aunque lucharon en el mismo bando, la figura de Ashikaga Takauji guarda cierta palidez. Sin duda, el autor de *La Gran Pacificación*, Kojima o el monje que fuera, no podía olvidar que, una vez recuperado el poder imperial en 1333, este samurái iba a traicionar a Godaigo. Pero, por otro lado, tampoco podía cargar las tintas contra él, como hizo contra los aniquilados Hōjō —hasta se insinúa la cobardía de su líder, grave oprobio para un samurái, en los momentos antes de hacerse el harakiri—, pues el sogunato de los Ashikaga continuaba gobernando los cuatro mares. En una popular serie televisiva emitida por la NHK japonesa en 1991, la figura de Takauji aparece algo redimida, pues emerge no tanto como traidor, sino como agente del cambio social.

Pueden causar irritación en el lector moderno las frecuentes digresiones sobre la historia china, algunas inoportunas. En descargo de este recurso literario común de la época, conviene precisar que no hacerlo era comparable a despojar la obra de dignidad literaria. En una época en que la narrativa hacía uso de una prosa japonesa, y no china, una obra sin es-

---

21.   Ivan Morris lo incluye en su galería de personajes trágicos japoneses, en donde ofrece más información (*La nobleza del fracaso*, Alianza, Madrid, 2012, pp. 163-210).

tos alardes de erudición corría el peligro de ser tomada como ligera y su autor como ignorante. Por motivos no muy distintos a los de los líderes de la Revolución francesa cuando recurrían a la simbología del Imperio Romano o a los del franquismo con sus emblemas de los Reyes Católicos, el autor de este libro invocaba el pasado de una civilización revestida de prestigio como la china para dar autoridad y dignidad al relato, amén de credibilidad tratándose de una obra histórica. Era, si cabe, una convención literaria tan usual como en la presente incluir notas al pie. Por su extensión sobresale de todas las incursiones en la historia china la titulada «La guerra entre los reinos de Wu y Yueh» (Libro IV, cap. 7) que ocupa más de diez páginas y que se inserta, en su misma extensión, en otro clásico de la literatura marcial, el mencionado *Soga monogatari*.

Unas palabras sobre las convenciones ortográficas seguidas en esta versión. Hemos mantenido los antropónimos en su orden natural japonés, es decir, primero apellido y luego nombre. La única excepción es en los antropónimos de la modernidad japonesa (a partir de 1868) usados en la presente introducción y en las notas al pie del texto; en ellos se invierte el orden para seguir el uso occidental como, por ejemplo, «Tadashi Hasegawa». Se han conservado los signos diacríticos sobre las vocales largas para acercar la pronunciación lo más posible al original en los numerosos nombres propios. Así Hōjō se pronunciará como Hoojoo. La trascripción seguida en esta versión es la llamada Hepburn, la observada en otros trabajos nuestros publicados en esta misma editorial; según ella, las vocales se pronuncian más o menos como en español y las consonantes como en inglés: así la «j» será como la de John, la «z» es una «s» sonora como la del inglés *zoo*, la «h» como la de *hobby*, la «g» ante «e» o «i» se pronuncian como la de «guerra» o «guitarra», la «y» como una semivocal como la del inglés *yes*. Conscientes de la dificultad que para la mayoría de los lectores hispanohablantes puede representar retener los nombres de tantos personajes y con objeto de no confundir al lector con el constante cambio de nombres y título del mismo personaje a lo largo de la obra, hemos mantenido el mismo nombre a lo largo del texto y, con frecuencia, preferido el nombre del cargo, por ejemplo «regente», al nombre propio, como en este caso Takatoki. Para preservar cierto sabor del original, se han mantenido los nombres de pesos y medidas, así como los de las eras, del original, aunque con las equivalencias entre corchetes indicadas a continuación. Los significados de algunos japonesismos, como *hakama*, se ofrecen en la correspondiente nota al pie la primera vez que aparecen y en el glosario (Anexo 4) al final del libro.

En esta obra, a pesar de sus digresiones, de la querencia al drama y a la exageración, del formato cronístico, despuntan cualidades literarias como el vigor del estilo en numerosos lances, la elección de los materiales y la caracterización de algunos personajes, incluso a veces secundarios (como los marineros que favorecen la travesía del fugitivo Godaigo en el Libro VII, cap. 5). Por esas tres razones, además del valor como documento histórico, del mérito de haber forjado en sus páginas a héroes inmortales en la conciencia del pueblo japonés, de evocar con energía el ideario de la clase samurái y de la frecuencia con que la literatura posterior, incluida la popular del manga y del anime, ha buceado en ellas en busca de inspiración, esta crónica de *La Gran Pacificación* sigue siendo un monumento imperecedero de las letras de Japón.

LA GRAN PACIFICACIÓN
[Taiheiki]

LIBRO PRIMERO

PREFACIO

Cuando nos paramos a pensar en las vicisitudes que desde tiempos remotos hasta nuestros días sigue el curso de la paz y de la guerra, nos damos cuenta de que es de la virtud del Cielo de la que penden por completo todos los sucesos acaecidos en el mundo. Por un lado, el soberano, si es sabio y está dotado de tal virtud celestial, gobierna el país con justicia; por el otro, los súbditos, si son leales y acatan las leyes, se aplican con devoción a la vía de la tierra la cual también merece respeto. Un buen súbdito imbuido de tal conciencia siempre protegerá su país.

Por el contrario, si al soberano le falta virtud, no puede permanecer en el trono. Por eso, dicen que Jie, de la dinastía china de los Xia, huyó a Nanchao; que Zhou Xin, de los Shang, se rindió en Muye[1].

Por lo que concierne a los súbditos, si no cumplen sus obligaciones, el soberano no podrá mantener su gobierno largo tiempo aunque conserve las prerrogativas del poder. La historia muestra, en efecto, cómo Chao Kao de Qin murió condenado en Xianyang, cómo An Lushan, de la dinastía de los Tang, fue asesinado en Fengxiang[2].

1. Jie o Lu Gui fue el último soberano de la dinastía Xia (siglos XXI-XVI a.e.), la primera en la historia china. Su legendaria crueldad condujo a la desintegración de su dinastía y a la derrota militar ante los Shang. En cuanto a Zhou Xin (también llamado Din Xin), reinó en China entre 1075 y 1046 a.e. Su libertinaje y corrupción fueron las causas del fin de la dinastía Shang.
2. Chao Kao fue un influyente eunuco que llegó a usurpar el poder a la muerte del primer emperador de la dinastía Chin (221-206 a.e.) y cuya acción precipitó su asesinato en el año 207. An Lushan (703-757 d.e.), general chino de origen turcoiranio, se proclamó emperador en 755 después de haber encabezado una revolución contra el emperador Shuan Tsung. Las frecuentes referencias a la historia china desperdigadas por los párrafos de toda la obra rendían autoridad y prestigio a la misma.

Los sabios de la antigüedad, como Confucio y el duque de Zhou, enseñan y predican con discretas razones la vía por la que debe caminar el pueblo. Hay veces en que, al reflexionar sobre la historia, sufrimos la desilusión y el desengaño.

Capítulo 1. LA PROSPERIDAD DE LOS HŌJŌ

En Japón, en los días del reinado del emperador Godaigo, el soberano noventa y cinco a contar desde los tiempos de Jinmu[3], primer emperador de Japón, estaba al frente del gobierno militar o sogunato de Kamakura, un samurái de nombre Hōjō Takatoki. El emperador Godaigo no poseía la virtud que se espera de un soberano, mientras que, por su parte, Takatoki olvidaba la cortesía que como súbdito debía a su majestad. A causa del proceder de uno y otro, los cuatro mares[4] se hallaban tan revueltos que no había un solo día de paz en el Imperio. El cielo se oscurecía por las humaredas que salían de las almenaras y la tierra temblaba bajo rugidos de guerra que parecían proferidos por ballenas. Hacía treinta años que los conflictos armados no cesaban y nadie era capaz ni de acumular primaveras y otoños[5] ni de vivir sin pisar la sombra del terror.

Si nos paramos a considerar las razones de esas guerras, comprendemos que sus raíces no surgieron de la noche a la mañana, sino que venían de tiempo atrás. En los años de era Genryaku [1184-1185], Minamoto Yoritomo, el gran señor de Kamakura, había combatido y derrotado al clan de los Taira[6]. El emperador Goshirakawa, complacido por ese triunfó, concedió a Yoritomo el título de sogún de los ejércitos imperiales, con facultad para abatir a los enemigos del Trono en las sesenta y seis provincias del Imperio. A su vez, las autoridades militares de Kamakura nombraron gobernadores en cada provincia, para que actuaran como delegados del sogunato, y administradores con responsabilidad del control fiscal sobre las tierras de los dominios, señoríos, templos y santuarios de todas las provincias[7]. A la muerte de Yoritomo, el cargo de sogún fue ocupado sucesivamente por Yoriee, su hijo mayor, y luego por Sanetomo, el hijo mediano. El primero detentó, además, el cargo de ministro de la Izquierda y

---

3. En el cómputo legendario de emperadores japoneses, Jinmu reinó entre 660 y 585 a.e.; Godaigo, personaje principal de esta obra, reinó entre 1318 y 1339.

4. En la retórica al uso, metáfora de la sociedad.

5. Envejecer.

6. Minamoto y Taira son las lecturas de Genji y Heike respectivamente.

7. En el original, estos cargos de gobernador militar y administrador corresponden, respectivamente, a los de *shugo* y *jitō*, que representaban las cabezas de las dos principales redes de que dispuso el sogunato de Kamakura (1185-1333) para controlar el país. Véase introducción, p. 16.

el segundo, el de ministro de la Derecha. Los tres hombres —Yoritomo, Yoriee y Sanetomo— fueron por eso denominados «las tres generaciones de sogunes». Fueron las cabezas visibles del sogunato de Kamakura. Ocurrió, sin embargo, que Sanetomo asesinó a Yoriee y a aquel lo mató el hijo de este, Kugyō. Por lo tanto, la estirpe de los Minamoto aguantó en la cúspide del poder solamente cuarenta y dos años. Después, el suegro de Yoritomo, Hōjō Tokimasa, gobernador de Tōtōmi y primer regente, y tras él, su hijo Yoshitoki, gobernador de Mutsu, se hicieron con las riendas del poder ejerciendo su influencia en los cuatro mares.

Fue entonces cuando el emperador Gotoba, inquieto al ver cómo menguaba el poder de la corte imperial al tiempo que crecía el del sogunato, tramó el asesinato del sogún Yoshitoki. Surgió así la guerra de Jōkyū [1221] que convulsionó gravemente a todo el Imperio. Cuando los dos ejércitos contendientes se enfrentaron en la batalla de Uji y Seta, el mar de los estandartes de guerra era tal que nublaba al mismo sol. Antes de que acabara el día, las huestes imperiales habían sido derrotadas. El emperador Gotoba fue desterrado a una isla, en las tierras de Oki[8], y el sogún Yoshitoki consolidó el poder señoreando el país a sus anchas.

A Yoshitoki lo sucedieron Yasutoki, gobernador de Musahi, Tokiuji, intendente de la Casa Imperial, Tokiyori, gobernador de Sagami, Tokimune, jefe de las Caballerizas Imperiales, y Sadatoki, gobernador de Sagami[9]: siete generaciones de gobernantes a contar desde Tokimasa. La política humanitaria de todos ellos benefició a los pobres. A pesar de la autoridad con que desde Kamakura regían los destinos del país, tuvieron la discreción de nunca ocupar una posición en la corte de Kioto que pasara del tercer rango. Todos ellos eran varones austeros y modestos. Gobernaron con benevolencia y cortesía, y sin jamás perder de vista el examen de sus propias acciones. Del gobierno de aquellos siete regentes se puede afirmar aquello de que «aunque en lo más alto, no amenazaban; aunque el cáliz de su poder estaba lleno, no rebosaba»[10].

Capítulo 2. DELEGADOS SOGUNALES EN KIOTO Y KIUSHU

Fue a partir de la era de Shōkyū [año 1219] cuando las autoridades militares de Kamakura decidieron llamar a alguien de sangre imperial para ser investido como sogún, alguien que colaborara con ellos en mantener la paz del Imperio. Los gobernantes supremos lo recibieron en Kamaku-

---

8. Parte de la actual prefectura de Shimane.
9. Sobre la correspondencia de las antiguas provincias mencionadas en el texto con los territorios de las actuales prefecturas, véase mapa en el Anexo 1, al final de este libro.
10. Es una paráfrasis del clásico confuciano *Tratado de la piedad filial*.

ra, le rindieron pleitesía y lo saludaron como nuevo sogún[11]. Después, el segundo año de la era Shōkyū [1221], por primera vez las autoridades militares de Kamakura despacharon a dos miembros del clan Hōjō a la capital, Kioto, para que ocuparan el palacio de Rokuhara y desde allí, como jefes supremos en la capital, mantuvieran bajo estrecha vigilancia a la corte. Más tarde, en los comienzos de la era Einin [1294], enviaron a otro delegado a Chinzei[12] como gobernador militar investido de plenos poderes para controlar la región y prevenir cualquier invasión extranjera[13]. Así, pues, no había nadie en todo Japón que no obedeciera las órdenes del clan militar de los Hōjō y hasta cualquiera que viviera más allá de los cuatro mares estaba sometido al poder del regente de turno de esta familia.

Está en la naturaleza de la alborada robar sin querer el fulgor de las estrellas. De modo semejante, el gobierno militar de Kamakura sin quererlo hacía palidecer la luz de la corte imperial de Kioto. Por ejemplo, los administradores provinciales nombrados por los Hōjō ejercían en las tierras más autoridad que los mismos terratenientes; paralelamente, los gobernadores militares desplegaban más poder que los delegados imperiales. Así, año tras año, cuanto más se debilitaba el fulgor estelar del emperador en Kioto, más brillaba la luz solar del regente de Kamakura.

Ante tal situación, varias generaciones de emperadores vivieron sus días rumiando en sus corazones la rabia sentida por la humillación infringida a Gotoba, muerto en el destierro de la isla de Oki, y doliéndose en secreto de la decadencia de la corte. En realidad, cavilaban día y noche cómo derrocar al sogunato de Kamakura y someter de una vez a los bárbaros del este[14]. En una ocasión no habían podido llevar a cabo su deseo porque la corte carecía de las fuerzas necesarias; en otra, no prestaron atención suficiente a una conspiración contra los militares porque estimaron que no era el momento adecuado. Pero la situación ahora parecía diferente: eran los días en que el

---

11. Pero un sogún que a partir de entonces será un mero títere en las manos de los Hōjō; es decir, un título honorífico o cabeza nominal del gobierno militar o *bakufu,* igual que el emperador era la cabeza nominal del gobierno imperial; por encima —oficialmente por debajo— de esa doble estructura, el clan Hōjō a través del puesto de regente (*shikke* o *shikken*) era el verdadero amo del país. Es preciso tener presente esta estructura dual de gobierno, una constante en la política japonesa, para seguir la masa narrativa de la presente historia.
12. Antiguo nombre de Kiushu, la gran isla más meridional del país.
13. Poco antes, en 1274 y 1281, fuerzas mongolas procedentes de China habían logrado desembarcar en las costas de Kiushu pero fueron obligadas a retirarse tras breves enfrentamientos con los japoneses y, en parte, por la acción de los elementos. El resultado fue un estado de emergencia en el país que duró treinta años.
14. Kamakura, sede del sogunato —ciudad próxima a la actual Tokio— estaba al este de Kioto. El este y norte del archipiélago japonés, originalmente habitado por los ainu, y más alejado de la esfera de influencia civilizadora de China y Corea, se asociaba a la incivilización y la barbarie.

clan Hōjō lo presidía el nuevo regente Takatoki, anterior gobernador de Sagami, un descendiente de Tokimasa en novena generación.

Takatoki se conducía con imprudencia: no hacía caso de las quejas y críticas de sus súbditos; y su gobierno era injusto. En cuanto a su vida privada, se entregaba al libertinaje día y noche, ignoraba el sufrimiento del pueblo y mancillaba el honor de todos sus antepasados. No cesaba de entretenerse con extrañas diversiones y su conducta preludiaba ominosamente el fin de su estirpe. Su caso hace recordar episodios de la historia china, como el de aquel Yi Wei que, llevado por su afición extravagante a las grullas, hacía que estas aves viajaran en palanquines imperiales, una afición a la que puso fin Bei Di cuando acabó con su vida; o el caso de Li Shu de la dinastía Chin que cuando era conducido al patio de ejecuciones echaba de menos a los perros con que cazaba conejos.

El pueblo, suponiendo que al regente Hōjō Takatoki iría a ocurrirle lo mismo que a aquellos ilustres personajes de la historia china, observaba con disgusto su conducta y escuchaba con asombro los rumores que circulaban sobre él.

El emperador por entonces era Godaigo, hijo segundo del emperador Gouda y de la dama Dattenmon-in. Precisamente fue por mediación de Takatoki que Godaigo había sido ascendido a la dignidad imperial a la edad de treinta y un años. En su vida privada el nuevo soberano seguía el camino trazado por los sabios Confucio y el duque de Zhou: cumplía con fidelidad sus obligaciones en las tres relaciones y cultivaba con aplicación las cinco virtudes constantes[15]. En cuanto a su vida pública, atendía con diligencia los asuntos que se le presentaban. Como Godaigo imitaba en su conducta el ejemplo de aquellos ilustres antepasados suyos, Daigo y Murakami[16], el pueblo se congratulaba haciéndose lenguas de sus virtudes. Además, el nuevo soberano se dedicó a restablecer las escuelas de artes plásticas y de artes marciales, que habían decaído en años anteriores, y a recompensar las buenas obras. Los templos budistas y los santuarios sintoístas recuperaron antiguos esplendores, florecieron las escuelas budistas Zen y Ritsu, brillaron maestros de las escuelas Tendai y Shingon, y recobraron su dignidad los sabios del confucianismo. La gente comentaba: «¡Verdaderamente nuestro emperador ha sido enviado por el Cielo para gobernar toda la tierra!». No había nadie que no ensalzara las virtudes del nuevo emperador ni se enorgulleciera de su discreción.

---

15.   Las tres relaciones: soberano-vasallo, padre-hijo y esposo-esposa. Las cinco virtudes constantes del confucianismo: benevolencia o humanidad, decoro o etiqueta, rectitud, sabiduría y sinceridad.
16.   Daigo (897-930) y Murakami (946-967) eran parangones de buenos soberanos.

Capítulo 3. EL SOCORRO A HAMBRIENTOS E INDIGENTES

Los puestos de control situados en los cuatro puntos cardinales de la capital y en la entrada a las siete rutas de la misma, eran los enclaves en los cuales se publicaban las prohibiciones importantes, los avisos de emergencia nacional y las ordenanzas que promulgaba el gobierno de Kamakura.

Además, eran lugares de peaje en donde se recaudaban tributos e impuestos por mercancía y persona, por lo cual representaban una importante carga económica para la actividad comercial, incluido el transporte del arroz, que se desarrollaba en torno a Kioto. Pues bien, el nuevo soberano ordenó el cierre de todos los puestos de control excepto los de Ōtsu y Kuzuha.

El verano del primer año de la era Genkyō [1321] se produjo una grave sequía en Kioto y comarcas aledañas. Los campos no tenían hierba y las tierras mostraban un color rojizo por la pertinaz falta de agua. Los alimentos escaseaban y por las calles de la capital empezaron a deambular personas hambrientas. No tardaron en verse cadáveres abandonados por el suelo. Ese año por un saco de arroz de quince kilos llegó a pagarse la exorbitante cantidad de trescientas monedas[17]. Cuando el emperador Godaigo se enteró de la catástrofe, comentó: «¿Qué culpa tiene el pueblo de esta calamidad? Si el culpable soy yo por carecer de alguna virtud, ¿por qué el Cielo no me castiga a mí solo?». Afligido profundamente por el descontento de los dioses con su virtud como emperador, decidió privarse del desayuno y ofrecer los alimentos de esa comida a los más afectados por la hambruna que asolaba al pueblo. Pensando que no era suficiente, ordenó a los oficiales municipales que investigaran la cantidad de arroz y de otros cereales retenida por las familias más ricas para especular y enriquecerse, que se requisara la mayor parte de la misma y que, en unos puestos instalados a propósito en el barrio de Nijō, la pusieran a disposición de los más necesitados a precios populares. De esa manera, tanto los que vendían, aunque fuera con un pequeño margen de ganancia, como los que compraban pudieron beneficiarse. La hambruna se alivió considerablemente y hasta, según comentaba la gente, se dispuso de reservas de arroz para nueve años.

Cuando surgían querellas y pleitos, el emperador en persona acudía a los tribunales para asegurarse de que los magistrados se hacían cargo de las razones de los litigantes y resolvían con justicia. Los augustos oídos del soberano escuchaban las denuncias del pueblo. Tan eficaz fue la medida que bajo una capa de polvo el látigo del verdugo se pudrió por el desuso y en silencio se quedó el tambor de las denuncias ante el soberano[18].

17. En el original, *mon*.
18. La mención al tambor y al látigo proceden de unos versos de la antología de poesía en chino *Wakan rōeishū*, de hacia 1013, en donde, celebrando la paz y armonía social del

50

La política de Godaigo era gobernar con justicia en todo el país y traer la paz al pueblo. Si se tuviera que calificar el grado de sabiduría de su política en aquellos primeros años de su reinado, podría concluirse que fue tan ilustre como la de otros famosos y sabios gobernantes. Aun así, fue una lástima que en algunos aspectos su política acabara asemejándose a la de Huan, de la dinastía Chi, que gobernó con el poder de la sagacidad y la fuerza militar, y a la del príncipe Chu que por su codicia perdió el arco. Del mismo modo, Godaigo, una vez que reasumió el poder tal como en este libro va a contarse, el reinado virtuoso que antes lo había caracterizado apenas duró tres años.

Capítulo 4. UNA ESPOSA FAVORECIDA Y OTRA DESFAVORECIDA

El día tres del octavo mes del segundo año de la era Bunpō [1318], la dama Kishi, hija del noble Saionji Sanekane, fue nombrada emperatriz consorte[19], pasando a ocupar las dependencias de Kōkiden, los aposentos reservados para las damas de la familia imperial. Antes que ella, cinco damas de varias generaciones de la casa de los Saionji habían ocupado el rango de emperatrices, un privilegio concedido por el sogunato de Kamakura a raíz de la guerra Jōkyū que se puede explicar por la confianza que la oligarquía militar tenía depositada en dicha familia. Los cortesanos no dejaban de asombrarse de cómo, sin duda por el viento favorable de tal privilegio, aumentaba la prosperidad de los Saionji.

Es probable que el emperador se hubiera decidido por la dama Kishi para agradar a las autoridades militares. La joven Kishi apenas tenía entonces dieciséis años. Se había criado, por así decir, rodeada de suntuosas paredes y biombos decorados de pinturas de aves doradas. Era tan exquisita como la flor del melocotón cuando abre sus pétalos, tan frágil que parecía temblar ante la caricia de la brisa de la primavera, tan delicada en su figura como una fina rama de sauce moviéndose con el viento. Su belleza eclipsaba la de las legendarias chinas Mao Chiang y Hsi Shih las cuales, al verla, hubieran bajado la vista avergonzadas, o la de las discretas Chiang Shu y Ching Chin que hubieran ocultado los espejos para no sufrir los destellos de la belleza de esta joven japonesa.

buen gobernante, se afirma: «podridos yacen látigos y palos del verdugo, / y el musgo recubre la piel del tambor de las denuncias, mientras que las aves vuelan felices por el cielo...». Es, además, una referencia a la historia china según la cual el emperador legendario Yao, modelo de gobernante sabio, ordenó instalar en su palacio un tambor para que lo tocara cualquier súbdito con alguna denuncia o queja contra el gobierno.

19.   En el original, *chūgū* o consorte imperial, una posición por encima de las concubinas y por debajo de la emperatriz titular o *kōgō*. En el reinado de Godaigo no hubo ninguna emperatriz titular.

Debería pensarse, por lo tanto, que el augusto amor del emperador Godaigo habría de ser inmenso. Sin embargo, resultó que la joven pasó la vida en sus aposentos en vano, siempre esperando una visita de su majestad. Y es que el favor de un emperador es cosa tan frágil y movediza como la hoja de un árbol.

En lo más recóndito del palacio, la dama Kishi languidecía: en primavera lamentando que los días atardecieran tan despacio mientras suspiraba por una visita imperial, y en otoño doliéndose de que las noches discurrieran tan tristes y largas. Y siempre sola, en medio del lujo de aquellas estancias desiertas en donde ni siquiera tenía la compañía de un gato. Las luces mortecinas de las lámparas iluminaban paredes y celosías, mientras que los inciensos habían dejado ya de exhalar sus fragancias y la lluvia, incansable, abatía suavemente las ventanas. Viéndola así, ¿quién en palacio no se compadecía de la pobre joven? ¿Quién no derramaba lágrimas de simpatía por la joven emperatriz? Las palabras del poeta Po Chui I[20] venían a su memoria:

> ¡Que jamás renazca en esta vida como mujer
> para que ni mi pesar ni mi placer
> de los demás pendan...!

¡Qué razón tenía el poeta!

Por aquellos mismos días, servía a la emperatriz como dama de compañía una tal Yasuko, hija de Ano Kinkado. Ocurrió que Godaigo puso los ojos en ella y se enamoró perdidamente. Fue, por lo tanto, la dama Yasuko la agraciada con el amor exclusivo del soberano haciendo palidecer los rostros femeninos que pululaban en los seis palacios, pues los favores imperiales no se entretuvieron con ninguna otra de las mujeres de la corte, a saber, tres damas de alta alcurnia, nueve princesas, veintisiete señoras nobles, ochenta y una atractivas jóvenes que vivían en palacio. De entre todas ellas, Yasuko supo conquistar el corazón del emperador no solo por el encanto de su figura, sino porque sabía halagarlo con discreción y tomaba la iniciativa de decirle con gracia palabras que él no esperaba. En primavera, en la Fiesta de los Cerezos en Flor, y en otoño, en los banquetes organizados para contemplar la luna, Yasuko siempre subía en el palanquín imperial para acompañar a su majestad. Perdido de amor por esta mujer, Godaigo dejó de madrugar para acudir a los asuntos de gobierno. Finalmente, la nombró también emperatriz consorte, el tercer rango más alto de la familia imperial, a la par que la dama Kishi; y toda la corte a partir de entonces empezó a tratar a Yasuko como esposa titular del emperador. De esa manera, la familia de Ano Kinkado prosperó como si de repente la

---

20. Uno de los más celebrados poetas chinos de todos los tiempos (772-845).

52

luz del sol se hubiera derramado sobre toda ella. Tanto que por entonces a muchos padres les dio por desdeñar el nacimiento de un varón y por preferir tener hijas. Cuando había algún juicio en presencia del soberano, si la dama Yasuko intervenía a favor de alguien, los jueces podían condenar al inocente y absolver al culpable. Y en las deliberaciones sobre asuntos de gobierno, los funcionarios más altos podían dar la razón a quien estaba equivocado si este contaba con la recomendación de la favorita.

Otro poeta chino dijo: «Una pareja de águilas pescadoras sabe divertirse sin excederse y entristecerse sin sufrir demasiado». Son palabras que ilustran la condición de una emperatriz virtuosa comprometida en ayudar a su soberano. Pero volviendo a la dama Yasuko, ¡qué vergüenza que por culpa de una cara bonita el país fuera a conocer tan graves disturbios!

Había en palacio tantas damas honradas con la visita del soberano que este engendró nada menos que dieciséis hijos varones. Por ejemplo, el primogénito, de nombre príncipe Takayoshi o Sonryō, era hijo de la dama Tameyo, hija de Nijō Tameko, gran consejero de la Puerta de la Izquierda. Fue su preceptor Yoshida Sadafusa y a los quince años sabía componer poesía admirablemente. Pasó mucho tiempo entregado al ejercicio poético cogiendo agua del río Tominō y vagando por las ruinas del monte Asaka[21]. El segundo vástago imperial fue Muneyoshi, hijo de la misma madre que Takayoshi. En su infancia vivió en Myōhō-in, un templo en donde profundizó en las enseñanzas del budismo. Pero supo sacar tiempo de sus estudios para componer poesía. En la práctica religiosa, rivalizaba con el monje Saichō y en la poética aventajaba al mismo Jien[22]. El tercer hijo nació del vientre de Chikako, de los Minamoto, y su nombre fue Moriyoshi o Morinaga. Desde la más tierna infancia este príncipe asombró por la vivacidad de su ingenio tanto que su padre pensó en abdicar en favor de él como sucesor en el trono imperial[23]. Pero no pudo ser porque el sogunato de Kamakura tenía otros planes: desde los tiempos del emperador Gosaga, el trono imperial debía ser ocupado alternativamente por un príncipe de la rama de los Kameyama y otro de la rama del emperador Gofukakusa. Como Godaigo pertenecía a esta última, el siguiente no podía ser su hijo. Comprobamos así nuevamente cómo todos los asuntos, públicos y privados, estaban regulados y controlados por las autoridades militares sin consideración alguna a la voluntad del soberano reinante. Por eso, llegó

---

21.   Ambos lugares son celebrados en la poesía clásica japonesa. Mediante su mención se alude al tratamiento de la naturaleza que daba el joven príncipe a sus versos.
22.   Saichō (767-822), también conocido como Dengyō, fue el fundador en Japón de la escuela Tendai. Jien (1155-1225), monje de esta escuela, sobresalió como poeta. Sus versos aparecen de forma prominente en la antología *Shinkokinshū* y es autor de la antología personal «Reunión de joyas» (*Shūgyokushū*).
23.   Era habitual en la época que el emperador abdicara de joven en favor de un hijo todavía en la infancia.

de Kamakura la orden de cancelar la ceremonia de mayoría de edad del príncipe Moriyoshi.

A causa de sus cualidades, este tercer príncipe, Moriyoshi, ingresó en el monasterio de Nashimoto[24] donde se hizo discípulo del príncipe Shōchin. Era tan inteligente que con poco que escuchara, entendía todo. Toda la montaña se estremeció de gozo y los nueve templos[25] juntaron las manos e inclinaron respetuosamente las cabezas. La enseñanza del *Sutra del loto* se difundió por todas partes como si se tratara del aroma de las flores en primavera y las verdades de la religión budista predicadas por el patriarca Tendai irradiaron por todas partes como si fueran los rayos de la luna cuando iluminan los caminos[26]. Los monjes budistas del complejo monástico reverenciaron al joven novicio, felices de saber que él habría de ser el heredero de las enseñanzas de la Ley budista y el encargado de revitalizar la luz de la religión tan pálida por entonces.

La madre del cuarto retoño imperial, de nombre Jōson Hoshinnō era la misma que había alumbrado a Moriyoshi. Se hizo discípulo del príncipe del segundo rango de la nobleza que residía en el templo Shōgo, por lo que se nutrió bebiendo de las aguas de los tres pozos y esperando su recompensa en la aurora de la llegada de Maitreya[27.]

Godaigo tuvo además muchos más brotes de bambú y patios con pimenteros[28]. Con tan nutrida descendencia, la situación era óptima para su tentativa de recuperar el poder político. Todos los indicios, en efecto, apuntaban a que había llegado el momento de restablecer el orden imperial para siempre.

Capítulo 5. LA MALDICIÓN CONTRA KAMAKURA
Y LA TRETA DE TOSHIMOTO

En la primavera del segundo año de la era Genkyō [1322], el emperador convocó una reunión extraordinaria de altas jerarquías budistas a las que

24. Un monasterio filial del templo Enryaku, la casa matriz de la escuela Tendai, en el monte Hiei, al lado de Kioto.
25. «Toda la montaña» y «los nueve templos» son metáforas para referirse al templo Enryaku-ji.
26. Enryaku-ji seguía la enseñanza del budismo Tendai, el cual estimaba dicho sutra como la principal escritura budista. Hay dos versiones completas españolas del mismo: *El Sutra del loto*, Herder, Barcelona, 2015; y Sígueme, Salamanca, 2009.
27. «Los tres pozos» es una referencia a Mii-dera, un templo también llamado Onjō-ji, cuyo nombre significa «tres pozos». El superior de este templo residía en Shōgo-in. En cuanto a la aurora de Maitreya, se refiere al advenimiento del buda Maitreya previsto que ocurra según la tradición budista unos cinco mil millones de años después de la entrada en nirvana del buda histórico Shakyamuni.
28. Son dos metáforas, tomadas de la retórica china, para referirse, respectivamente, a hijos e hijas.

54

ordenó que rezaran toda clase de plegarias para que la primera emperatriz consorte, la dama Kishi, quedara embarazada. En el grupo de dignatarios religiosos destacaban dos: Enkan, del templo Hosshō o Hosshō-ji, y Monkan, del templo Zuishi, los cuales recibieron el encargo directamente de los labios augustos del emperador. Los dos venerables religiosos instalaron un altar en el interior mismo de los aposentos del palacio de clausura enfrente de donde se hallaba recluida la emperatriz. Y allí se pusieron a orar con gran fervor, ensayando todo tipo de rezos y practicando toda suerte de ritos: el del Ojo de Buda, la Rueda de Oro, los Cinco Altares, el *Sutra del rey Pavo Real*, la invocación de los Siete Budas Yakushi, el Shijōkō para apartar las desgracias, el Ususama Generador de Masculinidad y Limpiador de Impurezas, la oración de los Cinco Grandes *bodisatvas*[29] del Tesoro de la Vacuidad, el rito a Kareiteimo, la advocación a los Seis Kannon, las fórmulas de Ocho Palabras de Fugen y Monjū para lograr la longevidad, y las plegarias a Kongō Dōji[30]. Mientras rezaban, quemaban maderas cuya fragancia y humo bañaban los jardines privados del emperador, y tocaban las campanillas y gong cuyos ecos resonaban solemnes por los aposentos del palacio. No había espíritu vengativo, por poderoso que fuera, ni demonio capaz de interferir, o alterar la fuerza de la salmodia sagrada de los monjes. Día tras día prosiguió esta liturgia sin que decayera la devoción con que se realizaba. Sin embargo, en los tres años siguientes no hubo indicio alguno de embarazo. Más tarde, sin embargo, habría de descubrirse que el embarazo de la emperatriz había sido una excusa, pues las oraciones de los monjes en realidad habían obedecido a otra razón, a una finalidad guardada en el máximo secreto: ¡maldecir al sogunato de Kamakura!, ¡rezar por su destrucción!

Efectivamente, la idea de hacer frente a la autoridad militar del país hacía tiempo que rondaba por la cabeza del emperador. Deseaba incluso consultarla con gente de confianza, como súbditos y consejeros sabios, pero vacilaba porque temía que pudiera llegar a oídos de los espías de Kamakura. Finalmente decidió confiarse a un círculo íntimo del cual formaban parte las siguientes personas: Hino Suketomo, Hino Toshimoto, Shijō Takasuke, Kazamin Morokata y Taira Narisuke. Solo a estas personas y con el máximo sigilo, Godaigo les reveló el plan de atacar al gobierno militar. A través de ellos intentó también ganar a su causa a gente de armas. Pero ningún samurái principal se atrevió a unirse a la conjura excepto Nishigori Hōgandai y Asuke Shigenori. En cambio, los bonzos guerreros de Enryaku-ji y de Nara sí que se respondieron al llamamiento del emperador.

---

29.   Es la hispanización de *boddhisattva* (en japonés, *bosatsu*), que significa el ser celestial cuya compasión por los seres vivos le hace objeto de devoción de los creyentes. En el budismo japonés, *bodisatvas* como Kannon y Jizō han sido y son objeto de culto popular.
30.   Eran todos ritos propios del budismo esotérico.

Uno de los conjurados más fieles, Toshimoto, había seguido el camino tradicional de su familia, el confucianismo. Por su inteligencia y formación, fue seleccionado para un puesto importante: director del Gabinete de Archivos con responsabilidad de la Secretaría Imperial. Este cargo le exigía estar tan ocupado que apenas podía tramar una conspiración a gran escala contra los Hōjō de Kamakura. «Debo encontrar tiempo, aunque sea encerrándome en casa, para organizar bien el levantamiento», pensaba.

Fue entonces cuando los bonzos guerreros de Yokawa, parte del templo Enryaku, se presentaron en palacio con una querella escrita. Cuando Toshimoto abrió el documento y lo leyó en voz alta delante de una asamblea con toda la corte solemnemente reunida, se equivocó a propósito en la lectura de uno de los sinogramas del escrito: pronunció *Mangonin* en lugar de *Ryōgonin*[31]. Los cortesanos de más alto rango se miraron y estallaron a reír. Comentaron:

—Quien confunde el sinograma de *man* con el de *ryō*, también debería pronunciar *moku* con el sinograma de *so* porque *moku* es parte del sinograma completo de *so* cuando se escribe solo[32].

Toshimoto fingió estar muy turbado y se retiró de la asamblea con este pretexto:

—Siento tanta vergüenza que voy a encerrarme en casa.

Todo fue una treta. Se retiró a su casa y pasó medio año sin ir a palacio a cumplir con los deberes de su puesto en la corte. Gracias a esta estratagema, Toshimoto pudo emplear ese tiempo en recorrer las provincias de Yamato, donde estaba Nara, y de Kawachi, donde estaba Osaka. Viajaba de incógnito disfrazado de monje con el objetivo de conocer el terreno para determinar en secreto cuál sería el mejor emplazamiento donde construir las fortalezas que sirvieran de base de resistencia contra el sogunato. Además, recorriendo el este y oeste de esas regiones, deseaba conocer de primera mano las costumbres locales, sondear la disponibilidad de algunos samuráis principales para unirse a la conjura y calibrar los recursos financieros de los hacendados más poderosos de dichas provincias.

Capítulo 6. LAS FIESTAS DE SUKETOMO

Había dos samuráis de la provincia de Mino, Toki Yorisada y Tajimi Kuninaga, de los Genji, rama Seiwa, famosos por su arrojo y valor que vivían en Kioto. Uno de los conjurados más fieles al emperador, Hino Suketomo, decidió establecer contacto con ellos con la intención de unirlos a su causa. Llegó hasta hacerse amigo de los dos guerreros, pero dudaba de confe-

31. Ryōgonin era el edificio principal de Yokawa.
32. Son los sinogramas de 万 (*man*), 楞 (*ryō*), 相 (*so*) y 木 (*moku*).

sarles un asunto tan grave como la conspiración contra el sogunato. Se le ocurrió la idea entonces de organizar una gran fiesta con abundancia de sake para que los dos samuráis desataran sus lenguas y abrieran sus pechos. A la fiesta invitó, además de a ellos dos, a Kazamin Morokata, Shijō Takasuke, Toin Saneyō, Hino Toshimoto, Date Yuga, Hogen Genki, Asuke Shigenori y Toki Yorikazu. Algunos de estos eran cortesanos de elevado rango; otros, monjes.

La fiesta se animó tanto que muy pronto se olvidaron los rangos de los asistentes y los brindis se sucedieron uno tras otro sin orden ni respeto al protocolo. Los cortesanos se quitaron sus *eboshi*[33] y se desataron la coleta; los monjes se despojaron de los hábitos. Para amenizar la fiesta, Suketomo habría mandado venir a unas veinte jóvenes, ninguna con menos de veinte años, y todas guapas y alegres, que les servían sake en copas. La piel de sus cuerpos, visible a través de las telas casi transparentes de sus kimonos, era nívea y reluciente. Poseían la belleza de la flor del loto cuando abre sus pétalos en el estanque Taieki[34]. Suketomo, el organizador de la fiesta, había traído exquisiteces del mar y la montaña, y un sake delicioso que corría abundante de copa en copa como el agua de una fuente inagotable. Los asistentes se divertían cantando, recitando poemas y bailando. Pero, en las pausas de tanta juerga, deliberaban sobre cómo acabar con los bárbaros del este[35].

Como estas fiestas, sin motivo aparente, se repitieron más veces, Suketomo temió que despertaran sospechas entre los vecinos. Decidió entonces hacer pensar que se trataba de tertulias literarias para lo cual invitó al monje Gen-e Sozu, conocido por sus profundos conocimientos sobre literatura, a que asistiera y les ofreciera alguna charla sobre la poesía de Han Yu[36]. Ignorante de que en realidad se trataba de una reunión de conspiradores, el monje aceptó la invitación y cada vez que venía, disertaba ante los reunidos sobre literatura. Un día en que les recitaba un extenso poema sobre el destierro del autor a Chao Zhou, los asistentes dijeron entre sí: «Estos versos son totalmente nefastos. Seguro que traen mala suerte. Lo que nosotros necesitamos oír es algún poema de asuntos bélicos. ¿Qué tal, por ejemplo, el *Wu Tzu* o *El arte de la guerra*, o bien *Las seis enseñanzas secretas*, o incluso también estaría bien *Las tres estrategias*[37]?».

Con este comentario dejaron de prestar atención a la poesía de Han Yu.

33. Sombrero negro y cónico usado por los cortesanos.
34. Un estanque de legendaria belleza celebrado en la poesía china del que se dice que fue creado por el emperador chino Han Wu Ti (156-87 a.e.).
35. Por antonomasia, los samuráis que vivían en las regiones del este inculto, como Kamakura y Musashi —actual Tokio— con respecto a la refinada capital Kioto (véase nota 14, p. 48).
36. Este poeta (768-825) floreció en la China de la dinastía Tang y era célebre por el estilo de dicción poética que lleva su otro nombre: Chang Li.
37. Los cuatro son antiguos tratados chinos sobre la ciencia militar.

Pues bien, este famoso poeta chino nació en los últimos años de la dinastía Tang. Fue un verdadero genio de la poesía. Como poeta, su nombre rivaliza con los de Tu Fu y Pu Chu I; y como prosista, es superior a la de cualquiera de los escritores de las dinastías Han, Wu, Chin y Sung. Tenía un sobrino, de nombre Han Xiang, el cual, sin conocimiento alguno sobre las letras ni interés en la poesía, había estudiado exclusivamente el taoísmo haciendo de la no acción el norte de su vida, y del flujo de la naturaleza, la guía de sus actos. Un día Han Yu reprendió a su sobrino Han Xiang con estas palabras:

—Has visto la luz y has crecido en este mundo como ser humano. Sin embargo, te has desviado del camino correcto de la rectitud y la benevolencia. Tal descarrío es una vergüenza para un ser humano y un error en el que solamente caen los insensatos.

Con una sonrisa desdeñosa, Han Xian le replicó:

—Hablas del camino correcto del ser humano, pero ignoras que lo no correcto es no dejarse llevar por la naturaleza y la no acción. ¿De qué sirven la ciencia y todos los conocimientos del mundo cuando uno se olvida de la naturaleza? Yo disfruto dejándome llevar por el fluir de la naturaleza y permaneciendo ajeno al dualismo del bien y el mal. Soy capaz, por lo tanto, de realizar el acto de crear el cielo y la tierra, de elevarme sobre las montañas y los ríos dentro de la semilla de un mandarino, y así usurpar las funciones del Hacedor. No puedo evitar, en cambio, sentir lástima por ti, que eres mi tío, cuando te veo tan ufano siguiendo las doctrinas rancias de los viejos maestros y dedicándote toda la vida a aprender tonterías.

Han Yu le preguntó entonces:

—No puedo creer nada de lo que dices. Vamos a ver: demuéstrame cómo realizar ese acto de la creación de que hablas.

Su sobrino, sin responder, tomó en la mano una bandeja de lapislázuli vacía, la puso boca abajo y, en un movimiento rápido, volvió a ponerla boca arriba. Entonces, sobre la bandeja aparecieron dos ramas y unas hermosas flores de peonia hechas de jaspe.

Han Yu se quedó mirando las flores maravillado y observó que entre las flores había el siguiente poema escrito en letras doradas:

Las nubes reposan en la cumbre del monte Chin Ling, ¿pero dónde está
mi casa?
La nieve oculta un paso fronterizo en Lan Tian y mi caballo no avanza.

Una vez que leyó muy extrañado estos dos versos y comprobó la elegancia con que estaban escritos, Han Yu reconoció su incapacidad para desentrañar el sentido. Después alargó la mano para coger las ramas, pero estas desaparecieron súbitamente.

Tras este incidente, todo el mundo supo que Han Xiang había adquirido las artes mágicas.

Pasó el tiempo y Han Yu fue desterrado a Chao Chou por haber ofendido al emperador al pedirle que honrara el confucianismo y abandonara el budismo. Un atardecer, el caballo en el que viajaba hacia su destierro se negó a dar un paso más, a pesar de que todavía faltaba mucho camino por recorrer. Cuando Han Yu volvió la cabeza para mirar su lugar de nacimiento, vio que el monte Ching Ling estaba cubierto de nubes y no distinguía la ruta de donde venía. Abatido, trató de subir por una senda escarpada, pero observó que el control fronterizo se hallaba oculto por la nieve la cual, además, no le dejaba ver el camino adelante. Sin poder avanzar ni retroceder, miró alrededor. A su lado, como surgido de la nada, apareció su sobrino Han Xiang. Muy alegre, Hah Yu bajó del caballo, se agarró a las mangas de su sobrino y rompiendo a llorar, le dijo:

—Ahora comprendo que con el poema que había entre las flores de jaspe del año pasado deseabas informarme de la pena de mi destierro. Te has presentado para verme... Sí, ahora entiendo todo... Sé que voy a morir triste en un país extraño, sin jamás poder volver a mi tierra. Tampoco podré verte más, así que debemos despedirnos para siempre. ¿Cómo podré aguantar este dolor?

Han Yu compuso entonces un poema de seis versos que completaron los dos de su sobrino:

Por la mañana envié una carta para aconsejar al emperador;
por la tarde inicié el camino de cuatro mil kilómetros del destierro
                                    a Chao Chou.
Quería eliminar la mala influencia que para el trono tiene el budismo.
A mi avanzada edad, ¿por qué lamento los años que me quedan?
Al monte Ching Ling las nubes coronan y yo no sé dónde está mi casa.
En Lan Tian la nieve oculta el paso de la frontera y mi caballo no avanza.
Por afecto has venido de lejos a visitarme
y por afecto te pido que mis huesos recojas y lleves a las orillas del río Han.

Han Xiang se guardó el poema en las mangas de su vestido. Tío y sobrino se despidieron con lágrimas en los ojos. Uno partió al este; el otro, al oeste.

¡Con qué razón se dice: «Nunca hables de sueños con un tonto»! Y es que era absurdo que quienes oyeron esta historia que contó el monje Gen-e Sozu pensaran que iba a ser funesta.

Otro de los conjurados era Toki Yorinao. Pero su esposa, a la cual amaba tiernamente, era hija de Saitō Toshiyuki, un magistrado en el palacio de Rokuhara, el cuartel general del sogunato en Kioto. Por eso su posición era muy delicada. Los tiempos andaban tan revueltos por aquellos días que incluso Yorinao temía ser asesinado si se descubría la conjura. Su temor obedecía sobre todo a tener que despedirse para siempre de su esposa, la cual todavía no sabía nada del complot. Una noche en que estaban juntos no pudo resistir más y con lágrimas en los ojos le confesó:

—Dicen que cuando dos desconocidos buscan refugio de la lluvia bajo el mismo alero de una casa o se agachan para beber agua del mismo arroyo, es por algún lazo *kármico* anudado en vidas anteriores. En nuestro caso ya llevamos tres años casados. Sabes bien, como te lo demuestro con obras, que mi amor por ti es sincero. Pero también comprendes que en este mundo nada es para siempre y que todo es mudable. Ya sabes: dos personas se encuentran y luego, tarde o temprano, se dicen adiós. Es ley de vida. Puesto que nos hemos jurado amor eterno como marido y mujer, solo espero que, si te llegan noticias de mi muerte, me guardes la castidad de tu corazón y realices los funerales correspondientes. Si me reencarno en ser humano, confía en que volveré a casarme contigo en mi siguiente vida. Y si renazco en el paraíso de Buda, estate segura de que te esperaré sentado en una flor de loto con un lugar a mi lado para que te sientes.

Su mujer escuchaba atentamente. A medida que su marido hablaba, los ojos se le humedecían hasta que sus sollozos empezaron a hacerse más y más fuertes. Finalmente, le contestó entre lágrimas:

—¡Qué cosas tan raras dices! No comprendo nada de lo que hablas. Sí que sé que nadie sabe lo que va a ocurrir mañana, ni siquiera a pesar de nuestro juramento de fidelidad. Pero tú hablas de lo que va a ocurrir después de la muerte... ¿Es que ya estás pensando en dejarme, en olvidarme? Si no, no hablarías así.

Entonces, Yorinao dijo irreflexivamente:

—No, no es eso. Lo que pasa es que de improviso el emperador me ha honrado dándome una orden con la que no podía ni soñar y me ha pedido mi lealtad incondicional. No puedo negarme a ello. Ahora formo parte de una camarilla de conspiradores. Mi suerte está echada y no tengo ninguna probabilidad de sobrevivir. Siento tanto dolor por tener que separarme de ti que no he podido resistir el deseo de hablarte como te he hablado.

Después prosiguió:

—Ahora te pido que no hables de esto con nadie. Bajo ninguna circunstancia.

Esta mujer era perspicaz y a la mañana siguiente, después de despertarse temprano, pasó todo el día dándole vueltas a lo mismo: «¿Qué hago?

Mi marido está metido en una conjura contra el sogunato. Si es descubierto, lo matarán. Sin embargo, como mi padre trabaja para el sogún, si el gobierno de Kamakura cae, ni yo ni nadie de mi familia sobreviviremos».

Tras mucho reflexionar y juzgando que era lo mejor para su marido, resolvió contárselo todo a su padre, Toshiyuki, y pedirle que intercediera por Yorinao para que no fuera ejecutado y que toda su familia pudiera vivir en paz. Así pues, no perdió tiempo en ir con mucho sigilo a casa de su padre y revelarle con pelos y señales todo lo que su marido le había contado.

Toshiyuki, alarmado, llamó a su yerno y nada más verlo le espetó:

—No puedo creer lo que me han dicho. ¿Es verdad? ¿No sabes que tal como está hoy el mundo conspirar contra el sogún es como lanzarse al agua con una piedra al cuello? Si alguien os delata a los samuráis de Rokuhara, ya sabes lo que va a pasar: la ejecución fulminante; y no solo tuya, sino de todos nosotros, de nuestra familia entera. Creo que lo más sensato en este momento es que yo vaya a Rokuhara a contarles todo a las autoridades. Les diré que tú me has revelado el complot nada más conocerlo. Así tal vez te libres de la muerte. ¿Qué te parece?

Yorinao estaba impaciente por resolver este asunto y como, además, tenía un corazón cobarde, contestó nervioso:

—Está bien. Os ruego que os ocupéis de todo e intentéis salvarme la vida como mejor os parezca.

Antes de que rompiera el alba, Toshiyuki se apresuró al palacio de Rokuhara donde informó a la autoridad militar de la conspiración con todo lujo de detalles y sin omitir ningún nombre de los conjurados. Inmediatamente, se declaró el estado de alerta y, sin revelar la causa, se convocó a todos los samuráis que había en la capital y los alrededores. Entre ellos estaban dos de los conjurados, Yorisada y Kuninaga. Se pasó revista a la tropa y el nombre de todos quedó registrado.

Capítulo 8. EL ATAQUE SORPRESA

Al mismo tiempo, se dijo que en cierto lugar llamado Kuzuha, provincia de Settsu, unos samuráis locales se habían levantado contra el representante imperial. En Rokuhara se anunció que al día siguiente partiría una fuerza para someterlos y que se reforzarían los puestos de vigilancia en cuarenta y ocho puestos de la provincia y en la misma capital. Todo era una estratagema para no despertar sospechas entre los dos samuráis conjurados y a fin de que no huyeran. Y así ocurrió, pues efectivamente, Yorisada y Kuninaga, sin figurarse que la expedición del día siguiente era para matarlos, se retiraron tranquilamente a sus casas.

Amaneció el día 19 del noveno mes. A la hora de la Liebre [seis de la mañana] había ya tan nutrida hueste a las puertas de Rokuhara que parecía que una nube se hubiera asentado en la explanada. Estaban al mando Ogushi Noriyuki y Yamamoto Tokitsuna los cuales ordenaron avanzar con rapidez mientras al aire ondeaban los estandartes de los Hōjō. La fuerza de tres mil hombres fue dividida en dos destacamentos. Uno iba a atacar el barrio de Nishikoji Takakura, donde estaba la casa de Tajimi Kuninaga; otro marcharía contra Sanjō Horikawa, donde vivía Toki Yorisada.

Ante el temor de que Yorisada se escapara al ver llegar a tantos samuráis a su barrio, Tokitsuna detuvo a sus guerreros al lado del río y él, acompañado de solo dos de sus hombres con las alabardas listas, se acercó sigilosamente a la casa del conspirador. Desmontó del caballo a la puerta principal y entró al patio por una puerta pequeña que había al lado de la principal. Los vigilantes todavía dormían. Se oía cómo roncaban y podían verse sus katanas, la larga y la corta, abandonadas junto a las almohadas. Tokitsuna y sus hombres dieron una vuelta hasta los establos en busca de alguna puerta trasera. Pero detrás de la casa solo había un muro de adobe sin salida alguna. Tranquilizados al comprobar que su presa no podría escapar, Tokitsuna entró en la casa y abrió una puerta situada al fondo de una sala de visitas. En ese momento Yorisada se estaba despertando y se arreglaba la coleta. Nada más ver a Tokitsuna, dijo:

—De acuerdo. Aquí estás... —y echó mano a su katana larga, apoyada en un soporte al lado de la cabecera del lecho. De una patada abrió la puerta de la sala de visitas donde estaba su enemigo. Arremetió contra él con furia y, como si segara hierba, le dio un sablazo en horizontal porque tenía miedo de golpear contra el techo si alzaba la katana. Tokitsuna paró el golpe y, en lugar de contraatacar, se limitó a parar y esquivar sus ataques, y a retroceder poco a poco, pues deseaba sacar a Yorisada al patio donde podría combatir con más libertad de movimientos y donde sería más fácil capturarlo vivo. En una pausa del combate, volvió la vista atrás y vio cómo por la segunda puerta de la casa irrumpía un tropel de sus hombres lanzando gritos de ánimo. Cuando Yorisada también lo vio, comprendió que si seguía luchando, acabaría prisionero. «Pero ¡qué ignominia sería caer prisionero!», pensó. Decidió entonces dar la espalda y correr a refugiarse a su dormitorio. Allí, solo, rápidamente empuñó la katana corta y se la clavó en el vientre haciéndose un corte en forma de cruz. Dejó caer la cabeza hacia el norte y expiró enseguida. Así evitó la afrenta de la captura. Los vigilantes de la casa, que habían despertado sobresaltados, fueron en el acto pasados por las armas. Ninguno logró escapar. Después Tokitsuna se acercó al cuerpo sin vida de Yorisada y le cortó la cabeza que colgó en la punta de su katana larga. Salió de la casa y a toda prisa emprendió el regreso a Rokuhara.

Entretanto, Ogushi Noriyuki, el otro general de los Hōjō, avanzaba al frente de sus tres mil hombres en dirección a la casa del otro conjurado, Kuninaga. La noche anterior, este había bebido tanto que cayó dormido en total estado de embriaguez. Fue despertado por el tumulto de los tres mil samuráis que, a grito herido, venían contra él.

—¿Qué es ese alboroto? —preguntó somnoliento.

A su lado dormía una mujer de la vida la cual, al comprender la situación, y valiente como era, empuñó resueltamente las armas de Kuninaga y se las tendió mientras lo ayudaba a vestirse y a atarle bien fuerte los cordones de la armadura. Inmediatamente después salió rápidamente a despertar a los criados que dormían en las otras habitaciones. Uno de ellos era Ogasawara Magoroku que, con la katana en la mano pero sin ponerse la armadura, salió disparado hacia la puerta de la vivienda. Al abrirla, vio que por encima del muro asomaban estandartes con el blasón de una rueda, el emblema de los Hōjō.

—¡Los soldados de Rokuhara! —exclamó, cerrando la puerta y volviendo dentro—. Los samuráis de Rokuhara vienen a atacarnos, señor. Seguro que alguien nos ha delatado. Hay que prepararse enseguida.

Magoroku se vistió la armadura a toda prisa, empuñó el arco lacado y se colgó del hombro una aljaba con veinticinco flechas. Subió a la atalaya que había en la puerta principal y desde allí encordó una flecha de acerada punta en el arco, abrió una ventana y gritó:

—¡Eh, soldados! ¿Quién está a vuestro mando? A ver si podéis parar esta flecha...

Con estas palabras tensó el arco y aguantó unos segundos. Un dardo de doce palmos y tres dedos salió zumbando hasta clavarse en la parte frontal del yelmo del primer jinete que se acercaba, un samurái llamado Kinuzuri Sukehusa al servicio de Kano Shimotsuke. La punta de la flecha le atravesó la tabla de protección del interior del yelmo y Sukehusa se desplomó del caballo. Fue la primera víctima de la puntería de Magoroku. De la atalaya salían flechas en todas direcciones, lanzamientos certeros que se clavaban en brazos, piernas y yelmos. En un abrir y cerrar de ojos mató a veinticuatro soldados. Sacó del carcaj la última flecha que le quedaba, arrojó la aljaba vacía y mirando la flecha se dijo: «Esta me la llevaré para defenderme en ultratumba»[38]. Se la colgó de la cintura y, dirigiéndose a los enemigos, exclamó:

—Ante vuestros ojos tenéis al guerrero con más valor de todo Japón, un hombre que va poner fin a su vida por haber jurado ser fiel al emperador. Con mi muerte, mi nombre quedará inscrito en los anales de la historia.

Tan pronto como Magoroku acabó de hablar, se metió la punta de la katana en la boca y se arrojó desde lo alto de la atalaya. Al caer, el sable le perforó la cabeza, pereciendo en el acto.

---

38. Aunque en el original se menciona al principio que la aljaba que se cuelga Magoroku del hombro contiene veinticuatro flechas, en realidad tenía veinticinco. Una antigua tradición guerrera aconsejaba no usar la última flecha en la aljaba pues se creía que poseía el poder de proteger al guerrero caído en combate más allá de la muerte.

Mientras, Kuninaga y veinte hombres, entre familiares y criados, habían salido al patio armados y atrancaron la puerta principal. Se quedaron esperando a que los atacantes derribaran la puerta para hacerlos frente. Aunque los enemigos eran numerosos, como nubes apelotonadas y partículas de espesa niebla, Kuninaga y los suyos poseían el poder de la muerte del guerrero por lo que esperaban dentro tranquilos. Esta disposición a morir atemorizaba tanto a los de fuera que nadie se atrevía a forzar la puerta. Solamente cuatro hombres, Itō Hikojirō, su hijo y dos hermanos, se arrastraron por debajo de unas tablas rotas de la puerta y entraron. Su acción fue valiente, pero fueron matados sin apenas tiempo de luchar. Ante esto, sus compañeros de fuera no se atrevieron a seguir su ejemplo y nadie osaba acercarse a la puerta. Algunos de los hombres de Kuninaga abrieron la puerta desde dentro y para ofenderlos se pusieron a gritar así:

—¡Vamos! ¿Dónde ese ímpetu con que veníais a por nosotros? ¡Cobardes! ¡Adelante, entrad! Como regalo de despedida, os ofrecemos nuestros cuellos.

Heridos en su orgullo por estas palabras, unos quinientos hombres de Rokuhara bajaron de sus caballos y dando gritos derribaron la puerta y consiguieron irrumpir en el patio. Frente a ellos, Kuninaga se mantenía firme, resuelto a no retroceder ni un paso. Sus veinte hombres se abalanzaron contra la nube de enemigos descargando tajos a diestro y siniestro sin parar, y con tal ferocidad que los supervivientes de los quinientos enemigos se retiraron en desorden como hojas que dispersa la tempestad. Pero, como eran tantos, una segunda línea de combate, que estaba apostada en la retaguardia y formada por otros quinientos samuráis, se adelantó e irrumpió en el patio tras franquear la desvencijada puerta. Nuevamente la embestida de los hombres de Kuninaga hizo retroceder también a este grupo; pero después llegó una tercera línea; y luego otra y otra, en oleadas. Unos se defendían, otros eran perseguidos, muchos caían muertos. Se luchaba con intensidad, el fragor era ensordecedor y saltaban chispas de los aceros. Desde la hora del Dragón [ocho de la mañana] hasta la del Caballo [mediodía] no dejaron de pelear. Mientras resistían los de Kuninaga, unos mil hombres al mando de Sasaki Hangan rodearon el edificio y destruyeron algunas viviendas que había en la calle Nishikoji a fin de poder acceder directamente a la casa. Kuninaga, al darse cuenta de que estaban rodeados, comprendió que todo estaba acabado. Ordenó a sus veinte hombres que se replegaran hasta la puerta de la vivienda, se pusieran en doble fila y todos, incluido él mismo, se apuñalaran entre sí. Así lo hicieron. Como varillas chinas de las que se usan para hacer vaticinios, todos fueron cayendo en desorden y sin vida. Las tropas de Rokuhara llegaban ya por detrás y se unieron a los supervivientes que habían estado combatiendo. De los cuerpos sin vida de Kuninaga y sus hombres cortaron las cabezas y se las llevaron al palacio de Rokuhara. El combate había durado cuatro horas aproximadamente y el número de víctimas, entre heridos y muertos, ascendía a doscientos setenta y tres.

Capítulo 9. LA DETENCIÓN DE LOS CORTESANOS

Después de la muerte de Yorisada y Kuninaga, se descubrió que también los cortesanos Suketomo y Toshimoto estaban confabulados. De las regiones del este llegaron a Kioto dos samuráis, Nagasaki Yasumitsu y Nanjō Munenao, con la orden de apresar a los dos conjurados. La detención, que se produjo el día 10 del quinto mes del segundo año de la era Shōchū [1324], fue una sorpresa para los dos cortesanos, pues no imaginaban que habían sido delatados. Cuando mataron a Yorisada, las autoridades militares enviadas por el sogunato no habían realizado ninguna detención ni hecho público el complot. Los dos cortesanos creían que, como Yorisada y Kuninaga habían perecido sin hablar, ni nadie había sido hecho prisionero, la conspiración seguía siendo un secreto por lo cual su detención fue una gran sorpresa. Cuando se presentaron los samuráis para llevárselos, sus esposas y damas de compañía, alborotadas, trataron de huir o de esconderse en vano. Los soldados entraron de malos modos en la casa, sacaron a la calle todos los muebles y objetos valiosos que encontraron e hicieron que sus caballos los hollaran con sus cascos hasta reducir todo a pedazos.

Suketomo, de la familia de los Hino, ocupaba el puesto de director del gabinete de Policía de Kioto, había sido nombrado consejero medio y elevado al cuarto rango de la nobleza cortesana. Gozaba de la privanza del soberano y su familia había adquirido una extraordinaria prosperidad. Por su parte, Toshimoto procedía de una prestigiosa tradición familiar confuciana y en la corte imperial disfrutaba de un rango más alto que por los méritos propios le correspondía. Sus compañeros de la corte lo halagaban y lo contemplaban como quien se queda de pie mirando, en medio de la polvareda levantada por el caballo, a un jefe que se aleja a galope y como un viejo indigente que se humilla para beber las heces frías del sake que al rico le sobran. En los *Analectas* de Confucio hay una frase: «Cuando la rectitud falta, las riquezas y los honores no son sino nubes que flotan ante los ojos». ¡Qué gran verdad encierran estas palabras! En efecto, la fortuna de Suketomo y de Toshitomo se desvaneció como se desvanecen los sueños cuando uno despierta y se transforman en amarga realidad. Cuantos fueron testigos de la historia de sus vidas o las escucharon, se dieron cuenta de que la prosperidad siempre es fugaz y transitoria. No había nadie que, al oírlas, dejara secas las mangas de sus kimonos[39].

39. Es decir, nadie que evitara llorar hasta humedecer las mangas con las que se enjugaba las lágrimas. En el presente texto, mojar las mangas será metáfora habitual de llorar.

El día 27 del mismo mes los dos cortesanos, Suketomo y Toshimoto, fueron llevados a Kamakura acusados de ser los principales instigadores de la conjura y, por tanto, reos de muerte. Pero como los dos eran allegados al emperador y hombres distinguidos por su saber y talento, no los torturaron. Las autoridades del sogunato temían, además, la posible reacción del pueblo y el disgusto del soberano. Se decidió, en consecuencia, encarcelarlos como presos comunes.

Capítulo 10. EL MENSAJERO IMPERIAL

Hay una leyenda china según la cual la séptima noche del séptimo mes[40] las estrellas Vega y Altair cruzan el puente que las urracas tienden con sus alas. De esa manera las dos estrellas se encuentran para amarse después de haber esperado un año. Para conmemorar la leyenda, la nobleza del palacio imperial celebraba una fiesta que consistía en atar a una caña de bambú papelitos con deseos y en colocar melones en el jardín. Sin embargo, ese año la sociedad cortesana andaba tan revuelta por los acontecimientos que no había nadie inspirado para componer un buen poema digno de la ocasión, ni para tocar bien un instrumento musical.

La gente del palacio se movía inquieta, cabizbaja y con el ceño fruncido. Sabían que eran tiempos cuando los espíritus flaqueaban y los corazones eran presa del terror. Si por ventura alzaban la cabeza, era para preguntarse unos a otros: «¿Quién será el siguiente de nosotros sobre el que se abatirá la desgracia que reina en este mundo en descomposición?»[41]. A medianoche el emperador preguntó:

—¿Hay alguien de servicio esta noche?

—Yoshida Fuyukata, majestad —le respondió alguien.

Cuando este cortesano compareció, el soberano dio unos pasos hacia él y le dijo:

—Después de la prisión de Suketomo y Toshimoto, el sogunato de Kamakura todavía no se ha aplacado. Mientras, nuestra capital sigue inquieta y expuesta al peligro. ¿Cómo podremos estar tranquilos temiendo que los militares emprendan alguna violencia de las suyas contra nosotros? ¿Se te ocurre alguna idea para controlarlos?

Fuyukata se postró respetuosamente y habló en estos términos:

—A mis oídos no ha llegado noticia de que Suketomo o Toshimoto hayan confesado y descubierto todo sobre la conspiración. No creo que

---

40. En gran parte del Japón moderno esta fiesta suele celebrarse el 7 de julio y se llama Tanabata.

41. Sobre el trasfondo budista de la noción del mundo en descomposición o Era Postrera de la Ley (*mappō*) en el siglo XIV japonés, véase la introducción, pp. 12-14.

el sogunato adopte más medidas; aunque hay que reconocer que últimamente actúa sin consideración alguna a la casa imperial. Su Majestad debe estar muy atento.

Quizás no sea mala idea escribir una carta de juramento de lealtad al laico de Sagami[42] con la que templar su ira.

—Nos parece una buena idea. Escríbele tú mismo de inmediato —ordenó el emperador.

Fuyukata escribió un borrador de la misiva que mostró a Godaigo. El emperador lo leyó detenidamente y se quedó un rato en silencio. De repente por sus augustas mejillas empezaron a rodar lentamente unas lágrimas que cayeron sobre el papel y que el mismo soberano se apresuró a enjugar con la manga del kimono. Todos los presentes, jóvenes y viejos, lloraron de pena al ver la escena.

Se decidió enviar como portador de la misiva imperial a Madenokōji Nobufusa. Cuando este llegó a Kamakura, el laico de Sagami recibió la carta de manos de Adachi Takakage. Al disponerse a leerla, Nikaidō Sadafuji lo amonestó con estas palabras:

—¡Cuidado, Señoría! El emperador se ha dignado enviarnos una carta de juramento. Hasta el día de hoy no existe ningún precedente de hecho tal ni en nuestro país ni en otros países[43]. Por lo tanto, puede haber gran peligro en el simple hecho de leerla. Piense Su Señoría que los dioses y los budas están mirando. Mejor sería que Su Señoría le devolviera la carta al embajador sin abrirla.

El regente Takatoki contestó:

—¿Qué importa eso?

Pero, por si acaso, el regente le pidió a Saitō Toshiyuki, uno de sus hombres de confianza, que se la leyera. Cuando este llegó al pasaje que decía: «Pongo por testigos a los dioses que el soberano de los cielos no miente», Toshiyuki se desmayó y empezó a sangrar por la nariz. Así que tuvo que ser retirado sin poder terminar la lectura. A partir de ese día a Toshiyuki le salió un tumor maligno en la garganta y antes de seis días murió en medio de esputos de sangre. Y es que, aunque el mundo haya entrado en una era de depravación y la sociedad no conozca la piedad, la retribución divina es implacable cuando el inferior falta al respeto al superior. Todo el mundo temblaba de miedo al escuchar el terrible fin de Toshiyuki.

Las autoridades militares se reunieron para deliberar. «No cabe duda de que ha sido el emperador Godaigo el autor de la intriga de Suketomo y Toshimoto en contra de nuestro gobierno, por lo tanto no podemos

---

42. Es otro nombre del regente Hōjō Takatoki. Llamado así por haber tomado las órdenes sagradas del budismo sin hacerse monje y porque había sido gobernador de la provincia de Sagami.

43. En la literatura clásica japonesa, la expresión «otros países» suele referirse a China y Corea.

fiarnos de esta carta aunque nos haya sido enviada a Kamakura y contenga promesas de lealtad. El emperador debe ser desterrado a un lugar remoto». Sin embargo, el emisario imperial Nobufusa supo persuadirlos hábilmente para que no llevaran a cabo esta condena. Además, todos enmudecieron de espanto al reflexionar sobre el caso de Toshiyuki que tras leer la augusta carta había muerto vomitando sangre. Hasta el mismo regente Takatoki, el laico de Sagami, tuvo la prudencia de considerar el castigo de los dioses cuando devolvió la misiva imperial a Nobufusa con esta respuesta: «Los asuntos del país que los resuelva su majestad imperial. No es apropiado que el sogunato de Kamakura intervenga».

Con este mensaje Nobufusa regresó a Kioto donde enseguida informó al emperador el cual respiró aliviado. El color volvió a los rostros de los cortesanos.

La autoridad militar perdonó a Toshimoto por falta de pruebas. En cuanto a Suketomo, en lugar de condenarlo a muerte, se contentaron con desterrarlo a la isla de Sado.

LIBRO SEGUNDO

Capítulo 1. EL EMPERADOR GODAIGO REAVIVA LA TRADICIÓN
DE VISITAR SANTUARIOS Y TEMPLOS

El día 23 del tercer mes del segundo año de la era Shōchū [1324] el emperador Godaigo visitó el santuario de Iwashimizu[1]. Formaban parte del séquito imperial el consejero Kujō Fusazane, el jefe de la guardia imperial Hino Suketomo, el secretario imperial Madenokōji Suefusa, y los capitanes generales Saionji Sanehira, Hirokawa Mochika, Tsuchimikado Akizane, Kujō Mitsutsune y Kazan-in Tsunesada. Eran también miembros de la comitiva el administrador Sanjō Sanetō y el capitán menor Toin Kinyasu. Este último estaba encargado de transportar la espada y el joyel imperiales, dos de las Tres Insignias Sagradas[2]. El secretario Suefusa llevaba puesto ese día un kimono interior de seda de color flor de cerezo y sobre él, otro, también de seda, de color púrpura aloque. Suketomo había ordenado a sus ocho guardias que vistieran kimonos engalanados de pan de oro y plata y estampados de dibujos de grullas ambarinas con alas extendidas. Otro de los cortesanos acompañantes, Konoe Tsunetada, llevaba un kimono multicolor con diseño de círculos dentro de los cuales se veían mariposas revoloteando sobre tréboles y ramas de cerezo en flor; bajo el kimono vestía una *hakama*[3] de color limón anaranjado. Los tonos carme-

---

1. En esta versión, «santuario» designa centro de veneración de dioses sintoístas, mientras que «templo» será usado para señalar un centro budista. En realidad, sin embargo, se podía venerar deidades sintoístas en un templo y viceversa. El santuario de Iwashimizu, también llamado Otokoyama Hachimangū, está en el distrito de Tsuzuki, actual prefectura de Kioto. Se halla dedicado a los espíritus del emperador Ōjin y de la emperatriz Jingū.
2. La otra era el espejo. También llamadas Tesoros Sagrados. Su posesión confería legitimidad imperial.
3. Especie de falda pantalón.

69

síes de su vestimenta eran tan atractivos que la gente susurraba «Tsunetada es el señor más elegante de todo el séquito».

A Sasaki Takauji le cupo el honor de haber sido el encargado de construir el puente por donde pasaría el cortejo imperial colocando tablas sobre una fila de barcas alineadas a lo ancho del río. Ahora le correspondía guardarlo. Iba ataviado con una espléndida indumentaria de viaje. Todo el mundo comentaba: «Es un hombre capaz y bien merece el encargo. Además, el honor de construir el puente le viene de familia».

Al emperador lo escoltaban cortesanos y administradores de alto rango que, ataviados con sus uniformes multicolores, contribuyeron a que el desfile fuera deslumbrante.

El día 17 del mes siguiente, Godaigo rindió visita también a los santuarios de Shimogamo y Kamigamo, en la capital. Al día siguiente se celebraba el Festival de las Alceas[4]. Como heraldos imperiales fueron nombrados Tokudaiji Kinkiyō y Madenokōji Fujifusa. Con motivo de la visita imperial y del festival, se prepararon varios palcos y la calle principal se llenó de carruajes.

El 25 del sexto mes falleció el emperador retirado Gouda[5]. El pueblo se vistió de luto y los vasallos sollozaban de tristeza.

Seis años después, el día 8 del tercer mes del segundo año de la era Gentoku [1330], el emperador Godaigo decidió visitar como peregrino Tōdai-ji y Kōfuku-ji, dos templos de Nara, la capital del sur. El séquito en aquella ocasión estaba compuesto por Toin Kinkata, Toin Kinmune, Ichijō Tsunemichi, Toin Kinyasu, Madenokōji Suefusa, Oinomikado Fuyunobu, Tokudaiji Kinkiyo, Shijō Takasuke, Sanjō Saneharu, Toin Sanemori, Ano Sanekado, Kazan-in Hagasada y Toin Saneyo. Detrás del estrado imperial se sentaban Tameharu Ason, Suefusa Ason y Masatomo. A la izquierda estaban Tadafuyu Ason, Shōnagon Yasuchika, Tomomitsu Ason, Toshisue, Masachika y Motomune. A la derecha se sentaban Sigesue Ason, Koretoshi, Sanetsugi, Tomosuke, Sanemochi, Tsugiie, Kinyo, Munekane y Kunihiro Ason. Este último tenía la misión de recitar las oraciones que aseguraran un feliz viaje. Los cortesanos encargados de la danza ritual fueron Fuyukane Ason, Fusamitsu Ason, Moroyo, Norisue, Narinobu, Tadasue, Haruo y Masakyō. También formaban parte del cortejo imperial los músicos. La visita del soberano fue tan sublime que no hay palabras para describirla.

Tōdai-ji, templo mandado edificar por el emperador Shōmu, alberga la estatua gigante de Buda de mayor calidad que las similares repartidas

---

4. En el original, el Aoi Matsuri (葵祭). La festividad, todavía celebrada en Kioto, se llama así por las alceas o malvaviscos silvestres usados como decoración en el transcurso de las celebraciones. Popularmente se cree que estas alceas protegen de desastres naturales.
5. El 91 de la estirpe imperial. Reinó ente 1274-1287.

en otros templos del país[6]. Por su parte, el templo Kōfuku fue construido por Fujiwara Fuhito, habiendo sido el centro de devoción del clan Fujiwara muchos siglos[7]. A pesar de la intención de los soberanos de visitar estos dos templos para su edificación y solaz, la presencia imperial no había sido muy frecuente en los últimos años. Por eso, fue tan celebrada la decisión de Godaigo de reavivar la tradición de peregrinar a los templos al sur de Kioto. La visita fue tan festejada que los monjes de la capital del sur, es decir, Nara, juntaron las manos en señal de bienvenida y alborozo. Era como si, gracias a la visita, las enseñanzas budistas arraigaran aún más en el pueblo. Parecía que los vientos del monte Kasuga[8] soplaban felices musitando vivas al soberano y que la primavera llegaba con toda su gracia para festejar la prosperidad del linaje de Fujiwara Fusasaki[9]. Como si hubieran estado aguardando la augusta visita, el glorioso esplendor de las flores del cerezo estalló con exuberancia el mismo día de la llegada del emperador. En el palacio los músicos y danzantes se ordenaron en fila y, unos con sus instrumentos y otros con sus movimientos, desplegaron su arte en la sala Seishō, durante el festival de la capital. El emperador marcaba el compás con el bastón ritual y entonaba con maravillosa elegancia. La peregrinación imperial resultó, por lo tanto, espectacular y fastuosa. ¡Qué felices debían de estar las deidades del monte Kasuga presenciando la celebración! El público, sensible a la belleza de la festividad, vertía lágrimas de alegría.

Poco después, el 27 del mismo mes el emperador Godaigo visitó el monte Hiei[10]. La sala de ceremonias de su más señalado templo, Enryakuji, estaba destinada a la celebración de oficios de difuntos y había sido levantada por el emperador Ninmyō[11] y reconstruida tras un incendio. En su interior se albergaba muy bien protegida la estatua de buda Vairochana. Hay que destacar que después de su reconstrucción y hasta esta visita imperial no se había celebrado ningún oficio de difuntos en esta sala. Largo tiempo la luz de la luna, como si se tratase del reflejo de una lámpara, bañaba la sagrada estancia y la niebla otoñal flotaba en el ambiente impregnando con

---

6. Fue construido entre el año 710 y el 784, siendo en su tiempo la institución religiosa más importante del país, en un siglo en el que Nara era la capital. Fue considerado el símbolo de la adopción del budismo como religión de Estado. La estatua colosal que alberga, Nara Daibutsu, es de bronce y representa a Buda Vairochana.

7. Los orígenes de este templo, también en Nara, se remontan al año 669. El clan Fujiwara, fundado por Fujiwara Katamari (614-669), padre del mencionado Fuhito, habría de dictar la política cortesana varios siglos.

8. Colina al este de la ciudad de Nara considerada desde tiempos inmemoriales como morada de los dioses. Se dice que sus árboles sagrados nunca han sido talados.

9. Uno de los hijos de Fujiwara Fuhito.

10. Al noreste de Kioto, es la sede de un importante complejo monástico adscrito a la escuela Tendai.

11. Reinó entre 833 y 850.

su fragancia todo el recinto. En los jardines del templo crecía frondosa la maleza y las gotas de rocío se precipitaban desde los aleros. ¡Cuántos años pasaron los monjes lamentando esta situación de abandono! Por eso fue tan celebrada la decisión del emperador de costear los gastos de reconstrucción y de organizar oficios de difuntos, una decisión que alivió a los monjes y llenó sus corazones de admiración y gratitud hacia el soberano. El desfile que marcó la visita imperial se desarrolló con solemne majestad. Los miembros del séquito rivalizaban entre sí por el boato de su indumentaria y desfilaban en el siguiente orden. Primero, la guardia imperial formada por cien hombres que marchaban abriendo el desfile. En segundo lugar, los portadores de las Insignias Sagradas, a ambos lados de los cuales caminaban Fujiwara Nagao y Endo Kiyoari. En tercer lugar, los miembros de la guardia imperial de la capital alineados en dos filas, y cada uno con sus armas. En cuarto lugar, Wake Suketada, Mibu Munetsuna, Mibu Yukikio y Nakatomi Chikatada, maestros de ceremonias oficiales y de festividades religiosas. En quinto lugar, un grupo de cortesanos responsables del patrimonio del palacio imperial, de la guardia de Kioto, de la defensa nacional y del personal del palacio, además de dos magistrados de justicia y de un cuerpo de guardia de la zona sur. En sexto lugar, Nakahara Arikane, de la guardia imperial de Kioto, algunos maestros de adivinación china, funcionarios del ministerio de la Casa del Soberano, y Fujiwara Ariatsu, del gabinete de Caballos Imperiales. En séptimo lugar, trotaba un caballo blanco con careta de plata y silla vacía repujada en oro y cobre que brillaba más que el sol. Pero, para regocijo de los espectadores, lo mejor del desfile estaba por llegar. En octavo lugar, marchaban Sugawara Nagatsuna, ministro de la Casa del Soberano, Saeki Tametada, ministro de Justicia y un caballo que trotaba haciendo ruido con las llaves que llevaba colgadas. En noveno lugar, iban Fujiwara Kunimochi y unos acompañantes portando sables y el sello imperial. En décimo lugar, los nobles Kazan-in Nagasada, Kazan-in Sanekado, Kazan-in Michifuyu, Shijō Takasuke, Toin Saneyo, Fujiwara Fujifusa, Saijō Kin-akira, Kyujō Michinori, Kyujō Tsunemichi y Saionji Kinmune. En undécimo lugar, otros miembros del séquito y del ministerio del Ceremonial, todos uniformados, y numerosos cortesanos, algunos de los cuales cargaban el palanquín imperial decorado con el ave fénix y en cuyo interior viajaba su majestad Godaigo. En duodécimo lugar, diecisiete soldados montados y empuñando las riendas de sus caballos a cuyo lado marchaban otros soldados a pie y armados anunciando la augusta presencia imperial. En decimotercer lugar, desfilaban los pajes de palacio. En decimocuarto y último lugar, el palanquín donde viajaba el canciller[12] del Imperio, Takatsusa Tsunetada, varios heraldos imperiales, músicos de

---

12. En el original, *kanpaku*.

ocasión, escribanos, médicos, aposentadores, fabricantes de sake, bibliotecarios, utilleros e intendentes de palacio, tesoreros, sastres, servidores personales de las damas y del emperador, cocineros y maestresalas, carpinteros, inspectores del tesoro, dos jefes de la guardia imperial y otros dos de la guardia de palacio. Todos los miembros del cortejo marchaban ordenadamente contribuyendo a la magnificencia y serena majestad del desfile. ¡Un espectáculo extraordinario y sin precedente en la historia del país!

Por otra parte, los príncipes herederos Muneyoshi y Moriyoshi, en calidad de altos dignatarios religiosos del templo Enryaku, habían bajado del monte Hiei acompañados de unos tres mil bonzos para recibir a su augusto padre. El encuentro entre el soberano y sus dos hijos fue realmente conmovedor. A la hora de celebrar el oficio religioso por los difuntos, el emperador procedió a entrar en la sala de ceremonias de Enryaku-ji. El príncipe Moriyoshi hizo también su entrada al tiempo que los músicos enrollaban las cortinas de seda detrás de las que actuaban y se pusieron a tocar sus flautas. Mientras, los bonzos en el jardín y los cortesanos del séquito se mantenían perfectamente alineados en las escaleras. ¡Qué majestuoso espectáculo! El oficiante de la ceremonia era el príncipe Muneyoshi, superior del templo. Su hermano Moriyoshi empezó a entonar los versos de los sutras. Dentro de la sala en la cual se ensalzaba la gloria de Buda, la fragancia de los incensarios eclipsaba el aroma de todas las flores que se abren en el monte Pico del Águila[13] y los ecos de la salmodia de los sutras acallaban el estruendo de las tempestades que se desatan en Gyozan, la gran montaña de China. Los músicos sacaban tan maravillosas notas de sus instrumentos que las nubes, lisonjeadas, se detenían en el cielo para escucharlas. Los pajes del palacio agitaban las mangas de sus kimonos con tal destreza y encanto que hasta el ave fénix y las bestias del monte podrían animarse a bailar al mismo compás. Aunque se presentó tarde por razones desconocidas, el tamborilero era Tsumori Kuninatsu, sacerdote del santuario de Sumiyoshi, el cual, después de lanzar sus zapatos desde lejos porque estaba apresurado, se puso a batir su tambor decorado con la imagen de un león. Los redobles marcaron el ritmo de la actuación musical. Acabada la celebración, Kuninatsu volvió a su casa. Dicen que en el camino de regreso, al contemplar el pino de Karasaki, compuso un poema que grabó en el pilar de la posada. Estos eran los versos:

En el monte Hiei
un pino se vislumbra.
¿Uno o varios?

13. En el original, Ryōju-zen, también leído Gishakussen, es un lugar legendario en el norte de la India en donde se dice que el buda Shakyamuni expuso el *Sutra del loto* y otras enseñanzas.

Que las semillas del despertar
haya plantado, mi destino ha querido.

Kuninatsu compuso esa poesía recordando que Saichō[14] rezaba todos
los días a Buda mientras se construía el templo Enryaku en el monte Hiei.

El 27 de ese mismo mes, el tercero del año, los bonzos se congregaron
en el templo Hosshō. También en esta ocasión tuvo lugar una ceremonia
conmemorativa de la visita imperial cuyo séquito estaba formado igualmente por miembros de todos los rangos de la nobleza.

Pero fue años antes, a partir del segundo año de la era Shōchū [1324],
cuando el augusto corazón del soberano había empezado a afligirse y los
de sus vasallos a turbarse. Aunque la sociedad estaba en paz, el pueblo vivía
angustiado. Si nos preguntamos qué intención había movido al emperador
para rendir esas visitas a Enryaku-ji y Kōfuku-ji, hay que contestar que era
por la arrogancia con que en los últimos años se conducían las autoridades
sogunales de Kamakura. Los samuráis más señalados que vivían en el este
del país, lejos de obedecer al soberano del Cielo, se veían obligados a someterse al sogunato. Por eso, para contraponer estas fuerzas, el emperador
había solicitado la ayuda de los bonzos guerreros de Enryaku-ji y Kōfuku-
ji. Así pues, el motivo secreto de la visita que acaba de describirse no era
otro que subyugar al gobierno militar de Kamakura. Con este objetivo en
mente, el príncipe Moriyoshi, máximo dignatario de la escuela Tendai, in-
terrumpió la práctica y estudio del budismo para, día y noche, entregarse
al ejercicio de las artes marciales. Su agilidad y destreza demostraron ser
superiores a las del chino Chiang Tsu; y no tardó en ser capaz de saltar
un biombo de siete *shaku* de alto[15]. En esgrima, dominó las instrucciones
de Tzu Fang sobresaliendo en el manejo de la katana. En toda la historia de
la escuela Tendai en Japón, es decir, desde los tiempos del primer patriarca, Gishin[16] —y ya habían transcurrido cien generaciones—, no se había
conocido un superior del templo tan excepcional y versátil como Moriyoshi. Más tarde, la gente comprendería las razones de su comportamiento:
destruir el sogunato y restablecer la autoridad imperial.

Capítulo 2. LAS DETENCIONES DE LOS MONJES

A comienzos del tercer mes del tercer año de Shōchū [1326], el regente
y en la práctica autoridad suprema del gobierno militar, Hōjō Takatoki,

14. Véase nota 22, p. 53.
15. Unos dos metros, un *shaku* son treinta con treinta y tres centímetros.
16. 781-833.

fue aquejado de un grave mal. El 13 del mismo mes, Nagasaki Enki le invitó a que abrazara la vida religiosa y se rapara la cabeza. Pero a Takatoki no le había llegado su hora y no tardó en dar señales de recuperación. Durante su enfermedad ocurrieron sucesos extraños. El hermano de Takatoki, Yasuie, sí que abrazó la vida religiosa. Finalmente, también el mismo Takatoki abrazó la vida religiosa, tras lo cual muchos vasallos de los Hōjō se hicieron también monjes, de manera que Kamakura parecía haber sido infectada de repente por una epidemia de religiosos no novicios. ¡Qué suceso tan extraño!

La enfermedad de Takatoki fue interpretada por el pueblo como una señal de que se avecinaban grandes cambios. La verdad es que las conjuras al final se descubren y sus consecuencias suelen acarrear desgracias. Así ocurrió con la conjura de Kioto, pues el sogunato no tardó en enterarse tanto de la repentina afición a las artes marciales del príncipe Moriyoshi, como de las tramas que se urdían en el palacio imperial. El regente Takatoki reaccionó con ira:

—En verdad que mientras viva este emperador, no habrá paz en los cuatro mares. No nos quedará más remedio que, al igual que en la guerra de Jōkyū, desterrar al emperador muy lejos y condenar a muerte al príncipe.

Y dio la siguiente orden a Nikaido Tokimoto y Nagai Takahiro:

—Primero, detened al monje Enkan, de Hosshō-ji, que aceptó del emperador el encargo de maldecir nuestro gobierno; luego, a los monjes Monkan, Chiyō y Kyōen, del templo Kōfuku; y finalmente al monje Chūen, de Jōdo-ji. Necesitamos interrogarlos para que nos revelen todos los detalles de la conjura.

Los dos vasallos recibieron la orden y partieron de Kamakura en dirección a la capital.

De los monjes que los dos emisarios iban a detener, Chūen pertenecía a la escuela Tierra Pura y nada tenía que ver con la trama, pero como recientemente servía al soberano del Cielo y oficiaba las ceremonias más importantes en los templos del monte Hiei, las autoridades estaban convencidas de que debía de estar al corriente de la confabulación entre los bonzos guerreros y el soberano. Por el mismo motivo, detuvieron a los religiosos Chiyō y Kyōen a los que hicieron abandonar Nara y presentarse en el cuartel general de Rokuhara, de Kioto, donde fueron encarcelados al lado de Chūen. Eran unos días en los que cualquier persona, noble o plebeyo, culpable o inocente, vivía con el corazón en un puño por el temor a ser detenido cruelmente por las autoridades sogunales.

Nijō Tameakira era un consumado poeta. En las noches de luna o en las mañanas en que nevaba, era invitado a palacio para recitar versos. Su presencia en las reuniones poéticas de la corte era frecuentes. Pues bien, también a Tameakira lo detuvieron y encerraron en Rokuhara bajo la custodia de un samurái de nombre Saitō, y no tanto porque sospecharan de él, sino para sonsacarle información sobre lo que pensaba el emperador. A pesar de que los cinco monjes no fueron sometidos a interrogatorios en Rokuhara pues los militares deseaban juzgarlos en Kamakura, a Tameakira sí que lo interrogaron con la orden de que si confesaba todo, también debía ser conducido a Kamakura. El encargado de hacerlo fue Kasuya Muneaki. A fin de hacerle hablar, este samurái recurrió a una horrible tortura. Dispuso una hoguera en el jardín del cuartel. Cuando se formaron una brasas como las que arden en el infierno, ordenó poner encima unas ramas verdes de bambú que reanimaron el fuego. Entonces Tameakira, arrastrado de las manos por los soldados, fue obligado a caminar descalzo sobre las brasas. Verlo así hacía pensar en un condenado abrasado por las llamas del infierno y torturado por demonios con cabeza de buey y de caballo. Los presentes apartaban la vista horrorizados.

Tameakira pidió que le trajeran pincel y una moleta de escribir. Los soldados se los dieron pensando que iba a confesar todo. Pero él se limitó a escribir los siguientes versos:

> ¿Quién lo diría?
> Sobre asuntos mundanos me preguntan
> cuando yo creía
> que sobre la Vía de Shikishima[17]
> me consultarían.

Tokiwa Norisada, el principal de sus verdugos, se admiró al leer el poema y emocionado se echó a llorar. También los dos mensajeros de Kamakura y el público presente humedecieron las mangas de sus kimonos con lágrimas. Norisada renunció a torturar a Tameakira y lo dejó volver a su casa tras declararlo inocente.

Es habitual que los nobles se entretengan con poemas y los samuráis con el tiro al arco y la equitación. Pero como en el fondo ambas vías, la de la poesía y la de las artes marciales, mantienen relaciones ocultas, resulta natural que hasta aquellos samuráis que iban a torturar a Tameakira fueran sensibles a la belleza y simpatizaran con el poeta. Por eso, Norisada, compasivo, dio la orden de suspender la tortura. La gente recordaba las famosas palabras de Ki no Tsurayuki en el famoso prefacio a la antología *Kokinshū*: «La poesía mueve sin esfuerzo el cielo y la tierra, agita los sentimientos de los demonios y de los dioses invisibles, suaviza las relaciones entre hombres y mujeres, y aplaca el fiero corazón de los guerreros»[18].

---

17.   Shikishima es nombre poético de Japón. La Vía de Shikishima se consideraba la Vía de la poesía cuando esta se escribía en lengua japonesa (*waka*) en oposición a la escrita en lengua china (*kanshi*).

18.   Ki no Tsurayuki (hacia 872-945) fue el principal compilador de esta antología publicada en 905, canon de la futura poesía en japonés o *waka*. Véase *Kokinshū. Colección*

El día 8 del sexto mes, los dos emisarios samuráis enviados por el sogunato volvieron a Kamakura llevándose detenidos a los cinco monjes. El monje Chūen, discípulo de Jishō del templo Jōdo, era un religioso tan docto que había superado con brillantez los exámenes del tribunal de estudios budistas. En cuanto al monje Monkan, había sido superior de Hokke-ji, en la provincia de Harima. En la plenitud de su vida, se había mudado al templo Daigo donde sobresalió en el conocimiento de las enseñanzas esotéricas de la escuela Shingon. El emperador lo había nombrado superior de Daigo-ji y de Tō-ji, llegando a ser una eminencia en las doctrinas de dicha escuela. Enkan había sido religioso muchos años en Enryaku-ji. Su sabiduría iluminaba la montaña Hiei, y su virtud y austeridad irradiaban resplandor en todos los templos de la sagrada montaña. Pero en su corazón Enkan se preguntaba: «¿Voy a seguir así en estos tiempos de degeneración y caos en que vivimos, a merced de tantos honores? ¿Voy a hacerme un esclavo de la vanidad, a convertirme en lacayo del demonio?». Vencido por estas preguntas, un día decidió seguir las huellas de Saichō y recuperar el espíritu del antiguo budismo. Rechazó una invitación del emperador a oficiar en palacio y, declinando todos los honores que le llovían de la corte, se recluyó dentro de una choza en un solitario paraje llamado Saitō no Kurodani, en la ladera oeste del monte Hiei. Llevó allí una vida de ermitaño: en el otoño, cuando las hojas de los lotos se cubrían de rocío, Enkan se entregaba a sus devociones; por las mañanas, cuando las hojas de los pinos se dispersaban, caminaba hasta las aldeas vecinas para mendigar algunos alimentos. Y es que, como dijo Confucio, «el virtuoso siempre halla socorro en alguien». Así, la virtud de este santo religioso seguía iluminando el mundo que lo rodeaba como el Sol ilumina la Tierra. Finalmente, Enkan fue el maestro espiritual de cinco emperadores y consiguió restablecer la pureza de la regla monástica de la escuela Tendai, que estaba relajada en su tiempo. A pesar de ser un varón venerable e íntegro, y por causa de algún extraño vínculo o karma de vidas anteriores, Enkan se veía ahora caminando bajo la luna custodiado, como si de un vulgar malhechor se tratase, entre rudos samuráis. ¡Quién hubiera imaginado que acabaría así! Como acompañantes llevaba a dos discípulos, Enshō y Dōshō, que viajaban uno delante y otro detrás de su palanquín. En cambio, los otros dos monjes, Chūen y Monkan, viajaban en un palanquín más sencillo, sin ningún discípulo ni acompañante como no fueran los samuráis que los escoltaban. Estos dos religiosos, obligados a partir hacia el este antes del amanecer, durante todo el viaje mantuvieron una expresión de resignada tristeza. Corría el rumor de que serían ejecutados antes

de poemas antiguos y modernos, trad. C. Rubio, Hiperión, Madrid, 2005, p. 47. Otra versión también parcial, pero sin la traducción del prefacio citado, es Poesía clásica japonesa [Kokinwakashu], trad. T. Duthie, Trotta, Madrid, ²2008.

de llegar a su destino; por eso, cada vez que la comitiva se detenía en una posada para descansar, se inquietaban preocupados, pensando que tal vez fuera el último lugar que veían en este mundo y sintiendo íntimamente la fugacidad de la vida tan efímera como el rocío. Así discurrían lentamente los días del viaje. Siempre que a sus oídos llegaba el sonido de la campana del atardecer, de sus labios brotaba alguna frase ponderando la transitoriedad del mundo. Caminaban con la misma pausa y lentitud con que andan las ovejas cuando son llevadas al matadero. El largo viaje llegó a su fin el 24 del mismo mes. Estaban en Kamakura.

El religioso Enkan fue entregado a la custodia de Hōjō Sasuke, gobernador militar de la provincia de Echizen; Monkan, al gobernador de Tōtōmi llamado también Sasuke; y Chūen, a la de Ashikaga Sadauji, gobernador de Sanuki.

Los dos emisarios fueron recibidos por el regente Takatoki a quien informaron sobre los monjes, sobre los interrogatorios y también sobre el aspecto de la estatua de Buda que habían visto colocada en el palacio imperial encima de un altar dispuesto para oficiar ante ella la ceremonia de maldición al sogunato. Hasta le mostraron un boceto que habían dibujado del altar y la estatua. Pero como no eran unos dibujos fácilmente comprensibles por laicos, llamaron al monje Raizen para que les explicara su significado. Raizen dijo:

—Es evidente que se trata de los dibujos de un altar donde Monkan oficiaba ritos de maldición.

De inmediato el regente ordenó que torturaran a Monkan para hacerle hablar. Lo entregaron a los verdugos que ataron cruelmente al religioso con cuerdas y lo sometieron a crueles tormentos con agua y fuego[19]. Al mismo tiempo, no cesaban de acosarlo con preguntas. Al principio Monkan mantenía la boca cerrada a pesar de tantas preguntas que le dirigían. Fue atormentado con el agua una y otra vez hasta quedar destrozado física y mentalmente. Finalmente y a fin de no morir, el religioso confesó:

—Sí, realicé ritos de maldición por orden del emperador.

A continuación los verdugos se dispusieron a torturar a Chūen, pero este monje era de naturaleza débil y enseguida confesó todo. Aparte de dar datos, algunos ciertos y otros falsos, reveló que el emperador Godaigo se había dirigido a los bonzos del monte Hiei para pedir su ayuda y que los cortesanos Toshimoto y Suketomo formaban parte de la conjura.

Ya todo estaba claro para las autoridades y no quedaba nada sobre lo que interrogar al tercer monje, Enkan. Pero, como, a juicio de los samuráis, este tenía la misma culpa que los otros dos, se decidió torturarlo también

---

19. Probablemente, ahogamiento y quemaduras.

al día siguiente. Esa noche el regente Takatoki tuvo un sueño muy extraño. Vio que del monte Hiei bajaban dos o tres mil monos y se colocaban delante de Enkan en actitud de defenderlo. Cuando despertó, el regente creyó que no debía ignorar el sueño y que se le insinuaba algo extraordinario. Ordenó a un criado que fuera a avisar a los verdugos de Enkan para que no lo torturaran. El criado volvió a caballo a todo galope y dio este mensaje al regente: «Hemos obedecido la orden de Su Señoría. Cuando esta mañana fuimos a la celda del religioso, lo encontramos sentado y en actitud contemplativa. En la puerta de la celda se reflejaba su sombra, pero a todos nos pareció que esa sombra era la de Fudō Myōō, Rey Guardián de la religión[20]. Nos extrañamos tanto que nos ha parecido necesario que lo sepa de inmediato Su Señoría». Cuando el regente oyó el mensaje, comprendió que tenía doble motivo para asombrarse: el sueño de anoche y la aparición vista por sus hombres. Convencido de que Enkan no era un monje común, decidió suspender la orden de tortura y no emplear ninguna violencia contra él. Verdaderamente el pueblo veneraba a este religioso como si se tratara de un buda.

A pesar del sueño y del prodigio de las apariciones, el sogunato consideró necesario tomar medidas contra los monjes: el destierro. La orden se ejecutó el 13 del séptimo mes. Monkan fue desterrado a la isla de Iō; y Chūen, a la provincia de Echigo. En cuanto al venerable Enkan, aunque se le perdonó el destierro, fue confiado a la custodia de Yūki Munehiro, un monje laico de las tierras de Mutsu, en el norte del país, donde habitan los bárbaros[21]. El viaje a Mutsu era largo, y Enkan lamentaba profundamente ir a una tierra de salvajes, si bien no era un lugar tan remoto como Iō o Echigo. Durante el trayecto humedecía con lágrimas los hábitos, imaginando que su pena era comparable a la de los maestros chinos cuando caminaban al exilio. También los guardias que lo escoltaban derramaban lágrimas de compasión en los guanteletes de sus armaduras. La marcha era lenta porque nadie parecía tener prisa en llegar. Cuando estaba a punto de cruzar el río Natori, Enkan, sin poder aguantar el llanto, compuso los siguientes versos:

¿Me hundiré yo también
como se hunde un tronco podrido
en estas tristes aguas
del Natori que me separan
de las tierras de Michinobu?

20. Uno de los reyes de la sabiduría en la tradición budista capaz de remover todos los obstáculos para la práctica religiosa. Se suele representar como una figura iracunda circundada de llamas y sosteniendo una cuerda y espada.
21. Es el extremo noreste de la isla de Honshu y ocupa las actuales prefecturas de Akita, Aomori e Iwate. Tradicionalmente eran las zonas de asentamiento del pueblo ainu.

Cuantos escucharon los versos sollozaban emocionados. ¿No se dice que hasta los budas vivientes son incapaces de evitar una desgracia imprevista?

Hace mucho tiempo vivía en la India un monje dotado de las tres virtudes: disciplina, meditación y sabiduría. Su fama se extendió tanto que era tomado como ejemplo hasta por los reyes; y el pueblo lo veneraba por su santidad como si fuera Buda. Cierto día uno de los reyes de la India congregó en su capital a los monjes del reino e invitó al santo para que les dirigiera a todos algunas palabras. Cuando este llegó al palacio, un servidor avisó al rey de su llegada. En ese momento el monarca, ensimismado como estaba jugando a las damas, ordenó:

—¡Córtala[22]!

El servidor interpretó la orden como si se la dirigiera a él aunque en realidad el rey se refería a un lance del juego. Sin decir palabra, el servidor abandonó la sala, sacó al santo del palacio y le cortó la cabeza. Cuando terminó su partida, el rey mandó llamar al monje santo. Pero el carcelero le explicó:

—Majestad, hice como ordenasteis y le corté la cabeza.

El rey, muy indignado, dijo:

—Antes de ejecutar a alguien, hay que preguntar al rey tres veces. Pero tú solo me preguntaste una vez y, además, interpretaste mal mi orden. Por eso, tu falta es doble y merece una grave condena.

El rey mandó llamar al sirviente y lo condenó a él y también a toda su familia. Fue un error imperdonable que quitaran la vida a un hombre inocente y además santo. El rey lamentó profundamente su muerte y creyó que todo se debía al misterio de alguna acción cometida en vidas anteriores. Decidido a resolver el enigma, mandó llamar a un hombre de religión para que se lo explicara. Este hombre meditó siete días hasta que adquirió clarividencia para ver la vida anterior que habían tenido el rey y el santo muerto. Supo entonces que este había sido campesino y que el rey había sido una rana. Un día de primavera en que labraba la tierra, el campesino había golpeado sin querer la cabeza de esta rana con la azada. Debido a este incidente, en su siguiente vida el campesino se encarnó en monje; y la rana, en rey; y como expiación del karma, el rey había dado muerte al monje santo también sin querer.

Al igual que esta historia del santo indio, nos gustaría conocer las razones misteriosas de por qué Enkan, a pesar de ser inocente, sufría el destierro y saber qué vida anterior tuvo. Pero es un deseo imposible pues no

22. En el original *kire*, que significa «cortar» y también «matar». Es un término usado asimismo en el juego japonés del *go*.

hay aquí ningún hombre clarividente capaz de penetrar en el enigma de las vidas anteriores. Nos contentaremos, por lo tanto, en reconocer la extraña desgracia que se abatió sobre el venerable Enkan.

Capítulo 3. EL SEGUNDO VIAJE DE TOSHIMOTO A KAMAKURA

Desterrados los monjes, a las autoridades de Kamakura les pareció que todavía les quedaba algo por hacer para desmantelar por completo la conspiración. Tiempo atrás, el cortesano Hino Toshimoto no Ason había sido conducido a Kamakura y exculpado. Después, Toshimoto había vuelto a Kioto y reanudado su servicio al emperador. Sin embargo, después de que el monje Chūen hubiera confesado que Toshimoto era uno de los principales instigadores de la conjura, las autoridades no iban a quedarse de brazos cruzados. Así pues, resolvieron detener nuevamente al cortesano, llevarlo a Rokuhara, el cuartel general del sogunato en Kioto, y ponerlo bajo la custodia del samurái Ogushi Sadahide. No contentas con eso, reclamaron su presencia en Kamakura. Como la ley establecía duras penas para los reincidentes, Toshimoto estaba convencido de que esta vez no se libraría: o bien lo mataban a medio camino o bien esperaban a que llegara a Kamakura para ejecutarlo. Las dos probabilidades eran a cuál más temible.

¡Qué tristes los sentimientos del caminante aunque, en primavera, viaje a Katano y no sepa dónde pisar al ver el suelo alfombrado de pétalos de cerezo o, en una tarde de otoño, halle consuelo contemplando las hojas encendidas que tapizan las laderas del monte Arashi con un manto carmesí![23] Y es que, cuando el viajero se acuesta sin su mujer ni su hijo cerca, aunque sea una sola noche, la pena se adueña de su corazón. Así eran los sentimientos de Toshimoto cuando fue arrancado de la espléndida capital del Imperio y puesto en camino hacia un destino desconocido dejando atrás a sus seres más queridos.

Había niebla cuando el prisionero salió de Kioto en dirección al control fronterizo de Ōtsu. En un cruce de caminos, al borde del gran lago Biwa, donde unos iban y otros venían, Toshimoto pasó como perdido y la mirada embelesada contemplando los barcos que salían del puerto, unas embarcaciones que se movían sobre las aguas, indecisas y frágiles, como la vida

---

23. A partir de esta frase, donde se alude poéticamente a la primavera y al otoño, y prácticamente hasta el final del capítulo, se desarrolla uno de los fragmentos más celebrados de este Libro II: el poético viaje del protagonista del capítulo, Toshimoto, hacia su incierto destino. En japonés se llama *michiyuki* y será explotado con éxito en el teatro *noh* del siglo XV y el *bunraku* del siglo XVII y XVIII. El elegante lenguaje, coloreado de lirismo y tejido de asociaciones religiosas, literarias e históricas, está preñado de juegos de palabras, frecuentemente intraducibles, y de los numerosos topónimos que jalonan la ruta entre Kioto y Kamakura recorrida por el viajero.

flotante y de futuro incierto que él tenía delante. Dejó atrás el pueblo de Ōtsu, cruzó el puente de Seta a caballo, siempre con la guardia escoltando su paso y en todo momento con la pesadumbre ensombreciendo su semblante. Franqueó el río Tama, el de grandes olas, en la comarca de Noji, tierra de Moriyama la de intensas lluvias y de Shinohara las de fugaz rocío. Por senderos difíciles condujeron su caballo hacia el monte Kagami. Sintió el peso de los años a medida que avanzaba y se adentraba en la espesura de los bosques de Oiso, donde se dice que uno envejece un solo día si mira el paisaje y no lleva un kimono de anchas mangas con que enjugarse las lágrimas. Gentes de otros tiempos, de camino al destierro como él, cantaron aquello de «En la ruta de Ōmi me acuerdo de frases famosas» o «Las grullas cantan lamentando este mundo y anhelando el cielo». Poesías que avivaron su añoranza por la vida en la capital.

El prisionero amaneció en Uneno y en un abrir y cerrar de ojos atravesó las comarcas de Banba, Samegai y Kashiwabara. El control fronterizo de Fuwa estaba abandonado y bajo la luna ruidosos goterones de lluvia se desplomaban de su ruinoso tejado. Cruzaron después Nogami, sepultado bajo una capa de rocío, y se alojaron en una posada del camino. Consciente de que un día muy cercano su vida iba a acabar, rezó fervorosamente en el santuario de Atsuta. Después salvó la llanura de las playas de Narumi cuya marea menguante le hizo pensar en su destino, que también se le escapaba. Más tarde, alzando la vista, preguntó a la luna dónde estaba. Esta le contestó que se hallaba en Toe, una tierra completamente extraña para él. Cerca del puente de Hamana vio un barco abandonado y a la deriva. ¿No era su propia imagen? ¿Es que nadie se apiadaba de un pobre cautivo?

Por fin, cuando sonaron las campanas del anochecer, alcanzó una posada. Recordó entonces los sucesos ocurridos el primer año de la era Genryaku [1184] cuando los samuráis, también de Kamakura, se llevaron a Taira no Shigehira, igual que a él ahora desde la capital, camino del destierro y se detuvieron en la misma posada[24]. En aquella ocasión la hija de la posadera recitó esta poesía:

De vigas vistas
esta humilde morada
acoge a Shigehira
que la ciudad añora
y de nostalgias pena.

Recordando la historia de Shigehira a la luz del mortecino resplandor de la lámpara de la posada, Toshimoto no pudo evitar dar rienda suelta a las lágrimas.

---

24. Precisamente el *michiyuki* de Shigehira —tal como se narra en el Libro X, cap. 6 del *Heike monogatari*, cit., pp. 662-673—, es el precedente directo de este de Toshimoto.

El canto de un gallo anunció los albores y el relincho de un caballo hizo temblar al viento de la mañana en que despertó Toshimoto para continuar el camino. La escolta cruzó el río Tenryū y el puerto de las montañas Nakayama de Sayō. Toshimoto, que sabía que jamás habría de regresar a la capital, ¡cómo envidiaba en ese momento al poeta Saigyō que dos veces pasó el mismo puerto recitando este poema[25]:

> Es el destino
> quien ha querido
> que este puerto
> vuelva a pasar. ¡Tantos años
> a mis espaldas llevo!

El tiempo pasaba veloz y ya era mediodía. Los guardias transportaron el palanquín dentro del cual iba ahora el cautivo hasta el jardín de una posada donde le dieron de comer. Cuando golpeó la pared interior del palanquín para llamar a los guardias y preguntarles cómo se llamaba la posada, le dijeron que «Kikukawa» que significa «río Kiku». En los años de la guerra de Jōkyū [1219-1221] cuando se llevaron preso a Fujiwara no Mitsuchika a Kamakura por haber escrito un libelo contra las autoridades militares, el cortesano tuvo tiempo de escribir los siguientes versos antes de que lo mataran:

> Antiguamente
> bebían para vivir muchos años
> en las fuentes del Nanyang.
> Hoy beberé en el Kikukawa
> para a la vida decir adiós.

¡Qué extraña coincidencia!, pensó Toshimoto, que presa de una irresistible tristeza escribió en uno de los pilares de la posada Kikukawa esta poesía:

> Dicen que antaño
> por aquí pasó un preso.
> ¿Será mi destino
> perder la vida
> como él la perdió?

Más tarde, al pasar por el río Ōi volvió a ser asaltado por una invencible melancolía. Recordaba un río que hay cerca de Kioto con el mismo nombre y cuyas aguas había surcado en la barca imperial, en compañía

---

25. Famoso poeta y monje itinerante (1118-1190).

del soberano, para ir a Kameyama a asistir a un banquete. Comprendió que estos recuerdos no eran más que el humo de un sueño que jamás volvería a tener.

Después de pasar por Maeshima y Fujieda, el cautivo lamentó no haber podido ver las hojas de la *katzura*[26], resecas por la escarcha del otoño. Pero como estaba resignado a no volver jamás a la capital, todo en el fondo le daba ya igual. El camino prosiguió por el monte Utsumi y, después de percibir el eco del golpeteo que daban las mujeres al lavar la ropa, Toshimoto y sus guardianes se internaron en un sendero flanqueado por rocas. Las hojas de los arces ya presentaban sus tonos enrojecidos adelantándose a los demás árboles. Mucho tiempo atrás, el poeta Ariwara no Narihira se había refugiado en estos parajes. De su ingenio salieron aquellos famosos versos[27]:

> Busco y no encuentro,
> ni despierto, ni en sueños,
> a aquella que más quiero.

¡Con qué acierto los escribió el poeta al pasar por este mismo lugar!, pensaba Toshimoto. Siguió viajando. Atravesó la llanura costera de Kiyomi el rumor de cuyas olas le impedía al desconsolado cautivo soñar con regresar algún día a la capital. Cuando preguntó a uno de sus guardias por el nombre de un promontorio que había en la costa, le respondieron que se llamaba Sanpo-ga-saki. Después de dejar atrás Okitsu y Kanbara, divisó la cumbre excelsa del monte Fuji. De su cima nevada salía humo[28] que ascendía hacia el cielo inmenso haciéndole creer que su pesadumbre era tan infinita como ese mismo firmamento en donde se perdía la humareda. En la tierra, la neblina se iba despejando lentamente dejando ver el verde manto de las copas de los pinos.

El prisionero atravesó la planicie de Ukushima y a la hora de la bajamar vio un barco encallado en un banco de arena. Se dio cuenta de que él mismo daba vueltas como un campesino con su ir y venir en el campo. Curiosamente, el lugar en el que se encontraba se llamaba Kurumakaeshi que quiere decir «dar vueltas». Pasó Takenoshita con no poca dificultad y en lo alto del monte Ashigara se detuvo a contemplar la playa de Oi-

---

26. *Cercidiphyllum japonicum*, especie arbórea originaria de Asia oriental que en estado silvestre puede alcanzar hasta cuarenta y cinco metros. Sus hojas acorazonadas adoptan en otoño tonos brillantes y multicolores.

27. Famoso poeta y prototipo legendario de seductor (825-880). Los versos mencionados están tomados de la versión de Jordi Mas en *Cuentos de Ise*, Trotta, Madrid, 2010. El poema completo dice así: *En mi extravío / al pie del monte Utsumi / busco y no encuentro, / ni despierto, ni en sueños, / a aquella que más quiero* (cap. 125, poema X, p. 185).

28. Hasta su última erupción, la de Hōeizan, en el año 1707, el monte Fuji (3776 metros) emitía humo y fuego. Los geólogos lo siguen considerando un volcán activo.

sokoiso. Después bajó camino de Koyorugi hasta llegar a la playa del mismo nombre. Las etapas del viaje discurrían lentas hasta que finalmente, al atardecer del día 26 del séptimo mes, la comitiva llegó a Kamakura. Era el tercer año de la era Shōchū [1326]. El preso fue confiado primero al samurái Nanjō Takanao y luego a Suwa Saemon que lo encerró en una celda minúscula con las ventanas de sólido enrejado de telaraña. Cualquiera diría que se trataba de un criminal cuando, atado de cuello y manos con grilletes y deshecho en llanto por su suerte, es entregado para ser juzgado al dios del infierno, el rey Enma[29].

Capítulo 4. LAS DELIBERACIONES DE LOS SAMURÁIS DE KAMAKURA

Cuando se supo cómo los vasallos más leales al emperador Godaigo se hallaban detenidos en Kamakura, los seguidores de la rama imperial Jinyōin, rival de Godaigo en sus aspiraciones al trono imperial, albergaban esperanzas de que el soberano abdicara a favor de un miembro de esta rama[30]. Tal deseo era comidilla diaria en la corte, especialmente entre las damas de palacio más jóvenes Las autoridades militares de Kamakura, sin embargo, convencidas de que Godaigo no dimitiría, se limitaban a guardar un prudente silencio, incluso después de conocer a ciencia cierta la conspiración y de haber detenido por segunda vez a Toshimoto. Mientras, los partidarios de la rama Jinyōin, que no cesaban de quejarse de la situación, decidieron forzar los acontecimientos y despacharon a Kamakura el siguiente mensaje: «La conjura contra el sogunato sigue viva e incluso está cobrando un mayor impulso. Si no se toman medidas urgentes, el país no tardará en desmoronarse».

El regente Takatoki recibió el mensaje con inquietud. Convocó a sus consejeros más fieles y a los miembros más señalados del clan. Una vez reunidos, les preguntó:

—¿Cuáles son vuestras opiniones sobre este asunto?

Como la conspiración imperial seguía siendo tratada con todo secreto por las autoridades, nadie osaba expresar abiertamente su opinión. Todos callaban esperando que alguien dijera algo. Solamente uno, Takasuke, hijo de Nagasaki, se atrevió a hablar sin reparo:

—Señoría, no debéis manejar un asunto como este, de tal importancia, con tanto miramiento. Cuando hace unos años se descubrió la con-

---

29. También conocido como rey Yama. Es el rey, según el budismo, que juzga a los muertos por los actos cometidos en vida.
30. Sobre las dos ramas de la familia imperial que alternaban en el trono, véase introducción, pp. 17-18.

jura de Toki Yorikazu, no actuasteis con energía por respeto al poder de la corte, por eso la trama sigue viva. Mi consejo es que eliminemos toda oposición porque es nuestro deber como hombres de la guerra emplear la fuerza militar contra quienquiera que amenace nuestra autoridad. Creo que en este momento la única medida posible es mandar al emperador a exilio y condenar a muerte al príncipe Moriyoshi, al samurái Suketomo y al cortesano Toshimoto.

Los demás asistentes callaron y parecieron darle la razón en su silencio. Excepto uno, Nikaidō Sadafuji, que intervino para decir:

—Las palabras de Takasuke parecen razonables, pero me gustaría que reflexionáramos en profundidad. ¿A qué se debe que el sogunato se haya mantenido en el poder ciento sesenta años, que su autoridad se haya extendido sobre los cuatro mares y la fortuna sonreído a tantas generaciones de hombres? ¿No ha sido a causa de haberse conducido hacia el soberano del Cielo con lealtad y generosidad y de haber tratado al pueblo con justicia y benevolencia? En cambio, hemos actuado mal haciendo prisioneros a los dos vasallos favoritos del emperador y desterrando a tres venerables religiosos que son altas jerarquías del clero budista. Si, además, ahora mandamos al exilio al soberano del Cielo y a la muerte a su hijo Moriyoshi, no solamente nos aborrecerán los dioses, sino que incurriremos en la ira de todos los monjes del monte Hiei. Ahora bien, si los dioses se enfurecen contra nosotros y perdemos la confianza del pueblo, corremos un grave peligro. ¿No se dice: «Aunque el gobernante no sea un buen gobernante, que el súbdito sea un buen súbdito»?[31]. Mientras tengamos la fuerza de la justicia y conservemos la influencia en el pueblo, ninguna conspiración prosperará aunque el instigador sea el soberano en persona. Creo que si nos plegamos con respeto a la autoridad imperial, el corazón del emperador se volverá a nuestro favor. De esa manera, el país recobrará la paz y el gobierno del sogunato durará para siempre. ¿Cuál es vuestro parecer?

También las palabras de Sadafuji parecían sensatas y todos los presentes se conmovieron al oírlas. Solamente Takasuke se indignó y, sin esperar la respuesta de nadie, habló de nuevo:

—El gobierno con la fuerza y el gobierno con la razón en realidad son la misma cosa, pero las circunstancias dictan cuándo hay que emplear una más que la otra. Por ejemplo, cuando el mundo está en paz, es preferible gobernar más con la razón; pero cuando el mundo está revuelto, es aconsejable gobernar con la fuerza. En tiempo de guerra ¿quién respeta a sabios como Confucio y Mencio? En cambio, en tiempos en que florece la paz, las armas no valen para nada. La situación actual es de peligro por lo que se impone gobernar empleando la fuerza para restaurar el or-

---

31. Es una cita del prefacio de Kung Ankuo al *Tratado de la piedad filial*.

den. En China, Wen Wang y Wu Wang acabaron con un soberano que se apartó de la vía del buen gobernante; en nuestro propio país, Yoshitoki y Yasutoki, también de los Hōjō, desterraron a tres emperadores desnudos de virtud[32]. Nadie tiene nada que reprochar a esos súbditos que se alzaron contra sus gobernantes. Por eso está escrito: «Cuando el gobernante pisotea a los súbditos como si fueran polvo o barro, estos considerarán al gobernante su enemigo»[33]. Si vacilamos en resolver la amenaza al sogunato, el emperador se envalentonará y publicará un edicto para acabar con todos nosotros. Debemos, por lo tanto, actuar sin tardanza; de lo contrario, lo lamentaremos. Si Su Señoría destierra al emperador siguiendo el precedente ocurrido el tercer año de la era Jōkyū [1221], y ordena la ejecución de Moriyoshi, Suketomo y Toshimoto, por ser cómplices de la conjura, el sogunato permanecerá estable para siempre y la paz durará diez mil generaciones.

Todos los presentes se mostraron de acuerdo, nadie sabe si por temor al favor que Takasuke gozaba del regente o porque compartían la misma precipitada e insensata opinión. Por su parte, Sadaifuji, que no sentía ningún deseo de llevar otra vez la contraria, se retiró de la reunión con el ceño fruncido.

Todos los que participaron en aquellas deliberaciones habrían de arrepentirse más tarde y reconocerían que las recomendaciones de Sadaifuji habían sido mucho más juiciosas.

Capítulo 5. LA VENGANZA DEL NIÑO KUMAKAWA

Tal como recomendó Nagasaki Takasuke, el sogunato ordenó a Honma Yamashiro, un monje laico que actuaba como gobernador militar de la isla de Sado, que cortara la cabeza a Hino Suketomo desterrado en dicha isla. Cuando la noticia de la orden llegó a Kioto, el hijo de Suketomo, de nombre Kumakawa, a la sazón de solo trece años, se encontraba escondido en un templo, el Ninna-ji, desde la detención de su padre. Al enterarse de la noticia, dijo entre lágrimas:

—¿Qué valor tiene ahora mi vida? Quiero que me corten también a mí la cabeza para acompañar a mi padre al otro mundo. Voy a ir a Sado para pasar con mi padre sus últimos momentos.

—¿A tu edad, hijo mío? Eso no puede ser —le dijo su madre.

---

32. Wen Wang y Wu Wang destronaron al último soberano de la dinastía Yin (Shang) hacia 1027 a.e. para establecer la dinastía Chou. Yoshitoki y Tasutoki mandaron a exilio a los emperadores Gotoba, Juntoku y Tsuchimikado (los dos últimos hijos del primero) a raíz de los disturbios de Jōkyū de 1221.

33. La frase es de Mencio.

Pero el niño, con un extraño fulgor en la mirada, repuso:

—Pues si no me dejas, me tiraré a la corriente más profunda del río. No estaré tranquilo si no puedo estar con mi padre.

La madre insistía en su prohibición de que se fuera, pero el niño se mantenía firme en su deseo de acabar con su vida si no le dejaban hacer el viaje. Finalmente, la madre cedió y ordenó al último criado que les quedaba que acompañara a su hijo hasta la lejana isla de Sado.

El niño y el criado tuvieron que viajar todo el tiempo a pie, pues no tenían caballería que los llevara a pesar de la enorme distancia, e iban calzados con unas rústicas sandalias de paja y tocados de sombreros de juncia. ¡Qué pena daba verlos así, expuestos a la incomodidad de unos caminos cubiertos de rocío! Al decimotercer día de viaje llegaron al puerto de Tsuruga, en la provincia de Echizen, donde se embarcaron en un barco de mercaderes. Gracias al viento que soplaba de popa llegaron a Sado antes del día previsto.

Como Kumakawa no tenía mensajeros que anunciaran su llegada, él mismo se presentó en la mansión del gobernador, el monje laico Honma, para solicitar verse con su padre prisionero. Cuando estaba en la puerta de pie esperando una respuesta a su petición, se le acercó un religioso que le preguntó:

—Muchacho, ¿de dónde vienes y quién eres?

Incapaz de aguantar las lágrimas, Kumakawa, repuso:

—Vengo de la capital y soy el hijo de Suketomo, cautivo en esta casa. Al saber que iban a ejecutar a mi padre, he venido para estar con él y presenciar su muerte.

«¡Pobre niño!», pensó el religioso que, sin decir más, entró en la mansión para interceder por él ante Honma. Este se compadeció del muchacho y le permitió pasar y entrar a una capilla que había en la mansión. Allí le dejó que se quitara la ropa de viaje y descansara; y lo trató con respeto. Consolado por esta buena acogida, Kumakawa le comunicó el objetivo de su viaje:

—Dejadme ver a mi padre.

Se lo pidió varias veces. «Si le permito ver a su padre a quien debo cortar la cabeza mañana o pasado», pensaba Honma, «solo conseguiré hacer más dura la muerte del condenado. Además, seguro que las autoridades de Kamakura no lo aprobarían». Así, pues, el gobernador no autorizó el encuentro entre el padre y el hijo a pesar de que solamente los separaba muy poca distancia. Cuando Suketomo se enteró, la inquietud por el destino de su hijo en la capital una vez hubiera muerto él, creció todavía más.

Por su parte, el niño Kumakawa imploraba una y otra vez ver a su padre y recordaba todas las veces en que había imaginado en la capital cómo sería la vida rural, al otro lado del mar. Sin dar tiempo a que sus lágrimas se secaran, se lamentaba así: «Con todo lo que he sufrido por mi padre, ahora me doy cuenta de que mi dolor es mucho menor que el suyo».

Los lugareños de la isla le indicaron la prisión en donde estaba recluido su padre. Era un lugar rodeado de un espeso bosque de bambú. Lo circundaba además un foso y una pared: un lugar tan siniestro que casi nadie se atrevía a acercarse. Aguantando el llanto como podía, el niño pensaba con rabia: «¡Qué cruel este Honma. Mi padre está cautivo aquí y, a pesar de hallarme tan cerca y haber venido de tan lejos, no me deja verlo. ¿Qué de malo hay en que nos veamos un momento? ¿De qué me ha servido hacer un viaje de tantas penalidades? ¡Qué crueldad!». La gente simpatizaba con el niño y derramaba lágrimas de compasión.

Se presentó entonces en la mansión un enviado del sogunato y conminó con irritación al gobernador:

—¡Corta de una vez la cabeza a Suketomo!

Honma no tenía ya razones para atrasar la fecha de la ejecución, así que la tarde del día 29 del quinto mes, sacó al condenado de la cárcel y le dijo:

—Hace muchos días que no te lavas. Es el momento de que te des un buen baño.

Fue así como Suketomo comprendió que había llegado su hora. Comentó:

—¡Qué doloroso me resulta morir sin ver la cara de mi hijo que ha venido a verme de tan lejos!

Sin decir más palabras, se limitó a secarse las lágrimas que rodaban por las mejillas de un rostro desconsolado. Convencido de que todo en este mundo no es más que una nube flotante al que todas las personas deben renunciar en su corazón, sus pensamientos estaban en alcanzar la iluminación. Suketomo había servido al emperador en palacio y durante un tiempo estudió y después enseñó las doctrinas de Confucio. Posteriormente, practicó el budismo de la escuela Zen y se entregó a la meditación con todo rigor. Después de ser detenido y condenado al destierro, aprovechaba todo el tiempo de que disponía para meditar y eliminar cualquier apego a las cosas de este mundo. Aunque ya llevaba siete años de exilio, daba la impresión de haber llegado a la isla el día anterior pues se acordaba de todo lo vivido en la capital como si lo hubiera vivido ayer. Se confortaba pensando en los tiempos del patriarca Daruma, del que dicen que pasó nueve años meditando sentado ante la pared de un templo en China. La gente de la isla que lo trató esos años comentaba, con lágrimas en los ojos, que los esfuerzos de Suketomo por alcanzar la iluminación no debían de ser en vano.

El mismo día de su ejecución, haciendo esfuerzos por aguantar el llanto, escribió a su hijo esta carta: «No existe un señor de la tierra ni del cielo, y el tiempo pasa en un abrir y cerrar de ojos. Nos parece que en el mundo hay un cielo, una tierra, hombres y mujeres, reyes y emperadores, padres e hijos, maridos y mujeres. Pero en realidad todo es sueño, ilusión, sombra, espuma y nada. Llevo ocho años encerrado en esta isla. Quiero decirte que en estos largos años mantengo intacta mi fidelidad y mi sinceridad. Hijo mío, observa mi forma de ser y abre bien los ojos. Yo estoy del todo preparado. Día 29 del quinto mes del tercer año de la era Gentoku [1331]». Y firmaba con su nombre completo. Tiempo atrás, Suketomo, como cortesano favorito, había acompañado al Emperador a todas partes. En primavera juntos iban a ver los cerezos en flor y en otoño contemplaban los arces rojizos. Su majestad no se cansaba de elogiarlo en público y en privado, lo cual había despertado muchas envidias en la corte.

Al atardecer de ese día 29, el gobernador envió un palanquín a la prisión para recoger al condenado. Lo llevaron al cauce seco de un río próximo. Depositaron la litera sobre una estera de cuero. Suketomo salió del palanquín y se sentó tranquilamente sobre una piel curtida[34]. Pidió una moleta de escribir, tomó un pincel y escribió los siguientes versos de despedida:

Las cuatro sustancias
que hay en mi cuerpo ahora volverán
a los cuatro elementos de donde salieron[35].
Cuando corten mi cuello,
el viento desatará mi cuerpo.

Nada más acabar de escribir, el verdugo se situó detrás del condenado. Rápidamente alzó la katana y de un certero tajo le cortó el cuello. El cuerpo de Suketomo se estremeció y su cabeza cayó rodando hasta los brazos. Parecía un sueño, pero era realidad.

Había por allí un religioso que solía visitar a Suketomo en la prisión para confortar su corazón y departir con él sobre las verdades budistas. Fue él quien ofició el funeral y, después de cremar el cuerpo, enterró con todo cuidado las cenizas y la osamenta de Suketomo. Además, recogió algunos restos de huesos, la carta y el poema de despedida para entregárselos a Kumakawa. Cuando el niño recibió todo esto, se desplomó al suelo sin fuerzas. Después, con su voz infantil gritó:

—Llegué aquí con la ilusión de ver por última vez la cara de mi padre, pero resulta que lo que ahora veo son sus huesos. ¿Es esto verdad o estoy soñando? Si es sueño, quiero despertar cuanto antes.

La gente del lugar se admiró de la extraña energía con que hablaba a pesar de ser tan joven y de la fortaleza del lazo que hay entre padres e

---

34. Generalmente de ciervo. Era usada habitualmente por los samuráis para sentarse cuando estaban de campaña, para practicar el arco al aire libre y, como es el caso, para ejecutar a alguien.
35. Las cuatro sustancias invisibles son el juicio, la imaginación, la voluntad y la conciencia. Los cuatro elementos: tierra, agua, fuego y aire.

hijos. Y es que, ¿qué importa pertenecer a una clase social o a otra para comprender el amor que une a los hijos con sus padres?

Efectivamente, Kumakawa era un niño, pero con el espíritu de un adulto. Se volvió a su criado y dándole los restos de su padre, le dijo:

—Vuelve a la capital y entrega esto a mi madre. Después sube al monte Kōya y entiérralo en un lugar llamando Oku-no-in.

Aparte, le entregó una carta que había escrito para la madre. Cuando se fue el criado, el joven Kumakawa volvió a la residencia del gobernador con la excusa de que se encontraba mal. En realidad, había decidido en su corazón matar a Honma o a su hijo, y luego quitarse la vida. Desde el fondo de sus entrañas sentía odio por el gobernador. No podía perdonar que no se le hubiera permitido ver a su padre ni despedirse de él.

Así pues, Kumakawa permaneció cuatro o cinco días en el lecho fingiéndose enfermo. Cuando llegó la noche, se levantó y con todo sigilo recorrió las habitaciones de la mansión a fin de descubrir dónde dormía el gobernador. Era una noche de tormenta; fuera el viento rugía con violencia y los guardias dormían en una garita separada del resto de la casa por el patio. Parecía la ocasión perfecta, pensaba el joven. Entró en un dormitorio donde pensaba que debía de estar durmiendo su enemigo, pero, para suerte de este, esa noche dormía en otra habitación. Buscaba por todas partes y no daba con él. Finalmente vio que al fondo de un pasillo había un resplandor. Era del dormitorio de Hanma Saburō, el hijo primogénito del gobernador, que dormía profundamente. Para Kumakawa, el hijo era tan enemigo como el padre. Fue contra él, pero se dio cuenta de que no llevaba ningún arma. El plan era hacerse con la katana del enemigo, pero como la luz de la lámpara era muy débil no estaba seguro de dónde encontrarla. Además, si hacía ruido, Saburō podría despertarse. Vio entonces mariposas nocturnas que revoloteaban fuera, al otro lado de la puerta corrediza. Esto le dio la idea de abrir la puerta para que los insectos entraran atraídos por la luz de la lámpara. Cuando las mariposas se arremolinaron en torno a la luz, la habitación quedó a oscuras. Pero Kumakawa ya había visto antes dónde colgaban las armas de Saburō. Tomó la katana corta y se la colgó a la cintura. Luego la desenvainó y colocó su punta sobre el pecho del dormido Saburō. Recordando que matar a alguien dormido es tan injusto y absurdo como matar a un cadáver, dio una patada a la almohada para despertar a su enemigo. Nada más despertarse este, Kumakawa hundió la punta de la katana en el pecho de Saburō hasta atravesárselo y tocar con la punta el suelo de tatami de la habitación. Después sacó la katana y remató la acción degollando a Saburō. Con el ánimo sosegado tras cumplir su venganza, Kumakawa salió rápidamente de la casa y corrió a esconderse en un soto de bambúes. Los gemidos de Saburō antes de morir habían despertado a los guardias que encendieron candiles y entraron en la mansión para ver qué pasaba. Cuando descubrieron pisadas con rastro de sangre, uno de los guardias exclamó:

—¡Ha sido el pequeño Kumakawa! ¡Seguro que ha sido él! El foso que rodea la mansión es profundo y no podrá escapar. ¡Busquemos por todas partes y acabemos con él!

Se repartieron antorchas y se pusieron a registrar por todos lados.

Entretanto, el joven Kumakawa permanecía escondido entre los bambúes pensando que prefería hacerse el harakiri con la katana corta que llevaba antes que caer en las manos de los guardias. Pero, poco a poco, en su cabeza fue tomando forma esta otra idea: acababa de vengarse de su padre, un leal servidor del emperador, y ahora quedaba él solo, en toda su familia, para seguir al servicio de su majestad. Tal sería, sin duda, lo que su padre hubiera deseado que hiciera. ¡Sí! Serviría al emperador siguiendo vivo para luchar para derribar el sogunato. No habría mejor muestra de amor filial a su madre y fidelidad al soberano. Una vez resuelto a seguir con vida, se puso a pensar cómo podría escapar. Arrastrándose entre los bambúes, llegó hasta el borde del foso. Con sus dos jō [unos seis metros] de ancho, parecía imposible saltarlo. Se le ocurrió entonces la idea de encaramarse a lo alto de un bambú alto que crecía al lado del foso y con el peso de su cuerpo hacer que el tronco se curvara hasta inclinarse hasta el otro lado del foso. Así lo hizo, logrando salvar el foso. Sin detenerse un instante y aprovechando el manto de la noche, corrió y corrió hasta llegar al puerto. Allí esperaba encontrar algún barco que zarpara al amanecer. Era el quinto mes y las noches eran cortas, por lo que no tardó en hacerse de día. Aunque resultaba difícil esconderse con la luz del nuevo día, encontró por allí unos frondosos matorrales de cáñamo que le sirvieron de escondite. Oyó cómo se acercaba un grupo de soldados —serían treinta o cuarenta— a caballo y que preguntaban a la gente que pasaba:

—¿No habréis visto por aquí un muchacho de doce o trece años?

Kumakawa sabía que lo buscaban y temía que tarde o temprano lo encontrarían. Se quedó todo el día agazapado bajo los matorrales resignado a su captura. Pero pasó el día y nadie lo descubrió. Cuando se hizo de noche, salió de su escondite y tomó el camino del puerto. Antes de llegar, se encontró con un viejo ermitaño[36]. Este hombre, al fijarse en el aspecto del muchacho, sintió curiosidad y le preguntó:

—¿De dónde vienes, muchacho, y adónde vas?

Kumakawa, si saber bien por qué, decidió confiarse al anciano y le contó todo sin omitir nada. El anciano comprendió que el muchacho necesitaba ayuda y le dijo:

---

36. En el original, *yamabushi*, ascetas a los que frecuentemente se les atribuían poderes sobrenaturales.

—Bueno, no debes preocuparte. Del puerto salen barcos de mercaderes. Seguro que habrá alguno con el que puedas cruzar el mar y llegar a Echigo o a Etchū.

Le tomó de la mano y juntos se pusieron en camino hacia el puerto. Cuando se hizo de día, el ermitaño preguntó a unos y otros si zarpaba algún barco, pero en ese momento no había ninguno que saliera. Siguió buscando y, al despejarse la niebla matinal, divisó una embarcación grande que izaba velas no lejos del puerto. El ermitaño se alegró y acercándose a la orilla, se puso a gritar:

—¡Eh, los del barco! ¡Acercaos!

Pero el marinero del barco no hizo caso y maniobró para alejarse aún más del puerto.

El ermitaño, indignado, se ató con una cuerda las mangas del kimono rojo que llevaba, se dirigió al barco y se puso a frotar las cuentas del rosario pronunciando al mismo tiempo esta extraña plegaria: «Fudō Myōō que protege siempre a quien le implora y cuyo poder, como el de un buda, socorre a sus fieles de los demonios y de los malos espíritus. ¡Que los dioses Gongen Kongodoshi, Tenryū Yaksha y Hachidai Ryū den un puntapié a ese barco para que vuelva a tierra!». Mientras rezaba, no dejaba de bailar y contorsionar el cuerpo. La oración resultó eficaz, pues desde alta mar empezó a soplar un viento desfavorable. Las olas se encresparon y el barco empezó a zozobrar cada vez con más violencia. Parecía que fuera a volcar. Desde la nave, los marineros, con el semblante desencajado por el pánico, se pusieron a dar grandes voces:

—¡Ermitaño, salvadnos! ¡Tened piedad!

Con las manos juntas y postradas en cubierta, repetían una y otra vez sus súplicas al ermitaño. Después se pusieron a remar con todas sus fuerzas hacia la orilla. Cuando llegaron al puerto, bajó uno de los marineros, tomó al joven Kumakawa en los hombros y al ermitaño de la mano, y regresó al barco con ellos. Una vez todos dentro, empezó a soplar un viento de popa y el barco se alejó rápidamente del puerto. Fue entonces cuando se presentó un tropel de soldados a caballo. Situándose al borde del mar, gritaron:

—¡Eh, los del barco! ¡Deteneos!

Pero la embarcación, con las velas desplegadas e impulsadas por vientos favorables, surcaba las aguas rauda como si volara. A la tarde de ese mismo día tocó la costa de Echigo.

Fue así como aquel ermitaño salvó al niño de caer en manos enemigas entre las cuales seguro que hubiera perecido. Quién sabe si su padre Suketomo antes de morir habría rezado a los dioses de Kumano para que protegieran de todo mal a su hijo y que algún dios tomara forma de ermitaño para salvar la vida al niño. De hecho, nada más desembarcar, el ermitaño se esfumó sin dejar rastro. ¿Habría sido una aparición milagrosa?

Pasaron los años y cuando Kumakawa se hizo adulto, sirvió fielmente como cabeza del linaje de Daikaku-ji al emperador el cual le concedió el nombre de Kunimitsu.

Cada vez que la gente comentaba estos extraordinarios sucesos, sentía nostalgia del pasado y no dejaba de llorar.

Capítulo 6. LA DECAPITACIÓN DE TOSHIMOTO

De Toshimoto no Ason decían los samuráis de Kamakura: «Puesto que ha sido el cabecilla del complot, no lo condenaremos al destierro, sino que lo ejecutaremos aquí mismo, en Kamakura».

Desde hacía largo tiempo el cortesano Toshimoto había realizado una promesa secreta. Se trataba de recitar seiscientas veces el *Sutra del loto,* la más sagrada escritura del budismo. Lo había recitado ya cuatrocientas veces, por lo que le quedaban solamente doscientas.

—Dejadme cumplir mi promesa antes de que me cortéis la cabeza. Después, haced lo que queráis conmigo.

Tan encarecidamente y tantas veces dirigía este ruego a los samuráis de Kamakura que estos consintieron, creyendo que sería una grave ofensa contra la ley budista no acceder a tal deseo. ¡Qué angustia pensar que los días que le quedaban de vida los iba a emplear leyendo el sutra!

En los días en que Toshimoto vivía en la capital y trabajaba en palacio, donde había tantos cortesanos de rangos altos y bajos ataviados de espléndidos kimonos, disponía a su servicio de numerosos criados, guardias y damas de compañía, algunas de clase humilde. Todos ellos abandonaron el palacio cuando Toshimoto fue llevado a Kamakura. Solo se quedó uno, de nombre Gotō Sukemitsu, cuidando a su esposa. Después de su detención, Sukemitsu y la esposa de Toshimoto partieron al valle del monte Ogura, en el norte de la capital, para vivir discretamente en espera de los acontecimientos. Circulaba el rumor de que Toshimoto iba a ser decapitado. La mujer estaba tan abatida por la noticia que a Sukemitsu se le partía el alma al verla tan triste. Un día le dijo:

—Señora, dadme licencia para ir Kamakura y comprobar si es cierto el rumor. Escribid una carta a vuestro marido y yo se la llevaré.

A la esposa le pareció bien y escribió una carta. El criado se puso en camino hacia el este y aprovechaba el encuentro con otros viajeros para pedirles noticias de su señor. «¿Sabéis si lo han matado?», preguntaba a unos y a otros.

Finalmente llegó a Kamakura con las mangas del kimono empapadas de tanto como había llorado de congoja por la suerte de su señor. Sintió alivio, sin embargo, cuando oyó decir que todavía no lo habían matado. Se alojó en una posada cercana al lugar de las ejecuciones. Pasó cuatro o cinco días yendo de un lado para otro intentando por todos los medios entregarle la carta. Un día oyó este rumor: «Hoy van a ejecutar a Toshimoto». El criado, alterado por la noticia, salió disparado para ver cómo conducían a su señor al lugar de ejecuciones. Toshimoto iba dentro de un palanquín por la cuesta de Kewai. Gentes de toda clase social se agolpaban para ver la comitiva.

Cuando llegaron a la colina de Kuzuhara, el oficial encargado de la ejecución, Kudō Jirō, ordenó a los soldados que montaran una tienda de campaña y depositaran el palanquín al lado de una gran estera de cuero. Al observar los preparativos de la ejecución, el criado Sukemitsu estuvo a punto de desmayarse. Pero, armándose de valor, dio un paso al frente, se acercó a Jirō y con lágrimas en los ojos, le dijo:

—Soy un criado de Toshimoto no Ason. He venido de Kioto para presenciar la ejecución de mi amo y entregarle una carta de su esposa. Como una gracia antes de que muera, ¿sería posible que me permitierais entregársela y despedirme de él? Os lo suplico.

Jirō tenía un corazón compasivo. Haciendo esfuerzos para no contener las lágrimas, repuso:

—De acuerdo. Puedes entrar en la tienda.

Sukemitsu le dio las gracias juntando las manos y haciendo una reverencia, y entró en la tienda de campaña levantada al lado de la estera de cuero. Dentro estaba sentado Toshimoto. Cuando este vio cómo su fiel criado se echaba a sus pies, preguntó:

—¿Estoy despierto o soñando?

—Es una carta de vuestra esposa, señor —le dijo Sukemitsu, aguantando los deseos de romper a llorar y alargándole la carta.

Sin decir nada más, criado y amo estallaron en sollozos y ocultaron sus rostros con las mangas para no dejar ver las lágrimas que les afloraban en los ojos. ¡Qué escena tan conmovedora ver los lazos que unían a criado y señor.

Después de enjugarse las lágrimas, Toshimoto abrió la carta. Esto fue lo que leyó: «Mi cuerpo, más frágil que una gota de rocío, no sabe ya dónde apoyarse. Me paso las horas del día llorando por el temor de enterarme de tu muerte por la tarde. ¿Puedes imaginar que no dejo de llorar ni un momento? No, no creo que puedas». Las lágrimas nublaban la vista del cortesano impidiéndole seguir leyendo. En el grosor de los trazos de la carta, escritos en tinta negra, se echaba de ver el profundo amor de la esposa. Los que presenciaban la escena se dieron cuenta de lo mucho que Toshimoto amaba a su mujer y no podían evitar lágrimas de emoción.

—¿No tendrás una moleta y pincel con que escribir? —preguntó Toshimoto a su criado.

Sukemitsu sacó un estuche y lo colocó frente a su señor. Este lo abrió, sacó una navaja, se cortó un mechón de pelo y, tomando el pincel, se puso a escribir. «He leído tu carta con gran emoción, sí, esta carta que me has enviado cuando te enteraste de que me iban a matar. ¡Qué consuelo leer tus palabras! ¡Y cuánto te echo de menos! Después de leerte, me resulta doblemente doloroso despedirme del mundo. Como sabes, yo creía que mi destierro sería cosa de algún tiempo y que después me dejarían volver a casa. Pero no ha sido sí y no he encontrado ningún modo de avisarte. No puedes imaginar la angustia de mi corazón todo este tiempo. Cada vez que pienso en este mundo, me convenzo más de que todo es sueño e ilusión, hasta la escarcha de la mañana o el rocío del anochecer. Ya ves que ha sido imposible que hayamos estado juntos hasta la muerte, pero debes saber que te amo tanto como tú a mí. Si mis palabras te animan a seguir el camino de Buda, ten por seguro que nos reencarnaremos para convertirnos en flores de loto que crecen en el estanque de la tierra de la suprema y perfecta felicidad. Y si a tanto no llegáramos, seremos en nuestras siguientes vidas patos o gansos salvajes, viviremos en las mismas aguas y uniremos nuestras voces para alcanzar la iluminación».

Con la vista nublada por las lágrimas el samurái Jirō observaba a Toshimoto y a Sukemitsu a corta distancia. Finalmente se incorporó y anunció:

—Ya os he dejado mucho tiempo. Vamos.

Luego, arrodillándose ante Toshimoto, le dijo:

—Todo está preparado. Adelante.

—De acuerdo —asintió el cortesano que tras incorporarse, volvió a sentarse, esta vez sobre la estera de cuero, mientras se limpiaba el cuello con un papel que acababa de sacar de la escotadura del kimono. Después, extendió el papel y escribió en él los siguientes versos de despedida:

Que ni la vida
ni la muerte existen
dicen los antiguos.
El río Yangtsé corre más allá del horizonte,
allá donde ni siquiera se ven las nubes.

Dejó el pincel y alzó la mano para arreglarse un instante el peinado. Pero en ese momento el fulgor de una katana centelleó por detrás y su cabeza rodó mientras su cuerpo caía sobre la estera de cuero. Jirō se retiró y la gente que había presenciado la ejecución se alejó murmurando.

Aquella tarde hacía viento y la atmósfera era triste. El criado Sukemitsu apartó las hierbas cubiertas de rocío, se acercó al cuerpo sin vida de su señor y con lágrimas en los ojos estuvo un rato abrazado a él. Sentía el deseo intenso de suicidarse, pero sabía que su señora debía de estar esperándolo. Además, él era la única persona del mundo capaz de darle cuenta del fin de su esposo y de entregarle su carta. Así que, sin perder más tiempo, trajo leña de un crematorio cercano e incineró el cuerpo de Toshimoto. Después recogió las cenizas, las metió en una urna y emprendió el camino de regreso a Kioto.

Todos los días la esposa de Toshimoto, completamente ignorante del fin de su marido, ansiaba el regreso del criado. Cuando vio a este llegar solo, se alegró de poder por fin preguntarle qué tal se encontraba su marido y salió a su encuentro de detrás de las persianas de bambú que normalmente la ocultaban de la vista de la gente.

—¿Qué tal está el señor? —preguntó— ¿Volverá pronto a casa? ¿Cuándo?

El criado contestó sin poder aguantar más el llanto:

—Tomad esta carta, señora.

Cuando la mujer, con el semblante risueño, abría la carta, se cayó algo: un mechón de pelo.

—¿Qué es esto? —preguntó y enseguida se derrumbó en el suelo, tan desfallecida que parecía que fuera a morir.

Si hay tristeza hasta en la despedida entre dos desconocidos que se juntan por azar para contemplar las flores del cerezo en primavera o las hojas de los arces en otoño, cuánta mayor en un matrimonio como el de Toshimoto y su esposa cuyo amor mutuo era especialmente profundo. En vida habían cruzado varias promesas, una de las cuales era estar juntos siempre e incluso más allá de la muerte. ¡Ah, promesas vanas como el sueño de una noche de verano! Mientras su marido estaba desterrado en el este, una separación insólita en esta pareja, su esposa sufría día tras día; nada más normal, por lo tanto, que perdiera el sentido al comprender que había muerto.

Otras mujeres que había allí la ayudaron a recobrar el sentido y a ponerse en pie. La llevaron dentro de la casa, detrás de las persianas, y cuidaron de ella hasta que poco a poco se fue recuperando. Cuando su marido estaba desterrado y sufría tanto por la separación, no se suicidó, sino que siguió viviendo con la esperanza de una reunión futura en este mundo. Pero ahora, deshecha tal esperanza, su desconsuelo y resentimiento no tenían límites. Comprendió la dama que en adelante el motivo de preocupación debía ser su propia vida. Además, tenía que vivir para celebrar cada siete días los oficios de difuntos y rezar por él con todo fervor.

Pasaron cuarenta y nueve días del fallecimiento de su marido[37] y, como ya no necesitaba depender de ninguna persona ni ver a nadie, decidió retirarse del mundo. Para empezar enfundó su cuerpo, todavía joven

---

37. Según la tradición budista, los primeros cuarenta y nueve días después de su muerte, el difunto los pasa en un estado de «sombras intermedias» en el cual vaga por los diferentes reinos de ultratumba sin lugar estable. La finalidad del funeral de los cuarenta y nueve días es asegurarle una morada fija.

y en la plenitud de la belleza, en ropas de luto. Después, pasó varios días bordando un dibujo de tres santos budistas usando su cabello como hilo. Finalmente, alquiló una choza al lado del templo Ninna, donde solía ir a rezar, y allí, aislada del mundo, se recluyó con otras dos compañeras para orar día y noche y llevar a cabo otras prácticas budistas. La desgracia y la tragedia de la muerte de su marido eran motivos de continuos lloros. Las negras mangas del hábito de monja nunca se le secaron a esta joven viuda. Se diría que de tanto llorar el color del hábito iba a cambiar de color, como hace una flor cuando se marchita.

En cuanto al criado Sukemitsu, se rapó el pelo, se hizo monje y subió al monte Kōya portando las cenizas de su señor. Allí, en uno de sus templos, el Isshin-ji, se dedicó a rezar fervorosamente aislado del mundo. ¡Qué fuertes vínculos los de la pareja en el caso de Toshimoto y su esposa, y los de amo y criado en el caso de Toshimoto y Sukemitsu, tan sólidos que perduraban más allá de la muerte! Todo el mundo se emocionaba al pensarlo.

Capítulo 7. LA FUGA DEL EMPERADOR

En la primavera del segundo año de la era Karyaku [1327], estalló un conflicto entre dos facciones rivales de monjes, la de Daijōin y la de Ropposhū, dos centros religiosos dependientes del gran templo Kōfuku de Nara. El enfrentamiento se convirtió en guerra abierta en el curso de la cual hubo numerosos incendios que hicieron arder varios pabellones de ambos templos. ¡Qué sucesos tan deplorables!

Pocos años después, en el verano del tercer año de la era Gentoku [1331], un descuido provocó un grave incendio que arrasó varias edificaciones de la zona este del monte Hiei, entre ellas el pabellón principal del templo Enryaku. Como este templo había sido edificado por mandato imperial, se pensaba que era indemne a las llamas, pero lo cierto fue que varias de sus dependencias quedaron reducidas a cenizas en pocos minutos. Este incendio fue interpretado por el pueblo como un mal presagio.

Unos días después, exactamente el día 3 del séptimo mes, ocurrió un gran terremoto como consecuencia del cual las playas de bajamar de veinte pueblos de la provincia de Kii se secaron. Una réplica tuvo lugar cuatro días más tarde, el 7, a la hora del Gallo [seis de la tarde], que hizo que la cumbre del monte Fuji se desmoronase cayendo varios centenares de *jō* más abajo[38].

A la vista de tantos infortunios, se decidió que el adivino Urake Sukune quemara el caparazón de una tortuga para que leyera las grietas e interpre-

---

38. Un *jō*: unos tres metros.

98

tase el significado de tantas desgracias seguidas. Asimismo, se consultaron expertos en el yin y el yang[39]. La conclusión general fue esta: «El emperador será destronado y sus ministros pasarán penalidades». Otros adivinos revelaron en secreto: «El futuro será muy negro. Hay que comportarse con mucha prudencia». El emperador Godaigo y sus cortesanos sintieron temor al conocer los vaticinios. Les parecía, además, una señal aciaga que se sucedieran varios incendios y dos grandes terremotos. El soberano estaba enfermo desde el verano del año pasado y en ese periodo algunos de sus cortesanos más cercanos habían sido desterrados y ejecutados en Kamakura. La confusión reinaba en los corazones de la gente. A la vista de todo esto, Godaigo decidió poner fin a la era y cambió el año tercero de Gentoku por el primero de la nueva era Genkō [1331].

El día 23 del séptimo mes llegaron a Kioto dos mensajeros de Kamakura, los samuráis Kudō Jirō y Nikaidō Sadafuji. Venían al frente de un fuerte contingente de soldados. Los samuráis de Kioto y de los alrededores se reunieron en la capital sin saber qué ocurría ni a qué se debía la presencia de tantos soldados. Todo el mundo andaba alborotado. Aunque nadie sabía qué iba a pasar, alguien informó a los bonzos del monte Hiei que el emperador iba a ser desterrado y el príncipe Moriyoshi ejecutado.

En la noche del día 24 del octavo mes el príncipe envió al emperador, su padre, este mensaje: «Los emisarios de Kamakura han venido a sacar a Su Majestad de Kioto y a matarme a mí. No debéis permanecer en la capital: marchad a Nara esta misma noche. El palacio de Su Majestad no es ninguna fortaleza y los soldados entrarán. Una vez que nuestros enemigos irrumpan en palacio, no tendréis medio de defenderos ni tiempo para idear una estratagema. Mi plan es que vistáis de emperador a uno de vuestros cortesanos más fieles, lo hagáis subir al monte Hiei y hagáis correr esta noticia. Nos servirá para conocer la actitud de los bonzos. Si estos reciben al falso emperador con los brazos abiertos, no cabe duda de que las tropas de Kamakura atacarán a los bonzos. En tal caso, estad seguro de que los bonzos defenderán sus templos a riesgo de sus vidas. Al cabo de varios días de batalla entre los bonzos y los samuráis de Kamakura, nuestros enemigos estarán agotados. Será entonces el momento en que Su Majestad convoque a todos los soldados de la guardia imperial y dé la orden de atacar. Así podremos asestar un golpe definitivo al enemigo. Majestad, recordad que la gloria o la ruina del Imperio dependen de esta guerra».

---

39. Las ideas sobre el dualismo chino del yin y el yang (*onmyōdō*), de inspiración taoísta, eran ampliamente utilizadas en el Japón de la época para la adivinación y elaboración de calendarios. Decidir los días propicios de viajes, ceremonias o edificaciones, interpretar sueños, aplacar malos espíritus eran algunas de las competencias de los expertos en estas artes.

Cuando escuchó este mensaje, el emperador se quedó aturdido y sin saber qué decisión tomar. Estaban presentes los consejeros Morokata y Fujifusa, además de Suefusa, hermano menor del último. Les preguntó:

—¿Qué os parece que debo hacer?

Fue Madenokōji Fujifusa quien se adelantó para responder:

—Majestad, cuando el enemigo ataca al soberano del Cielo, lo mejor es huir del peligro para ponerse a salvo y preservar la paz del Imperio. La historia nos ofrece muchos precedentes. El Duque Wen de la dinastía Jin escapó a un país extranjero y el emperador Tai de la dinastía Chou se refugió en tierras remotas para no caer en las manos del enemigo. Después de huir, los dos regresaron, restablecieron el orden y sus linajes duraron diez mil generaciones. Si pasamos mucho tiempo deliberando, perderemos las horas de la noche, las más favorables para la fuga. Majestad, haced caso de vuestro hijo: apresuraos y huid a Nara.

A Godaigo le pareció bien. Fujifusa ordenó traer las Tres Insignias Sagradas, mandó que prepararan un carromato de los usados por las mujeres en el cual dispuso la colocación de ropa femenina visible por debajo de la puerta del vehículo, hizo subir en él al emperador y pidió a los guías que salieran del palacio por la puerta del este. El mismo Fujifusa y su hermano Suefusa fueron como escoltas. Cuando los guardias de la puerta detuvieron el carromato y quisieron saber quién iba dentro, Fujifusa respondió:

—Es la dama Kishi que va a visitar a su padre en Kitaya aprovechando la oscuridad de la noche.

Los guardias los dejaron pasar.

Un poco más adelante, en Sanjō Kawara, se los unieron otros cortesanos de confianza: Takayoshi, Koin Kintoshi, Kitabatake Tomoyuki, Tokujō Tadaaki, Shigeyasu, Kiyofuji, Toyohara Kaneaki y Hata Hisatake. Cuando la comitiva llegó a un templo de Tanaka, un poblado en las afueras de la capital, el carromato se detuvo y el emperador cambió a un palanquín. Como todo se hacía con la máxima rapidez, no hallaron a nadie que cargara con el vehículo. Tuvieron que ser dos de los nobles, Shigeyasu y Hisatake, quienes lo transportaran a hombros. El resto de los miembros del séquito se despojaron de sus kimonos cortesanos y vistieron ropa más informal y sombreros más cómodos para el viaje. Así darían la impresión de ser escoltas de una dama de la nobleza en peregrinación a los siete grandes templos de Nara. Todo el grupo temblaba de miedo pensando en que podrían ser descubiertos o perseguidos por el enemigo. Se pusieron en camino y cuando pasaron por un templo de Kozu, ya clareaba el nuevo día. Recomendaron al emperador que desayunara algo, pero este, con la actitud apática, apenas quiso probar bocado.

Antes de llegar a Nara, mandaron un mensajero a Tōdai-ji, el principal templo de la ciudad, para que enviaran un palanquín en el cual transportar al emperador hasta dicho templo. En este sagrado lugar vivía un monje, hijo de Takatsukasa Mototada y discípulo del monje Seichū. Estaba también afiliado al templo Daigo y era un hombre docto en las doctrinas esotéricas de la escuela Shingon y en el resto de las enseñanzas budistas. Por ello actuaba como responsable de los nombramientos de las altas jerarquías budistas y de organizar los debates sobre la doctrina. Seguros de que accedería a su ruego, fue a él a quien los cortesanos se dirigieron a fin de pedirle un palanquín para el soberano. El monje accedió y, previa consulta con otros monjes a los que naturalmente ocultó la identidad de la persona que buscaba refugio, decidió el lugar en donde podría refugiarse el emperador: el templo Shōei. Pero por temor a Genjitsu, un monje relacionado con la autoridad de Kamakura por lazos de sangre, juzgaron más seguro dirigirse a un lugar alejado de la ciudad. Fue así como el día 26 el emperador llegó al monte Jubu, en Watsuka. Este lugar se hallaba muy apartado y distante de toda zona habitada. Pero como era un paraje poco adecuado para organizar la defensa en caso de un ataque, el día siguiente, el 27 del octavo mes, el emperador escoltado por un número de bonzos guerreros de Nara se trasladó al templo del monte Kasagi.

La noche de ese día el emperador Godaigo salió un momento del templo para hablar a solas con Kazan-in Morokata y le dijo:

—Vamos a seguir el plan del príncipe Moriyoshi. Quiero que vayas de incógnito al monte Hiei simulando que eres el emperador, que sondees los corazones de los bonzos guerreros y, si se muestran fieles a nuestra causa, que los movilices para hacer la guerra.

El consejero Morokata se vistió con la ropa imperial en el templo Hossō, subió a un palanquín provisto del blasón imperial y se puso en camino hacia el templo Enryaku, en el monte Hiei. Lo acompañaban Sijō Takasuke, Tameakira Ason y Sadahira Ason con vestidos cortesanos, con lo que cualquiera que viera la comitiva pensaría que se trataba de un séquito imperial. Hicieron correr el rumor de que Godaigo venía huyendo en busca de ayuda y había fijado su residencia en las dependencias que hay al oeste de Enryaku-ji. Entonces, hombres de poblaciones como Sanjō y Sakamoto, y hasta de Ōtsu, Matsumoto, Shina, Kozuenohama, Ōgi, Kinugawa, Wani y Katada se precipitaron hacia el monte Hiei, compitiendo por llegar los primeros, dispuestos a luchar por la causa imperial. El número de los que llegaban era tan elevado que la llegada de todos se asemejó a la reunión de nubes abundantes en el cielo o a la presencia de espesas nieblas en la montaña.

Solamente en Rokuhara, el cuartel general del sogunato en Kioto, no se habían enterado de la fingida huida del Emperador al monte Hiei. Incluso, al amanecer del mismo día, un emisario de Kamakura se presentó en Rokuhara para solicitar la comparecencia del soberano en el mismo cuartel general. Fue después de esta petición cuando llegó un mensajero enviado por el monje Jōrinbō, de Enryaku-ji, con esta información: «A las tres de la madrugada, el emperador ha acudido al monte Hiei pidiendo ayuda.

Enseguida se han congregado unos tres mil bonzos guerreros. Además, el emperador ha convocado a los samuráis de los alrededores para lanzar un ataque inminente contra Rokuhara. Conviene despachar tropas a Sakamoto antes de que el asunto se vuelva más grave. Mis hombres atacarán las fuerzas imperiales por la retaguardia».

Los samuráis de Rokuhara y el emisario de Kamakura se quedaron atónitos ante la noticia. Pero, una vez sobrepuestos a la sorpresa, decidieron actuar de inmediato. Enviaron a alguien al palacio imperial y comprobaron que, en efecto, Godaigo había abandonado el palacio. En los aposentos imperiales solamente había algunas damas lloriqueando. Los samuráis se dijeron: «Es indudable que el emperador ha escapado al monte Hiei. Será mejor que ataquemos enseguida, antes de que se reúnan más bonzos guerreros». Dieron la orden a todos los samuráis en activo en las cuarenta y ocho zonas de la región y a todos los soldados de los cinco distritos de la capital para que se congregaran de inmediato en Rokuhara. Cinco mil hombres salieron de avanzadilla hacia Sagarimatsu. Además, otros siete mil, al mando de Sasaki Tokinobu, Kaitō Nakaie, Nagai Munehira, Oda Sadatomo, Hatano Nobumichi y Oda Tokitomo, avanzaron para atacar a los bonzos por la retaguardia. Después de pasar por Ōtsu y Matsumoto, llegaron a Karasaki.

En Sakamoto, los bonzos guerreros leales a Godaigo ya conocían los movimientos del enemigo y estaban en pie de guerra. Los príncipes Muneyoshi y Moriyoshi se dirigieron al templo Hachio e izaron los estandartes imperiales. Enseguida se reunieron unos ochocientos bonzos, un número que aumentó a unos seis mil a lo largo de la noche. A pesar de que los tiempos eran de grandes cambios en las costumbres, jamás se había visto que un bonzo se despojara de la *kesa,* el hábito religioso, para ponerse en su lugar la armadura. ¡Qué espectáculo tan insólito que un lugar sagrado como Enryaku-ji fuera a convertirse en un campo de batalla! El pueblo sentía temor y se preguntaba qué les parecería esto a los dioses y a los budas.

Capítulo 8. LA BATALLA DE SAKAMOTO

Los bonzos guerreros de Sakamoto se inquietaron al saber que las tropas de Rokuhara llegaban a Totsu. Unos trescientos bonzos de los más impetuosos que vivían en los templos de Sakamoto decidieron ponerse en marcha de inmediato siguiendo la orilla suroeste del lago Biwa, cerca de la región de Karasaki, para enfrentarse directamente al enemigo. Todos iban a pie y portaban escasas armas. Al ser avistados por Kaitō Nakaie, de Rokuhara, este gritó:

—Son pocos. Hay que dispersarlos antes de que nos ataquen por la retaguardia.

Los bonzos se dispusieron en círculo para recibir el ataque enemigo. Kaitō se lanzó a galope contra el centro del círculo y mató a tres bonzos. Luego se detuvo a la orilla del lago para esperar a más compañeros. En ese momento, uno de los bonzos, el monje Kaijitsu de Harima, se abalanzó a pie contra Kaitō blandiendo la *naginata*[40]. El samurái esquivó el golpe moviendo el cuerpo a la derecha y al mismo tiempo con un solo brazo alzó la katana para machacar el casco del bonzo. Pero también este se zafó del tajo, de manera que el samurái tan solo pudo golpearle en la parte superior de la manga y hasta la cintura, donde el bonzo llevaba una tablilla en forma de rombo. Lo intentó de nuevo Kaitō descargando el filo de su katana con tanta fuerza que a punto estuvo de caerse del caballo. Esta vacilación la aprovechó el bonzo para dirigir la punta de su *naginata* hacia arriba y alcanzar a aporrear tres o cuatro veces el casco de Kaitō, el cual paraba los golpes como podía con la hoja del sable. Uno de los golpes del bonzo alcanzó la garganta del samurái haciéndole desplomarse de la montura. Rápidamente Kaijitsu se acercó, saltó sobre su espalda, le tiró del cabello para levantarle la cabeza y le cercenó el cuello.

—He matado al general del sogunato. Empezamos bien la batalla —exclamó triunfante con una risa. Y se quedó aguardando al resto de los enemigos.

Entonces, de entre la tropa samurái, apareció un jovenzuelo. Rondaría catorce o quince años. Llevaba el pelo recogido a estilo *karawa*[41], como lo llevan los niños. Vestía una armadura de cordones amarillos y azules, y llevaba levantados los bajos de su *hakama*. Desenvainó una katana de empuñadura repujada en oro y se lanzó contra el bonzo Kaijitsu al que consiguió asestar dos o tres golpes en el casco. El bonzo pudo observar que el joven, de porte elegante y distinguido, llevaba las cejas anchas y pintadas, y los dientes teñidos de negro[42]. Comprendió que sería una crueldad matarlo, un acto especialmente reprobable en un monje como él. Pero el joven enfurecido no cejaba en sus ataques. Kaijitsu se limitaba a esquivar los ataques del muchacho tratando al mismo tiempo de darle un golpe con el mango de la *naginata* para hacer que se le cayera la katana y poder detenerlo. Todo menos matarlo. Mientras, los otros bonzos permanecían al borde de un arrozal y no cesaban de disparar flechas. Una de estas alcanzó al joven en el pecho haciéndolo caer al suelo. Cuando Kaijitsu preguntó por la identidad de su atacante, supo que se trataba de Kōwaka, el hijo mayor de Kaitō, el samurái al que había matado. Este había prohibido a su hijo acompañarlo, pero el joven, inquieto por su padre, se escapó de casa y había venido a presenciar la batalla. Cuando vio cómo mataban a su

40. Es un arma compuesta de una hoja curva al final de un asta de madera de roble.
41. Peinado infantil.
42. Usos cosméticos entre las damas y la nobleza de la época.

progenitor, no pudo reprimir el impulso de salir a luchar y morir como su padre. Todos los presentes admiraron su hombría a pesar de su juventud. Padre e hijo perpetuaron sus nombres con la muerte.

Uno de los hombres jóvenes de Kaitō musitó:

—¡Qué vergüenza! Nos han matado a dos héroes ante nuestros ojos y encima han degollado a Kaitō quedándose con su cabeza. No estaremos a salvo.

Entonces unos treinta soldados de Kaitō se mataron entre sí para tener el honor de morir al lado de su señor. Al verlos morir así, el bonzo Kaijitsu comentó riendo:

—¡Qué torpes sois! Son las cabezas de vuestros enemigos las que debéis cortar, no las de vuestros propios compañeros. Vuestras muertes son una señal del fin que espera al gobierno de Kamakura. Pero si lo que queréis es esta cabeza, tomadla. Os la doy.

Diciendo esto, les lanzó la cabeza de Kaitō. Después les gritó:

—Mirad mi estilo: escuela de Sakamoto.

Tras estas palabras se lanzó al combate, golpeando a diestro y siniestro con la *naginata* a la que hacía soltar chispas. En un abrir y cerrar de ojos mató a un buen puñado de samuráis sin darles tiempo a emprender la huida a caballo.

Al observar este lance, Sasaki Tokinobu, otro de los jefes samuráis, ordenó:

—¡Defended a vuestros compañeros! ¡Al frente!

En medio de gritos unos trescientos samuráis, entre ellos algunos tan renombrados como Mekada, Narazaki, Kimura y Mabuchi, se lanzaron contra el bonzo Kaijitsu. Cualquiera hubiera pensado que iban a acabar con su vida en un santiamén, pero de repente al lado del bonzo aparecieron otros dos bonzos guerreros, dos de los más fuertes del monte Hiei. Eran Akusanuki y Kosagami. Los tres, blandiendo sus largas *naginatas* y lanzando miradas aceradas de desafío, se vieron muy pronto rodeados de soldados enemigos. Kaijitsu y Akusanuki no tardaron en caer muertos, pero enseguida otros cincuenta bonzos de la retaguardia, acudieron a vengarlos. Sus *naginatas*, de afiladas hojas, despedían fulgores que parecían deslumbrar a las mismas aguas del lago Biwa. La batalla había empezado.

El emplazamiento era Karasaki cuyo terreno irregular en algunas partes bordeaba las márgenes del este del lago Biwa. Había por allí arrozales pantanosos, un terreno nada propicio para combatir a caballo. La orilla del lago se extendía hasta la distancia y el camino era estrecho. Todo esto no favorecía la movilidad de personas ni animales por lo cual, mientras la vanguardia entraba en batalla, los hombres de la retaguardia no podían hacer otra cosa que mirar.

Cuando los tres mil bonzos se enteraron de que la batalla había empezado en Karasaki, se pusieron en marcha a Imamichi pasando por Shiroi.

Los otros siete mil bonzos del monte Hiei bajaron a Sannō Miyabayashi. Dos líderes de los bonzos, Wani y Katada, prepararon unos trescientos barcos con los cuales se dirigieron a Ōtsu cruzando el lago a fin de cortar toda vía de escape a las tropas de Rokuhara. Cuando supieron estos movimientos, los samuráis de Rokuhara, convencidos de que llevarían las de perder si se veían rodeados, se replegaron hacia Imamichi por Enmadō. Los bonzos guerreros conocían mejor la zona que sus enemigos, por lo cual los acechaban en encrucijadas, hondonadas y lugares escarpados donde los hostigaban lanzándoles flechas. El desconocimiento del terreno de la mayoría de los samuráis fue la causa de que muchos de ellos encontraran ese día la muerte, a veces despeñados desde sus caballos en barrancos. En el valle próximo a Karasaki los monjes dieron muerte a flechazos a trece samuráis de Hatano, a doce de Nagai y acertaron al caballo que montaba Sasaki Tokinobu, uno de los generales enemigos. Cuando Tokinobu cambiaba de montura, le rodeó una nube de bonzos que estuvo a punto de matarlo en el acto si no es porque acudieron en ayuda Mano Nyudō y su hijo, Hirai Hachirō, además de otros samuráis, entre ellos pajes y allegados de la familia Sasaki. Varios de estos perdieron la vida bajo el filo de las *naginatas* de los bonzos y el mismo Tokinobu se libró por los pelos de la muerte, viéndose obligado a retirarse del combate y huir a la capital a eso del mediodía.

Hasta ese día los cuatro mares habían gozado de la paz, sin ninguna guerra que perturbara sus aguas ni la vida del pueblo. Pero debido a los sucesos ocurridos de improviso aquellos días, los espíritus de la gente se agitaron tanto que daba la impresión de que el cielo y la tierra se habían invertido. ¡Qué situación tan terrible! Alguien, sin embargo, parecía estar dispuesto a sacar provecho de la confusión de los tiempos.

El día 27 del mismo mes, a la hora de la Serpiente [diez de la mañana], Gofushimi, emperador retirado de la rama Jinyōin, rival por tanto de la familia del emperador reinante Godaigo, abandonó su palacio de Rokujō y se presentó en Rokuhara. Lo acompañaba su heredero, el príncipe Kōgon. Otros miembros de la comitiva, todos vestidos con sus trajes cortesanos, eran Saionji Kanesue, Nakanoin Michiaki, Saionji Kinmune, Kanshuji Tsuneaki, Hino Sukena y Hino Sukeakira. La nutrida escolta estaba compuesta de soldados en uniforme oficial que dejaban ver debajo sus armaduras. Algunos incluso llevaban sombrero y encima yelmo de guerra. El ambiente de la capital estaba excepcionalmente revuelto. Nunca se había visto a tantos soldados escoltando a un emperador retirado. Unos se sorprendían, otros se lamentaban. ¡Qué espectáculo tan deplorable!

Mucho se alegraron los bonzos del monte Hiei por la victoria alcanzada en Karasaki pensando que haber ganado la primera batalla era un buen presagio. Pero he aquí que muy pronto iba a surgir una cuestión que alteraría el curso de los acontecimientos.

Los bonzos enviaron este mensaje a las dependencias que hay al oeste del templo Enryaku del monte Hiei, donde se alojaba el supuesto emperador: «Es una deshonra para las dependencias del este del templo, donde se asienta el templo principal, que Su Majestad se haya alojado en las dependencias del oeste. En el pasado, concretamente en la era Juei [1182-1184], cuando el emperador Goshirakawa se refugió entre nosotros, primero fue a Yokawa y luego eligió las dependencias del este de Enryaku-ji. Fue una decisión que marcó el ejemplo para futuros soberanos y que, además, resultó ser auspiciosa. Suplicamos a Su Majestad que se traslade de inmediato a nuestras dependencias del este».

A los monjes del oeste les pareció justa la petición y fueron a ver al emperador para aconsejarle que accediese a ello. Pero sucedió que en el momento en que hablaban con el supuesto emperador, sopló una fuerte ráfaga de viento y la cortina que les ocultaba la vista de quien creían que era el emperador, se alzó descubriéndole el rostro. Pese a que vestía las ropas imperiales, al instante los bonzos creyeron reconocer al consejero Kazan-in Morokata.

—¡Este hombre no es su majestad! —exclamaron incrédulos—. Sin duda, debe de tratarse de la treta de algún *tengu*[43].

Después los bonzos, con la expresión de desencanto y habiendo cambiado de opinión, se alejaron sin decir nada más. Ninguno de ellos volvió donde estaba Morokata.

A eso de la medianoche, los consejeros Morokata, Takasuke y Tameakira, recelosos de la lealtad de los bonzos tras este incidente, abandonaron las dependencias de Enryaku-ji sin ser vistos por nadie y tomaron el camino al templo del monte Kasagi donde permanecía el emperador Godaigo.

Entretanto, el monje Yuzen, superior del templo Goshōin, también en el monte Hiei, y todos los monjes que le eran fieles fueron a Rokuhara a entregarse a los samuráis, pues estaban convencidos de que la causa imperial no prosperaría. Uno tras otro, los líderes religiosos abandonaron el monte sagrado. Solo quedaron el maestro Kōrinbō Genson, Myōkōbō Kosasagami y Nakanobō Akurishi.

---

43. Especie de duende del folklore japonés. Se suele representar de forma humanoide, con cara roja, nariz larga y con alas. Cuenta con el poder divino y lleva un abanico de plumas. Se piensa que habita en las montañas y que a veces obstaculiza la práctica budista.

Por su parte, en la noche del día 29 los príncipes Muneyoshi y Moriyoshi despacharon a unos criados para que encendieran almenaras delante de Hachio-ji a fin de simular que había una gran concentración de soldados. Mientras, los dos hermanos subieron a una barca en Totsuhama acompañados de tres monjes que habían decidido quedarse, y se dirigieron a Ishiyama. Los príncipes necesitaban saber dónde se encontraba su padre el emperador para reunirse con él y organizar la revuelta. Para no despertar sospechas, decidieron separarse. Muneyoshi tomó el camino de Kasagi y Moriyoshi tomó la dirección de Kumano a fin de pasar por Nara. Así pues, renunciando a la dignidad de superiores de los templos del monte Hiei y a la vida ordenada que hasta entonces habían llevado, los dos príncipes emprendieron una vida a la que no estaban en absoluto acostumbrados, como vagabundos, por caminos agrestes y sendas desconocidas. Les apenaba profundamente dejar de rendir culto a los dioses y budas venerados en los templos, como el dios Sannō Gongen y el buda Yakushi; y sobre todo les partía el alma tener que despedirse sin saber cuándo volverían a encontrarse en una situación tan incierta como la que vivían esos días. Se dijeron adiós entre sollozos y cada uno tomó su camino, aunque un buen trecho no dejaban de volver la cabeza para dirigirse una última mirada con ojos llorosos. ¡Qué triste despedida!

Así pues, el plan del emperador Godaigo no había salido bien debido a la volubilidad de los bonzos cuando se enteraron de que el soberano no estaba en el monte Hiei. Sin embargo, hubo quien afirmó que, bien pensado, la acción del emperador había sido profundamente sabia. Y para confirmarlo, citaban un viejo incidente de la historia china.

A la muerte del primer emperador de la dinastía Chin, Hsian Yu de los Chu y Kao Tsu de los Han se disputaron el trono ocho años durante los cuales libraron más de setenta batallas. Cada vez que Hsian Yu ganaba una, Kao Tsu sufría atrozmente por la derrota. En una ocasión Kao Tsu se defendía en la fortaleza de Jung Yang, que su enemigo había sitiado con un gran ejército. Como el cerco se alargaba y los alimentos de la fortaleza se agotaban, los hombres de Kao Tsu se veían en un estado de extrema debilidad y desánimo. Nadie tenía fuerzas ni para sostener las armas, ni tampoco había medios para escapar.

Entonces se presentó ante Kao Tsu un vasallo llamado Chi Hsin que habló así:

—Señor, Hsian Yu nos tiene rodeados con un gran ejército y aquí en la fortaleza estamos todos hambrientos y exhaustos. Si salimos a combatir, seguro que enseguida nos matarán a todos o nos tomarán prisioneros. Lo mejor será que engañemos al enemigo simulando una huida. Permitidme que en vuestro nombre me rinda al enemigo. Hsian Yu levantará el cerco y me hará prisionero creyendo que ha capturado a Kao Tsu. Entonces, vos, señor, aprovecharéis ese momento para escapar rápidamente de la fortaleza, ir a vuestro reino y reunir un gran ejército con el cual atacar el reino de Chu que está desprotegido.

—Creo que tienes razón —repuso Kao Tsu—. Es una buena idea atacarlos cuando están aquí entretenidos con el asedio. El problema es que me da mucha pena que te sacrifiques por mí. Seguro que te matarán. Pero se trata de la victoria de nuestro pueblo.

A pesar del dolor por la suerte de su vasallo y conmovido hasta las lágrimas, decidió aceptar la estratagema de su vasallo. Así pues, al atardecer el vasallo Shi Hsin se vistió con la ropa de su señor, subió a su carro, salió de la fortaleza por la puerta del este y, con la bandera de su rey desplegada en son de paz, se acercó al campamento enemigo. A cierta distancia se detuvo y gritó:

—Kao Tsu se rinde ante el poder del gran rey de los Chu y pide humildemente su clemencia.

Ante estas palabras, el ejército de los Chu levantó el cerco y el rey Hsian Yu y todos sus soldados se reunieron para pasar la noche celebrando la victoria. Mientras, Kao Tsu, escoltado por treinta de sus hombres, se escapaba por la puerta del oeste y a toda velocidad cabalgó hasta la ciudad de Cheng Kao, la capital de su reino.

Cuando amaneció, Hsian Yu comprendió que quien ayer se había rendido no era su enemigo Kao Tsu, sino un simple vasallo. Encolerizado, ordenó que metieran al vasallo en una tinaja llena de agua hirviendo. Entretanto, Kao Tsu, después de haber congregado, un gran ejército marchó contra Hsian Yu. Los soldados de este, sorprendidos, fueron derrotados y el mismo Hsian Yu pereció en Wu Chiang.

Finalmente, Kao Tsu ocupó el trono de China como emperador de los Han y su linaje duró diez mil generaciones.

El emperador de Japón había ideado un plan siguiendo el ejemplo chino. Por eso, el consejero Morokata se había vestido con la ropa imperial igual que antiguamente hizo el vasallo Shi Hsin. Este lo hizo para que los enemigos levantaran el cerco a la fortaleza; el consejero, para despistar a los enemigos. Las eras de la dinastía Han y del sogunato de los Hōjō se hallan muy alejadas en el tiempo, pero las dos estratagemas habían sido concebidas con el mismo ingenio y llevadas a cabo con el mismo espíritu de admirable lealtad.

LIBRO TERCERO

Capítulo 1. EL SUEÑO IMPERIAL

Fue el día 27 del octavo mes del primer año de la era Genkō [1331] cuando el emperador Godaigo buscó refugio en el monte Kasagi, fijando su residencia en el pabellón central del templo. Por temor a las autoridades militares, en uno o dos días nadie se acercó a Kasagi a rendirle homenaje. Todo cambió, sin embargo, cuando corrió la noticia de que el ejército de Rokuhara había sido derrotado en Sakamoto y que muchos de sus hombres, entre ellos Kaitō Nakaie, habían perecido. Entonces, los bonzos del monte Kasagi y algunos samuráis de los alrededores se decidieron a ir al templo para presentar sus respetos al emperador. Así y todo, no había entre ellos ningún samurái principal o con huestes importantes.

El soberano, que no estaba familiarizado con la situación del templo ni conocía los alrededores de Kasagi, se preguntaba acongojado:

—¿Estaremos a salvo en este lugar y con tan pocos hombres?

Los ojos se le cerraron y tuvo un sueño. Vio que en el jardín del palacio imperial se erguía un gran árbol frondoso y de hojas perennes. Su follaje era especialmente denso y vigoroso en la parte de la copa que daba al sur. Bajo las ramas había muchos cortesanos reunidos, incluidos ministros, todos ordenadamente sentados según la jerarquía y la dignidad de cada uno. En la parte orientada al sur[1] había un estrado de varios tatamis dispuesto para que se sentara la persona de mayor autoridad. Pero nadie lo ocupaba. Extrañado, el emperador se preguntaba quién se sentaría en el estrado. Aparecieron en ese momento dos niños con el cabello recogido que se arrodillaron y dijeron entre sollozos:

---

1. La parte orientada al sur es donde se sitúa el asiento de más honor o autoridad. Los chinos daban al soberano el sobrenombre de «quien mira al sur».

—No hay en todo el mundo un lugar donde pueda esconderse su majestad, aunque sea por breve tiempo. Sin embargo, a la sombra de este árbol, bajo las ramas que dan al sur, sí que hay un sitio dispuesto para que su majestad lo ocupe un breve tiempo.

Tras esta explicación, los dos niños se elevaron por los aires y desaparecieron.

El emperador se despertó y se puso a reflexionar: «Es un aviso del Cielo. Estoy seguro de que hay una explicación». Decidió poner por escrito su visión. Cuando escribió el signo de árbol y del sur, pues era en la parte sur del árbol donde estaba el estrado, le apareció escrito el sinograma que se lee *kusunoki* y que quiere decir «árbol de alcanfor»[2]. Pensó: «Cuando los dos niños del sueño nos invitaron a sentarnos bajo la protección de las poderosas ramas del árbol orientadas al sur, seguro que se trataba de un señal de los *bodisatvas* Nikkō y Gakkō los cuales, bajados del cielo, querían indicarnos que nuevamente reinaríamos sobre en el mundo». Tras reflexionar así, el emperador se tranquilizó.

La mañana siguiente mandó llamar al monje Jōjubō, maestro de disciplina del templo de Kasagi, y le preguntó:

—¿Sabes si hay por aquí algún samurái que se llame Kusunoki?

El maestro contestó solemnemente:

—No, no sé de nadie llamado así que viva cerca del templo. Sin embargo, he oído decir que en la provincia de Kawachi, al oeste del monte Kongō, hay un hombre del arco y las flechas[3] llamado Kusunoki Tamon Masashige. Es un arquero muy conocido y entre sus antepasados está Tachibana no Moroe, descendiente del emperador Bidatsu[4], el cual hace muchas generaciones dejó la capital para vivir entre los plebeyos. Dicen que cuando la madre de este Kusunoki era joven, estuvo yendo cien días seguidos a rezar al santuario de Shikiyama, donde se venera a Shigi Bishamon, a fin de poder concebir. Una noche en que estaba en el templo soñó que recibía una esfera dentro de una tela de seda. Nueve meses después dio a luz un niño al que puso el nombre de Tamon[5].

El emperador pensó: «No cabe duda de que se trata del hombre relacionado con mi sueño». Inmediatamente ordenó la comparecencia de Kusunoki.

2. En el original, 楠木. En el primero por la izquierda de estos dos sinogramas reúne, uno al lado del otro, el radical que significa «árbol» y el que significa «sur», dos nociones a las cuales alude el sueño del emperador.
3. Un samurái.
4. El soberano 30 de la dinastía imperial. Reinó entre 571 y 585.
5. Tamon es otro de los nombres del dios Bishamon (también llamado Vaishravana), uno de los cuatro dioses celestiales del panteón budista. Corresponde, en la mitología hindú, al dios Kubera.

Cuando Kusunoki Tamon Masashige recibió la llamada imperial, se dijo: «¿Hay mayor honra para un hombre del arco y las flechas como yo que ser llamado por su majestad?». Así pues, se apresuró a responder al llamamiento y, sin decírselo a nadie ni pensar en las ventajas o desventajas, se presentó en Kasagi de inmediato. El consejero Fujifusa fue el encargado de hacer de intermediario entre el emperador y el samurái. A través de él, el samurái recibió estas palabras:

—Estamos muy felices de que hayas respondido tan prestamente a nuestra llamada. La razón es que deseamos pedirte que sometas a los bárbaros del este. ¿Qué plan has pensado para acabar con ellos y pacificar los cuatro mares? Dinos francamente todo lo que piensas.

Kusunoki, lleno de confianza, respondió:

—En los últimos tiempos la impiedad del sogunato ha alcanzado tales proporciones que con toda certeza se atraerá el castigo celestial. Aprovecharemos su debilidad presente para destruirlo y obedecer el mandato de los cielos. Sin embargo, para conseguirlo no solo necesitamos hombres curtidos en la guerra, sino también una buena estrategia. No venceremos oponiendo fuerza contra fuerza, ni siquiera reuniendo a todos los guerreros de las sesenta provincias del Imperio y lanzándolos a combatir contra los hombres de solo dos provincias como Musashi y Sagami[6]. No basta con eso. Es necesario, además, luchar con un plan. Solamente así no tendremos nada que temer, pues los bárbaros del este son ingenuos y no harán más que golpear lo que tiene filo y destruir lo que tiene fuerza[7]. Como en todas las guerras, habrá batallas que se pierdan y otras que se ganen. Suplico, por lo tanto, a Su Majestad que no considere la guerra perdida porque se pierda una batalla, ni ganada porque consigamos una victoria. Mientras yo esté vivo, suplico a Su Majestad que tenga confianza en que lograremos el triunfo final.

Tras extenderse más sobre las razones para la lucha, Kusunoki Masashige regresó a sus tierras en Kawachi.

Capítulo 2. LA BATALLA DE KASAGI

Por toda la capital, Kioto, se propagó la noticia de que el emperador estaba en Kasagi desde donde había convocado a samuráis de las comarcas vecinas. Los habitantes de Kioto vivían inquietos bajo la incertidumbre de que estos guerreros podrían caer sobre la capital. Además, en Rokuhara, el cuartel general del sogunato en la capital, se temía que los bonzos

---

6. Eran las provincias donde se encontraban las principales fuerzas del sogunato y se localizaba su capital Kamakura.

7. Es decir, son vulnerables porque, a pesar de ser fuertes, son malos estrategas.

guerreros del monte Hiei recobrasen el ánimo y bajaran a atacarlos. Para prevenirlo, despacharon a Sasaki Tokinobu a la provincia de Ōtsu con la misión de interceptar el paso y proteger la capital. Como las fuerzas de Sasaki les parecieron escasas, movilizaron también a los soldados de los clanes Kuge y Nakazawa, de la provincia de Tanba. En total, fueron ochocientos soldados los que se apostaron al este y oeste de Ōtsu.

El día 1 del noveno mes, los dos jefes supremos de Rokuhara, Kasuya Saburō Muneaki y Suda Jirō Saemon, uno del ala norte y otro de la del sur, salieron con quinientos soldados hacia Byōdō-in, un templo en la ciudad próxima de Uji. Allí debían esperar, pasar revista al resto de las tropas que seguían acudiendo de todas las provincias y hacer alarde. Uno tras otro, día y noche, fueron llegando destacamentos de guerreros de diferentes regiones. En total, se juntaron en Uji hasta cien mil soldados. Se decidió que este ejército sogunal atacaría la fortaleza de Kasagi a la hora de la Serpiente [diez de la mañana] del día 2.

Ocurrió, sin embargo, que dos samuráis principales de dicho ejército, Takahashi Matashirō y Kobayakawa Akinokami, tomaron la iniciativa de adelantarse al grueso del ejército y atacar por su cuenta. Deseaban ser los primeros en conquistar Kasagi y así ganar honra. No tardaron en llegar y rodear la fortaleza enemiga. Dentro de la fortaleza no había muchos soldados, pero los pocos que la defendían eran valientes y estaban dispuestos a ofrecer una enconada resistencia. Cuando repararon en el escaso contingente de tropas que los sitiaban, decidieron abandonar la fortaleza, reunirse en la falda del monte Kasagi y cargar contra el enemigo. Se dividieron en dos grupos y cabalgaron por separado en una maniobra envolvente para rodear a los hombres de Takahashi y Kobayakawa. Estos, sorprendidos por la osada maniobra, no tuvieron tiempo de reaccionar. Perdieron el ánimo y decidieron retirarse. Pero los defensores de la fortaleza los persiguieron hasta las orillas del río Kozu, que por entonces corría impetuoso, obligándoles a saltar a sus aguas. Fueron muchos los hombres de Takahashi que perecieron ahogados y los que escaparon con vida abandonaron caballos y armas; luego, desnudos y a pie, huyeron a la capital como pudieron. ¡Qué deshonrosa huida! Hubo alguien que presenció el suceso y compuso un poema satírico que escribió en un cartel colgado en el puente de Uji:

A un alto puente
lo arrastraron los rápidos
del río Kozu,
y Takahashi en busca de honra
cayó al agua sin honra[8].

---

8. Takahashi significa «puente alto».

Tras la retirada de Takahashi, Kobayakawa quiso probar fortuna. Avanzó hasta la fortaleza con ánimo de vengar a su compañero, pero los soldados del emperador, envalentonados por la victoria anterior, no tuvieron dificultad en ahuyentarlo igualmente y en hacerle huir hasta Uji. De nuevo alguien se burló de la fuga de Kobayakawa con estos versos, visibles también en el mismo puente:

> Riachuelo raudo
> que altos puentes derrumba,
> Kobayakawa
> en los rápidos del río
> se bañó con deshonra[9].

Así pues, las avanzadillas de Takahashi y Kobayakawa se saldaron con sendas derrotas, tras lo cual creció la fama de los defensores de la fortaleza del monte Kasagi.

En Rokuhara pensaban que la situación se complicaría si dejaban pasar el tiempo y aumentaba el número de soldados que acudían a defender Kasagi. Por eso, ordenaron que las tropas al mando de Kasuya Muneaki y Suda Jirō salieran de Uji en dirección a Kasagi. Fue el día 2 de noveno mes del mismo año [1331]. Se dividieron en cuatro regimientos. El del sur constaba de cuatro mil seiscientos hombres de las provincias del oeste. Su misión era rodear el monte Kōmyō y atacar por detrás. El ejército del norte lo formaban quince mil de las provincias de la ruta San'indō; debían pasar por el puesto de Nashima, rodear el monte Ichinobe y atacar de frente. El regimiento del este, compuesto de otros quince mil guerreros llegados de las provincias del este, se dirigió hacia Kongō Sangoe por la ruta de Iga. Finalmente, la compañía del oeste, de treinta mil hombres de las regiones del oeste del país, partirían río arriba y se dividirían en dos batallones que debían subir por las escarpadas sendas de las márgenes del río. De esa manera la fortaleza de Kasagi quedaría sitiada por los cuatro regimientos de Rokuhara en los cuatro puntos cardinales. Desde los muros de la fortaleza los soldados enemigos cubrían cuatro o cinco *ri* de distancia [unos veinte kilómetros].

Cuando clareó el día 3 de septiembre, a eso de la hora de la Liebre [seis de la mañana], las tropas de Rokuhara se lanzaron al asalto profiriendo alaridos de guerra, tantos y tan atronadores que la tierra parecía temblar. Uno los soldados lanzó una flecha para marcar el inicio del ataque, después de lo cual todos se quedaron esperando la reacción de los defensores de la fortaleza. Pero ninguno de estos dio señal de responder a las hostilidades. Todos estaban tranquilos dentro de la fortaleza y nadie devolvió el dispa-

---

9. Kobayakawa significa «riachuelo rápido».

ro. La fortaleza de Kasagi se hallaba ubicada en lo alto de un cerro cuyo punto más alto solía estar coronado de nubes, mientras que en el fondo del valle se extendía el musgo y las laderas estaban erizadas de altas rocas. Para llegar a la fortaleza había que recorrer medio *ri* [dos kilómetros y medio] de abrupta subida por tortuosos senderos. Además, alrededor del edificio los defensores habían abierto un foso, excavando en el suelo rocoso y acumulando piedras para formar una muralla. Era imposible acceder a la fortaleza con facilidad, cuanto menos si la defendían soldados dispuestos a morir para impedir acercarse a cualquiera.

Las vanguardias de los ejércitos de Rokuhara, compuestas de unos diez mil soldados, trataban de escalar las rocas agarrándose a las ramas de las yedras. Cuando subieron y alcanzaron el primer muro del recinto, cerca de la puerta Niō, descansaron un momento. Al mirar arriba, observaron que había unos tres mil soldados bien armados esperándolos bajo estandartes imperiales de divisas plateadas y doradas que representaban el sol y la luna. Las banderas ondeaban resplandecientes mientras que los remaches de los yelmos centelleaban con los rayos del sol de la mañana. Además de esos tres mil hombres, en las atalayas y troneras de la fortaleza pudieron divisar arqueros que humedecían con saliva las cuerdas de sus arcos para hacerlas más resistentes, desataban los fardos de flechas y aplicaban grasa en sus aceradas puntas a fin de aumentar su poder de penetración. Era evidente que aquellos hombres estaban preparados para la guerra y que defenderían con uñas y dientes la fortaleza. Los diez mil soldados que formaban la avanzadilla del ejército de Rokuhara decidieron esperar.

Se abrió entonces un ventanuco que había por encima de la primera puerta. De él salió una voz que dijo:

—Me llamo Asuke Jirō Shigenori, de Mikawa. He sido honrado con el encargo imperial de defender la primera puerta de esta fortaleza. Veo desde aquí que el estandarte de vanguardia que lleváis es de las provincias de Mino y Owari, ¿no es así? Estaba seguro de que no tardaríais en venir a por nosotros una vez que supisteis que su augusta majestad, que ha cumplido los diez sagrados preceptos del budismo[10], se halla en esta fortaleza. Os esperaba y deseo daros la bienvenida con la puntas aceradas de mis dardos fraguadas por los mejores maestros armeros de Yamato. ¡Recibidlas!

Asuke tensó al máximo su poderoso arco con la ayuda de tres hombres que estaban detrás de él. El dardo, de más de cinco cuartas de largo, salió como una exhalación y rompiendo el aire del valle, recorrió más

---

10. Estos diez preceptos o *jūzenkai* son no matar, no robar, no fornicar, no mentir, no blasfemar, no calumniar, no malquistar, no codiciar, no encolerizarse, no persistir en el error (*Dictionary of Buddhism*, Soka Gakkai, Tokio, 2002, p. 668). Según la enseñanza budista, quien los cumple nace como soberano. Y los nacidos como emperador, por tanto, lo son por haberlos cumplido en alguna existencia anterior.

de dos *chō* [unos doscientos metros] hasta hundirse en el pecho de Arao Kurō, por debajo del hombro derecho después de atravesarle la armadura. Tan potente fue el flechazo disparado con la fuerza de cuatro hombres, que la punta ensangrentada del dardo salió por la espalda de Arao. Este, con un órgano vital perforado, se derrumbó al suelo desde su caballo y quedó muerto al instante. Su hermano menor, Yagorō, y otros compañeros se pusieron delante ocultando el cuerpo del caído con sus escudos a fin de que los enemigos no se enteraran del acierto de tan formidable disparo. Yagorō apartó su escudo y gritó a los de la fortaleza:

—¡Vaya! El disparo de Asuke no es tan potente como dicen. ¿A que no sois capaz de llegar hasta aquí?

Yagorō estaba convencido de que la solidez de su armadura lo protegería de cualquier flecha lanzada desde tan lejos y, con jactancia, se acariciaba la faldilla de la misma. Cuando Asuke lo oyó baladronear así, se dijo: «Este muchacho me está provocando para que le dispare a la barriga. Seguro que la lleva protegida de una faldilla de cota de malla o de algún otro material impenetrable. Si es así y le disparo, la punta de mi flecha se romperá sin clavarse. Sería un disparo fallido. Será mejor que lo apunte a la frente, debajo del yelmo».

Sacó de la aljaba una flecha de cinco cuartas de larga, y de acerada punta a la que aplicó grasa de su nariz. Después se desató los cordones del peto y de las hombreras de la armadura para tener los brazos más desembarazados. Tensó el arco al máximo y soltó la flecha. Con un potente zumbido el dardo voló hasta acertar entre las cejas de Yagorō clavándose en plena frente. El joven samurái se desplomó encima de su hermano sin decir ni una palabra. Un compañero de los dos hermanos muertos, Yamada Shigetsuna, intentó escalar la muralla de la fortaleza aupándose sobre los dos cadáveres, pero recibió el impacto de otra flecha en el yelmo y tuvo que retirarse.

La batalla había empezado. Los alaridos y gritos de los combatientes resonaban tanto que la tierra se estremecía: se diría que la mole de la montaña china Tai fuera a derrumbarse y a hundirse en el mar, o que el eje que sostiene el planeta se iba a romper y a desmoronarse la tierra. Con la llegada de la tarde se incorporó al ataque otro regimiento de Rokuhara cuyos soldados, protegiéndose de la lluvia de flechas con sus escudos, lograron salvar las estacas y penetrar en la fortaleza. Las tropas que defendían al emperador empezaron a flaquear y a perder posiciones.

Dentro de la fortaleza se encontraba un monje de nombre Honjōbō famoso por su gran fuerza. Había venido de Hanya-ji, un templo de Nara, para recitar sutras y *darani*[11]. Cuando vio el sesgo que iba tomando la ba-

---

11. Frases en sánscrito a las que se atribuía un poder milagroso.

talla, rezó así en su interior: «Buda piadoso, que salvaste al género humano ayudándonos a controlar los apetitos y a vencer al mal, ¿cómo podré auxiliar a su majestad?».

Se arremangó las mangas de su negro hábito, se las ató con una cuerda a los hombros y salió hasta la puerta principal. Rompió una roca haciendo de ella grandes piedras, hasta veinte o treinta, tan pesadas que ni cien hombres podrían mover, y se puso a lanzarlas una detrás de otra, como si fueran pelotas, contra los asaltantes de la fortaleza. Así hizo añicos los escudos y derribó a muchos soldados enemigos, causando la muerte y heridas a muchos de ellos. Las huestes de Rokuhara que atacaban por las pendientes del este y oeste del valle perdieron sus caballos y el suelo quedó sembrado de cadáveres. Las aguas del río Kozu se tiñeron de sangre, como si las hojas de los arces, enrojecidas por los vientos fríos del otoño, se reflejaran en la superficie del agua.

A partir de ese lance, nadie se atrevía a asaltar la fortaleza pese a que los atacantes eran todavía muy numerosos y se agolpaban en la retaguardia como densas nubes o partículas de niebla. Se limitaron a permanecer lejos, en los montes que rodeaban la fortaleza, desde donde mantuvieron el asedio.

Así pasaron diez días. El 11 del noveno mes llegó a Rokuhara un mensajero de Kawachi con esta noticia: «Un guerrero llamado Kusunoki Masashige ha izado la bandera de la rebelión. El emperador le ha pedido que reúna tropas para atacarnos. Los guerreros de la región simpatizantes de su causa han acudido a su llamamiento, pero los que no estaban de acuerdo han huido al este y al oeste. Kusunoki se ha movido con rapidez y ha requisado las casas y haciendas de los plebeyos llevándose todos los víveres que ha encontrado para sus seguidores con los que se ha encerrado en una fortaleza en el monte Akasaka, detrás de su propia casa. En total, son unos quinientos hombres, pero el número aumenta cada día que pasa. Hay que enviar inmediatamente tropas contra él».

La noticia dejó consternados a todos en Rokuhara. Dos días después, el 13, se presentó otro enviado. Venía de la provincia de Bingo y traía este mensaje: «El monje laico Sakurayama y toda su familia han izado la bandera imperial de la rebelión y convocado a todos los guerreros de la comarca. Se han hecho fuertes en el santuario de la provincia[12]. Todos los rebeldes de los alrededores se han unido a ellos y su número suma ya setecientos. Han sometido a todos cuantos se les oponían en Bingo y tienen el plan de avanzar a otras provincias. Si no despacháis tropas con toda urgencia, será muy difícil someterlos. Debemos estar atentos a todos sus movimientos».

---

12. Se trata del santuario Kibitsu, en el distrito de Ashina, actual prefectura de Hiroshima.

Entretanto, los regimientos sogunales, integrados por procedencias muy variadas, continuaban el asedio a la fortaleza de Kasagi, pero el lugar contaba con muy buenas defensas naturales haciendo imposible su conquista. Kusunoki y Sakurayama, por su parte, se habían sublevado y, tal como advirtieron los mensajeros, veían cómo cada día engrosaban sus filas con samuráis de los alrededores. Uno de los jefes supremos de Rokuhara y monje laico de Sagami, Hōjō Norisada, se preguntaba inquieto: «Después de conocer las rebeliones del oeste, en Kawachi, y del sur, en Bingo, quién me dice que no van a aparecer nuevos traidores en el norte y en el este?».

Capítulo 3. LOS REFUERZOS DE LA CAPITAL

Alarmado por el alzamiento de Kusunoki y Sakurayama, Hōjō Norisada no perdió tiempo en despachar aviso a Kamakura para que le enviaran refuerzos urgentemente. Takatoki, el líder del clan gobernante de los Hōjō, se enfureció al recibir el mensaje, pero, comprendiendo la gravedad de la situación, convocó a sesenta y tres samuráis principales de su clan y clanes aliados. Ordenó, además, el reclutamiento forzoso de un ejército que sumó doscientos siete mil hombres. Takatoki mandó este gran contingente de tropas a Kioto con la orden de ponerse a las órdenes de Norisada y apoderarse de la fortaleza de Kasagi. Como capitanes generales nombró a Hōjō Sadanao, Kanazawa Sadafuyu, Hōjō Harutoki, Ashikaga Takauji y Ashikaga Tadayoshi, pero el general en jefe de todos ellos era Nagasaki Takasada. Otros samuráis principales eran Miura no Suke Tokitsugi, Takeda Saburō, Sina Magohachi, Yuki Munehiro, Yuki Tomomitsu, Satake Sadayoshi, Nagai Uzie, Kajiwara Ueno Tarōzaemon, Iwaki Jirō, Sanō Awa no Yatarō, Kimura Jirōzaemon, Kasai Saburō, Sangauno Yoshirō, Soma Saemonjirō, Nanbu Saburajirō, Ueno Shichirōsaburō, Bizen no Tarō, Shimonofusa Nyūdō, Yamashirō no Saemon, Utsunomiya Mino, Iwasaki Danjōzaemon, Takaku Magozaburō, Date Nyūdō, Bandō Hachiheishi. Aparte, había funcionarios de las siguientes provincias: Mimasaka, Aki, Kaga, Higo, Tango, Sado, Yamashirō, Chikugo, y otros cargos, así como representantes de los linajes de Irie y Kanbara. El ejército salió de Kamakura rumbo al oeste el día 8 del noveno mes. Los destacamentos de vanguardia llegaron a Mino y Owari el día 23 del mismo mes, mientras que los de retaguardia cruzaban el mismo día los puertos de las montañas de Kōshi y Futamura, en Mikawa.

Las tropas de Rokuhara, que continuaban el cerco a la fortaleza de Kasagi, esperaban ansiosamente la llegada de estos refuerzos a fin de poder lanzar el asalto definitivo. Dos de los capitanes de las tropas de asedio eran Suyama Yoshitada y Komiyama Jirō los cuales se hallaban acampados a la orilla del río, frente a la fortaleza. Cuando supieron que el ejército de Kamakura se acercaba para ayudarlos y ya estaba en Ōmi, se reunieron con algunos familiares y samuráis jóvenes de su confianza y les hablaron así:

—Nos gustaría saber qué pensáis. En los últimos días muchos de los nuestros han hallado la muerte en este asedio. Unos han muerto descalabrados por las piedras; otros atravesados por las flechas. Pero un hecho es cierto: sus nombres yacerán en el olvido antes de que se sequen sus cuerpos mojados por el rocío de la mañana. ¡Qué destino tan triste el suyo!

»Los hombres del arco y las flechas sabemos que si hay que morir, es mil veces mejor hacerlo luchando con valentía en el campo de batalla y, si es posible, ganando honra con alguna hazaña. Solamente así nuestros nombres serán recordados dentro de mil años y nuestra fama será motivo de honra y de prosperidad para nuestros descendientes. Nos vienen ahora a la memoria los guerreros que la gente juzga valientes, pero la verdad es que desde el tiempo de las guerras Genpei entre los Heike y los Genji ninguno de ellos fue muy famoso. En esas guerras sí que hubo caballeros de proeza que adquirieron la gloria del guerrero. Ahí está el caso de Sasaki Saburō Moritsuna que consiguió vadear los bajos del mar a caballo porque un pescador llamado Fujito le enseñó dónde estaba el vado, o el de su hermano menor Sasaki Takatsuna que fue el primero en cruzar el río Uji a lomos del famoso caballo Ikezuki. ¿Qué me decís de Kumagai Naozane y de Hirayama Sueshige, que se precipitaron montaña abajo y fueron los primeros en atacar en la batalla de Ichi-no-tani? ¿Quién no conoce también lo que pasó con Kajiwara Heizō cuando embistió dos veces contra el enemigo porque deseaba salvar la vida de su hijo mayor Genta[13].

»Todos en Japón se saben de memoria estas historias y la gente sigue hablando de ellas. Pues bien, una gloria semejante nos espera si somos capaces de conquistar nosotros solos la fortaleza que tenemos delante; sí, esta fortaleza que ha demostrado ser inexpugnable a los asaltos de todo nuestro ejército a pesar de varios meses de asedio. Estad seguros: adquiriremos tal fama que nuestros nombres quedarán inscritos en el libro de la historia, y nuestro valor y sacrificio serán faro y guía para los guerreros de las generaciones futuras. ¡Ánimo, valientes! Esta noche entraremos en la fortaleza aprovechando la oscuridad y la confusión de la tormenta. Así podremos sorprender a nuestros enemigos cuando estén más descuidados. ¡Qué corona de gloria nos esperará entonces!

Sus familiares y vasallos directos, en total unos cincuenta, asintieron con entusiasmo:

—¡Os seguiremos! —gritaron.

13. Se trata de célebres episodios narrados en el *Heike monogatari* (cit.), la más famosa de las crónicas guerreras, que tiene como masa narrativa las mencionadas guerras Genpei (1180-1185).

Conscientes de que no habrían de regresar con vida de tan arriesgada empresa, se vistieron debajo de sus armaduras la ropa de amortajar a los muertos en la cual se escriben sutras y dibujan mandalas budistas. Además, prepararon cuerdas de unos diez *jo* de longitud [treinta metros] con nudos en cada *shaku* [unos treinta centímetros], y al extremo de cada una de ellas ataron garfios para engancharlas a rocas o ramas.

Como era la última noche del mes lunar, un día 30 del noveno mes, no había luna y la oscuridad era completa. Soplaba, además, un viento tan huracanado que hasta resultaba difícil alzar la cabeza. Cada uno de los cincuenta expedicionarios llevaba katana corta a la cintura y katana larga a la espalda. El lado norte de la fortaleza presentaba un muro de piedra tan escarpado y alto que ni las aves eran capaces de sobrevolarlo. Lenta y penosamente los cincuenta hombres iniciaron la escalada. ¡Qué admirable su osadía! Después de subir más de un *chō* [unos cien metros], observaron que del muro que les faltaba por escalar sobresalían algunas ramas de pino inclinadas hacia abajo y se veía una roca con forma de biombo. La superficie del muro estaba húmeda por el musgo y resbaladiza por el rocío, a causa de lo cual resultaba muy difícil asirse a la roca. Un momento se quedaron descorazonados, sin saber qué hacer: si intentar lo que parecía imposible o desistir. Entonces uno de los hombres de Suyama consiguió escalar un poco más arriba y lanzar el garfio. Lo hizo con tal destreza que lo enganchó en una de las ramas. Trepó por la cuerda y, una vez arriba, la amarró a una roca. Así, agarrados a la cuerda, pudo subir el resto de sus compañeros. A partir de ese momento, todo fue más fácil. Unos trepaban ayudándose de las ramas de la hiedra que recubría la pared, otros sujetándose con el musgo y los matorrales que crecían en las oquedades de la roca.

Al cabo de cuatro horas de fatigosa ascensión, todos llegaron arriba. Descansaron un rato, escalaron la pared de la fortaleza y entraron en el primer recinto de la misma. Después de espiar los movimientos de un centinela, uno de los samuráis del grupo de cincuenta recorrió el perímetro del recinto y volvió con la siguiente información sobre la vigilancia de la fortaleza: unos mil defensores de las regiones de Iga e Ise guardaban la puerta principal y la del oeste; otros quinientos de Yamato y Kawachi custodiaban la puerta de este; y unos setecientos hombres de Izumi y Ki vigilaban la puerta del sur. Comprobaron por lo tanto que no había ningún cuerpo de guardia defendiendo la puerta del norte, sin duda porque pensaban que era infranqueable debido a la altura del muro de piedra. Junto a la garita que había cerca de esta puerta tan solo se veía a dos o tres empleados del templo de aspecto inofensivo que, además, dormitaban sobre unas esteras al lado de una hoguera. Suyama, Komiyama —los capitanes que habían hablado antes— y algunos de sus hombres decidieron dar una vuelta en torno a la fortaleza para comprobar y observar mejor los puestos del enemigo en los cuatro costados. Deseaban a toda costa averiguar dónde se hallaban los aposentos del emperador. Suponían que debían de estar en el edificio principal del recinto central. Al acercarse, fueron interceptados por unos centinelas que les preguntaron:

—¡Eh, alto! ¿Quiénes sois vosotros? No os conozco. Seguro que no sois de aquí.

—Somos soldados de Yamato —se apresuró a responder Suyama—. Hace mucho viento y ha empezado a llover. Con un tiempo así y siendo noche cerrada, es probable que los enemigos se decidan a atacar para sorprendernos. Por eso hacemos una ronda, para comprobar que todo está en orden.

—Bien hecho —respondieron los centinelas y los dejaron seguir. Avanzaron hacia el edificio principal. Suyama, al ver cómo los miraban otros centinelas, gritaba a unos y a otros para despistar:

—¡Estad alerta en vuestros puestos!

Suyama y Komiyama subieron tranquilamente los escalones de piedra que daban acceso al pabellón principal. Encontraron unas estancias que les parecieron dignas de ser aposentos imperiales. Había muchas velas encendidas y se oía el delicado tintineo del cascabel que invita a la recitación de sutras. Por el pasillo caminaban tres o cuatro personas elegantemente ataviadas y tocadas de los altos gorros que usan los cortesanos. Al ver a los dos samuráis les preguntaron alzando la voz:

—¿Y vosotros, de qué cuerpo de centinelas sois?

Unos miembros de la Guardia Imperial, que estaban alineados en el mismo pasillo, les dijeron sus nombres y la provincia de donde eran.

Después de que los dos samuráis hubieran inspeccionado todo lo que les interesaba de este pabellón central, se apartaron a un pequeño santuario consagrado al dios de la montaña y rezaron haciendo una reverencia. Volvieron adonde los esperaban sus compañeros y subieron a un promontorio, detrás del pabellón central, donde se levantaba la residencia de los monjes del templo. Entonces prendieron fuego al edificio y al mismo tiempo se pusieron a lanzar gritos de guerra con todas sus fuerzas. Cuando el resto de las tropas de Rokuhara, al pie de la fortaleza, vieron el humo y oyeron estos gritos, pensaron: «Seguramente algún traidor ha incendiado la fortaleza. Vamos a gritar nosotros también». Unos trescientos mil soldados se pusieron a gritar a voz en cuello todos a la vez. Sus gritos retumbaron en el valle estremeciendo cielos y tierras con tal estruendo que podría hacer que se derrumbara el mismo monte Sumeru[14]. Entonces los cincuenta samuráis que conocían ya la disposición de la vigilancia de la fortaleza se dedicaron a incendiar las garitas, atalayas y puestos de defensa, y a gritar

14. En la cosmología hindú, una montaña que está en el centro del mundo. En los sutras budistas se describe como incomparablemente alta.

120

con toda la fuerza de sus pulmones por donde pasaban. Los soldados que defendían al emperador creyeron que todo el monte Kasagi estaba tomado por cientos de miles de soldados enemigos y que la fortaleza había sido conquistada. Desalentados, se despojaron de sus armaduras, soltaron los arcos y huyeron precipitadamente, atropellándose unos a otros de suerte que muchos cayeron al foso y otros se precipitaron muro abajo. Cuando Nishigori Hōgandai vio esta huida, comentó:

—¡Qué guerreros tan despreciables! ¡Es increíble! ¿Y estos son los hombres que se rebelaron contra el sogunato y juraron fidelidad a su majestad? ¿Los mismos que salen corriendo al saber que están rodeados por un gran ejército? ¡Qué basura! Si son guerreros, ¿cómo pueden tener tanto miedo a perder la vida? No merecen ni que se los llame hombres.

Desnudo de cintura para arriba, salió a enfrentarse a los soldados del emperador que huían. Después de que las flechas se le agotaran y la katana se le rompiera, Nishigori se quitó la vida abriéndose el vientre. Y con él su hijo y trece de sus samuráis jóvenes. Todos ellos murieron diciendo:

—Su majestad no ha tenido suerte esta vez. ¿Qué nos queda si no morir con honor?

Así se procuraron una muerte honrosa en batalla.

Capítulo 4. LA SEGUNDA FUGA DEL EMPERADOR

A causa del fuerte viento que soplaba del este y del oeste, las llamas se propagaron al pabellón central de la fortaleza. Dentro, los servidores del emperador iban de un lado para otro descalzos y sin saber adónde dirigirse. ¡Qué escena tan ridícula! ¿A qué se podría comparar? Llevaban húmedas las mangas de sus trajes por las lágrimas vertidas a causa de la desgracia. Al comienzo, algunos soldados de la Guardia Imperial se mantenían delante o detrás del emperador, pero debido a la lluvia torrencial que los calaba hasta los huesos, a las tinieblas que no les permitían ver el camino y a los terroríficos gritos de los enemigos, se fueron alejando poco a poco hasta que al final tan solo quedaron al lado de su majestad dos cortesanos, Fujifusa y Suefusa, los dos hermanos de la familia Fujiwara. Rápidamente organizaron la fuga del emperador para lo cual decidieron vestirlo de campesino y abandonar la fortaleza.

¡Qué situación tan penosa la de su majestad vagando por las veredas del monte disfrazado así, dando traspiés continuamente y errando el camino! El plan era llegar sin falta al monte Kongō en donde se había hecho fuerte Kusunoki Masashige. Era preciso viajar a toda prisa, pero el terreno era tan accidentado y desconocido para los fugitivos, ninguno de los cuales estaba acostumbrado a caminar por lugares agrestes, que cada corto trecho tenían que detenerse para descansar. Era como si caminaran en sueños. Durante el día se ocultaban sentados en alguna parte del monte en donde hubiera hierbas secas o detrás de algún pino o sobre algún alto cubierto de musgo. Por la noche, vagaban en medio de las nieblas por caminos y sendas que nadie transitaba. No había tiempo para que se secaran las mangas del kimono mojadas de tanto llorar. Finalmente, tres días después de partir de Kasagi, el emperador y los dos cortesanos que lo servían consiguieron llegar a las faldas del monte Ariō, en la comarca de Taga, provincia de Yamashiro.

Durante los tres días de la fuga ni Fujifusa ni Suefusa pudieron llevarse algo a la boca, por lo que sus cuerpos estaban desfallecidos y sus piernas apenas podían sostenerlos. De haber encontrado algún obstáculo en su camino, se habrían desplomado rendidos. A la hora de dormir, exhaustos como estaban, usaban cualquier roca de almohada. ¡Qué humillación verse obligados a dormir a la intemperie y pasar tantas penalidades! Un día en que la lluvia arreciaba y el viento azotaba con violencia, corrieron a guarecerse bajo la copa de un pino hallado por el camino. Cuando una gota de rocío se depositó en la manga de su ropa, el emperador compuso este poema:

> Abandonamos
> Kasagi para huir
> de los peligros.
> Y ahora ni techo tenemos
> para huir de la lluvia.

Al escuchar estos versos, Fujifusa sintió mucha pena. «¡Cómo debe sufrir su majestad!», pensó. Y le contestó con este otro poema:

> ¡Qué desgraciados!
> Hasta el pino nos moja
> con su rocío
> estas mangas nuestras, húmedas
> ya de tantas lágrimas.

Los tres fugitivos se sacudieron el rocío de su ropa y se sentaron sobre unas rocas cubiertas de musgo. El emperador, dejando escapar un profundo suspiro, preguntó:

—¿Adónde va este mundo? —Y, llevado por la pesadumbre, musitó:— Ayer reinábamos en este país y, aunque no lo hemos hecho tan bien como hubiéramos deseado, ahora es impensable que volvamos a reinar. Seguro que la gran diosa Amaterasu y el gran dios Hachiman miran desde el cielo este mundo y sienten pena. Hay un dicho antiguo: «Si el emperador abandona la capital contra su voluntad, un traidor le hará la vida imposible». Sin embargo, ¿ha habido un caso como el nuestro?

Estas reflexiones le hicieron derramar lágrimas. Fujifusa, a su lado, lloraba también pensando cuánta razón tenía su majestad.

Capítulo 5. LA CAPTURA DEL EMPERADOR

Sucedió, sin embargo, que en la provincia de Yamashiro adonde habían llegado los fugitivos vivían dos hombres que conocían bien el terreno. Eran Misuno Nyudō y Matsui Kurandō. Los dos decidieron ponerse a la búsqueda de los fugitivos por todos los templos, ermitas y santuarios de la provincia. Finalmente los encontraron. Fujifusa y Suefusa, al comprender que no tenían escapatoria, pensaron en quitarse la vida. El emperador, cuando vio como se les acercaba el monje laico Misuno para detenerlos, se dirigió a él con el semblante grave:

—Si me dejáis escapar, recibirás la gracia imperial y tu linaje prosperará.

Misuno sintió verdaderamente pena al ver el estado en que se encontraba el emperador y por un instante pensó en ocultar al emperador y declararse en rebeldía contra el sogunato. Pero no dijo nada, pues no estaba seguro de los sentimientos de su compañero, Matsui, sobre detener o ayudar al soberano. Además, temía que, si no detenía al soberano, tarde o temprano lo descubrirían. Así que, finalmente, los dos hombres apresaron a los tres fugitivos.

Todo sucedió de manera tan imprevista que no disponían de un palanquín en el cual trasladar dignamente al emperador. Tuvieron que improvisar una rústica litera. Sin perder tiempo se pusieron en camino a Uchiyama, en la capital del Sur.

Al conocerse la noticia, salieron muchos soldados para escoltar al augusto prisionero. Muy pronto las calles de la ciudad estaban a rebosar de curiosos. ¡Cómo lloraba la gente al ver el lastimoso estado en que se encontraba su majestad! A las mentes acudía el suceso, ocurrido hace mucho tiempo en China, del encarcelamiento del emperador Shang Tang, de la dinastía Shang, o de la rendición del emperador de Yueh cuando perdió la guerra en Kuai Chi[15].

Fueron muchos los apresados esos días, al igual que el emperador. Entre ellos estaban los siguientes hombres: los dos príncipes Takayoshi y Muneyoshi, los monjes Shunga y Shōjin, los grandes consejeros imperiales Madenokōji Nobufusa, Kazan-no-in Morokata, Tōin Kintoshi, los consejeros medios imperiales Kitabatake Tomoyuki, Kin'akira y Fujifusa —hijo de Madenokōji—, los magistrados Suefusa —el otro hijo de Madenokōji— y Taira Narisuke, los comisarios Nijō Tameakira, Fujiwara

---

15. Este último suceso, ocurrido a finales del siglo V a.e., se narra en el Libro IV.

Yukifusa, Rokujō Tadāki, Naka-no-in Yoshisada, Shijō Takakane, el monje Ryūshun, y otras ciento sesenta personas más entre samuráis y bonzos guerreros. De la guardia imperial prendieron a sesenta y un hombres, entre ellos estaban Saemon Ujinobu, Tsushima Shigesada, Ukyōe Arikiyo, Taifu Kaneaki, Sakon Muneaki, Hoyōe-no-jō Noriaki, Nagatomo, Arishige y Munemitsu. De entre los monjes de Kōfuku-ji, de Nara, fueron arrestados Shunzō, Kyōmitsu, Gyōkai y Shigaragi Enjitsu. Entre los monjes de Enryaku-ji, de Kioto, estaban Shōgyōbō Jōkai, Shūzenbō Jōun, Jōjitsubō Jisson. Aparte de todos estos, durante la fuga del emperador habían arrestado a un elevado número de personas en el centro y en las afueras de la capital. Todos ellos fueron llevados a Rokuhara; a unos los llevaban atados en caballo, a otros en sucias literas. Sus familiares, con lágrimas en los ojos y ajenos a las miradas de curiosos, los veían pasar por la calle. El ambiente de la capital estaba tan enrarecido y la situación era tan tensa que todo aquello parecía más sueño que realidad.

Capítulo 6. EL EMPERADOR ES TRASLADADO AL TEMPLO BYŌDŌ

El primer día del décimo mes del tercer año de la era Gentoku [1331], el jefe supremo en Kioto, Hōjō Norisada, que habitaba el ala norte del cuartel general de Rokuhara, ordenó el traslado del emperador Godaigo a Byōdō-in, el templo de Uji, al sur de la capital. Para extremar la seguridad, dispuso una escolta de tres mil soldados. Ese mismo día, uno de los capitanes generales del ejército de Kamakura, Kanazawa Sadayufu, acompañado de Saokage Adana, fueron directamente a Uji, sin entrar antes de Kioto, para reclamar al emperador Godaigo la entrega de las Tres Insignias Sagradas —la espada, el joyel y el espejo— a fin de cedérselos, como símbolo de la autoridad imperial, al nuevo soberano Kōgon, de la rama Jinyōin. El cortesano Fujiwara Fujifusa fue el encargado de trasmitir a los generales las palabras de Godaigo: «Cuando los dioses otorgan la dignidad imperial a uno de sus hijos, el emperador saliente debe hacer entrega de los tres tesoros al emperador entrante. Así ha sido desde tiempos inmemoriales. Jamás se ha oído que fueran las manos de un militar gobernador, por poderoso que sea, las que entreguen las Tres Insignias a un nuevo emperador. Debemos deciros, además, que el espejo se quedó en el templo de Kasagi, por lo cual habrá sido pasto de las llamas. El joyel lo dejamos colgado de la rama de un árbol cuando nos perdimos en el monte durante nuestra reciente fuga. Será un digno amuleto que protegerá las tierras del Imperio. En cuanto a la espada sagrada, ¿acaso no dicen que no debe nunca separarse del soberano para que, en el caso de que manos impías se atrevan a profanarnos sin miedo al castigo del cielo, alimentemos su penetrante filo con nuestro cuerpo?».

Los dos samuráis, así como el jefe supremo Norisada, se admiraron al recibir esta respuesta y se retiraron sin saber qué decir.

Al día siguiente las autoridades del sogunato decidieron trasladar al emperador a Rokuhara, en Kioto. Pero Godaigo insistió en que no se movería de Byōdō-in a menos que lo hiciera en palanquín e indumentaria oficiales tal como prescribe el protocolo para los traslados imperiales. Así pues, los militares no tuvieron más remedio que disponer del palanquín imperial decorado con el ave fénix de oro y preparar vestidos oficiales. Godaigo se trasladó entonces a Rokuhara después de haber permanecido tres días en Uji. El cortejo imperial de aquella ocasión no tenía precedentes. El palanquín donde viajaba el emperador lo escoltaban diez mil soldados del sogunato, mientras que a su lado los cortesanos iban a caballo o en palanquines deslucidos. Cuando entró en la capital, la comitiva avanzó por la avenida Shichijō, en dirección al este, y luego hacia el norte siguiendo el curso del río Kamo. A un lado y otro de las calles los habitantes de la capital lloraban de pena al ver el cortejo y conocer la situación del soberano. Hasta hacía pocos días su majestad vivía en el palacio regalado por mil cortesanos elegantemente vestidos que lo servían. Hoy, en cambio, viajaba en un palanquín estrechamente vigilado por diez mil bárbaros del este. ¡Con qué rapidez se mueve la rueda de la fortuna y con qué frecuencia donde ayer había prosperidad hoy hay desgracia! ¿No es la vida más que un sueño? ¿No nos hablan claramente de esta ilusión llamada vida los cinco presagios de la muerte?[16].

El emperador Godaigo fue alojado en los aposentos del ala norte de Rokuhara. Rememoraba esos días la vida que llevaba en el palacio imperial, nada lejos de donde se hallaba ahora como prisionero de los militares. Mientras recordaba tristemente el pasado, cayó un chaparrón. El agua descendía por el alero del tejado chapoteando ruidosamente en el suelo, como si deseara distraer al emperador ensimismado en tristes recuerdos. A Godaigo se le ocurrió entonces el siguiente poema:

> De los aleros
> de esta austera estancia
> donde ahora vivo
> cae la lluvia y yo lloro
> hasta mojar mis mangas.

La melancolía del soberano era comprensible. Si hasta a un plebeyo lo domina el abatimiento cuando se halla privado de la libertad, ¡con

---

16. También llamados las cinco señales de corrupción (*gosui*) que muestran los seres celestiales cuando sus vidas están a punto de acabar. Son: las ropas se ensucian, las flores de la cabeza se marchitan, los cuerpos huelen mal, las axilas sudan y la infelicidad domina en sus corazones.

cuánta razón más este sentimiento enseñoreaba el corazón de alguien como el dueño del mundo al verse tratado sin ningún miramiento por soldados rudos y confinados en un cuarto indigno! Las personas compasivas sollozaban cada vez que imaginaban la congoja que debía estar viviendo su soberano.

Pasados cuatro o cinco días, la dama Yasuko, segunda emperatriz consorte, decidió enviar al emperador un *biwa*[17] acompañado de una carta. Decía así: «Su Majestad seguramente ignora los sucesos más recientes. ¡Ay, no podéis imaginar cuánto nos preocupamos todos! ¡Cómo me acuerdo de la noche en que contemplamos juntos la luna desde las estancias del palacio! ¡Y qué deseo tan vivo de mirar al cielo y verla otra vez, sin nada que nos perturbe...! Me da tanta pena escribir que las lágrimas se agolpan en mis ojos sin poder evitarlo...». La carta acababa con estos versos:

> ¡Ah, si vierais
> cuántas lágrimas mías
> caen en el *biwa*
> que yace polvoriento
> y huérfano de dueño.

El emperador, convencido de que sería la última carta que recibía, decidió al principio llevarla siempre consigo. Pero después cambió de opinión. Releyó una y otra vez la carta mojada por las lágrimas, tomó el pincel y contestó con este otro poema:

> Luna creciente
> que veo borrosa
> por el llanto
> y que me lleva a aquellas noches
> mientras tocaba el *biwa*.

El soberano le envió el poema y una carta. La emperatriz, dolida porque no se le permitía ver a su majestad, debía contentarse con escribirle. ¡Qué angustioso era para el emperador imaginar a la emperatriz presa de la tristeza y continuamente anegada en el llanto!

Capítulo 7. LA BATALLA DE AKASAKA

El día 8 del décimo mes los generales Takahashi Gyōbuzaemon y Kasuya Muneaki se presentaron en Rokuhara para confiar a los prisioneros a di-

---

17. Instrumento musical parecido al laúd. Tiene cuatro cuerdas y forma de pera. Se usaba para acompañar la recitación de relatos.

ferentes guardianes. Por ejemplo, el príncipe Takayoshi fue entregado a Sasaki Takanobu; el príncipe Muneyoshi, a Nagai Takahiro; el consejero medio Kitabatake Tomoyuki, a Sasaki Dōyo; el monje Shozin, a Hōjō Tokitomo. En cambio, al consejero Fujiwara Fujifusa y al comisario Tomoyuki se les permitió permanecer en Rokuhara gozando de cierta libertad para que pudieran servir al depuesto emperador Godaigo.

El día 13 del mismo mes, el emperador electo, de nombre Kōgon y del linaje de Gofukakusa, se trasladó del templo Chōkō, que era donde residían los príncipes de su familia, al palacio imperial para ser entronizado. El cortejo lo formaban Koga Nagamichi, Sanjō Michiaki, Horikawa Tomochika, Hino Sukena y Saionji Kinmune. Integraban la escolta, además, nobles de alto rango, maestros de ceremonias y guardias bien armados en previsión de incidentes. Entretanto, los servidores, culpables o inocentes de la conspiración, que antes servían a Godaigo, el cual ahora ya era exemperador, se lamentaban de los tiempos adversos que los esperaban por haber caído en desgracia su soberano. Por el contrario, los partidarios del nuevo emperador Kōgon, fieles o no fieles, se alegraban por todo lo que oían o veían pensando que había llegado su hora. Y es que lo que hoy es semilla diminuta, mañana se convierte en árbol frondoso; lo que hoy es una flor marchita, mañana se transforma en apetitoso fruto. A la prosperidad sucede la decadencia; al honor, el deshonor. Es una ley de la naturaleza que no es nueva, sino que siempre ha sido así desde que existe el género humano.

Ignorante de estas verdades, la gente de Kioto lloraba perpleja ante esta prueba de la fugacidad del mundo, tan efímero y vano como efímeros y vanos son los sueños de una noche.

Cuando el inmenso ejército salido de Kamakura llegó a la provincia de Ōmi y supo la noticia de la caída de la fortaleza de Kasagi, no entró en Kioto, sino que, una parte, atravesando los montes de Iga e Ise, y otra, marchando por la ruta de Uji y Daigo, se dirigió a la fortaleza de Akasaka donde el samurái Kusunoki Masashige se había hecho fuerte y mantenía izada la bandera de la rebelión. Cuando estas tropas pasaron el río Ishi y se adentraron en las cuencas de los ríos Saijō y Tojō, apareció ante sus ojos la fortaleza de Akasaka. Daba la impresión de haber sido levantada apresuradamente, pues el foso parecía deficiente, solo tenía un recinto amurallado y únicamente se veían veinte o treinta atalayas para una superficie de solo uno o dos *chō* cuadrados [unos cien o doscientos metros cuadrados].

—¡Hemos venido de tan lejos para esta ridiculez de fortaleza! ¡Pero si es tan pequeña que podríamos tomarla con una sola mano y lanzarla lejos! —exclamaban los soldados llegados del este. Y añadían:— Ojalá que Kusunoki nos aguante un día para que por lo menos ganemos algo de honra. Pasaremos por las armas a todos los defensores en un santiamén y nos quedaremos con el botín.

Cuando se acercaron al muro, los doscientos mil soldados descabalgaron y avanzaron a pie. Después de saltar el foso, se dispusieron al ataque debajo de las atalayas. Todos competían entre sí por ver quién sería el primero en irrumpir en la fortaleza.

Ignoraban, sin embargo, que Kusunoki era un estratega que no tenía nada que envidiar a los famosos militares de la antigua China, como Chen Ping o Chang Liang. Era, en suma, un hombre capaz de «ingeniar una trampa desde su tienda contra un ejército alejado mil leguas»[18]. Efectivamente, había dispuesto la presencia de doscientos buenos arqueros en las atalayas; además, había ordenado que un batallón de trescientos soldados al mando de su hermano Kusunoki Shichirō y Wada Gorō se quedara oculto tras un cerro cercano. El ejército del sogunato, atraído por una conquista fácil y sin ojos más que para la fortaleza, se congregó en masa ante el muro y se aprestó a una captura rápida. Pero de improviso asomaron en las atalayas decenas de arqueros los cuales, sumados a otros que disparaban desde las aspilleras del muro, se pusieron a lanzar furiosamente flechas contra los soldados del este. En un abrir y cerrar de ojos quedaron muertos en el campo más de mil hombres. Cuando las tropas del sogunato comprendieron que no iba a ser tan fácil tomar la fortaleza, se replegaron.

—No podremos conquistarla en uno o dos días. Será mejor montar un campamento cerca y separarnos en varias divisiones de tropas para organizar el asedio —dijeron.

Así pues, desensillaron los caballos, se quitaron las armaduras, levantaron tiendas y se sentaron a descansar un rato.

Ocultos en el cerro próximo, Kusunoki Shichirō y Wada Gorō dijeron:

—Es el momento.

Dividieron sus fuerzas de trescientos jinetes en dos grupos, uno de los cuales atacaría bajando el cerro por el este y el otro por la ladera del oeste. Así, enarbolando al viento los pendones con el blasón del clan Kusunoki, los dos grupos cabalgaron monte abajo sin hacer ruido en medio de la niebla que poco a poco se iba levantando. Los sitiadores observaban cómo se acercaban y se preguntaban: «¿Son enemigos o aliados?». Pero, de repente, se vieron atacados con ímpetu por los trescientos jinetes que en formación triangular, como una escama, y profiriendo gritos de guerra, embistieron furiosamente desde los dos lados del monte. Desconcertados, los doscientos mil hombres del sogunato, que formaban un ejército tan denso como espesas nubes y niebla cerrada, no tuvieron tiempo de formar

---

18. Fórmula encomiástica de la retórica china para significar un gran estratega.

filas ni de reaccionar. La confusión fue aprovechada por los de la fortaleza que, abriendo las tres puertas de madera, dejaron salir a unos doscientos samuráis que se pusieron a disparar flechas a los enemigos en franca retirada. A pesar del elevado número de hombres que componían el ejército llegado desde las regiones del este, la confusión reinó entre ellos al verse sorprendidos por unas tropas relativamente escasas. En su aturdimiento, había unos que montaban en caballos atados e intentaban espolearlos en vano; otros ponían flechas en arcos que no estaban encordados. Se veían grupos de dos y tres soldados forcejeando por apoderarse de la misma armadura creyendo cada uno que era la suya. En medio del tumulto, si caía un señor, sus criados se hacían los desentendidos; si caía un padre, sus hijos no acudían en su ayuda. Los soldados del este no tardaron en huir a la desbandada hasta llegar más allá del río Ishi: parecían pequeñas arañas que corren despavoridas. En su retirada, de más de cincuenta *chō* [poco más de cinco kilómetros], sembraron el camino de caballos, armas y armaduras. Había tantas de estas que era imposible caminar sin pisarlas. ¡Qué ricos se hicieron los lugareños de Tōjō cuando las recogieron del suelo!

El ejército de Kamakura había sufrido una derrota tan severa como inesperada. Todos reconocieron que habían hecho mal en menospreciar la estrategia de Kusunoki Masashige. Cuando se reorganizaron tras la desbandada general, se dirigieron a los poblados próximos de Handa y Narahara conducidos por guías locales que conocían bien el terreno. Se dedicaron a segar la hierba de los campos y a quemar casas a fin de cubrirse las espaldas en el caso de que fueran atacados por la retaguardia. De momento, no parecía probable que volvieran a Akasaka para buscar un enfrentamiento con las tropas de Kusunoki. En contra de este parecer, sin embargo, había soldados, especialmente de los clanes de Honma y Shibuya que, habiendo perdido a padres e hijos en la retirada, comentaban:

—No nos importa perder la vida. Aunque vayamos solos, atacaremos la fortaleza y moriremos con honra.

Este espíritu combativo infundió valor a otros muchos que se animaron a acompañarlos de vuelta a Akasaka y a asediar de nuevo la plaza.

Al este de la fortaleza de Akasaka había campos de cultivo dispuestos en terrazas escalonadas pues el terreno era montañoso, por lo que no resultaba fácil atacar por ese lado. En cambio, en los otros tres puntos cardinales, se extendía una planicie de cultivos. Como la fortaleza tan solo contaba con un recinto amurallado y un foso, los soldados del sogunato imaginaron que no sería difícil asaltarla aunque dentro combatieran hasta los demonios de las batallas. Primero cruzaron el foso de agua y luego se aproximaron al muro. Apartaron las ramas con espinas que había en el suelo, al lado del muro, así como redes con estacas dispuestas para impedir que se acercaran los caballos. Dentro, al otro lado del muro, no se oía ningún ruido. Los atacantes dedujeron que los defensores tal vez se estaban preparando para aparecer de repente y lanzarles flechas o que podrían salir por algún portillo para contraatacarlos por la retaguardia y presentarles batalla. En previsión, cercaron la fortaleza por todos los lados, sin dejar ningún portillo por vigilar bien. Después, se acercaron al muro y empezaron a escalarlo. Nuevamente, se extrañaron de que dentro no se oyera nada, ni apareciera nadie en las atalayas para disparar flechas. Animados, siguieron trepando. La realidad, sin embargo, es que había dos muros: uno interior y otro exterior. El exterior era un muro falso sostenido desde dentro por cuerdas. Cuando los defensores estuvieron seguros de que los atacantes ya habían escalado más de la mitad del muro, cortaron todos a la vez las cuerdas que sostenían este muro exterior haciendo que se derrumbara de repente. Más de mil asaltantes cayeron al vacío. Fue entonces, desde las atalayas del muro interior, cuando los defensores empezaron a lanzar contra ellos troncos y grandes piedras. Hostigados por esta lluvia de proyectiles y aplastados por el peso del falso muro, más de setecientos soldados del ejército asaltante perecieron en esta segunda tentativa de conquistar la fortaleza.

Desalentado tras el nuevo fracaso, el ejército del sogunato decidió no intentar más asaltos de momento, sino pasar cuatro o cinco días sin hacer nada, simplemente tomando posiciones en torno a la fortaleza. Se decían unos a otros:

—¿De qué sirve tomar posiciones sin atacar de nuevo? Es una fortaleza pequeña defendida por no más de cuatrocientos o quinientos soldados. ¡Qué vergüenza que nosotros, siendo muchísimos más y habiendo venido de tan lejos, no podamos conquistarla y nos veamos así, sin hacer otra cosa que dar vueltas alrededor! ¿Qué dirán las generaciones futuras? Seguro que se reirán de nosotros. Confiados en que iba a ser muy fácil tomar la fortaleza, las dos veces atacamos a lo loco y sin ningún plan, sin ni siquiera protegernos con escudos ni cascos. Por eso, hemos perdido a tantos soldados. Esta vez tendremos más cuidado y atacaremos mejor preparados.

Después de deliberar, tomaron la decisión de que todos llevaran escudos, que reforzaron con cuero duro resistente a los flechazos, y se protegieran la cabeza y el cuello con yelmos y cubrenucas. Aunque el muro no era tan alto ni el foso tan profundo, esta vez decidieron no escalarlo por miedo de que pasara lo mismo que antes, sino usar cuerdas rematadas de garfios con los cuales derribar el muro. Pero antes de que consiguieran echar abajo la muralla, los defensores desde arriba lanzaron agua hirviendo a sus atacantes con grandes cucharones de mangos de hasta un $j\bar{o}$ [seis metros]. El agua hirviendo se colaba por la abertura entre el yelmo y el cubrenucas, y por los huecos de las hombreras de los atacantes abrasándoles la piel y obligándolos a soltar las cuerdas y garfios y a retirarse precipitadamente. Unos doscientos o trescientos murieron a causa de las quemaduras o de las caídas.

Ante este nuevo fracaso, los soldados de las regiones del este comprendieron que por muchas veces que atacaran la fortaleza, sus defensores siempre los sorprenderían con una nueva estratagema. Decidieron entonces renunciar a todo ataque y limitarse a estrechar el cerco hasta reducir por el hambre a los defensores. Construyeron atalayas en el campamento alrededor del cual colocaron estacas y picas para evitar cualquier sorpresa. A los defensores no les sentó bien esta decisión, primero porque pensaban que iban a aburrirse sin poder hacer nada contra los enemigos; y segundo porque sabían que sus víveres eran escasos. En efecto, como la fortaleza había sido construida a toda prisa, Kusunoki no había almacenado suficientes provisiones.

Cuando pasaron veinte días de asedio, los samuráis de la fortaleza vieron que solo les quedaba comida y bebida para tres o cuatro días más. Al conocer esta situación, Kusunoki reunió a sus fieles y les dijo:

—En los últimos enfrentamientos hemos salido victoriosos y matado a numerosos enemigos. Para ellos, ha sido una pérdida insignificante porque cuentan con un inmenso ejército. Pero nosotros perdemos con cada día que pasa, pues nuestras provisiones se están agotando y no nos llegan refuerzos a causa del cerco a que nos tiene sometido el enemigo. Debemos honrar nuestro compromiso de servir al emperador y no ofuscarnos con el deseo de morir en batalla, puesto que lo que deseamos ahora es vencer a los bárbaros del este antes de que lo hagan otros. Por lo tanto, nos interesa idear una buena estratagema con la cual realicemos tal hazaña. A mí se me ocurre que abandonemos la fortaleza, pero de modo que parezca que nos hemos suicidado todos. El enemigo pensará que ha ganado y se irá de aquí satisfecho. Una vez que se vayan, los atacaremos por sorpresa. En el caso de que la batalla se desarrolle en su favor, ya tendremos ocasión de replegarnos a los montes para seguir acosándolos hasta la muerte. Si de esa forma, sin dejarlos respirar, hostigamos al enemigo una y otra vez, estoy seguro de que la fatiga irá poco a poco acabando con ellos. Todo es parte de un plan para vencer a los bárbaros del este. ¿Qué os parece?

—Nos parece bien —asintieron todos.

Cavaron en medio de la fortaleza una fosa de hasta un *jō* [seis metros] de profundidad, metieron dentro veinte o treinta cadáveres enemigos y encima colocaron una pila de carbón y leña. Después esperaron una noche de tormenta. Es probable que el cielo escuchara los deseos de Kusunoki, pues muy pronto el viento empezó a levantar el polvo de la tierra y a soplar furiosamente. Después se puso a llover con tal violencia que parecía derribar los troncos de bambú. Todo estaba oscuro aunque todavía era de día. Fuera, las tiendas del campamento de los sitiadores estaban cerradas. Era la ocasión que Kusunoki esperaba. Cuando se hizo de noche mandó a uno de sus samuráis que se quedara solo en la fortaleza y le dijo:

—Cuando calcules que nos hemos alejado unos cuatro o cinco *chō* [poco más de cuatrocientos o quinientos metros], prende fuego a la leña de la fosa.

Después, él y todos los defensores se despojaron de sus armaduras y, llevándolas en la mano, salieron furtivamente de la fortaleza. Luego, con el mismo sigilo y avanzando en grupos tres en tres o de cinco o cinco, se adentraron entre las tiendas del campamento enemigo. Cuando Kusunoki pasaba por detrás de los establos de Nagasaki Takasada, unos centinelas enemigos lo vieron y le preguntaron:

—¿Por qué caminas como si huyeras y sin saludar? ¡Rápido, tu nombre!

—Soy un criado de Nagasaki. Creo que me he confundido de camino —mintió Kusunoki y, sin detenerse, siguió avanzando a paso rápido.

Los centinelas dijeron:

—Es un tipo sospechoso. Seguro que se trata de un ladrón de caballos. Vamos a matarlo.

Tomó el arco, apuntó al centro de la espalda de Kusunoki y disparó. Kusunoki sintió el impacto de la flecha por encima del codo. Parecía que el dardo le había atravesado el brazo. Pero no; la punta rebotó como si, extrañamente, hubiera golpeado contra algo duro. En efecto, Kusunoki, llevaba pegado a esa parte del cuerpo un amuleto con varias frases del *Sutra del loto,* de cuya lectura era muy devoto. Precisamente la frase contra la que la flecha se había estrellado decía: «... y todo el odio se desvanece...». ¡Qué portento que Kusunoki se salvara del flechazo gracias al amuleto! Si no hubiera sido por él, no habría llegado sano y salvo a un lugar seguro, media legua más allá de la fortaleza, lejos ya del campamento enemigo. Cuando se volvió y vio las llamas que salían del interior de la fortaleza, entendió que se había cumplido su orden y el plan seguía adelante.

Los sitiadores, al ver las llamas, se pusieron a gritar:

—¡Fuego, fuego! ¡La fortaleza se ha rendido! ¡Vamos a entrar y matar a los que queden con vida! ¡No dejéis que escape nadie!

Cuando entraron en la fortaleza, vieron el montón de cuerpos carbonizados en la hoya. Imaginaron que Kusunoki y sus hombres se habían quitado la vida. Lo lamentaban con estas palabras:

—¡Qué lástima que Kusunoki se suicidara! Prefirió la muerte antes que la rendición. Su muerte fue gloriosa y aunque haya sido nuestro enemigo, tiene la honra del guerrero y merece nuestro respeto.

Capítulo 8. EL SUICIDIO DE SAKURAYAMA

El monje laico Sakurayama Shirō, leal al depuesto emperador Godaigo y que hasta entonces había mantenido izado el pendón de la rebelión, dudaba si avanzar y atacar la provincia de Bitchū o la de Aki pues ya había sometido más de la mitad de la de Bingo. Pero cuando le llegó la noticia de la caída de Kasagi y del suicidio de Kusunoki, la mayor parte de su hueste desertó, dejándolo solo con poco más de una veintena de hombres entre familiares y samuráis de probada lealtad a pesar de la juventud de algunos de ellos. Esos días el poder del sogunato de Kamakura parecía más fuerte que nunca y su ejército, se decía, sometía todos los rincones del imperio por alejados que estuvieran.

«Nadie, ni siquiera quienes yo creía que eran verdaderos amigos se atreven a darme refugio ni a acogerme en sus casas», pensaba Sakurayama. «Pero antes que caer en manos enemigas y que expongan mi cuerpo muerto...».

Decidió entonces dirigirse al santuario Kibitsu con su séquito de fieles. Allí mató a su hijo de ocho años, a quien mucho amaba, así como a su esposa de veintisiete, con la que llevaba casado muchos años. Después prendió fuego al sagrado recinto, se rajó el vientre y se lanzó a las llamas. A su lado perecieron también veintitrés familiares y criados, cuyos cuerpos quedaron reducidos a cenizas.

El motivo de haber incendiado el santuario de Kibitsu y elegir suicidarse allí y no en otro lugar se debió a que Sakurayama era devoto desde hacía mucho de ese templo, el cual frecuentaba a menudo como peregrino. Cada vez que lo visitaba, lamentaba el estado ruinoso en que se encontraba y prometió repararlo algún día. Este hombre era seguidor de la causa imperial porque deseaba cumplir su sueño de reparar el santuario. Pero el cielo no atendió a sus ruegos, tal vez porque los consideraba egoístas o irrazonables. Sakurayama, antes de morir, formuló el siguiente deseo: «Si quemo este santuario y queda reducido a cenizas, o bien el sogunato o bien el emperador darán la orden de reconstruirlo. De esa manera, cumpliré mi promesa y así moriré tranquilo aunque me espere el infierno». Como era religioso, pensaba también: «Buda, compadecido de Japón y deseando salvar a sus habitantes, se manifestó entre nosotros en forma de dioses[19]. La gente que sigue la ley del Dharma[20] se salva de dos maneras: o a través de buenas acciones o mediante malas acciones. En mi caso, por ejemplo, la mala acción de haber quemado este santuario puede ser motivo para salvarme en la otra vida porque me permitirá cumplir mi promesa después de muerto. Por eso, lo que he hecho no está en contra de la enseñanza budista».

---

19. La noción de la manifestación de Buda en las diferentes deidades o *kami*, conocida como *honji suijaku*, es una de las piedras angulares del sincretismo entre budismo y sintoísmo operado en Japón desde el siglo XI y XII. El santuario de Kibitsu, en la actual prefectura de Hiroshima, que incendia este monje budista laico era un importante centro de veneración sintoísta.
20. Ley o enseñanza budista.

Más tarde, Kusunoki Masashige, tras consultar con sus aliados más poderosos, habría de refugiarse en el monte Kongō, situado entre la región de Kino y la de Kawachi, en la cordillera de Omine y Kazuraki[21], unos lugares de peregrinación muy frecuentados por los ermitaños budistas[22]. Este monte Kongō era un lugar sagrado, pues muchos años atrás, en tiempos del emperador Monmu[23], había vivido en él un ermitaño de nombre Ubasuke famoso por su fuerza espiritual y facultades sobrenaturales. Este hombre llevaba viviendo en el monte Kongō desde los treinta y dos años, había leído todos los sutras y adquirido poderes mágicos. Era capaz, por ejemplo, de volar por los aires cabalgando en nubes de cinco colores y de hablar con los dioses terrenales y los demonios a quienes a veces les ordenaba recoger leña del monte y acarrear agua. Un día les dio la siguiente orden:

—Construid un puente de piedra entre el monte Kongō y Kazuraki.

Los demonios y dioses se pusieron manos a la obra, pero trabajaban de noche porque les daba vergüenza que los humanos vieran el aspecto que tenían. La construcción, por eso, avanzaba tan lenta que Ubasuke les dijo:

—A ese paso, no acabaréis nunca el puente. Quiero que trabajéis también por el día.

El dios del monte Kazuraki, avergonzado de su apariencia, no obedeció por lo que incurrió en la ira de Ubasuke. Para castigarlo, el ermitaño lo ató con un hechizo y lo arrojó al fondo del valle. Resentido, el dios de Kazuraki trasmitió a un cortesano del palacio imperial el siguiente oráculo: «Hay un ermitaño llamado Ubasoku que pretende revolucionar el mundo». El oráculo llegó a oídos del emperador que, de inmediato, convocó a Ubasuke. Este, sin embargo, lejos de obedecer el mandato imperial, se fue volando por el aire y desapareció. Cuando el mensajero imperial volvió al palacio con las manos vacías y dio cuenta de lo que había visto, el emperador ordenó detener a la madre del ermitaño y encerrarla en prisión. Al enterarse Ubasuke de la prisión de su madre, que tenía más de ochenta años, se presentó en el palacio para interceder por ella. A cambio de la libertad de la madre, aceptó ser desterrado a la isla de Izu. Después de un año o dos de destierro, el cortesano Fujiwara Fuhito[24], el mismo que había ordenado la construcción del templo Kōfuku, lo llamó a cambio de que lo aceptara como discípulo. El ermitaño pudo así regresar a Kioto, ver a su anciana madre y, volando por los aires, llevársela a China oculta en un tiesto. Y dicen que mientras desaparecía por el cielo, comentó:

21.   Kazuraki o Katsuragi, en la provincia de Yamato, estaba asociado desde la antigüedad a manifestaciones de la divinidad. Véase en el *Kojiki. Crónicas de antiguos hechos de Japón*, cit., pp. 239 ss.
22.   En el original, *yamabushi* o «ascetas de la montaña». Véase nota 36, p. 92.
23.   El soberano 42 de la dinastía imperial. Reinó entre 697 y 707, en plena absorción del budismo de China y Corea.
24.   659-720.

—Jamás me olvidaré del monte Kongō, donde viví como ermitaño. ¡Ah, siempre seguiré en él!

Nadie volvió a verlo más. Desde entonces el monte Kongō se convirtió en un centro de peregrinos. Tal vez fuera una ofensa contra los cielos que Kusunoki decidiera construir una fortaleza en dicho monte y convertirlo en un lugar de batallas y muertes, obstaculizando así la práctica del budismo, pero los usos del mundo terrenal y los de la ley budista siguen caminos a menudo diferentes. Además, hay que tener en cuenta que Kusunoki reunió tropas para aliviar el sufrimiento del emperador Godaigo, profundamente afligido por las afrentas que recibía del sogunato de Kamakura y por su impiedad, y que rezaba a la divinidad del monte a fin de que le ayudara a obtener la victoria sobre el sogunato. Por este motivo, aparte del de la privilegiada situación topográfica, el leal samurái ordenó levantar dicha fortaleza. El pueblo apreciaba el ingenio y el compromiso por la causa imperial de Kusunoki y de sus hombres, siempre dispuestos a arriesgar su vida.

LIBRO CUARTO

Capítulo 1. EL JUICIO CONTRA LOS DEFENSORES DE KASAGI

El día 8 del primer mes del segundo año de la era Genkō [1332] se celebró el juicio a los defensores de la fortaleza del monte Kasagi. El año anterior ya habían condenado a muerte o al exilio a los detenidos durante el asedio a dicha fortaleza y a finales del mismo año reabrieron el proceso estimando que no convenía aplazarlo más tiempo. Fue por esas mismas fechas cuando Kudo Takakage y Nikaidō Yukitomo habían llegado a Rokuhara, el cuartel general del sogunato en Kioto, con instrucciones precisas de Kamakura sobre qué hacer con los detenidos. Dependiendo de la gravedad de la acusación, unos iban a ser desterrados y otros encarcelados. Así ocurrió con los dos príncipes, que también eran superiores supremos de los templos del monte Hiei y de Nara, con los nobles de mayor rango e incluso con algunos jefes militares, con destacados miembros de la guardia imperial o de la escolta del emperador en ceremonias oficiales.

Pero había otros que iban a ser ajusticiados. Tal sería el caso de Asuke Jirō Shigenori, cuya decapitación se ordenó que tuviera lugar en el lecho seco del río, a su paso por el barrio de Rokujō, de Kioto. Pesaba sobre él, según comentaba la gente, el hecho de haber sido el autor del primer lanzamiento de flechas desde la fortaleza de Kasagi. Aunque hubiera diferencias en la gravedad de la acusación, todos los detenidos sin excepción recibirían su condena. Se pensaba que las únicas excepciones serían Sanjō Kimiaki y Toin Saneyo, cuya absolución se daba por segura; a última hora, sin embargo, no los dejaron libres y fueron confiados a la custodia de los samuráis Hatano Nobumichi y Sasaki Saburō. Igualmente encarcelaron al gran consejero Madenokōji Nobufusa, de más de setenta años de edad, a causa de las graves acusaciones que pesaban sobre sus dos hijos, Fujifusa y Suefusa. Corría el rumor, además, de que el mismo emperador

Godaigo recientemente depuesto iba a ser desterrado a una isla remota. Al lado de tan grave condena, parecía lógico que los dos hijos del gran consejero serían condenados a muerte o a un exilio igualmente riguroso. El anciano Madenokōji, de probada lealtad al exemperador toda su larga vida, estaba profundamente apenado por la incertidumbre sobre sus hijos. En medio de las lágrimas compuso el siguiente poema:

> ¿Por qué, por qué
> he debido vivir
> tan largos años?
> ¿Para sufrir sin límite
> ante tantas desgracias?

Todos cuantos lo escuchaban no podían evitar darle la razón y aguantaban como podían los sollozos. A los nobles que habían servido al exemperador en diferentes funciones y que no habían sido detenidos, ya fueran culpables o inocentes, se les relegó de sus cargos prohibiéndoseles trabajar en la corte. Todos, por lo tanto, tuvieron que pensar a partir de entonces en ganarse la vida de alguna forma. La gente pensaba: «La fortuna y la desgracia, los días felices y los días aciagos... ¿en qué se diferencian si todo es ilusión y sueño? Con el paso del tiempo, la tristeza y la alegría se suceden tan rápido que acaban confundiéndose. ¿De qué sirve, por lo tanto, gozar con los momentos felices o lamentarse por los tristes?».

En cuanto al consejero medio Kitabatake Tomoyuki, fue confiado al samurái Sasaki Dōyo, monje laico, el cual se lo llevó a Kamakura bajo estrecha vigilancia. Como corría el rumor de que en el camino le iban a cortar la cabeza, cuando el cortejo pasó por el paso fronterizo del monte Osaka, Tomoyuki, nostálgico de la capital que había dejado atrás, compuso estos versos:

> El monte Osaka
> por donde nunca jamás
> pasaré otra vez.
> Tampoco, ay, mis pies
> la capital pisarán.

Cuando el detenido y su carcelero llegaron a Kashiwabara, provincia de Ōmi, el primero fue encerrado en la casa del segundo, Dōyo. Este samurái esperaba instrucciones de Kamukura sobre qué hacer con Tomoyuki, pero en lo ínterin lo trataba con consideración, un trato que el prisionero agradecía sinceramente.

Otro de los detenidos, Taira Narisuke, fue confiado a Kawagoe Takashige. Circulaba el rumor de que sería trasladado igualmente a Kamakura, pero fue ejecutado en las cercanías de la desembocadura del río Haya.

En cuanto al gran consejero Kazan-in Morokata, el mismo que se había vestido de emperador Godaigo para facilitar a este la huida, fue puesto bajo la custodia de Chiba Sadatane. Decían que iba a ser desterrado a las tierras de Shimofusa. La gente lamentaba que fueran a llevarlo al extremo este del país, tan lejos de la capital. Morokata, cuando el rumor llegó a sus oídos, compuso el siguiente poema:

> ¿Qué más me da
> que de la capital
> lejos me envíen,
> si ahora es un lugar triste
> por no vivir ya quien yo sé?

La persona que él sabía no era otra que Kita-no-dai, la esposa de Kazan-in Iesada. Esta dama cultivaba asiduamente las artes, como la pintura, el arreglo floral, la poesía y la música, Además, poseía tal belleza que Morokata estaba prendado de ella. Le escribió varias cartas revelándole la verdad de sus sentimientos. La dama las leyó y, cuando conoció la detención de Morokata y su probable exilio, decidió releerlas una y otra vez a fin de consolarse de su ausencia. Hasta le escribió una carta con un poema a pie de página que decía así:

> Quien en la carta
> por siempre se despide,
> tendrá por fuerza
> que pedir a quien la lee
> que pronto en el más allá se reúna.

La dama Kita-no-dai permanecía absorta en sus dolorosos pensamientos. El cortesano Morokata había estudiado el chino y el japonés clásicos desde los quince años. Era un hombre ajeno al éxito o al fracaso social, por lo que no se lamentaba mucho del exilio que pendía sobre él. En su interior pensaba: «También el gran poeta chino Tu Shao Ling estuvo implicado en la insurrección de An Lushan[1]. Él fue el autor de aquellos famosos versos:

> Avejentado y con las patillas despeinadas,
> he de surcar el proceloso río Yen Yu en una pequeña barca.
> A mi alrededor, el cielo se me cae encima
> hasta fundirse con las aguas de límpido color azul.

---

1.   Este general chino, de origen turcoiraní, se proclamó emperador en 755 después de alzarse contra el emperador chino de los Tang, Hsuan Tsung, que había descuidado los asuntos del gobierno por caer perdidamente enamorado de la legendaria belleza Yang Kuei Fei. Después de la rebelión, el mencionado poeta tuvo que vagar muchos años de provincia en provincia.

»Algo parecido le ocurrió a nuestro Ono no Takamura[2] cuando probó la amargura del destierro en la remota provincia de Oki. En el penoso camino del exilio compuso este poema:

> ¡Oh pescador!
> te ruego que esto digas
> en la capital:
> 'En alta mar me adentro
> y atrás dejo las islas'.

»Aquellos poetas y otros, quienes no encarcelados, sí desterrados, estaban dotados de una sabiduría que les permitía dejarse llevar por la corriente de los tiempos y estar por encima de los caprichos de la rueda de la fortuna. Por eso, ni deploraban la desgracia, ni lamentaban las penas. Además, ¿acaso no se dice que cuando el soberano está preocupado, el súbdito se avergüenza, y cuando el soberano se avergüenza, el súbdito perece? Por lo tanto, ni aunque mis huesos fueran machacados y puestos en salmuera y mis carnes despedazadas por las ruedas de los carros, tendría motivos para dolerme».

Con estos pensamientos que entretenía con la composición de poemas, Morokata se consolaba y pasaba los días con paz de espíritu.

En cuanto a Fujiwara Fujifusa, cuando estaba detenido en Rokuhara, fue puesto bajo la vigilancia del samurái Naohisa; después, desterrado a Hitachi. Por su parte, su hermano menor Suefusa fue entregado a Naganuma, gobernador militar de Suruga.

A diferencia de Morokata, el consejero medio Fujifusa sufría lo inimaginable por el destierro. El motivo era una dama. Se llamaba Saemon no Suke, estaba al servicio de la primera emperatriz consorte, la dama Saionji Kishi, y poseía una belleza sin par. Un día, casi a finales de otoño, también en la era Genkō, el emperador Godaigo había visitado el palacio de Kitayama. La visita imperial fue saludada con bailes y conciertos celebrados en el jardín. Los danzantes hacían ondular artísticamente las anchas mangas de sus vestidos y los músicos sacaban maravillosas armonías de sus instrumentos. Los tonos graves de los instrumentos de cuerda y viento se asemejaban a la suave resonancia de dos esferas doradas. Precisamente la dama Saemon no Suke fue la encargada de interpretar la melodía *Ondas del mar azul* con el *biwa*. La joven tañó con la misma magia con que el ruiseñor trina en la floresta o con la gracia y suavidad con que el agua fluye lentamente bajo el hielo de un arroyo. El tema de la canción pasaba del reproche al resentimiento, acompañándose de cambios de ritmo. Cada

---

2. Apodado «El loco» o Yakyō (802-852), fue exiliado por fingir enfermedad a fin de no embarcarse para ir a China y por escribir irónicamente sobre su supuesto viaje.

vez que la dama pulsaba al mismo tiempo las cuatro cuerdas del *biwa*, el sonido hacía pensar en una tela de exquisita seda cuando se desgarra. Y cada vez que acariciaba las cuerdas con el plectro, su delicada mano vibraba casi imperceptiblemente. Según una leyenda china, había un músico extranjero, de nombre Kyushirō, virtuoso del *biwa*, del cual se decía que cada vez que tocaba, las golondrinas se ponían a saltar de rama en rama y los peces a bailar en el agua. Pues bien, la gente del palacio sentía que Saemon no Suke aventajaba a aquel Kyushirō y se emocionaba cada vez que la oía tocar.

Nada más verla, Fujifusa cayó enamorado. Día y noche suspiraba por la dama. Guardaba en lo más secreto de su corazón este amor y no hallaba manera de comunicárselo, a pesar de que a menudo estaba cerca de ella. Una noche, sin embargo y sin que nadie se enterara, pudo intercambiar almohadas con la dama[3]. ¿Fue un sueño o fue realidad? Pero el día siguiente y de repente la situación del país dio un vuelco radical. El emperador, como ya sabemos, se vio obligado a huir precipitadamente hacia Kasagi, y Fujifusa, cambiando el alto gorro, el traje de gala y el calzado ceremonial de cortesano por la armadura de un guerrero y las sandalias de paja de un caminante, tuvo que acompañarlo. «¡Ay, podré verla de nuevo!», susurraba para sí en medio de suspiros. Cuando se dirigió a los aposentos de la dama en el oeste del palacio para despedirse, no estaba. Una sirvienta explicó:

—Esta misma mañana, la señora ha sido llamada al palacio de Kitayama por la emperatriz.

Así, sin poder despedirse de ella, el cortesano se tuvo que resignar al desgarro de la separación. Con la intención de apaciguar su pasión, se cortó un mechón de pelo de las sienes y lo envolvió en un papel en el cual escribió este poema:

Si en este mundo
de tumultos y caos
puedes vivir,
acepta estos cabellos,
prenda postrera de mi amor.

Fujifusa partió a Kasagi con el emperador. Cuando Saemon no Suke volvió al palacio imperial, halló la prenda envuelta en el papel con el poema. Cada vez que lo leía y tocaba los cabellos, las lágrimas rodaban sin parar por sus delicadas mejillas. Así una y mil veces. Con el corazón acongojado, pensaba: «¡Ah, si al menos supiera dónde se ha ido! Me pondría de inmediato en camino, aunque mis pies me llevaran a tierras habitadas por fero-

3. Eufemismo de dormir juntos.

141

ces tigres o a islas rodeadas de aguas donde viven ballenas que embisten a los barcos». Ignorante, por tanto, del paradero de Fujifusa y convencida de que jamás volvería a verlo, la dama tomó el pincel y escribió estos versos:

A todas partes
tu prenda y tu poema
llevo conmigo.
Y ambos como recuerdo
al otro mundo llevaré.

Guardó en la manga de su kimono la prenda de su enamorado, salió del palacio y, resueltamente, se arrojó a las profundidades del río Ōi donde pereció ahogada. ¡Qué desgracia! La gente entendió entonces los versos de Po Chu-I cuando dijo: «Por el amor de un solo día, pierdo esta vida que cien años podría durarme».

Capítulo 2. EL POEMA DE UN PRÍNCIPE DE OCHO AÑOS

El destino de los demás detenidos fue el siguiente. El gran consejero Toin Kintoshi fue entregado a Oyama Hangan y desterrado a la provincia de Kazusa en donde abrazó la vida religiosa. Al monje Shōjun del templo Tōdai, en Nara, lo exiliaron a Shimōsa; al monje reformador Shunga de Mine, a la provincia de Nagato; al príncipe Ichinomiya Nakatsukasa, a la provincia de Tajima, bajo la vigilancia del gobernador Ōta Hōgan; en cuanto al príncipe Tsuneyoshi, que no era más que un niño de ocho años, fue confiado a la custodia del consejero medio Nobuakira, permitiéndosele permanecer en la capital. Este príncipe, dotado de una firmeza y discreción impropias de su edad, un día le dijo tristemente a su guardián:

—Corre el rumor de que van a desterrar al emperador a la isla de Oki, un lugar que está muy lejos. Quiero que me digas si es verdad. Si lo es, no tiene sentido que yo me quede aquí, en la capital. Haz que me manden al mismo lugar que a mi padre. Así, por lo menos, pasaría con él sus últimos momentos.

Como Nobuakira no le decía nada, sino que se limitaba a escucharlo con los ojos húmedos, el niño continuó:

—Bueno, si no puede ser, ¿por qué no me llevas a Shirakawa donde dicen que mi padre está detenido antes de ser llevado a Oki? Shirakawa está muy cerca, ¿verdad? Bueno, hasta yo que soy un niño entiendo que no puedas llevarme de día porque nos vería todo el mundo. Por eso, podríamos ir por la noche. Entonces, por la noche, ¿de acuerdo? Nadie nos verá entonces. ¡Anda, llévame a ver mi padre!

Nobuakira permanecía callado haciendo esfuerzos por aguantar las lágrimas. Pensaba que sería todavía más cruel si le decía al príncipe que

Shirakawa estaba, en efecto, muy cerca del palacio. Eso serviría para que el niño le pidiera ver a su padre aún con mayor vehemencia. Así que decidió mentirle:

—Entiendo muy bien la petición de Su Alteza. Y os aseguro que si Shirakawa estuviera cerca, os llevaría con gusto a ver a su majestad, no importa si fuera de día o de noche. El problema es que Shirakawa es una población que está muy lejos de la capital, a cientos de leguas. ¿Cómo podríamos llegar? La prueba de que es verdad lo que os digo está en un poema escrito por el monje Nōin y que dice:

> De la capital
> salí en primavera
> y entre brumas,
> pero aquí en Shirakawa
> ya aires de otoño soplan.

»Su Alteza debe tener en cuenta, por lo tanto, que no podríamos llegar a Shirakawa tan fácilmente.

El príncipe lo escuchaba atentamente. Después, enjugándose una lágrima, exclamó:

—¡Cobarde! ¡Eres un cobarde, Nobuakira! Lo que dices no son más que excusas para no llevarme a ver a su majestad. Ya sé que ese poeta que dices hablaba de Shirakawa en su poema, pero se refería a la Shirakawa de la provincia de Ōtsu que ya sé que está muy lejos. Pero yo sé que hay otra Shirakawa, una que está aquí, muy cerquita de la capital. Por eso, otro poeta, Tsumori Kuninatsu, escribió este poema que también me sé muy bien. A ver si me acuerdo...

> Viento de otoño
> en Shirakawa a Nōin
> el rostro azotó;
> viento que sin de aquí moverme
> a mí también me azota.

»Además, Fujiwara Masatsune, cuando observó cómo habían arrancado un cerezo que estaba seco del jardín del templo Saishō, escribió aquellos otros versos:

> ¿Quién me diría
> que fue la última vez que te vi
> en primavera,
> oh, cerezo de Shirakawa,
> tantos años admirado?

»Todos estos versos nos hablan de diferentes lugares con el mismo nombre de Shirakawa. Pero ¡basta ya, Nobuakira! Ya no voy a hablarte más. Desde ahora todo lo que piense me lo guardaré en mi corazón. El príncipe se enfadó y a partir de ese momento no volvió a referirse a su padre, el emperador Godaigo. Se limitó, enfurruñado y lloroso, a pasar el resto del día junto a una de las puertas del palacio. Al atardecer llegaron a sus oídos las campanadas lejanas y melancólicas de algún templo. Compuso entonces estos versos:

> A mi tristeza
> la punzan campanadas
> en esta tarde.
> ¡Ay, cómo mi corazón
> a mi padre echa de menos!

La emoción del príncipe había estallado en estos versos, un poema que cualquier maestro hubiera firmado, pero que expresaban toda la inocencia de un niño. Las gentes de la capital —nobles y plebeyos, monjes y laicos, hombres y mujeres— conocieron el poema y se afanaron por copiarlo en papeles y abanicos. Admiradas por sus versos, comentaban «Es el poema de un príncipe de ocho años» y, conmovidas por el amor de un hijo por su padre, derramaban lágrimas de emoción.

Capítulo 3. EL DESTIERRO DE LOS PRÍNCIPES IMPERIALES

En cuanto a otro de los hijos de Godaigo, el príncipe Takayoshi, el primogénito, fue desterrado a la provincia de Tosa y puesto bajo la vigilancia de Sasaki Tokinobu. Este príncipe había mirado la tierra y el cielo rezando para que no lo enviaran lejos de la capital. No le hubiera importado ser ejecutado y enterrado bajo el musgo de cualquier trozo de tierra con tal de que fuera en la capital. Pero sus oraciones no sirvieron de nada y tuvo que partir de Kioto. Con los ojos empañados por el llanto, compuso estos versos en el camino al destierro:

> Desde que salí,
> libres y sin parar
> corren mis lágrimas.
> ¿Hasta dónde arrastrarán
> mi corazón dolido?

Al recitarlos ante los guardias que lo escoltaban, estos no pudieron evitar sollozos de compasión.

Al otro príncipe, Muneyoshi, lo mandaron al exilio a la provincia de Sanuki bajo recaudo de Nagai Tameakira, vasallo suyo, que lo acompañó todo el viaje.

Los dos príncipes tomaron caminos diferentes, pero convergieron el mismo día en el puerto de Hyōgo donde tenían que embarcarse cada uno a su destino. Aunque habían cruzado mensajes durante el viaje, ¡cómo se alegraron los dos hermanos al verse de nuevo! Takayoshi celebró el reencuentro con este poema:

> En el mar de penas
> por este forzoso viaje
> ¡qué gran consuelo
> ver en este puerto
> la ola risueña de tu rostro!

Estos versos fueron contestados por los siguientes de su hermano:

> Desde mañana
> un corazón hermanado contigo
> será mi guía,
> aunque me pierda en un mar
> sin estelas ni huellas.

En los mensajes que ese día intercambiaron, los dos hermanos expresaban la esperanza de que los confinaran en la misma provincia de la isla de Shikoku y se confortaban uno a otro con cariñosas palabras.

Llegó el momento de la separación. Takayoshi, inseguro y desorientado como una nube blanca sin rumbo por el cielo, subió a un barco que surcando las olas puso proa a las tierras de Tosa. Por su parte, Muneyoshi fue llevado desde Hyōgo por vía terrestre hasta la provincia de Bizen. Después, desde Fukiage, en Kojima, fue embarcado a Takuma en la provincia de Sanuki. Como Takuma era puerto de mar y se hallaba esos días envuelto en espesa niebla, la penetrante humedad, como un veneno, afligía la delicada salud del príncipe. Los sugerentes cantos de los pescadores, los silbidos de los boyeros escuchados al atardecer, las nubes otoñales divisadas a la puesta de sol... todas estas imágenes y sonidos ¡cómo se clavaban en el corazón del desterrado haciéndole derramar lágrimas de pena! Muneyoshi había jurado lealtad incondicional a su padre el emperador Godaigo y no dejaba de cumplir con sus devociones religiosas, como la oración de los mil días a contar desde el día de su salida de la capital, a sabiendas de que había dicho adiós para siempre a su vida en palacio.

Mientras, en Kamakura las autoridades militares habían dado la orden de que el exemperador Godaigo fuera exiliado a la provincia de Oki. Aunque el sogunato albergaba escrúpulos de pronunciar tan severa condena contra el hijo de los dioses, se seguía así el precedente de la rebelión de Jōkyū[4]. Se dispuso entronizar como nuevo soberano al príncipe Kōgon, de diecinueve años, hijo del exemperador Gofushimi. Además, el gobierno militar exigió al joven Kōgon a que promulgara un edicto imperial desterrando a Godaigo. Las autoridades, convencidas de que Godaigo ya no tendría ningún deseo de recuperar la dignidad imperial, le sugirieron que abrazara la vida religiosa y le ofrecieron la estola de monje budista decorada con aromáticos giroflés. Pero Godaigo se mantuvo firme y rechazó rotundamente la propuesta. Antes bien, no se despojaba ningún día de su indumentaria imperial, se tomaba su baño ritual a diario con agua fría y mandó construir un altar a semejanza del Gran Santuario de Ise donde rezaba a la diosa Amaterasu. Este proceder incomodaba a las autoridades temerosas de que hubiera dos emperadores en el país. Les parecía, en efecto, una situación tan absurda como la existencia de dos soles en un mismo cielo. Godaigo no insistía en mantener la dignidad imperial, pero al mismo tiempo se negaba a abrazar la vida religiosa. ¡Qué incierta situación! ¿Acaso pensaba el exemperador que le quedaban aún cosas por hacer en este mundo?

Tiempo atrás, en la primavera del primer año de la era Genkō [1331], había llegado a Japón procedente de Yuan, en China, un monje de este país, de gran virtud y saber. Se llamaba Chun Ming Chi y era un maestro de la meditación de la escuela del zen. Todo el mundo lo respetaba profundamente. Sin consultar con nadie, Godaigo, que entonces era emperador, decidió conceder una audiencia a este religioso y agraciarlo con el título de *kokushi* o «maestro de la nación». Pero los nobles, después de deliberar, aconsejaron a Godaigo: «Majestad, sois el soberano 92 de la dinastía imperial fundada por Jinmu. No existe precedente de que un emperador conceda una audiencia oficial a un religioso extranjero. No nos parece bien, por lo tanto, que recibáis a este monje chino en el palacio imperial». Godaigo, sin embargo, sentía una gran devoción por el budismo zen y poseía, además, una curiosidad natural que lo impulsaba a conocer a todo tipo de personas. Así pues, persistió en su deseo y ordenó que se preparara todo para recibir al famoso monje en palacio. Deseaba a toda costa oírle hablar sobre la doctrina zen. Los ministros de Justicia, de la Derecha, de la Izquierda y otros altos funcionarios de la corte no

---

4. Ocurrida en 1221 cuando el emperador Gotoba (1180-1239) fue exiliado también a la inhóspita isla de Oki donde pasó los últimos años de su vida.

pudieron hacer nada para impedirlo, así que, resignados, se esforzaron para que la visita revistiera toda la dignidad posible y el emperador se mostrara en su indumentaria de protocolo, como si recibiese a un embajador. Se dispuso una orquesta de músicos para que tocaran debajo de las escaleras del salón del trono y un buen número de letrados y eruditos para que formaran fila dentro de la sala.

La visita tuvo lugar ya entrada la noche. El cortejo de bienvenida fue numeroso y espectacular. Narahara Norifusa, alto comisario de policía e inspector fiscal, llevaba un traje oficial de color escarlata con la espada a la cintura. Delante de él, otros guardias anunciaban ceremoniosamente la llegada del religioso chino. Dentro y fuera de la puerta más externa del palacio daban su brillante luz hachas y teas. Los funcionarios del ministerio de Administración Civil y del ministerio de Ritos y Ceremonias estaban alineados en el jardín; portaban el traje de gala con armas y coronas. Cuando el emperador entró en la sala y ocupó el estrado imperial, se produjo un murmullo en todo el público femenino que asistía a la solemne recepción, desde las emperatrices, las damas de la familia imperial, las de compañía y las criadas de palacio. Todas ellas ocupaban sus lugares, cada una conforme a su rango, tras celosías de bambú y cortinas de seda. No se había apagado el murmullo cuando hizo su entrada el religioso chino el cual se adelantó hacia el estrado imperial, se sentó en un cojín y quemó incienso. Después de que el religioso deseara una larga vida a su majestad y de intercambiar otros saludos de rigor, Godaigo preguntó al monje:

—Su Reverencia ha llegado hasta nosotros tras haber franqueado muchas montañas y cruzado el mar. Después de tan larga travesía, ¿qué hacéis para cruzar esa otra travesía, la que va de este mundo al estado de nirvana?

El monje Chun Ming Chi contestó:

—Navego en el barco de la sagrada enseñanza de la ley budista.

—Decidme: ¿cómo se os ha ocurrido venir hasta aquí?

—En el mundo celestial, el curso de los astros siempre los lleva hacia el septentrión; en el mundo de los humanos, el curso del agua siempre la lleva hacia el oriente.

Después el religioso se puso a disertar sobre la doctrina budista. Cuando terminó, hizo una reverencia y se retiró.

El día siguiente por la mañana, Godaigo, todavía bajo la fuerte impresión causada por las palabras del monje, envió a Toin Saneyō para expresar al religioso la confianza absoluta que tenía en él. El monje le dijo a Saneyō:

—Narahara Norifusa tiene una fisonomía que anuncia su muerte próxima. En cuanto al emperador, puedo ver que fracasará, igual que un dragón que cae al suelo tras haber subido a lo más alto. Sin embargo, volverá a subir y recuperará el trono.

Aquellas palabras le parecieron proféticas al emperador, el cual, efectivamente, había fracasado en su intento de quitar el poder al sogunato y ahora, un año después, se veía prisionero y desgraciado. Es probable que la confianza del soberano en las palabras de Chun Ming Chi y, por tanto, en que recuperaría el trono, le hicieran rechazar la propuesta de hacerse monje. La gente se admiró de la veracidad del vaticinio del sabio chino cuya fama creció aún más.

Mientras Godaigo seguía confinado en el ala norte del palacio de Rokuhara, las fiestas de Año Nuevo llegaron y se fueron en un abrir y cerrar de ojos. A la mente del exemperador acudían recuerdos sobre sucesos acaecidos años pasados. Por ejemplo, la noche del 15 del octavo mes del segundo año de Genkyō [1323] en que el cielo estaba despejado y había un maravilloso claro de luna. El rocío de las plantas del jardín de palacio reflejaba las luces de los faroles. Godaigo, aburrido en la sala Ogi de los aposentos del palacio a pesar de las flores de trébol que la perfumaban, decidió disfrutar el claro de luna y quiso dirigirse al pabellón Anfuku cerca del cual suponía que los guardias habrían encendido una hoguera, providencial bajo una luna tan nívea. Ocupó un asiento al lado del estanque. A un lado de su estrado estaban sentados otros cortesanos, como Toin Kinkata y Toin Kintoshi, del ministerio de la Casa Imperial, Nijō Tamefuji, Taira Koretsugu, Sesonji Yukifusa, Shijō Takasuke y la dama Shokumon-in Kasuja, hija de Nijō Tameyo. Al otro lado, en fila, ocupaban sus asientos otros cortesanos, como Nijō Tameyo, Ogura Sanenori, Ogura Toshikata, su hermano menor Kinnaga, Sanjō Sanetō y una hija de Fujiwara Tamenobu. Estaban también allí, apoyados en la barandilla del estanque, Fujiwara Tadasada y Nijō Tamefuyu. Entonces este Nijō Tamefuyu y Shijō Takasuke decidieron subirse a sendas barcas desde las cuales recitar poemas sin revelar sus autores. La luna refulgía esplendorosa en el espejo nítido de las aguas del estanque. ¡Qué especial aquella noche del 15 del octavo mes! Cuando a hora muy avanzada la luna empezó a caer hacia el oeste y no faltaba mucho para romper el día, uno de los dos cortesanos subidos en la barca declamó el siguiente poema:

> ¡Cómo lamenta
> la luna en su camino
> a poniente
> las campanadas que anuncian
> la llegada del alba!

No había terminado de recitar, cuando retumbaron los tañidos de las campanas de un templo cercano. Todos se quedaron boquiabiertos. En aquella velada se leyeron otros poemas bien concebidos y, como pequeñas joyas, maravillosamente engastados con palabras concisas y elegantes e imágenes refulgentes y penetrantes. No había nadie que no llorara de emoción por la magia de las campanadas. ¡Qué recuerdo tan delicioso, el de aquella velada poética bajo la luna!

¡Y con qué vertiginosa rapidez pasa el tiempo y llegaron a su fin las celebraciones de aquel Año Nuevo en que el exemperador se sumía en estos recuerdos!

Se acercaba la primavera y soplaba el céfiro. Los ciruelos exhalaban sus delicadas fragancias[5] bajo los aleros del palacio mientras se oían los trinos de las aves con acentos de pena en los oídos de Godaigo. Imaginaba con pena la desdichada vida que, como la suya, debían de llevar aquellas damas del palacio imperial de Xian, la capital de la China de los Tang, en tiempos remotos. Mortificado con estos pensamientos y recuerdos, pasaba Godaigo los días crecientes de comienzos de la primavera.

Cuando se hizo público el destierro del emperador a una región inhóspita y remota, su esposa, la emperatriz Saionji Kishi, ordenó que le prepararan un carro y a escondidas, aprovechando la oscuridad de la noche del día 27 del segundo mes, partió a toda prisa del palacio imperial en dirección a Rokuhara donde permanecía detenido el soberano. Esa noche los jefes de la guardia era Nagai Takahiro y Takeda Nobutake. Cuando se presentó la emperatriz, los centinelas le preguntaron por el motivo de la visita. Pero tan pronto como apareció el carro en la segunda puerta, el emperador se dejó ver y él mismo levantó la persiana de bambú del carro en donde viajaba su esposa. Se miraron y, sin mediar palabra, se echaron a llorar y así estuvieron un buen rato. ¿Qué falta hacía hablar? El antiguo emperador, obligado a abdicar, era ahora forzado a partir a una tierra ignota y lejana, a abandonar a su esposa en la capital... ¿Qué podría sucederle a ella? Bastaba pensar esto para dar rienda suelta a las lágrimas. A su vez, la emperatriz se compadecía de su augusto esposo que iba a estar recluido en un lugar perdido. Tenía la sensación de que a partir de ahora ella habría de vivir en una oscuridad permanente y sin esperanza alguna de un reencuentro en el futuro. Le dijo a Godaigo con todo detalle cómo intentaría arreglárselas sin vivir con él en un palacio donde las lágrimas habrían de ser sus mejores amigas. Aquella noche de primavera, en la cual la dama desahogó toda su desesperación hasta el amanecer, se les hizo a los dos tan larga como mil noches de otoño. Aun así, todavía les quedaba cosas por contarse. Los dos, marido y mujer, resignados a la imposibilidad de expresar en palabras la gran desolación de sus corazones, se quedaron callados ocultando sus rostros con las mangas mientras que, arriba en el cielo, la luna declinaba hacia poniente. ¡Cómo anhelaba la

5. La floración de los ciruelos se produce en Kioto hacia la segunda o tercera semana de febrero (el segundo mes del calendario lunar), un hecho tradicionalmente asociado al comienzo de la primavera. El Año Nuevo se celebraba a comienzos de dicho mes.

emperatriz que la luna continuara en el cielo más tiempo. Pero no tardaron en oírse las campanadas del templo Atago y el piar de los pájaros anunciando el clarear del nuevo día. Tenían que despedirse. La emperatriz, vencida por el abatimiento, se preguntaba cuándo volvería a ver a su majestad, aunque no fuera más que en sueños. Finalmente llamó al carro e iba a subir cuando, con el semblante apesadumbrado, se volvió al exemperador para recitarle lánguidamente el siguiente poema:

Imposible es
sufrir más de lo que ahora
estoy sufriendo.
Triste será mi vida.
¿Podré sobrellevarla?

Se tapó con un sobretodo y, sin dejar de llorar, se despidió de Godaigo con gran cuita y convencida de que iba a ser la última vez que lo vería. Subió al carro y triste y desconsolada regresó a palacio.

Capítulo 5. EL DESTIERRO DE GODAIGO

Se fijó la partida al destierro el día 8 del tercer mes del segundo año de la era Genkō [1332]. Ese día los samuráis Chiba Sadatane, Oyama Hidemasa, Oda Ujihisa, a la sazón gobernador militar de Owari, el Sasaki Dōyo, que además era monje laico, y otros seis samuráis principales, con una escolta de setecientos hombres, conducirían a Godaigo a la región de Oki. El exemperador, tras vestir una ropa cómoda para el viaje y ponerse encima un kimono de seda, subió al carromato en el que iba a viajar por las calles de la capital. A su lado iba la dama Saionji Kinshige que lo servía. Su presencia hizo que sintiera nostalgia al recordar los banquetes celebrados bajo flores de cerezo en los que recitaban poemas chinos y japoneses, y juntos se deleitaban con músicas y bailes en el palacio de Kitayama. Vencido por la añoranza y con las lágrimas agolpadas en sus ojos augustos, Godaigo compuso este poema:

Si al final de mi vida a una isla lejana me lleva mi desventura,
¿por qué este sino me hizo nacer soberano?

Del futuro incierto nada sé, pero si algún infortunio me ocurriera,
al menos extrañaré esta posada por incómodo que sea el camino.

A su lado, Kinshige, conmovida al escuchar los versos, gimoteaba. Además de Kinshige, acompañaban al soberano para atender a sus necesidades los siguientes cortesanos Sesonji Yukifusa, Rokujō Tadaaki, Kozaishō y las damas Ano Yasuko y Dainagon Tenji. De Rokuhara hasta

150

el palacio Toba el camino se hizo en carromato, no en palanquín, por lo que no hubo que hacer muchos preparativos para la salida. Los guardias de la escolta iban vestidos con trajes multicolores de gala cuyo fulgor rivalizaba con el de las katanas que ceñían. Los habitantes de Kioto, curiosos, se arremolinaban en las calles para ver el cortejo mientras el carromato imperial se movía lentamente casi rozando los aleros de las casas y sin espacio para colocar los dos tiradores delanteros de madera. En la muchedumbre había muchas mujeres vestidas con sus humildes kimonos de plebeyas. Hasta las gentes de clases más bajas, como los que acarrean leña y trabajan en el monte, o las que por vergüenza nunca salen a la calle, estaban presentes ese día y se lamentaban por la suerte del exsoberano cuyo destino desconocían. Aunque jamás presenciadas, algunos imaginaban escenas parecidas acaecidas en el pasado cuando el emperador Sutoku fue desterrado a la provincia de Sanuki o el emperador Gotoba a la de Oki[6]. El carromato enfiló la calle Higashinoin en dirección sur, luego viró hacia el oeste por la calle Shichijō. Todos, hombres y mujeres, nobles y plebeyos, competían por llegar los primeros a las calles por donde pasaba el cortejo. ¡Ah, si pudieran ponerse en medio de la calle para impedirle el paso! ¡Qué pena que su majestad, que iba dentro del carro, no pudiera ver la escena! La gente osaba hacer comentarios como: «¡Qué vergüenza! ¡Un vasallo que destierra a su señor! ¿Dónde se ha visto tal cosa? Sin duda esto será el fin del sogunato». Y no había nadie que no llorara con la misma espontaneidad con que llora un bebé que reclama a su madre. También los guardias de la escolta, conmovidos por el llanto del pueblo, vertían lágrimas y mojaban los guanteletes de sus armaduras.

Dentro del carromato, el exemperador, al pasar por el puente, recordó que fue el monje laico Sasaki Dōyo, ahora su guardián, quien había sufragado los gastos de su construcción el 23 del tercer mes del año primero de Shōchū [1324] con motivo de la visita imperial al santuario de Iwashimizu Hachiman. Pidió que llamaran a Dōyo y cuando este se acercó, el soberano le recitó el siguiente poema:

> ¡Qué diferente
> al camino de hoy
> que tú guías,
> cuando pasamos por este puente
> que tú mismo construiste!

Dōyo, mientras escuchaba los versos, permanecía sentado delante del carro, cabizbajo y con las mangas húmedas por las lágrimas.

---

6. Ocurridas respectivamente a raíz de las insurrecciones de Hōgen (1156) y de Jōkyū (1221).

Cuando la comitiva llegó al palacio Toba, el exemperador bajó del carromato y montó en el palanquín. Pasó por el barrio de las posadas de Sakurai, borrosamente entrevistas por sus ojos llorosos, y llegó al santuario de Iwashimizu Hachiman, donde la comitiva se detuvo. Godaigo deseaba rezar para pedir el pronto regreso a la capital, tal como un día muy remoto hizo el emperador Ōjin, buda viviente que guió al pueblo por el camino de la ley de Buda y deidad protectora de la dinastía imperial hasta cien mil generaciones y a la cual está consagrado este santuario[7]. Y es que Godaigo estaba seguro de que el espíritu de su antepasado Ōjin lo protegería durante su destierro a Oki y el resto de su vida. El mismo día la comitiva llegó a la posada de Koyano, en la provincia de Setsu. El viejo tejado del establecimiento estaba formado de cañas. Cuando por la noche, a la luz de la luna, Godaigo se fijó en el alero del tejado, inclinado como una luna cuando cae hacia el horizonte, compuso estos versos:

> Vivo aún,
> al lado del alero
> veo la luna.
> ¿Serán igual los tejados
> bajo los que me aloje?

Al amanecer del día siguiente, la comitiva abandonó la posada y pasó por el santuario de Hirota, el monte Nasuki y la comarca de Ashiya. Al divisar una cascada cercana, el antiguo emperador supuso que pertenecía a las aguas del torrente Nunohiki. Según la leyenda, la cascada la había tejido una princesa de la montaña moviendo diestramente varios ovillos con sus manos. La tarde de ese mismo día, por un camino velado por la niebla, atravesaron Matsuhara, en Fukai, Motomezuka y Ono, en Iku. Cuando llegaron a las playas de Kobe, Godaigo rememoró de nuevo la capital y al atravesar el río Minato humedeció las mangas de sus vestidos con las lágrimas que le corrían por sus augustas mejillas. Sin secárselas, cruzó las aguas del río y llegó a Fukuhara, la antigua capital fundada

---

7. Ōjin (269-310) es el soberano semilegendario y número 15 de la dinastía imperial. Estas fechas, sin embargo, son rechazadas por los historiadores modernos que sitúan su reinado a fines del siglo IV y principios del V. Desde el siglo VIII fue identificado como la deidad sintoísta central del santuario Hachimangū, divinidad protectora de varios clanes de samuráis. Hay más de veinticinco mil santuarios en todo Japón consagrados a esta deidad. El santuario de Iwashimizu Hachiman, situado hoy en el distrito Tsuzuki de la prefectura de Kioto, fue levantado en 859 por un monje budista, Gōkyō, y ha sido un centro de devoción predilecto por la familia imperial a lo largo de los siglos. El anacronismo, sin embargo, de referirse a Ōjin como impulsor del budismo, pues esta religión no se extendió por Japón hasta después de la muerte de dicho soberano, hay que entenderlo a la luz del sincretismo entre sintoísmo y budismo.

por Taira Kiyomori[8]. Mientras contemplaba el cabo Wata y sentía en su rostro la caricia de la brisa que llegaba desde el monte Muko, buscaba consuelo en estos pensamientos: «Aquel Kiyomori que fue primer ministro y acumuló tanto poder que sostenía los cuatro mares en la palma de mano trasladó la capital de Kioto a Fukuhara que pronto fue abandonada y quedó en ruinas. Fue el justo castigo divino por la soberbia de aquel hombre y por el desprecio con que trató al hijo del Cielo».

Otro día, a primeras horas de la mañana, cuando todavía no se había levantado la niebla, el cortejo avanzó por el campo sembrado de rocío de Ueno. Al llegar a las playas de Suma, el antiguo soberano sintió la punzada de la nostalgia, tornada aguda con la algarabía de las aves que seguían la estela de un barco rumbo a la isla de Awaji. «Hace mucho tiempo», reflexionaba, «en estos mismos parajes de Suma pasó su destierro el príncipe Genji[9]. Su delito fue haber gozado de la intimidad de la princesa Oborotsukiyo. Aquí pasó tres amargos años observando cómo se alzaban contra él las olas iracundas del mar. ¡Qué natural que se doliera al verse lejos de la capital y que su almohada siempre amaneciera mojada de tanto llorar!». ¡Qué bien entendía ahora el desterrado exemperador la aflicción de Genji! «Me da pena divisar tenuemente entre las brumas extendidas sobre las playas de Akashi los barcos que se esconden tras las islas[10]. Aquel es el monte de Hitomaru del cual descienden los arroyos de Nonaka con su agua cristalina. ¡Cómo deben de lamentarse los pinos de Takasago y Onoe al verse cada año más y más viejos!».

El cortejo cruzó varios ríos y montes, siguió por la ruta de Sugisaka y se adentró en el monte Sara de Kume, en la provincia de Mimasaka.

---

8. Fukuhara, actualmente parte de la ciudad de Kobe, fue la capital medio año, en 1180. Taira Kiyomori fue el líder del clan de los Heike (o Taira), figura dominante de la política japonesa en las décadas de 1160 y 1170. Su conducta arbitraria y las intrigas del emperador Goshirakawa fueron algunas de las causas que desencadenaron la guerra Genpei (1185-1190), tal como se relatan en el *Heike monogatari* (cit.).

9. Es el protagonista del clásico de comienzos del siglo XI, del que existen tres traducciones en español: Murasaki Shikibu, *La historia de Genji*, trad. J. Fibla, Atalanta, Girona, 2006, 2 vols.; *La novela de Genji*, trad. X. Roca, Destino, tomo I. *Esplendor*, 2005, y tomo II. *Catástrofe*, 2009; y *El relato de Genji*, trad. H. Izumi Shimono e I. Pinto Román, APJ Fondo Editorial, Lima, 2013. De las tres, solo la última está realizada a partir del original.

10. Al igual que en Libro II, cuando Tomoyuki viajaba hacia Kamakura para ser ejecutado (véase nota 23, p. 81), este viaje del destierro del emperador Godaigo está cargado de fuertes resonancias líricas debidas a las frecuentes asociaciones con sucesos históricos, personajes literarios o poemas famosos chinos y japoneses. Por ejemplo, en esta última frase el emperador parafrasea un conocido poema del *Kokinshū*, el número 409, atribuido a Kakinomoto no Hitomaro (muerto hacia el año 750) que dice así: «En la primera luz / de la bahía de Akashi / entre la niebla de la mañana / oculto tras la isla navega / el barco en el que pienso» [*honobono to / akashi no ura no / asagiri ni / shimagakure yuku / fune o shi zo omou*] (*Poesía clásica japonesa*, p. 95).

Todo lo que veía le recordaba al desterrado la capital que hacía días había dejado atrás. Cuando observó que el samurái Oyama Hidetomo ofrecía una rama de cerezo a uno de los cortesanos que lo acompañaban, Rokujō Tadaaki, se le ocurrieron los siguientes versos:

Fiel a su cita,
florece el cerezo
en un mundo cruel.
¿Habrá florecido también en la capital?

Del monte Sara de Kume
Su existencia conocía,
¿quién me iba a decir que habría de cruzarlo?

Subió de nuevo al palanquín imperial y se reanudó la marcha. Entraron en una senda escarpada y de vegetación espesa, difícil incluso para los leñadores del lugar. El cortejo avanzaba entre las nubes de la cima y la niebla de la falda de la montaña. El exemperador, al recordar que su antepasado el emperador Gotoba, habiéndose perdido en el camino, había dejado una ramita rota para indicarle tal vez a él la dirección, razonó en forma de verso:

¡Ramas de cerezo
que encuentro por caminos
que he recorrido!
Hay tantas que piedad siento
por quien os ha cortado.

La comitiva tomó un peligroso sendero bordeando un precipicio. Cuando Godaigo divisó, más allá de las nubes del horizonte, la cresta de una montaña coronada de nieve, se extrañó pues en esa época ya no quedaba nieve en las cumbres.

—¿Qué montaña es aquella? —preguntó a uno de la escolta.

—Es el monte Dai, en la provincia de Hōki —recibió como respuesta.

El exsoberano ordenó detener el palanquín y entonó varios sutras. La comitiva avanzaba sin prisa. A veces dejaba a un lado casas de té por encima de cuyos tejados de paja se ponía la luna mientras los gallos anunciaban el alba; otras vez, oía el redoble de los cascos de los caballos a galope al pisar el suelo de piedra cubierta de rocío de algún puente[11]. Cada nuevo día que amanecía el antiguo emperador pensaba que en esa jornada llegaría a su destino o en la siguiente... Así iban pasando los días. Pero no

---

11. Ambas referencias están tomadas de un poema chino del poeta Wen Ting Yun o Wen Chi (812-870).

fue sino al decimotercero de la salida de la capital cuando llegaron a Yasugi-no-ura, en la provincia de Izumo. Ahí estaba el puerto de Mio desde donde habían de embarcar rumbo al lugar de su destierro. Se quedaron esperando un viento favorable para navegar. Cuando, pasado todo el tercer mes, llegó el día primero del cuarto mes, los guardias comentaron:

—¡Vaya! Hoy es día del cambio de ropa...[12]. Podemos imaginar cómo será el ambiente de la capital...

Cuando este comentario llegó a los oídos augustos de Godaigo, pensó en la fiesta que los nobles organizaban en palacio para celebrar el suceso. Y recitó este poema:

> Hasta la fecha
> se me va de la cabeza.
> Es primer día
> del cuarto mes, cuando en Kioto
> se cambia de vestido.

La añoranza por la vida de la capital era tan intensa entre los miembros del séquito que todos lloraban sin cesar. Muchos años atrás, el príncipe Katsuragi, hijo del emperador Bidatsu[13], fue desterrado a la provincia de Mutsu, y su favorito Fujiwara Sanetaka, a la de Dewa, las dos provincias en el inhóspito norte del país. Los dos eran nobles de alto rango. Pero en el caso de Godaigo, él era el hijo de los dioses con la misión sagrada de gobernar lo que hay debajo del cielo. Sin embargo, había tenido que humillarse ante unos simples guerreros y ahora estaba a punto de ir a vivir a la tierra fría y húmeda de una isla, la isla de Oki. ¿Acaso había algún precedente de semejante ultraje al soberano en la historia del país? Al pensar en ello, todo el mundo, ya fueran humildes leñadores o cazadores, mojaba con lágrimas las mangas de la ropa.

Capítulo 6. LA NOBLE AMBICIÓN DE TAKANORI

Por aquellos días vivía en la provincia de Bizen un guerrero de nombre Kojima Saburō Takanori. Cuando el emperador Godaigo se refugió en Kasagi, este hombre concibió el proyecto de reunir una banda de samuráis fieles a la causa imperial, izar la bandera de la rebelión y acudir en ayuda del soberano. Pero antes de planificar todo, le llegó la noticia de que Kasagi había sido capturado y que Kusunoki y Sakurayama se habían

---

12. Antigua festividad de final de primavera en que se cambiaba oficialmente a ropa de verano. El antiguo cuarto mes del calendario lunar correspondía a finales de mayo y comienzos de junio.
13. Reinó en la segunda mitad del siglo VI.

suicidado. Después, al oír decir que al emperador lo llevaban desterrado a Oki, reunió a los más fieles de su clan y les preguntó:

—¿Qué opinión os merece todo este asunto? Dicen que el hombre virtuoso y sincero no valora la vida a costa de la virtud, siendo capaz hasta de destruir su cuerpo para preservarla. Por eso, en la antigua China cuando los bárbaros del norte mataron al duque Yi del reino de Wei y tiraron su hígado, su ministro Hung Yen optó por abrirse el vientre, sacarse el hígado y poner en su lugar el hígado de su señor, después de lo cual murió. Está escrito: «El hombre que sabe lo que es recto y no lo cumple, es un cobarde». Yo quisiera ser como Hung Yen. Liberemos al emperador Godaigo impidiendo su destierro. Juntémonos todos, vayamos a algún lugar por donde pasa el cortejo que lleva desterrado a nuestro soberano e intentemos rescatarlo a costa de nuestras vidas. Sin duda moriremos en el empeño y nuestros cuerpos quedarán expuestos en el campo de batalla, pero ganaremos honra; y la gloria de nuestros nombres será un hermoso legado para todos nuestros descendientes.

Cuantos lo oyeron se mostraron de acuerdo, pues pensaban sobre todo en el bien del Imperio. Takanori les dijo entonces:

—Bien, salgamos y busquemos un punto del trayecto que sea escarpado y de difícil acceso desde el cual podremos tender una emboscada a la escolta que lleva prisionero a su majestad.

Decidieron esconderse en las estribaciones del monte Funasaka, en una zona fronteriza entre las provincias de Bizen y Harima, por donde pasa la ruta San'yōdō. Allí estuvieron esperando. Cuando comprobaron que el cortejo imperial no pasaba, mandaron a alguien a ver qué ocurría. Este hombre se enteró de que la comitiva había tomado la ruta San'indō desde Imashuma en Harima, en lugar de la San'yōdō. El plan de Takanori había fracasado. Sin embargo, lejos de darse por vencido, propuso a sus hombres que marcharan a Sugisaka, en tierras de Mimasaka, al norte de Bizen, y volvieran a ocultarse en una zona especialmente fragosa. Cuando llegaron, después de haberse abierto camino entre las nubes que coronaban los altos de Sugisaka, un montañés les dijo:

—El cortejo que llevaba preso al emperador ya ha pasado por Innoshō.

Convencidos de que el Cielo no favorecía su noble designio de rescatar al soberano, los hombres de Takanori se dispersaron en Sugisaka. Solamente Takanori se mantuvo firme en su propósito. Se disfrazó y decidió dirigirse al puerto de Miō, resuelto a hallar la ocasión de explicarle al emperador su plan para rescatarlo. Pero debido a la estrecha vigilancia, le resultó imposible acercarse al prisionero. Se le ocurrió entonces la idea de grabar unas grandes letras en la corteza del tronco de un sauce que había en el patio de la posada donde alojaban al emperador. Las letras decían esto: «El cielo no permitirá que se acabe con la vida del rey de Yueh, prisionero del rey de Wu. Aparecerá un vasallo fiel como Fan Li». Cuando al día siguiente por la mañana los guardias se encontraron con esta inscripción en el árbol, se preguntaban unos a otros: —¿Quién habrá escrito esto? ¿Alguien puede decirnos lo que significa? Nadie podía interpretarlo. Como no dejaban de hablar de ello, el soberano se enteró de la existencia de la inscripción. Nada más leerla, sin embargo, una sonrisa se dibujó en su semblante: había entendido de inmediato el significado de las misteriosas palabras. Supo entonces que todavía le quedaba un vasallo fiel que había ideado un plan para rescatarlo. Los guardias, sin embargo, ignorantes por completo del significado oculto de la inscripción, no hallaron nada sospechosa la sonrisa de Godaigo. ¡Qué escena tan conmovedora y, a la par, graciosa! Pero para comprender la sonrisa del emperador, hay que conocer la historia de los reinos de Wu y de Yueh[14].

Capítulo 7. LA GUERRA ENTRE LOS REINOS DE WU Y YUEH

Hace mucho tiempo, había en China dos reinos rivales y colindantes, el de Wu y el Yueh. Sus reyes respectivos eran Fu Cha, hijo de Ho Lu, y Kou Chien, hijo de Ta Ti. En lugar de gobernar con la virtud, lo hacían con la fuerza y no dejaban de combatir entre sí para arrebatarse tierras. Al principio, el rey de Wu fue derrotado, pero después fue el de Yueh el vencido y asesinado. El asesino del padre se convirtió en enemigo del hijo, con lo cual esta larga guerra no parecía tener fin. Lo que ocurrió a continuación tuvo lugar a finales de la dinastía Chu.

Un día, el rey de Yueh ordenó que se presentara ante él un guerrero con fama de valiente llamado Fan Li, al que dijo:

—El rey de Wu ha matado a mi padre. Si dejo que pase el tiempo sin vengarme, me convertiré en el hazmerreír del reino y cubriré de oprobio a mis antepasados que descansan en el reino de los muertos. Esta inquietud me tiene en vilo a todas horas. He decidido reunir a todos los soldados del reino para acabar con el rey de Wu. Solo así podré apaciguar el rencor de mis ancestros. Mientras yo parto a la guerra, te encargo que te quedes aquí y protejas el reino.

Fan Li le contestó:

—Majestad, permitid que os diga lo que pienso. Creo que va a ser difícil destruir al rey de Wu con las fuerzas militares que tenemos. El ene-

---

14. La siguiente historia debía de disfrutar de amplia difusión entre los samuráis del Japón de los siglos XIII y XIV pues aparece, con la misma extensión, en otro clásico de la literatura samurái, *La historia de los hermanos Soga*, cit., pp. 190-201.

migo dispone de doscientos mil soldados, mientras que nosotros contamos solo con cien mil. Hay un dicho: «El pequeño no debe desafiar al grande». Os daré una segunda razón. La primavera y el verano son temporadas de sol en las que el cielo premia a los fieles; el otoño y el invierno son temporadas de oscuridad en las que cielo castiga a los culpables. Ahora estamos a principio de la primavera y es época de premiar a los fieles, no de conquistar reinos. La tercera razón es la siguiente. No hay que olvidar que entre los generales de Wu está el ministro Wu Tzu, un hombre famoso por su valor, sabiduría y liderazgo. Mientras viva este ministro, creo que nunca podremos vencerlos. El mítico animal *kirin* hunde los cuernos en su carne para ocultar su ferocidad y los dragones se sumergen los tres meses del invierno a fin de estar preparados para cuando llega la primavera. Mi opinión es que dejemos descansar ahora a nuestros soldados y ocultemos nuestras armas hasta que se presente una oportunidad más favorable.

Pero el rey, sin hacer caso del parecer de su vasallo, le respondió:

—¿Acaso ignoras lo que dice *El libro de los ritos:* «El hombre no puede vivir sin vengar el asesinato de su padre». Además, el resultado de una batalla no depende del número de los soldados, sino de la fortuna y de la estrategia de un gran general. Conoces de sobra la historia de las guerras entre los dos reinos. Si, como dices, no podemos vencer estando vivo ese Wu Tzu del que hablas, entonces nunca podré matar al enemigo de mis antepasados, ni aplacar mi sed de venganza. Aunque es cierto que la guadaña de la muerte siega tanto la hierba dura como la madura, ¿cómo podré quedarme esperando a que ese hombre muera?, ¿cómo sabré cuál de nosotros se va a morir antes? Tu opinión es el fruto de una mente necia. Si reúno ahora mismo a todos mis soldados, la noticia tardará en llegar al reino de Wu. Pero si me retraso, acabaré siendo derrotado por ellos. Según el libro *Las seis enseñanzas secretas*, quien se adelanta a los demás, domina; quien se retrasa, es dominado. Aunque llegue a arrepentirme de mi decisión, será ya demasiado tarde.

El rey de Yueh, así pues, llevó adelante su propósito. Era a principios del segundo mes del undécimo año de su reinado, cuando este soberano y sus cien mil soldados se lanzaron al ataque del reino de Wu. Al enterarse el rey de Wu, dijo:

—No hay que subestimar a ningún enemigo, por pequeño que sea.

El rey de Wu inició el contraataque con sus doscientos mil hombres al mando de Fu Chian en la frontera entre los dos reinos. La vanguardia del ejército avanzó en forma de escama, mientras que la retaguardia se movía en forma de alas desplegadas. Se atrincheraron, teniendo el monte Hui a sus espaldas y el ancho río Yangtsé delante. Con el fin de despistar al enemigo, Fu Chian salió primero con treinta mil hombres dejando el resto del ejército oculto en la montaña.

Cuando el rey de Yueh vio a Fu Chian con solo veinte o treinta mil hombres, pensó: «El ejército de Wu es menor de lo que yo creía». Decidió entonces mandar contra él a todo su ejército de una vez, para lo cual sus soldados tuvieron que cruzar el río en formación. Sin embargo, era a principios del segundo mes, comienzos de la primavera, cuando todavía hacía mucho frío y el río Yangtsé corría bajo una capa de hielo. Los soldados de Yueh no podían disparar flechas con manos congeladas y los caballos apenas eran capaces de trotar con los cascos hundidos en la nieve. Por su parte, la táctica de los de Wu era atraer al enemigo a la celada que les tenían preparada en la montaña y allí aniquilarlos a todos. Por eso, las tropas de Fu Chian se replegaron evitando el combate y se ocultaron en las primeras estribaciones de la montaña Hui Chi. Los soldados de Yueh, en efecto, creyendo que la victoria era suya, los persiguieron a lo largo de más de treinta leguas. Juntaron sus destacamentos en una sola columna y, sin dar respiro a los caballos, corrieron tras ellos.

Cuando las tropas de Wu vieron como el enemigo caía en la celada, de todos los rincones de la montaña salió al ataque el resto de los doscientos mil hombres. Rodearon al rey de Yueh, Kou Chien, y lo atacaron sin dejar escapar a nadie. Al verse rodeado, igual que un alcaudón en una jaula, el ejército de Yueh, cuyos hombres y caballos estaban exhaustos por la persecución, decidió apiñarse en un lugar reducido y resistir. Pero cuando quiso atacar a la vanguardia, se encontró con que los enemigos lo esperaban en las laderas del monte apuntándolo con sus flechas. Y cuando optó por replegarse, vio que en la retaguardia era atacado con las puntas de las alabardas enemigas. Destacaba entre todos el mismo rey, Kou Chien, dando golpes certeros que machacaban las gruesas armaduras y destrozaban las afiladas espadas de los enemigos. En medio del fragor de la batalla, corría de un lado para otro golpeando y atacando en todas direcciones. Tan pronto los soldados enemigos reagrupaban filas, él rompía de nuevo sus formaciones y descargaba sablazos por todos lados.

Al cabo de cien y mil lances de batalla, no se sabía quién era el vencedor. De todos modos, el ejército enemigo era tan numeroso que el rey de Yueh acabó viéndose derrotado y su ejército quedó mermado a unos treinta mil hombres. Subió entonces el rey a la cima del monte Hui Chih y contempló a los que todavía sobrevivían. Estaban sin caballo, no les quedaban flechas en las aljabas y sus alabardas habían sido destrozadas. Comprendió que la batalla estaba perdida.

Mientras, los reyes de los países colindantes habían estado observando el desenlace del combate con la intención de esperar a conocer quién sería el ganador para ponerse de su parte. Cuando vieron que la victoria sonreía al ejército de Wu, se unieron a las fuerzas de este haciéndolas aumentar hasta sumar cuatrocientos mil hombres. Parecía que las plantas de arroz, los linos, los bambúes y las cañas se habían multiplicado de repente. Este inmenso contingente tenía rodeada toda la montaña. El rey de Yueh, al tomar conciencia de que la derrota era inevitable, llamó a su general y le dijo:

—Mi destino está sellado. Aquí mismo debería rajarme el vientre. La culpa de la derrota no es nuestra, sino que ha sido la voluntad del Cielo. No guardo rencor a nadie. Me da vergüenza, sin embargo, haber desoído el consejo de Fan Li y no haber valorado su lealtad. Me resultará muy difícil, tanto en esta vida como en la otra, poder saldar mi deuda de gratitud con este fiel vasallo. He decidido, en vista de la situación, sacar al amanecer a todos mis soldados de aquí y lanzarnos contra la guardia del rey de Wu. Así podremos morir gloriosamente en el campo de batalla con la esperanza de poder renacer en la otra vida para algún día vengarnos de esta derrota.

Así hablaba el rey mientras humedecía con lágrimas las mangas de su traje de guerra. Los soldados, al ver la firme resolución de su rey, le contestaron:

—Haremos lo que diga Su Majestad. Hace mucho tiempo que os servimos y permaneceremos siempre a vuestro lado.

En primer lugar, el rey decidió reunir todos sus tesoros y quemarlos. Luego, llamó a su querido hijo de ocho años, el príncipe Wang Shih, y le dijo:

—No eres más que un niño y por nada del mundo deseo que caigas en poder del enemigo y tengas que sufrir. Moriría en paz sabiendo que tú también vas a morir. Ya sabes que el amor entre un padre y un hijo no termina en este mundo, sino que se mantiene en las profundidades del Río de los Tres Pasos[15]. Déjame que acabe contigo ahora mismo.

El principito consintió sumisamente. El rey, llorando, lo agarró por el brazo con la mano izquierda e iba a descargar el golpe con la espada que sujetaba en la derecha. Pero justo en ese momento, el caballero Chung, comandante de la Izquierda, se adelantó y dijo al rey:

—Majestad, es difícil tener una vida larga y acabarla de muerte natural. En cambio, ¡qué fácil es conseguir una muerte súbita y honrosa! No matéis a su alteza el príncipe heredero, ni queméis vuestros tesoros. A pesar de mi torpeza, estoy dispuesto a enfrentarme al rey de Wu, a salvar la vida de Su Majestad, regresar a nuestro país y movilizar un nuevo ejército para atacar y vengarme de esta derrota. Debéis saber que el general del ejército enemigo que nos tiene cercados en esta montaña es el primer

---

15. En el original, *sanzu no kawa*. En el budismo, el río cruzado por los difuntos al séptimo día de su muerte. Se dice que tiene tres pasos: un puente, un vado y un lugar profundo infestado de serpientes. El éxito de la travesía depende del peso de las ofensas cometidas en vida.

ministro Pi, un viejo amigo mío. Crecimos juntos y lo conozco bien. Por cierto, hay dos tipos de héroes: los virtuosos y los oportunistas. El ministro Pi es de los segundos. Es un guerrero valiente, pero en su corazón anida la codicia. Él me contó que su rey es arrogante, simple, lascivo e injusto. Especialmente su apetito desordenado por las mujeres lo ha apartado del camino recto. Creo que me será fácil engañar tanto al ministro como al rey. Si hemos perdido esta batalla ha sido porque Su Majestad no prestó oídos a los consejos de Fan Li. Os suplico, Majestad, que esta vez me hagáis caso a mí, a fin de salvar la vida de las escasas decenas de miles de soldados supervivientes.

Chung acompañó su súplica de abundantes lágrimas. El rey comprendió que las palabras de Chung estaban llenas de sensatez, así que le dijo:

—Está bien. A partir de ahora, escucharé tus consejos.

Y no mató a su hijo, ni tampoco quemó sus tesoros.

El caballero Chung se alegró sobremanera. Quitándose el casco, dobló el estandarte y bajó del monte Hui Chi gritando:

—Las fuerzas del rey de Yueh están acabadas y el rey desea rendirse a Wu.

Los cuatrocientos mil soldados enemigos prorrumpieron al unísono en un estruendoso «¡hurra!».

Cuando el caballero Chung entró en el campamento enemigo, dijo:

—Pido respetuosamente una audiencia con el primer ministro de Wu.

Al ser recibido, cayó de rodillas y con la frente pegada al suelo se postró ante el primer ministro Pi. Este sintió compasión de su viejo amigo y relajando su expresión iracunda, le dijo:

—Voy a interceder ante el rey para que perdone la vida al rey de Yueh.

Acompañó al caballero Chung adonde estaba el rey de Wu al que le contó todo lo ocurrido. El rey de Wu, sin embargo, estaba furioso y dijo a su ministro:

—No es esta la primera batalla entre Wu y Yueh. Llevamos mucho tiempo guerreando. La captura de su rey, Kou Chien, que acabamos de hacer, es un regalo del Cielo. Aunque sabes esto muy bien, vienes a implorar mi perdón. Es evidente que con tu intercesión no me estás demostrando ninguna lealtad.

Y se negó a perdonar al rey de Yueh. Pero el primer ministro Pi volvió a insistir:

—Majestad, ya sé que no soy más que un vasallo más. Pero me habéis honrado con el nombramiento de general de vuestras fuerzas y en esta batalla he asumido el mando de todo el ejército. He planeado la estrategia y he conseguido destruir a un poderoso enemigo hasta alcanzar la victoria con riesgo de mi propia vida. ¿No es todo esto la demostración de mi lealtad absoluta? ¿No os parece que tales pruebas no expresan otra cosa que mi sincera devoción a Su Majestad y mi anhelo de traer la paz al reino?

—Estudiemos el asunto detenidamente —dijo entonces el rey—. Aunque el rey de Yueh haya sido derrotado y casi todo su ejército aniquilado, todavía siguen con vida treinta mil de sus soldados, hombres todos ellos muy valientes. Los nuestros los superan en número. Además, ellos están fatigados y desalentados tras la derrota de ayer. Estos enemigos, aunque inferiores numéricamente, están muy unidos porque saben que no tienen por dónde huir. Dicen que el ratón, cuando está acorralado, se atreve a atacar al gato; y que los gorriones no temen al hombre cuando tienen que luchar.

—Majestad —replicó el primer ministro—, mostraos clemente con el rey de Yueh, hacedlo vasallo vuestro. Tendréis entonces dos países juntos y unidos, el de Wu y el de Yueh. Estoy seguro de que, además, los reyes de Chi, de Chu y de Chao os rendirán homenaje y entregarán tributos. Tal proceder sí que sería una forma sabia para que las raíces de Wu ahonden y que sus hojas se endurezcan.

Así insistía el primer ministro Pi, apoyándose en la lógica del argumento. Finalmente, el rey, movido por la ambición, se dejó convencer y declaró:

—Está bien. Que se levante el cerco del monte Hui Chi. Perdono la vida al rey de Yueh.

Cuando el caballero Chung se hizo cargo del feliz desenlace de su misión, estalló de júbilo y corrió para contárselo a su rey. Todos los soldados se alegraron mucho y se decían:

—Ha sido la prudencia del caballero Chung lo que ha salvado nuestras vidas.

Todo el ejército superviviente pudo retirarse pacíficamente a Yueh. Su rey, después de haber enviado a Yueh a su hijo, el príncipe heredero, en compañía del caballero Chung, se colgó del cuello una cinta de la que pendía el sello real, se montó en un carro sencillo de madera y se dirigió al campamento del rey de Wu para someterse a él proclamándose a sí mismo su vasallo. ¡Qué pena daba verlo en tal deshonroso estado! Aun así, el rey de Wu no las tenía todas consigo y, pensando en el dicho «un hombre sabio no se acerca a un criminal», no quiso recibir en audiencia al rey sometido. Este se dejó conducir por los carceleros de Wu que lo llevaron de posada en posada hasta llegar a la ciudad de Kusu. Todos cuantos veían al rey de Yueh, ahora cautivo, mojaban sus mangas con lágrimas. Parecía solo ayer cuando Kou Chien era el soberano de su reino. Aunque además de rey era también un guerrero, ¿quién iba a pensar que iba a acabar en tan lastimoso estado? Tales eran los comentarios de cuantos lo veían. Y todos, sin darse cuenta, dejaban escapar lágrimas de compasión.

Cuando el rey cautivo llegó a Kusu, sus carceleros le ataron los brazos y piernas, le rodearon el cuello con una carlanca y lo encerraron en el calabozo. En las largas horas del día y de la noche, el pobre prisionero no pudo ver ni una vez la luz de sol ni de la luna. En medio de las tinieblas lóbregas de su celda, las mangas las tenía siempre humedecidas por tantas lágrimas. ¡Qué deshonra la suya!

Mientras, en Yueh, aquel fiel guerrero, Fan Li, al conocer el cautiverio de su rey, sintió cómo el odio le corroía la médula de los huesos. «He de traer a mi señor de alguna manera a Yueh», pensaba con infinita tristeza, «para que juntos podamos trazar algún plan que nos permita recuperar la honra perdida en el monte Hui Chi». No tardó en idear un ardid. Se vistió de hombre pobre, metió pescados en un cesto y así, disfrazado de pescadero ambulante, se puso en camino a Wu. Cerca del castillo, preguntó discretamente por el rey cautivo y le respondieron con todo detalle. Fan Li, con el corazón aliviado, enderezó sus pasos a la prisión donde estaba su rey. Con el pretexto de vender pescado, fue capaz de acercarse al calabozo, siempre muy bien vigilado. Metió una nota en las tripas de un pescado que pudo arrojar a la celda. El cautivo, muy extrañado, abrió el vientre del pez, encontró la nota en la que leyó: «Hsi Po fue apresado en Yu Li. Chung Er huyó a Ti[16]. Los dos reinaron después en todo el país. No dejéis vuestra vida en manos enemigas».

«Tanto la letra como el estilo pertenecen sin duda a Fan Li», pensó el rey. «¡Qué alegría saber que sigue vivo en este mundo cruel mostrándome siempre tanta fidelidad!» En su corazón sintió a la vez pena y gozo. Le dolía haber sobrevivido, pero ahora que Fan Li le había dado una señal, sintió de nuevo ganas de vivir.

Por entonces, al rey de Wu le acometieron unos fueres dolores por un cálculo renal. Su cuerpo y su alma se retorcían por los agudos dolores. Hombres y mujeres chamanes rezaron en vano; tampoco los tratamientos de los médicos sirvieron para nada. Parecía que su muerte sería inminente. Pero un médico llegado de provincia se presentó en palacio y dijo:

—La enfermedad de Su Majestad es grave, pero no incurable. Si hubiera alguien capaz de lamer las piedras de vuestro riñón y de decirme si el sabor es dulce, ácido, salado, amargo o picante, entonces yo podría sanaros. ¿Hay alguien que pueda lamerlas y explicarme a qué saben?

Todos los ministros y vasallos presentes se miraban, pero nadie se atrevía a lamer las piedras. Cuando al rey cautivo le contaron este suceso, dijo:

16. Los dos son personajes históricos. Hsi Po, sirvió al rey Chou, pero después fue rey y fundó la dinastía Chou; por su parte, Chung Er, a pesar de ser fugitivo, fue el soberano del estado de Chin, en el llamado «Periodo de Primavera y Otoño» de la historia china (771-481 a.e.).

—Cuando estaba cercado en el monte Hui Chi, tenía que haber muerto. El rey de Wu, sin embargo, me perdonó la vida. Si esta vez no le pago su clemencia, nunca tendré otra ocasión. Se hizo en secreto con una de las piedras, la lamió y mandó decir al médico qué sabor tenía. Solo entonces el médico pudo curar al rey de inmediato. Lleno de júbilo, el rey de Wu exclamó:

—¡Qué gran corazón tiene el rey de Yueh! Voy a mostrarle mi gratitud por haberme salvado la vida.

Ordenó que fuera puesto en libertad, que lo hicieran regresar a Yueh y le devolvieran el reino.

Pero el ministro Wu Tzu se adelantó y aconsejó así al rey de Wu:

—Majestad, dicen que quien recibe del Cielo una gracia, también recibe un castigo. Liberar al rey de Yueh y permitirle regresar es como soltar a un tigre en una pradera de mil leguas.

Pero el rey de Wu no hizo caso a su ministro, a pesar de que este lo increpó severamente, y permitió la liberación del rey de Yueh. De esa forma y sin él saberlo acababa de sellar su destino.

El rey de Yueh, Kou Chien, rebosante de gozo, inició el regreso a su reino haciendo correr al máximo el carro en que viajaba. Un día del viaje, reparó en una gran cantidad de ranas que cubrían ambos lados del camino.

—Sin duda se trata de un buen presagio —dijo el rey—. Significa que podré juntar a los soldados más valientes del reino y cumplir mi deseo largamente acariciado.

Dicho esto, se bajó del carro, rindió homenaje a las ranas y reanudó el viaje. Más adelante, su deseo sería cumplido. Había sido, en efecto, un buen presagio.

Cuando Kou Chien llegó a su país, vio como las ruinas habían asolado el reino durante los tres años de su cautiverio. La parte principal de las doce puertas rojas del palacio se habían derrumbado y tan solo quedaban los basamentos de las columnas. En los jardines del palacio, los búhos habían anidado en los pinos y en los laureles; los matorrales de orquídeas y crisantemos se habían convertido en zorreras; todo el césped estaba cubierto de maleza y se había transformado en un lugar desolado por el descuido y el abandono. En el estanque, donde había tres primorosas islas pequeñas que imitaban las tres islas sagradas, vivían a sus anchas las golondrinas de cola violeta y blancas gaviotas. Cuando Fang Li, que seguía oculto, se enteró del regreso del rey, envió al príncipe heredero, Wang Shih, al palacio. Entre las consortes del rey había una, Hsi Shih, cuya belleza rivalizada con las famosas cuatro beldades del reino de Yueh: Nan Kou, Nan Wei, Tung Wei y Hi Shi. Su figura era como una flor del peral que florece doblándose lánguidamente bajo la lluvia de primavera. El rey la amaba tiernamente y siempre la tenía a su lado. Esta dama había permanecido escondida durante el cautiverio del rey, pero ahora, cuando supo que el rey acababa de regresar, volvió al palacio muy contenta. Los tres años de espera y de miedo constante, sin embargo, le habían pasado factura: su piel, antes fresca y lustrosa, se veía ahora marchita y ajada por las arrugas. Hsi Shih lloró amargamente lamentando su belleza perdida. Cuantos la conocían derramaban también lágrimas de compasión. Era natural que el rey, al ver cómo las aflicciones la habían privado de su belleza, la amara todavía más. Un día se presentó en Yueh un mensajero del rey de Wu. Kou Chien se sorprendió y pidió a su fiel Fan Li que preguntara qué quería. El mensaje decía: «A nuestro señor le agradan especialmente los placeres del lecho y busca mujeres bellas por todo el país. Hace muchos años, cuando el rey de Yueh bajó del monte de Hui Chi, nos hizo una promesa que no debería haber olvidado. Debe enviarnos inmediatamente a nuestro palacio a Hsi Shih. En nuestra corte tendrá el título de Primera Consorte».

Cuando el rey de Yueh escuchó este mensaje, dijo:

—Mientras era prisionero del rey de Wu, tuve que pasar por la vergüenza de lamer las piedras de su cálculo renal. Si he sobrevivido ha sido gracias a la esperanza que tenía de reunirme con mi amor eterno que es Hsi Shih. No puedo enviarla lejos de mí.

—Comprendo bien la contrariedad de Su Majestad —empezó a decir Fan Li—, pero si conserváis a vuestro lado a Hsi Shih, la paz entre los reinos de Wu y Yueh volverá a romperse. En tal caso, no solo nuestro reino, sino también la misma Hsi Shih, acabarán siendo arrebatados por Wu, y la destrucción cundirá por todo el país. Ahora sabemos con toda certeza que la debilidad del rey de Wu es el apetito sexual y que la concupiscencia lo ciega. Sin duda que eso debilitará a todo el reino y su pueblo acabará sublevándose. Será entonces, Majestad, cuando podréis reunir un ejército y atacarlo. Veréis entonces cómo os sonríe rápidamente la victoria y podréis reuniros para siempre con Hsi Shih.

Fan Li lloraba mientras aconsejaba a su señor. Este habló así:

—No te hice caso una vez y pagué las consecuencias: me vi cercado por el ejército del rey de Wu y estuve a punto de perder la vida. Si tampoco esta vez te hiciera caso, seguro que estaría desafiando al mismo Cielo.

Con profundo pesar resolvió, por consiguiente, enviar a Hsi Shih al país de Wu. En sus mangas quedaron las huellas del desgarro de la separación. Además, por consejo de Fan Li, Hsi Shih se vio obligada a dejar atrás a su hijo, el príncipe heredero. Su aflicción por ello fue aún más honda, consolándose solo con la idea de que esta separación sirviera para traer a todos una felicidad futura. El rey de Yueh cayó en un insondable abatimiento al pensar que se trataba de una separación definitiva y día y noche volvía los ojos en dirección del reino de Wu donde estaba su amada. Por el día, en el cielo carmesí veía, a través de sus ojos empañados de lágrimas, nubes solitarias. Por la noche se acostaba abrazado a la almohada con el propósito de ver a Hsi Shih por lo menos en sueños. Muchos años después un poeta de la dinastía Tang compondría estos versos:

Hsi Shi se fue al palacio del reino de Wu donde su belleza destacó más
que nunca.
Cuando doblaba el torso, su voluptuosidad era arrebatadora.
El llanto de sus ojos se transformaba en lluvia fina que desciende sobre
las flores.
El dolor de su corazón era la tenue neblina que empapa un bosque
de bambú.

De hecho, Hsi Shih era la mujer más bella del mundo. Cuando se vestía y sonreía, su sensualidad cautivaba el corazón de los hombres. Si salía de sus aposentos, la gente dudaba de la existencia de las flores. Cuando dejó de mostrarse al público durante la larga ausencia del rey, era como si la luna y el sol se hubieran ocultado tras las nubes.

Nada más poner los pies en el palacio de Wu, Hsi Shih hechizó el corazón del rey. A este le impresionó también la fuerza que irradiaba de la presencia de esta mujer. Sucumbió sin remedio a los placeres de la alcoba y de la mesa, descuidando por completo los asuntos del gobierno del reino. Mandó construir una torre de oro, tan alta que se alzaba entre las nubes y permitía divisar las montañas y los ríos situados a más de mil leguas a la redonda. La llamó Ku Su. Tenía nueve plantas y en cada una de ellas había una magnífica alcoba donde el rey de Wu se solazaba con Hsi Shih. Casi a diario celebraba banquetes en la torre, con acompañamiento de músicas, de cantos y bailes. A media noche quemaba exquisitos inciensos que impregnaban todas las sedas y biombos de las alcobas de la torre. Mientras el rey gozaba así, las nubes se dividían al pasar por las ventanas entreabiertas y la luna brillaba sobre los aleros de la torre. ¡Qué espléndido paisaje se dominaba desde lo alto y qué hermoso era observar en él el cambio de las estaciones! Si en la primavera no había flores por donde pasaba el palanquín real, los criados enterraban ombligos de ciervo para que la fragancia se adhiriera al calzado. Si en verano el rey no podía avistar la luna cuando salía de viaje, los sirvientes juntaban murciélagos para utilizarlos como lámparas. Era evidente que el rey vivía en medio de la indolencia y el lujo. En el palacio los cortesanos y funcionarios dejaron de ser diligentes y se volvieron vanidosos. El rey andaba completamente extraviado en medio de los excesos de la lujuria y la bebida. ¡Qué acertada había sido la predicción de Fan Li!

Efectivamente, no tardó el ministro Wu Tzu en censurar el rey su conducta y de reprenderlo en estos términos:

—¿Es que Su Majestad no se da cuenta de lo que está ocurriendo? No hace mucho, el rey Chou de la dinastía Yin se perdió por haber entregado su corazón a Ta Chi; y el rey Yu de la dinastía Chou arruinó su propio país por enamorarse de Pao Su.

Pero el rey hacía oídos sordos a las advertencias de su ministro. En una ocasión, celebró con sus vasallos un banquete especial en honor de Hsi Shih en la torre de Ku Su. El rey, embriagado dulcemente, animó a todos a que bebieran. En un momento del banquete, cuando el ministro Wu Tzu subía por unas escaleras cubiertas de joyas y adornadas de oro, se alzó los bajos del vestido como si fuera a cruzar una corriente de agua. Los presentes se extrañaron y le preguntaron la razón del gesto. El ministro respondió:

—Nuestro rey viola las reglas de las tres relaciones básicas: soberano-vasallo, padre-hijo y esposo-esposa, e incumple las cinco virtudes: benevolencia, rectitud, decencia, sabiduría y sinceridad. Escuchadme bien: la torre Ku Su será pronto arrasada por el rey de Yueh. Este mismo lugar se convertirá en un solar donde crecerá la maleza que cubrirá el rocío. Si logro conservar la vida hasta entonces y deseo volver a ver el lugar que antes resplandecía de esplendor, los bajos de mi vestido se mojarán con el rocío sobre la maleza y los escombros. Por eso, pensando en el triste otoño que nos espera y para practicar, camino ahora así.

A todos los asistentes al banquete, incluido al mismo rey, los sobrecogieron las extrañas palabras de Wu Tzu, unas palabras que más tarde habrían de recordar claramente.

En otra ocasión, Wu Tzu desenvainó su espada, destellante como una serpiente azul, y colocándola delante del rey le dijo:

—He sacado brillo a mi espada para alejar la maldad y ahuyentar al enemigo. Cuando me pregunten el porqué de la destrucción de mi país, responderé que todo se debe a esa mujer, Hsi Shih. Ella es, por tanto, el enemigo. Os ruego, Majestad, que me permitáis cortarle la cabeza para así salvar al reino de la ruina.

Tras hablar así, se puso de pie y apretó los dientes.

Se dice que la censura hiere los oídos del censurado. En efecto, el enojo del rey no tenía límites. Le dio por cavilar así: «Aun en el supuesto de que el país fuera destruido, seguro que Wu Tzu no será de los que me traicionen. Sin embargo, es extraño que haya entrado en la senda de la maldad. ¿No será que ha sido engañado por mis enemigos?».

Decidió entonces poner fin a la vida de Wu Tzu y así prevenir males mayores.

Pero Wu Tzu, sin mostrar ningún temor, dijo:

—La gratitud que os debo, Majestad, nunca podrá abandonarme. Si nuestro país es amenazado, yo seré el primero en dar mi vida por Su Majestad. Pero antes que morir a manos de los soldados de Yueh, preferiría morir a vuestras manos. Mi espíritu no os guardará rencor. No solamente habéis hecho oídos sordos a mis advertencias, sino que os habéis enojado conmigo y ahora me queréis condenar a muerte. Esto significa que el Cielo ya ha dado su sentencia: antes de que pasen tres años, majestad, seréis derrotado y matado por el rey de Yueh. Ahora os ruego que me saquéis los ojos, los pongáis en lo alto de la puerta del este de la ciudad y me cortéis la cabeza. Mis ojos serán testigos de la derrota de Su Majestad. Así podré verla y me reiré.

El rey de Wu se puso furioso y ordenó la muerte de Wu Tzu que tuvo un final cruel.

Este suceso nos debe recordar que el arrepentimiento no altera el curso de los acontecimientos.

El rey hizo lo que su vasallo le había pedido: le arrancó los ojos y los colgó de la puerta del este.

Desde entonces, su maldad no hizo más que aumentar. Los demás vasallos, temerosos de que les pudiera ocurrir lo mismo que al ministro Wu Tzu, no se atrevían a darle consejos.

Cuando todo esto llegó a oídos de Fan Li, se alegró en extremo porque supo que el momento de atacar por fin había llegado. Se puso al frente de un ejército de doscientos mil hombres y se dirigió contra Wu. El rey de Wu no se hallaba en el país en ese momento, pues había ido con su ejército al reino de Chin a sofocar una rebelión. No había dejado, por tanto, ningún soldado que pudiera defender el reino. Lo primero que hizo Fan Li fue irrumpir de golpe en el palacio real y liberar a Hsi Shih, a la que envió de regreso a Yueh. Luego ordenó prender fuego a la torre Ku Su.

Los reinos de Chi y de Chu se declararon entonces partidarios de Yueh y pusieron a disposición del rey de Yueh trescientos mil soldados que engrosaron las filas del ejército de Fan Li. Terriblemente asustado, el rey de Wu abandonó la rebelión de Chin y a marchas forzadas regresó para defender su reino contra Yueh. Pero las tropas de Chi y de Chu se enfrentaron a su vanguardia, mientras que las de Chin, animadas por la retirada de Wu y una cadena de victorias, atacó su retaguardia. El rey de Wu, a pesar de que conocía las estrategias de *El arte de la guerra*, se encontró atrapado por delante y por detrás, y sin posibilidad de huir. Siempre al borde de la muerte, libró una batalla de tres días y tres noches.

Entretanto, Fan Li despachó contra él tropas frescas para no darle respiro. El ejército de Wu, compuesto de trescientos mil soldados, fue aniquilado salvándose tan solo cien hombres. El mismo rey de Wu libró hasta treinta y dos combates. Por la noche juntó a los supervivientes de su ejército, unos sesenta, y despachó un mensaje desesperado al rey de Yueh que decía: «No olvides, Kou Chien, que te salvé la vida hace mucho tiempo, cuando estabas a punto de morir en el monte Hui Chi. Deseaste hacerte mi vasallo a cambio de tu vida. Y así fue. Has podido emprender esta guerra solo porque entonces te perdoné. Igual que te hiciste mi vasallo, ahora yo me haré el tuyo. Si te acuerdas de la clemencia que yo te mostré aquel día, estoy seguro que hoy no me la negarás y me perdonarás la vida».

Cuando el rey de Yueh leyó este mensaje de súplica, recordó sus años de sufrimiento hacía ya muchos años. Sintió compasión por el rey de Wu y no podía decidirse a matarlo. Sumido en un dilema, no sabía qué hacer. Cuando Fan Li se enteró, se puso furioso y, dirigiéndose al rey de Yueh, le habló así:

—Majestad, hace mucho el Cielo le concedió Yueh a Wu. Ahora le ha concedido Wu a Yueh. La desgracia cayó sobre el rey de Wu por no haber aceptado el don del Cielo. El mismo destino caerá sobre nuestro reino de Yueh si Su Majestad no acepta este obsequio. ¿No os acordáis todo lo que sufrimos durante veinte años para poder atrapar al rey de Wu? Cuando un rey se comporta de modo impropio, el vasallo que es verdaderamente leal no lo obedece.

Antes de que el mensajero del rey de Wu volviera con la respuesta, Fan Li ordenó a su ejército avanzar entre el redoble de los tambores de guerra. Ordenó que capturaran vivo al rey de Wu. Una vez que lo tuvo preso, lo exhibió delante de todos sus generales. Fue entonces cuando quedó saciado el deseo obsesivo de la venganza largamente acariciada de Fan Li. Después de atarle las manos a la espalda, lo llevaron a la puerta del este. Allí vio el rey de Wu un par de ojos arrancados y colocados sobre un pequeño estandarte. Eran los ojos de su fiel ministro Wu Tzu, ejecutado tres años antes por reprenderlo, y que ahora seguían tan frescos y abiertos como entonces para poder ser testigos de la calamidad abatida sobre el rey de Wu. Cuando este pasó por delante de la puerta con las manos atadas, los ojos le seguían los pasos y hasta parecían mirar con expresión divertida. ¡Qué terror causaba el profundo sentimiento de venganza que irradiaba esa mirada! Tal vez al rey de Wu le avergonzaba ahora devolver la mirada; por eso se ocultó el rostro con las mangas y caminó cabizbajo. Aunque daba pena verlo en tal estado, los labios de todos los soldados se mantenían firmes, como gesto unánime de condena. Después de haber presenciado el final humillante del rey de Wu, los ojos de Wu Tzu desaparecieron misteriosamente de la puerta como se desvanece la bruma con la luz del sol. Fue un suceso realmente terrible, y a la vez desgraciado.

Inmediatamente, los guardias se llevaron a Fu Cha, que así se llamaba el rey de Wu, hasta el monte Hui Chi y allí lo decapitaron. Este hecho sería recordado como un suceso histórico que daría lugar a la expresión, conocida desde la antigüedad, de «lavar la deshonra de Hui Chi».

Pues bien, una vez que el rey de Yueh hubo conquistado el reino de Wu, ganó a otros países vecinos donde gobernó como cabeza de una liga de reyes militares. Quiso recompensar a Fan Li por su lealtad y le concedió el título de «señor de las mil tierras». Pero Fan Li lo rechazó todo.

—No es bueno vivir con grandes títulos y honores —explicó— porque entonces se despiertan envidias. Cuando se ha adquirido fama por méritos propios, lo mejor es retirarse del mundo. Es el camino del Cielo.

169

Fan Li hasta cambió de nombre. Pasó a ser conocido como Tao Chu y vivió oculto en una región llamada «Los cinco lagos». Renunció a la sociedad de los hombres y pasaba el tiempo pescando. En primavera salía a pescar en una barca y llegaba a la otra orilla del lago donde crecían cañaverales en flor. Los pétalos caían como nieve encima de la capa de paja que llevaba puesta Tao Chu. En otoño pasaba cantando con la barca bajo la sombra de arces rojizos cuyas hojas caían sobre el bote. Tao Chu se imaginaba una noche otoñal. Así disfrutando una apacible vida bajo el firmamento, el antiguo Fan Li pasaba los años hasta que se convirtió en un anciano de pelo blanco. Finalmente, su desaparición del mundo pasó desapercibida por todos.

Todos los incidentes de esta historia debían de estar en la mente de Takanori cuando fue capaz de resumirlos en solo unas cuantas letras que escribió en la corteza del árbol y que tan bien había entendido el emperador.

Godaigo se había alzado con la intención de derribar el sogunato de Hōjō Takatoki, pero por desgracia los samuráis de Kamakura lo detuvieron y enviaron al exilio, a una isla remota de nombre Oki. El emperador soñaba con que le iba a ocurrir lo mismo que al rey de Yueh: primero atacó al reino de Wu, es decir, el sogunato, y perdió la guerra cuando Kasagi fue capturado; luego, fue encarcelado por el rey de Wu, es decir, enviado al destierro en Oki; y finalmente, fue liberado volviendo a su palacio y regresando con un gran ejército para vengar la afrenta del monte Hui Chi y conquistar el reino de Wu o, en otras palabras, volvería del destierro para regresar triunfante a la capital y encabezar un levantamiento definitivo en todo el país contra el sogunato al que acabaría destruyendo para siempre. Así pues, aunque el vasto mar separa a China y Japón, la sustancia de la guerra es la misma.

El samurái Kojima Takanori había leído y estudiado las viejas crónicas chinas y deseaba recordar al emperador la historia de la guerra entre los reinos de Wu y Yueh. Aunque no poseyera la sabiduría de Fan Li, el fiel vasallo del rey de Yueh, había tenido la habilidad de dar a entender al emperador que no desesperara porque el regreso triunfal era posible. ¿No lo había logrado el rey de Yueh?

Capítulo 8. EL EMPERADOR EN LA ISLA DE OKI

Después de pasar unos diez días en el puerto de Miō, provincia de Izumo, en espera de que los vientos y las olas se aplacaran, el exemperador subió al barco que lo llevaría a su destino. Los marineros desataron las maromas y se prepararon para zarpar. Una flota de aproximadamente trescientos barcos pertrechados militarmente escoltaron la embarcación en la que iba Godaigo. Pusieron proa al norte. El barco navegaba recibiendo el viento sobre la vela mayor y surcaba las aguas a tal velocidad que Godaigo temía que fueran a llegar al legendario monte Hōrai, de las crónicas chinas, o al caudaloso río Yangtsé o a las fabulosas islas de Horyūnshū y Sangoshū. En el horizonte el sol estaba a punto de ocultarse tras las olas del noroeste de un mar en calma. En la otra dirección se divisaban montañas medio cubiertas por nubes. La luna no tardó en aparecer por el sureste. Era la hora en que las barcas de los pescadores volvían para recogerse en el puerto donde empezaban a emitir destellos los faroles de una orilla poblada de sauces. Cuando se levantaba la brisa, el piloto soltaba el timón; si el viento amainaba, los marineros desataban las velas. Así, costeando, siguieron navegando. Cuando llegaba la tarde y la niebla se hacía espesa, los barcos amarraban en algún muelle cerca de donde crecían las cañas; cuando amanecía, izaban velas a fin de recibir el viento que venía de Matsue. Prosiguió la travesía hasta que finalmente, veintiséis días después de haber salido de la capital, los barcos llegaron a las costas de la isla de Oki.

El antiguo emperador fue alojado en una cabaña hecha de troncos sin pelar situada en el islote de Kōfu y mandada construir por Sasaki Kiyotaka. Los únicos cortesanos a quienes se les permitió permanecer al lado de Godaigo fueron Rokujō Tadaaki y Sesonji Yukifusa, además de la dama Ano Yasuko. ¡Qué contraste entre el tiempo pasado en que su majestad vivía en su espléndido palacio decorado de oro y el presente en que se veía aposentado en una vivienda de vigas de bambú y paredes de troncos de pino, entre el tiempo en que oía el canto de los gallos anunciando los albores y el presente en que debía escuchar las voces de los centinelas, las embestidas del viento y de las olas contra las rocas de aquella perdida isla! ¿Cómo podía descansar en tal lugar y con estos sonidos cuando yacía en su lecho? Nada de eso le impedía, sin embargo, todos los días al amanecer realizar sus devociones y rendir culto a los dioses de la estrella polar. ¡Cuántas lágrimas no derramaba mirando la luna de aquella isla en donde otros vasallos suyos también habían sido desterrados a pesar de ser inocentes! Sin trono y en tierras extrañas... Desde que el mundo es mundo ha habido tierra y cielo, días y meses, esposos y esposas, padres e hijos, soberanos y súbditos, clases altas y bajas, pero jamás de los jamases había acaecido tamaña calamidad. ¿Qué otra cosa podían hacer el sol y la luna sino avergonzarse de su brillo y palidecer, o qué podían hacer las plantas, a pesar de no tener sentimientos humanos, sino languidecer y olvidarse de echar flores?

Llamaba la atención que miembros de la familia imperial, de la nobleza o simples súbditos hubieran sido declarados culpables de traición. Por ejemplo, una vez desterrado el emperador Godaigo, el día 3 del quinto mes del segundo año de Genkō [1332], Asuke Jirō Shigenori fue conducido al cauce seco de Rokujō y decapitado, pues consideraron grave su culpa. Poco después, el 2 del sexto mes el samurái Chiba Sadatane se llevó a Kazan-in Morokata, gran consejero de la corte imperial, al exilio en la población de Chiba. Morokata estaba profundamente abatido y no hallaba forma de consolarse. Había tenido muchos vasallos y guerreros a su servicio, así como mujeres y sirvientas, todos los cuales se veían ahora, por la caída en desgracia de su señor, reducidos a una situación miserable. Tan solo a uno de sus antiguos sirvientes, Hōki Shigekuni, que se hizo bonzo, se le permitió acompañar a Morokata camino al destierro a un lugar remoto y extraño. Varias generaciones de los antepasados de este bonzo habían servido fielmente al cortesano. ¿Quién les hubiera dicho que su descendiente habría de ser la única compañía de Morokata en el destierro en Chiba? Shegekuni, al ver que antes le servía como laico y ahora como religioso, estaba convencido de que los lazos kármicos de vidas anteriores entre él y su señor debían de ser muy fuertes. En Chiba tuvieron que vivir en una humilde cabaña, construida provisionalmente con troncos y ramas de pino, y pasar privaciones. Sin embargo, ya cuando vivía en palacio como gran consejero, Morokata no mostraba inclinación alguna a la vida lujosa ni al boato de la corte. Así que ni la austeridad ni las penurias de la nueva vida de desterrado le desagradaban en absoluto; antes bien, parecía hallar contento en ellas. Convencido de que este nuevo estado era una ocasión para alcanzar la iluminación religiosa, se embarcó resueltamente en cultivar su vida espiritual y en eliminar las pasiones de su corazón. Las únicas lágrimas que vertía mientras vivía como desterrado fueron por su antiguo emperador Godaigo, al pensar en cómo este debía de estar sufriendo en aquella inhóspita isla. Pero, cuando reflexionaba en que su llanto estaba causado por su apego a las vanidades de este mundo a las que debía renunciar, volvía a sollozar a escondidas y a pesar de su voluntad.

El día 19 del sexto mes del mismo año segundo de la era Genkō [1332], llegó a la mansión de Sasaki Dōyo un emisario de Kamakura con la orden de ejecutar a Kitabatake Tomoyuki, consejero medio, detenido en palacio. Dōyo visitó a Tomoyuki y comentó:

—¿Por qué será que nos conocemos de vidas anteriores? Entre tantas personas de confianza con que cuenta el sogunato, he sido yo a quien se le ha ordenado que sea el encargado de custodiaros hasta vuestra última hora. Todo el mundo me considera cruel; os aseguro, sin embargo, que solamente cumplo órdenes. Hasta ahora yo intentaba retrasar la fecha fatal poniendo todo tipo de excusas con la esperanza de que llegara una amnistía, pero hoy ha llegado un emisario con la orden de poner fin a vuestra vida. ¿Qué puedo hacer yo? Os ruego que os consoléis pensando que este destino aciago es debido a causas formadas en vidas anteriores.

Tras decir esto, el mismo Dōyo se ocultó el rostro y se echó a llorar. Frente a él, Tomoyuki, con las lágrimas agolpadas en los ojos, respondió:

—Has hablado bien. Nunca, en ninguna de mis vidas siguientes, me olvidaré de la consideración con que me has tratado. ¿Qué importa que nosotros, vasallos de su majestad, muramos cuando él, nuestro señor, sufre lejos de la capital, en una isla remota? Me has contado que acompañaste a su majestad camino del destierro y las conversaciones que tuviste con él. Creo que tienes un buen corazón y me inspiras simpatía. No tengo palabras para expresarte mi gratitud por el trato que me has dado desde mi detención.

Después de hablar así, el antiguo consejero imperial se quedó callado. Luego pidió una moleta, papel y pincel. Cuando terminó de escribir, dijo:

—Cuando vayas a la capital, te ruego que entregues esta carta a mi amigo.

Al anochecer, Dōyo pidió un palanquín e hizo subir en él a Tomoyuki. Con una reducida escolta, se pusieron en camino hacia un pinar, al pie de un monte próximo, al oeste de la ruta principal. Cuando llegaron, Tomoyuki se bajó, se sentó en una estera con la espalda bien recta y nuevamente empuñó el pincel para, con todo sosiego, escribir un poema de despedida:

> Cuarenta y tres
> años viví feliz
> en este mundo.
> Veo ahora montes y ríos nuevos
> y la tierra que se extiende.

Al final del papel, compuso un segundo poema:

> Como el rocío
> es mi vida, a punto
> ya de cesar.
> ¡Ah, si pudiera ver
> el fin del sogunato!

Y dató el papel: 19 del sexto mes. Arrojó el pincel y volvió a erguir la espalda. Tan pronto como el verdugo, un tal Tago Tokurozaemon, se puso detrás, la cabeza de Tomoyuki rodó por el suelo. La palabra «triste» no basta para describir esta muerte. Dōyo Sasaki incineró el cuerpo y mandó celebrar oficios fúnebres por el descanso de su alma. ¡Qué lamentable suceso! Años atrás, cuando el exemperador Godaigo era príncipe, este hombre, Kitabake Tomoyuki, lo servía día y noche, sobresaliendo en el celo de su servicio como consejero y escolta personal. Por eso fue promocionado por el soberano que depositó en él su confianza llegando a ser su privado. ¡Cuánto habría sentido Godaigo la muerte de Tomoyuki de haberse enterado! La gente de la capital se dolía igualmente de esta muerte y, conociendo la relación entre soberano y súbdito, mojaba las mangas de sus kimonos con sentidas lágrimas.

Dos días después, el 21, Ogushi Hidenobu, samurái de Ō-no-mikado, detuvo al cortesano Ono no Hōin Ryōchu y lo entregó a Rokuhara. Hōjō Nakatoki, jefe supremo del ala norte de Rokuhara, despachó un emisario al detenido con este mensaje: «A pesar del fracaso del alzamiento de Godaigo, tú te has atrevido a promover otra rebelión contra el gobierno. Si bien admiro tu temeridad, repruebo tu imprudencia. Con el fin de rescatar al exemperador cuando estaba preso, dibujaste un plan del cuartel de Rokuhara. Fue un acto hostil y un grave delito contra el sogunato. ¿Ignorabas que tramar una conspiración es un crimen? Confiesa todo y revela los nombres de tus cómplices. La información que nos des será tratada confidencialmente por las autoridades sogunales y yo podré interceder para que tu pena sea leve».

Ryōchu le mandó decir a través del mismo mensajero: «Todas las tierras, incluyendo personas y posesiones, que hay debajo del cielo pertenecen al emperador. Aunque haya quien no sienta dolor por la desgracia de nuestro soberano, no hay nadie que se alegre de sus sufrimientos. Por eso he urdido una conspiración: no para abatir a quienes violan la ley natural, sino solamente para rescatar al emperador y salvarlo de la deshonra. Intenté llegar en auxilio de la fortaleza de Kasagi cuando estaba sitiada, un acto no imprudente sino natural en un súbdito como yo interesado solo en la seguridad de mi soberano. Pero precisamente cuando salía de la capital hacia Kasagi, la fortaleza fue capturada y las tropas imperiales derrotadas, por lo cual no pude llevar a término mi plan. Después, tras consultar con el consejero Tomoyuki, transcribí un edicto imperial y lo hice circular entre los samuráis de diferentes provincias del imperio. Eso fue todo. ¿Acaso es un delito? ¿Por qué voy a tener que pedir perdón por algo así?».

Cuando se recibió este mensaje, hubo deliberaciones entre las autoridades de Rokuhara sobre qué hacer con el detenido.

Nikaidō Yukitomo decía:

—Su delito es evidente. Si el sogunato de Kamakura nos ordena su ejecución, no nos queda más que obedecer. Pero antes, tal vez sea buena idea presionarlo para que nos revele quiénes fueron sus cómplices. Es una información que querrán saber en Kamakura.

Nagai Samasuke le contestó:

—Tienes razón. Tratándose de asuntos de tanta importancia, sin duda es mejor informar primero a Kamakura y luego acatar las órdenes que nos den.

Hubo otros jefes que se mostraron de acuerdo con esta misma opinión.

El primero que había hablado, Nikaidō Yukitomo se puso en camino a Kamakura, mientras que el detenido, Ryōchu, fue encarcelado bajo la custodia de Machino Nobumune, guardia del distrito de Gojokyōgoku.

LIBRO QUINTO

Capítulo 1. UN NUEVO EMPERADOR

El día 22 del tercer mes del segundo año de la era Genkō [1332], Kōgon, hijo del exemperador Gofushimi, subió al trono imperial. Tenía diecinueve años. Su madre, hija de Saonji Kinpira, se llamaba Kōgimon-in. Poco después, el día 12 del mes siguiente, en ocasión de la celebración del Festival de las Alceas[1] en el santuario de Kamo, el nuevo emperador y su padre viajaron juntos en el mismo carromato tirado por bueyes. El vehículo estaba decorado con diseños circulares en forma de flor de ocho pétalos y llevaba las persianas bajadas. Avanzaba flanqueado por seis criados y era conducido por dos boyeros y un guía ataviados con el traje de gala. Además, formaban parte del séquito los siguientes cortesanos en traje de gala: Imadegawa Sanetada, con uniforme de color amarillo brillante, Tsuchimimado Michifusa, con uniforme carmesí sobre un finísimo kimono, Kazan-in Norimichi, con traje de color verde sobre un kimono violeta pálido. Como escoltas iban Tanotsukai Matamoto y Fijiwara Kiyokage, miembros de la guardia imperial del ala norte del palacio.

Era la primera vez en diez años que una comitiva imperial recorría el barrio de Gofukakusa, por lo cual los habitantes de Kioto se extrañaron de que hubieran preparados asientos para presenciar el paso del cortejo. Dicen que cuando el monje Kakuson, hijo de Kujō Moronori y nieto de Kujō Tadanori, invitó a su abuelo a la ceremonia de entronización del nuevo emperador después de haberle reservado un asiento, el viejo cortesano rechazó la invitación con la siguiente excusa: «Aunque la rebelión de fines del año pasado ha sido sofocada, la sociedad anda to-

---

1. Véase nota 4, p. 70.

177

davía revuelta. No hay que olvidar que el antiguo emperador Godaigo sigue desterrado en la lejana isla de Oki, un hecho de máxima gravedad. El soberano del cielo debe recibir la pleitesía y la fidelidad de todos los súbditos. El hecho de que se haya obligado a abdicar al anterior y se lo haya condenado al exilio debe interpretarse como un presagio de la decadencia del Imperio y el fin del gobierno militar. Me causa grandísimo dolor pensar en estos sucesos y en lo que se avecina. Por eso, mientras no se sequen las lágrimas vertidas por tanta desgracia, no quiero asistir a la ceremonia de coronación ni a ningún desfile imperial. Además, te advierto que los religiosos como tú no deberían jurar fidelidad al nuevo emperador». Quizás por estas palabras, el pueblo de Kioto no veía con buenos ojos que Kakuson estuviera presente en el desfile del cortejo imperial.

El 27 del mismo mes tuvo lugar una reforma política. El nuevo canciller Takatsukasa Fuyunori, junto con Yoshida Sadafusa, Hamuro Nagataka, Saoinji Kinmune y Hino Sukena, visitaron el palacio imperial y deliberaron sobre la reforma. Acordaron reactivar los edictos en vigor durante las eras Ōchō y Shōwa[2]. Además, se decidió que a partir del día siguiente, el día 28 del cuarto mes, se iniciaría una nueva era bajo el nombre de Shōkei. Al parecer, fueron Hamuro Nagamitsi y Sugawara Nagakazu quienes, tras haber estudiado el asunto, crearon este nombre. La decisión se tomó con el beneplácito de otros cortesanos también presentes, como Nakanoin Michiaki, ministro de la Derecha, Horikawa Tomochika, Fujiwara Sanetō, Sanjō Kin'akira, Bojō Toshizane, Taira no Munetsune y Rokujō Arimitsu. Estos nobles propusieron otros nombres de era como Kakei, Shōchō, Kōei, pero la mayoría se decantó por el de Shōkei que quiere decir «Dicha correcta». Entre quienes se opusieron a adoptar la nueva denominación se distinguió Fujiwara Sanetō. Alegaba que el nombre no era auspicioso y aportaba la razón de la turbulencia de los tiempos, pero prevaleció la opinión de Kin'akira y de Toshizane y la nueva era se llamó Shōkei.

Cuando se vive en paz, no se valoran las desgracias que provoca una guerra; cuando se estudia en una escuela rural lejos de la capital y de los centros de poder, no se entienden los entresijos de la política. El boato de los séquitos imperiales y el cambio de eras indicaban que en la corte nadie parecía preocuparse por los asuntos políticos a pesar de los conflictos que en esos tiempos sacudían los cuatro mares[3].

---

2. Entre los años 1311 y 1317, bajo el reinado del emperador Hanazono, el antecesor de Godaigo.
3. Por debajo del valor aparentemente anecdótico de un nombre de era, el asunto revestía una grave trascendencia pues significaba que, por primera vez en la historia del país, convivirían dos cortes imperiales, cada uno con una distinta sucesión de eras y dis-

La inquietud del pueblo aumentó cuando en el décimo mes de ese mismo año —el segundo de Genkō o el primero de Shōkei— se supo que el nuevo emperador Kōgon iba a celebrar las ceremonias de las abluciones y de la ofrenda de la cosechas. Mientras que la agitación dominaba entre la gente, los ministros y los altos cortesanos se preparaban para ataviarse llamativamente con sus mejores galas. Como ministro de Asuntos del Interior designaron a Nakanoin Michiaki el cual expresó solemnemente su agradecimiento al emperador en una alocución el día 22 de ese mismo mes. Igualmente destacó la indumentaria ceremonial que llevaban el hijo de este último, Nakanoin Michiyuki, Imadegawa Sanemasa, así como los ocho cortesanos de rangos más altos, los ocho de rangos menores y otros seis altos funcionarios de palacio.

La Fiesta de las Abluciones, que servía para purificar ritualmente al nuevo soberano, tuvo lugar el 25 del décimo mes. Ese día llovió por la mañana, pero el cielo se despejó por la tarde. Las fiestas siguieron varios días y el 11 del mes siguiente aún continuaban las músicas y bailes. Sobresalió la danza ejecutada ante el emperador por Yoshida Sadafusa, Saoinji Kinmune, Hino Sukena y Bojō Tashizane. El maestro de ceremonias fue Fujiwara Akifuji.

En cuanto a la festividad de la Ofrenda de la Nueva Cosecha de arroz a los dioses, iba a celebrarse el 13 del undécimo mes. En los últimos dos o tres años había tantos samuráis por caminos y rutas, y la situación era tan confusa, que muchos campesinos se olvidaron de labrar sus tierras. Algunos cortesanos se quejaban de que en unas circunstancias políticas de tal inestabilidad tuviera que celebrarse dicha celebración con tanta solemnidad, pero como predominó la voluntad de que tuviera lugar a pesar de todos los inconvenientes, se iniciaron los preparativos para la festividad. El encargado de organizarla fue Taira Chikana, jefe de la Secretaría Imperial y de las Caballerizas Imperiales. En la madrugada, el nuevo soberano, guiado por un ministro y un cortesano de alto rango, fue a rendir culto al santuario situado en el mismo palacio imperial. Pero antes, pasó por un baño ritual. Moraki, otro de los funcionarios de la secretaría imperial que acompañaba al emperador, estuvo con él mientras rezaba en el santuario. Acabado el servicio religioso, se repitió el baño ritual. El ceremonial exigía que el emperador entregase a Moriaki el par de kimonos usados durante el baño, pero en esta ocasión solo le entregó uno reservándose el otro. Fue una decisión sin precedentes desde los tiempos de la era Jōgan [859]. En palacio se comentaba con asombro la extraña iniciativa tomada por el joven soberano.

La tradición requería también que en el interior del santuario de palacio se levantasen dos capillas hechas de troncos rústicos y sin barnizar. La

tintos soberanos. Sería el periodo Nanbokuchō o de las «Cortes del Norte y del Sur» que duraría de 1332 a 1390. Véase introducción, pp. 18-19.

costumbre se remontaba a los tiempos del reinado del emperador Tenji [668-671] el cual ordenó que se construyera en secreto un palacio de troncos rústicos en su lugar de residencia, que por aquellos tiempos estaba en Asakura, región de Chikuzen. La gente empezó a llamar a ese lugar «El palacio de los troncos». Ese fue el precedente de que todos los años se construyeran dos capillas con troncos sin descortezar como parte de las celebraciones de la ofrenda agrícola. Era necesario para ello la tala de varios árboles del monte Watsuka y su transporte al palacio. Sin embargo, en los últimos tiempos el acceso al monte se había vuelto difícil debido a la inseguridad dominante en la zona. Por este motivo y porque la fecha de la festividad estaba muy cerca, solamente una de las capillas, la llamada *suki,* fue levantada con troncos crecidos en el monte Watsuka, siendo la otra, la que denominaban capilla *yuki,* edificada con madera proveniente de los alrededores de Horikawa. Otro motivo pudo ser la falta de diligencia y sinceridad de algunos funcionarios responsables de los preparativos por no haber organizado todo a tiempo. Fue una pena que, a pesar de la buena voluntad del nuevo soberano y de los esfuerzos realizados por otras muchas personas en organizar esta festividad, la negligencia de algunos fuera la causante de que no se pudiera conseguir madera del monte Watsuka. Mucha gente de Kioto no dejaba de lamentarlo.

En la sala Seishō del palacio iba a tener lugar un recital de música. Se decidió que fuera Imadegawa Kanesue, antiguo ministro de la Derecha, el encargado de tocar el *biwa.* Sin embargo, como no había precedentes de que interviniera alguien con un cargo anterior, este cortesano solicitó que se le nombrase ministro de Justicia. Indecisos sobre qué hacer al respecto, se despachó un mensajero a Kamakura para preguntar la opinión de las autoridades militares. Como la fecha del recital se acercaba y no llegaba la respuesta, el emperador Kōgon tomó la iniciativa de nombrar a Imadegawa ministro de Justicia. Acabado el concierto y ya de noche, el nuevo ministro agradeció a su majestad el nombramiento. Tanto la presencia del emperador como los bailes que acompañaron el concierto revistieron una brillantez inolvidable. Vestidos con toda magnificencia, formaban parte del séquito imperial los cortesanos Sanjō Sanetada, Tokudaiji Kinkiyo, Sanjō Kin'akira, Saionji Kinshige y otros trece nobles del linaje de los Fujiwara y de otras familias de viejo abolengo. Asistieron a la fiesta nobles de alto rango, en total una treintena, entre los cuales destacaba Hamuro Yorinori, y altas jerarquías de los ministerios de Justicia y de Administración Civil, así como del cuerpo de la policía de Kioto.

Eran las doce de la noche cuando el emperador y su séquito partieron de la mansión de Imadegawa Kanesue al palacio del exemperador Gofushimi. De ahí salieron al santuario del palacio imperial. Después de que llegara al palacio también el nuevo ministro de Justicia, Imadegawa, empezó la actuación musical y el baile. Ōinomikado Fuyunobu tocó el *koto* y Toin Sanemori, tras cantar un poco, se puso a tocar el *shakubōshi*[4]. Después de Sanemori, fue Chūgomon Munekane quien cantó y tocó también el *shakubōshi*. Durante el concierto, tuvo lugar una extraña desgracia: en el jardín del ala sur del palacio mataron al hijo de uno de los guardias encargado de vigilar el altar portátil sintoísta.

Fue por entonces cuando Koga Nagamichi dejó vacante el cargo de ministro de la Derecha, siendo muchos, entre ellos el general de la Izquierda Ichijō Tsunemichi y el general de la Derecha Kyūjō Michinori, los aspirantes al puesto. Este último era recomendado por su abuelo, el excanciller Kyūjō Tadanori. Tiempo atrás, Tadanori había recomendado ya a su nieto para cierto cargo en la corte, pero no tuvo éxito y el puesto se lo dieron a otro. El abuelo lo lamentó profundamente. Ahora, aquejado de achaques por su avanzada edad y sin esperanzas de ver un futuro glorioso en la corte, el viejo excanciller deseaba a toda costa ver a su nieto ascender al cargo de ministro mientras él todavía estaba vivo. Solía comentar: «He dedicado muchos años de mi larga vida al servicio de la casa imperial como canciller y portavoz de la nobleza. Ahora tengo noventa años. He educado a mi joven nieto Michinori con la esperanza de no morir sin verlo ocupar un puesto importante en la corte. Pero si la fortuna nos abandona y no cumplo mi ambición, ¡cuánto voy a lamentarlo! En el más allá seguiré velando por él con el mismo cariño con que una grulla vela por su polluelo en la noche. Me encuentro ya enfermo y obsesionado dando vueltas a la misma idea. La cálida benevolencia del emperador no tiene par y la sabia piedad de nuestro soberano es inagotable. Si su majestad se digna recomendar a mi nieto para la dignidad ministerial, si sale de su augusta mano un edicto que lo nombre ministro y me regala tamaña alegría, juro que no cejaré durante los días que me queden de vida en promover todavía más la necesidad de colaborar con nuestro nuevo soberano y en reformar la autoridad imperial, tan debilitada en estos tiempos que corren. Ninguno de estos empeños serán escollos, además, para la iluminación que espero conseguir antes de morir. Lo que espero de su majestad es mi anhelo más sincero y lo último que deseo antes de cerrar los ojos para siempre. Solo me resta esperar que su majestad proceda según su soberano juicio». Estos comentarios del anciano Tadanori conmovían a toda la corte.

El emperador Kōgon, incapaz de tomar una decisión tan importante por sí mismo, preguntó al gobierno militar. Mientras llegaba la respuesta de Kamakura, la enfermedad del excanciller se agravó. Tadanori había

---

4. El *shakubōshi* es un instrumento de percusión característico de la música cortesana. Consiste en dos tablillas con el canto de una de las cuales se golpea la superficie de la otra. Sirve para marcar el compás y su uso solía ser privativo del director de la orquesta. En cuanto al *koto*, se trata de una especie de cítara horizontal que se toca sobre el suelo o, modernamente, sobre una mesa baja. Sobre instrumentos musicales japoneses, véase <http://web-japan.org/museum/music/music.html>.

comunicado a su majestad su esperanza de no morir sin ver ministro a su nieto. Para tranquilizarlo, Kōgon despachó un emisario imperial al anciano para decirle que, en espera de la confirmación por parte de las autoridades del sogunato y a la vista del mal cariz que tomaba su enfermedad, había nombrado ministro de la Derecha a su nieto Michinori. Incluso, como estaba próxima la fecha de la celebración de la Fiesta de las Ofrendas y el mal del anciano se agravaba de día en día, el emperador firmó la orden del nombramiento. Sin embargo, poco después corrió el rumor de que el sogunato estaba irritado por la incoherencia de las decisiones que se estaban tomando esos días en la corte. Así, ante este rumor y el miedo a la autoridad militar, el emperador revocó el nombramiento. Este ejemplo demuestra lo complicado que al emperador le resultaba tomar cualquier decisión sin contar con Kamakura. El joven emperador se tomó la molestia de explicar al anciano Tadanori que su recomendación personal seguramente sería aprobada por el sogunato muy pronto, pero que debían esperar un poco. Tadanori no entendió bien la explicación y al día siguiente murió. Otros antiguos cancilleres habían fallecido también. Muerto Tadanori, solo quedaba con vida uno: Nijō Morotada. Toda la corte sintió pesar por el fallecimiento de Tadanori a pesar de que era previsible que muriera teniendo una edad tan avanzada. La noche de su fallecimiento tuvo lugar el funeral en el templo Ichion. Durante la ceremonia quisieron hacerse monjes los cortesanos Hamuro Nagataka, Hino Sukena, Saionji Kinmune y Hamuro Yorinori, pero el emperador no les dio permiso. Solo se lo autorizó a Yoshida Takanaga.

Michinori, el nieto del difunto, preguntó al emperador si le parecía bien que se vistiera de luto teniendo en cuenta los lazos estrechos que había mantenido con su abuelo, pero el joven soberano le respondió que no era oportuno. El atuendo oficial para el funeral por un abuelo que había sido excanciller estaba determinado por la tradición. Había precedentes que podían servir de modelo. Por ejemplo, cuando murió Fujiwara Moromichi, su padre Morozane había favorecido mucho a Tadazane, hijo del fallecido. Pues bien, cuando murió Morozane el tercer año de la era Kōwa [1101], a su nieto Tadazane se le permitió el luto oficial. Era un claro precedente. Se puede encontrar otro ejemplo en el caso de Kujō Yoshitsune que murió joven, antes que su padre, Kujō Kanezane, fallecido el primer año de la era Jōgen [1207]. Michiie, hijo de Yoshitsune, estuvo a punto de vestirse de luto oficial en el funeral de su abuelo, pero se decidió que no era lo correcto pues su padre había muerto dos años antes que su abuelo. Además, el año pasado, cuando el emperador nombró general a Michiie, este tuvo que esperar a que acabara el periodo de luto para agradecer oficialmente al emperador el nombramiento. Después, recién muerto su abuelo, fue necesario que esperase otros cuatro años para agradecer cualquier otra merced que pudiera haberle concedido el soberano. Por lo tanto, el ejemplo de Michiie tampoco era válido. Tras ese caso, el emperador dictó unas normas sobre los periodos de luto oficial. Por eso, cuando falleció Michiie, su nieto Tadaie tampoco vistió ropas de duelo. El primer precedente, el de Morozane, parecía un ejemplo más apropiado. En el caso presente de Michinori, los criados del excanciller Tadanori pudieron vestirse de luto porque contaban con la autorización que antes de morir les había dado el mismo excanciller. Tal vez por eso, tampoco era incorrecto que su nieto Michinori se pusiera de luto durante un año. En el segundo precedente, el de Michiie, a pesar de estar de luto los dos años de rigor, se celebró la ceremonia de toma de posesión del cargo de general. A la vista de los dos ejemplos mencionados, hubo cortesanos, puntillosos con el protocolo de palacio, que criticaron a Michinori por guardar el luto.

En cumplimiento de las órdenes recibidas del sogunato de Kamakura, en el sexto mes del segundo año de Genkō [1332], los dos hijos de Gofushimi y, por tanto, hermanos del nuevo emperador Kōgon, fueron promovidos a altos puestos de la jerarquía budista. Uno de ellos, el monje Son'in fue nombrado cabeza visible de la escuela Tendai y superior de dos templos, Enryaku y Nashimoto[5]. La toma de posesión contó con la asistencia de una multitud de bonzos, celebrándose en ellas las correspondientes ceremonias religiosas. Su hermano Hōshu tomó a su cargo el templo Ninna, heredando las enseñanzas de los templos Tō y Hirosawa desde donde se esforzaría en propagar la sabiduría contenida en las enseñanzas de la escuela Shingon[6].

A todos los cortesanos que habían estado al servicio del exemperador Godaigo, fueran inocentes o culpables, los cesaron de sus puestos y despojaron de sus privilegios. Además, unos fueron encarcelados y otros desterrados. Por el contrario, los cortesanos fieles al nuevo emperador se mostraban alegres al ver cumplidas sus ambiciones. Y es que en este mundo flotante de vaivenes y sobresaltos, la tristeza y la alegría van y vienen con tal rapidez y se mezclan tan confusamente, que nos hace dudar si vivimos en el sueño o en la realidad.

Como el gran consejero Madenokōji Nobufusa se había destacado como uno de los nobles más allegados a Godaigo y sus dos hijos, Fujifusa y Suefusa, habían sido desterrados, era lógico pensar que él fuera condenado también al exilio. Sin embargo y para sorpresa de todos, el sogunato ordenó expresamente que Nobufusa siguiera en la corte y sirviera al nuevo emperador. Para suavizar la orden, la corte despachó a Hino

---

5. Nombre popular del templo Kajii Enyui-in, en Yamashiro, filial de Enryaku-ji.
6. Ambas escuelas budistas, Tendai y Shingon, seguían siendo dos de las más ortodoxas en los círculos cortesanos frente al auge de las escuelas Tierra Pura, Nichiren y Zen, cada vez más populares entre las clases plebeyas.

Sukena como mensajero para que trasmitiera la decisión de Kamakura. Al recibir la noticia, el gran consejero se echó a llorar y dijo:

—A pesar de mis escasos merecimientos, el antiguo emperador Godaigo se dignó confiarme importantes responsabilidades en la corte durante mis largos años de servicio. Pero he demostrado ser indigno de tal confianza. La tradición dicta que cuando un soberano sigue mal camino, el súbdito fiel debe aconsejarlo con buenas razones; y si, después de amonestarlo tres veces, el emperador hace oídos sordos, el súbdito debe retirarse con discreción. El vasallo fiel, lejos de adular servilmente a su señor, tiene que guiar a este por el camino del buen gobierno. Ocupar un cargo de confianza y no reprender a un soberano injusto, es ocupar vanamente un puesto. Y no dimitir a pesar de saber que los consejos dados no sirven de nada, es apegarse insensatamente al puesto. Tanto los que ocupan puestos vanamente como los que se apegan insensatamente a ellos, son hombres traidores a su país[7]. Por su proceder imprudente el exemperador Godaigo sufrió los agravios del sogunato. Sin embargo, yo no lo amonesté ni supe hacerle entrar en razón; ni siquiera estuve al corriente de la sublevación. Por todo ello, ¿cómo la sociedad no me va a hallar culpable?

»Mis hijos han sido mandados al exilio y yo tengo más de setenta años. ¿A quién voy a dejar el nombre de mis años de servicio? Tampoco puedo evitar sentir vergüenza por los errores que he cometido a lo largo de esos años. Prefiero hacer como aquellos sabios varones de China, Pai Yi y Shu Chi los cuales se retiraran al monte Shou Ying donde prefirieron morir de hambre antes què padecer la humillación de servir a un nuevo soberano siendo ya ancianos[8].

Sukena se quedó callado. Después contestó:

—Os entiendo perfectamente. Pero ¿no dicen que un buen vasallo no siempre puede elegir a su señor? El súbdito fiel ha de buscar un soberano digno y contribuir con sus consejos al buen gobierno. También en la antigua China, tenemos el ejemplo de Po Li Hsi que sirvió al duque Mu de la dinastía Chin a quien ayudó a mantener el gobierno muchos años; también Kuan I Wu asistió al duque Huan de la dinastía Chi contribuyendo a que nueve veces los señores del reino le jurasen fidelidad y le pagaran tributos. Anteriormente el duque Huan había perdonado a Kaun I Wu por haberle disparado una flecha que le acertó en la hebilla de su cinturón. En cuanto a Po Li Hsi, dicen que la sociedad hizo caso omiso del hecho vergonzoso de que este hombre hubiera sido esclavo y vendido por cinco pieles de oveja[9].

---

7. Estas frases están tomadas de un famoso comentario sobre el clásico confuciano *Tratado de la piedad filial*.
8. Estos dos hermanos, en el siglo XII a.e., optaron por la muerte voluntaria antes de jurar obediencia a la nueva dinastía.
9. Hechos acaecidos en el siglo VII a.e.

»Debéis pensar que si el sogunato os pide vuestra colaboración en el nuevo gobierno imperial, probablemente absuelva el yerro de vuestros dos hijos. Bien mirado, ¿de qué sirvió la muerte por hambre de los dos sabios que habéis mencionado, Pai Yi y Shu Chi? Está igualmente el ejemplo de aquellos dos sabios chinos, Chao Fu y Hsu Yu que, por haberse retirado del mundo, perdieron la ocasión de trabajar por la gloria de su soberano[10]. Si no, decidme: ¿qué tiene más mérito, aislarse del mundo cubriendo con las tinieblas el nombre de la familia y de sus descendientes, o hacer brillar de gloria a estos sirviendo al soberano en la corte? El mismo Confucio no aprobaba la conducta de aquellos que se recluían en las montañas para hacerse amigos de aves y fieras.

Con estas y parecidas razones Sukena trataba de convencer al gran consejero para que volviera a la corte, pero Nobofusa contestó con la expresión grave:

—Fue Tsao Tzu Chien quien escribió: «Quien acaba su vida cometiendo un error no ha tenido en cuenta aquellas palabras sabias: 'Corrige por la noche el yerro que cometes por el día'. Quien vive con la deshonra tampoco sigue el consejo del poeta que dijo: 'No tiene vergüenza quien convive con ella'».

A pesar de todos estos reparos, Nobufusa era un hombre sabio y finalmente accedió a servir al nuevo emperador. ¡Cómo admiró la gente tanto la sabiduría de Nobofusa como la discreción de Hino Sukena! ¡Qué dos súbditos tan intachables!

Capítulo 2. SUCESOS PRODIGIOSOS

Poco después del cambio de nombre de era, se sucedieron episodios muy extraños en la capital y en las provincias del Imperio. Para empezar, a partir del día 19 del quinto mes del segundo año de Genkō [1332], una de las estatuas de Buda que había en el templo Seiryō comenzó a emitir un extraño fulgor en el entrecejo que duró treinta días. Entre el público que acudía al templo para observar el prodigio pensando que se trataba de un buen augurio, había un anciano bien leído y con buena memoria que comentó lo siguiente: «Según antiguas crónicas, la misma luz en el entrecejo de esta estatua ya se vio en dos momentos: cuando predijo la batalla de

---

10. Se refiere a un suceso, frecuentemente citado en la literatura medieval japonesa, según el cual Hsu Yu, un ermitaño en el reinado del mítico emperador Yao, se lavó las orejas tras haber escuchado su nombramiento de ministro transmitido por el emisario del emperador. En cuanto a Chao Fu, reaccionó de forma aún más extrema cuando evitó que su buey bebiera del agua del río en el cual se había lavado las orejas Hsu Yu. Véase *Historia de los hermanos Soga* (cit., p. 187) y Ichien Muju, *Colección de arenas y piedras*, cit., p. 215, en donde se narran versiones ligeramente distintas de esta famosa historia.

Hōgen [1156] y la de Heiji [1160]. Ocurrió también en el quinto mes. No cabe duda de que, al igual que en aquellas dos ocasiones, esta luz es el presagio de alguna batalla que va a sumir al país en la confusión. También cuando el exemperador Gouda falleció[11], la imagen centelleó entre las cejas de Buda. Por lo tanto, no estamos ante un buen presagio».

Posteriormente tuvieron lugar otros hechos extraordinarios en las proximidades del santuario Hiyoshi. En una ocasión, por ejemplo, cuando los fieles que acudían a rezar trataban de dar de comer a los monos sagrados que habitaban frente a la imagen de la divinidad, vieron cómo unos milanos se precipitaron súbitamente desde el cielo arrebatando la comida a los monos. Nadie había visto algo parecido en la historia del santuario. En otra ocasión, una gran cantidad de hormigas obstruyó uno de los pasillos que daban acceso al sagrado lugar. Otra vez, un jabalí embistió a un mono que murió por el impacto. La misma noche de este accidente, una extraña luz saltó desde otro de los santuarios próximos mientras el de Hiyoshi no dejaba de resplandecer. En medio de los rumores de la gente admirada por este prodigio, el santuario empezó a temblar y a producir un estruendo formidable. Los monjes de las cercanías, convencidos de que se trataba de una señal del Cielo, se congregaron y celebraron mañana y tarde hasta ocho sesiones de recitaciones de mantras, de fórmulas religiosas y de versos del *Sutra del loto*.

La serie de maravillas no acabó ahí, pues en Enryaku-ji una pareja de tórtolas entró volando en la sala principal del templo y, después de dar una vuelta, cayó en el recipiente de aceite de la lámpara que iluminaba la estancia, dejando todo a oscuras. De repente, apareció una comadreja de color rojo, probablemente escondida detrás de unos de los pilares, que devoró a las dos aves. Fue un accidente siniestro. Años atrás, Godaigo, emperador entonces, había mandado reunir ciento treinta pabilos, verter aceite en la lámpara y encenderla como ofrenda por la prosperidad de la familia imperial y la guía de todas las criaturas perdidas por las seis sendas del budismo[12], de manera que iluminara a todas como si de un faro se tratase. Era fiel así a la tradición marcada por el emperador Kanmu[13]. La lámpara debía permanecer encendida a todas horas. Al ver con ojos espantados cómo la apagaba la pareja de tórtolas, las cuales inmediatamente después eran despedazadas por la comadreja, la gente, incluyendo personas doctas, estaba convencida de que se avecinaba alguna calamidad devastadora.

11. Su muerte se produjo en 1324. Padre de Godaigo y soberano 91 de la dinastía imperial, reinó entre 1267 y 1287.
12. Las seis sendas, caminos o reinos (*rokudō*) son los del infierno, de las entidades hambrientas, de los animales, de los demonios, de los seres humanos y de los seres celestiales. «Senda» significa aquí el camino que sigue la vida de un ser no iluminado en el proceso de transmigración.
13. Reinó en el periodo 781-806.

186

Capítulo 3. LA AFICIÓN DEL REGENTE POR LA MÚSICA
Y LAS PELEAS DE PERROS

Fue por entonces cuando se extendió por la capital la moda de la llamada «música del arrozal»[14]. La gente estaba entusiasmada con esta danza y no dejaba de alabarla. La moda se propagó por los pueblos y aldeas de todas las provincias, llegando también a Kamakura. Allí el regente y monje laico, Hōjō Takatoki, cabeza visible del sogunato, se aficionó tanto a esta música que invitó a la compañías de teatro Shinza y Honza para que la interpretaran a diario. Estaba tan encantado con sus actuaciones que decidió enviar varios maestros músicos a los samuráis más principales de su clan, los Hōjō, y a algunos gobernadores para que fueran sus patrones y contribuyeran a embellecer con oro, plata y pedrerías los atuendos de los artistas. Estos aparecían con vestidos tan llamativos que la gente los reconocía de inmediato y los denominaba «maestros bailarines» de tal y cual Hōjō o de tal y cual gobernador militar. Hubo una ocasión en que estos maestros de la «música del arrozal» cantaron en un banquete con tal arte que, llevados por el entusiasmo, Takatoki y otros allegados suyos, entre ellos, algunos gobernadores, se despojaron de sus ropas, como el chaquetón y la *hakama*, para entregárselas a los artistas a modo de aplauso y recompensa. Si alguien se hubiera entretenido en recoger todas las prendas, seguro que habría formado una montaña. Nadie puede calcular la cantidad enorme de dinero y bienes que regalaban a estos artistas.

Una noche, el regente bebió mucho y, completamente ebrio, se puso a bailar. Su danza, sin embargo, no era ni artística ni divertida, por lo que no sirvió para animar el banquete en el que participaban sobre todo jóvenes. Mientras bailaba largo rato, los maestros de las compañías Shinza y Honza animaban al regente a que no dejara de bailar, a pesar de que su actuación carecía por completo de interés. Finalmente, los mismos maestros se pusieron a cantar y cambiaron el ritmo. Dijeron después: «¡Vamos, que queremos ver un cometa encima del templo Tennō!». Fue entonces cuando una criada de la mansión, atraída por los gritos de los músicos, se asomó por la rendija de la puerta. Vio entonces que dentro no había músicos, sino espectros y monstruos de toda clase. Unos tenían picos curvos como búhos; otros, alas; otros, parecían *yamabushi* o ermitaños de esos que vuelan por los aires. Asustada, mandó inmediatamente un recado a Adachi Tokiaki[15], que vivía en otra mansión, informándole

---

14. En el original, *dengaku*. Provenía de antiguos ritos relacionados con la agricultura y la plantación de arroz que se celebraban en santuarios sintoístas. Con el tiempo esta música bailada la interpretaban los habitantes de la ciudad, especialmente los de las clases altas, que recibían el nombre de *dangaku hōshi* y se rapaban la cabeza como si fueran monjes. Se dice que es uno de los antecedentes directos del teatro *noh*.

15. Era el abuelo materno del regente.

de lo que pasaba. Con la katana en la mano y haciendo mucho ruido al caminar, el viejo samurái entró en la mansión del regente. Los monstruos, al oír las pisadas, desaparecieron. Adachi tomó un farol y miró dentro. En la estancia donde había tenido lugar la fiesta, solo estaba el regente durmiendo plácidamente su borrachera. Sin embargo, en el suelo sucio de los tatamis se podían observar manchas y muchas huellas como si un tropel de animales hubiera estado allí. Tokaiki se quedó mirando alrededor con intensa concentración, pero no vio nada más. Cuando el regente se despertó, el regente dijo no recordar absolutamente nada.

Al conocer el incidente, un estudioso confuciano de la familia Fujiwara y de nombre Nakanori, empleado en la administración de justicia, comentó: «¡Que suceso tan lamentable! Dice la tradición que cuando en la nación reina el desorden, una estrella de nombre Yūrei desciende de los cielos para causar calamidades al género humano. Esto es especialmente si el primer lugar donde baja es Tennō-ji, el templo desde donde se extendió el budismo en Japón y donde el príncipe Shōtoku escribió su libro de profecías[16]. En sus canciones esas apariciones monstruosas expresaron el deseo de ver un cometa sobre el templo Tennō porque sabían que alguien en el suroeste se iba a alzar contra el sogunato y arruinar el país. ¡Ah, si el emperador hubiera seguido el camino de la virtud y los samuráis practicado una política justa! Entonces, seguro que todos esos monstruos no se habrían atrevido a aparecerse a los humanos». Esto fue lo que dijo Nakanori y en verdad que sus palabras resultaron igualmente proféticas en un mundo cada vez más sumido en el caos.

Ajeno a tales premoniciones y a la decadencia de la nación, al regente Takatoki no le inquietaban en absoluto las apariciones. Antes bien, continuaba comportándose como un necio, creciendo su inclinación a aficiones a cual más raras. Por ejemplo, un día que vio a dos perros luchando y mordiéndose, se quedó encantado y ordenó que le trajeran perros de pelea procedentes de todas las regiones del país. Sus gobernadores recogían perros de los campesinos a modo de tributo y las familias poderosas o importantes se afanaban por reunir todos los perros que podían para complacer al regente. Cada uno de los gobernadores provinciales criaba diez o veinte de estos animales para entrenarlos y enviarlos a Kamakura; lo mismo hicieron los samuráis principales de los Hōjō o de los clanes aliados. Ataban a los perros con traíllas repujadas en oro y plata y los alimentaban con pescados, por lo cual el mantenimiento de tantos animales era muy costoso. Cuando los canes de pelea eran transportados en palanquín, los transeúntes que iban en caballo debían desmontar y postrarse en el suelo para hacerles una reverencia. Las atenciones y cuidados que se

---

16.   Se dice que Shōtoku Taishi (574-622), gran estadista y promotor del budismo en Japón, depositó en el templo Tennō, fundado por él, el *Libro de las profecías*.

dispensaba a estos animales eran disparatados. En las calles de la capital del sogunato, Kamakura, la población perruna alcanzó la cifra de hasta cuatro o cinco mil miembros, todos vestidos espléndidamente, lustrosos y gordos de tan bien que comían. Se asignaron doce días del mes en que había combates caninos a los cuales siempre asistían miembros destacados de la familia Hōjō y sus vasallos que observaban de pie desde dentro de sus casas o sentados en el jardín. Dividieron la enorme jauría en dos bandos de cien o doscientos perros cada uno, a todos los cuales hacían combatir entre sí en peleas espeluznantes que estremecían cielos y tierras con el estruendo ocasionado por los aullidos que daban cuando saltaban y se lanzaban unos contra otros, revolcándose en el suelo y mordiéndose ferozmente La gente frívola al verlos comentaba:

—¡Mirad, qué divertido! Es igual que una batalla entre hombres.

Otros, más comedidos, lamentaban lo que veían con estas palabras:

—¡Qué espectáculo tan cruel! Es como si se lanzaran a devorar cadáveres humanos esparcidos en un campo de batalla.

Aunque los combatientes eran perros y no hombres, cuando se compara lo que uno ve y oye al presenciar esas peleas, era imposible no pensar que se trataba del preludio de batallas y guerras y, por lo tanto, de matanzas de seres humanos. Un preludio verdaderamente siniestro.

Capítulo 4. LA REVELACIÓN DE LA DIOSA BENZAITEN

La sociedad iba a la deriva. Hacía mucho que el linaje guerrero de los Hōjō gobernaba el país. La ley de la naturaleza dicta que, igual que la luna llena siempre mengua, lo que es grande siempre disminuye. En términos de la sociedad humana, se podía decir que la fuerza del poderoso se arruina en una o dos generaciones. El regente Takatoki, sin embargo, era el noveno de la generación de los Hōjō que sostenía en sus manos las riendas del poder. El primero había sido su antepasado Tokimasa[17]. Cómo este hombre se hizo con el poder nos lo cuenta la siguiente historia.

Un día Tokimasa fue en peregrinación al santuario de Enoshima, cercano de Kamakura, donde se recluyó veinte días para orar por la prosperidad de sus descendientes. El día siguiente, el vigesimoprimero

17. En efecto, con Hōjō Tokimasa (1138-1215), primer regente (*shikken*) del sogunato de Kamakura, se inició la prosperidad del clan. Su hija Masako se casó con el vencedor de las guerras Genpei, Minamoto Yoritomo. A la muerte de este y como regente del sogún, eliminó el poder de otros clanes rivales para convertirse de facto en el líder del sogunato. En realidad, Takatoki (1303-1333), el protagonista del capítulo anterior y antihéroe de la obra, fue el regente decimocuarto del sogunato de Kamakura. Sus aficiones, descritas en el capítulo precedente, y conducta disipada eran instigadas por el privado Nagasaki Takasuke. Al parecer, el poder real lo ejercía su abuelo materno Adachi Tokiaki, aparecido en el mismo capítulo.

de su estancia en el santuario, se le apareció una bella mujer vestida de *hakama* de color rojo sobre un kimono verde claro, como el de un sauce, que le dijo: «El fervor de tus plegarias ha llamado la atención de la divinidad. Pero de nada te habría servido si en una vida anterior no hubieras sido un virtuoso monje que se dedicaba a transcribir el *Sutra del loto* en copias donadas a templos y santuarios, y repartidas por todo el país. Gracias a aquella buena acción pudiste nacer en este mundo como ser humano. Solo por eso tu linaje florecerá como verdadero amo y señor del Imperio durante muchos años. Pero si uno de tus descendientes se apartara de la vía del Cielo, la suerte de tu estirpe no durará más de siete generaciones. En el caso de que dudes de mis palabras, no tienes más que dirigirte a los templos y santuarios donde se custodian las copias de dicho sutra».

Cuando esta extraña aparición se alejaba y Tokimasa se quedó mirando su espalda, de repente observó que la mujer se convertía en una serpiente de unos veinte *jō* [setenta metros] de larga que se sumergía en el mar que rodea Enoshima. Pero habían quedado tres escamas en el lugar en donde le había hablado. El asombrado Tokimasa las recogió y las puso en el estandarte de su clan. Por esta razón destacan tres escamas triangulares en el blasón de los Hōjō.

Fiel a las palabras proféticas de la mujer, que no era otra que una manifestación de la diosa Benzaiten[18], patrona de Enoshima, Tokimasa, decidido a comprobar la veracidad de la aparición, despachó a sus hombres a templos y santuarios de las diferentes provincias de Japón en busca de copias del *Sutra del loto*. Descubrieron que en los cilindros votivos donde se guardaba la sagrada escritura aparecía escrito «El monte Jisei, gran maestro de la enseñanza budista»[19]. ¡Qué admirable portento!

Ahora un descendiente de Tokimasa, el regente y monje laico Takatoki, conservaba el poder después de ocho generaciones. Y todo porque la diosa Benzaiten había favorecido al linaje de los Hōjō y porque los dioses y budas habían premiado las buenas acciones de Tokimasa. Todos los descendientes de este samurái habían sido varones de mucha disciplina, discretos en su política, respetuosos con la tradición y atentos a gobernar con justicia sin nunca buscar el beneficio personal. Por eso el linaje había florecido generación tras generación. Pero Takatoki, lejos de seguir el ejemplo de sus antecesores, defraudó las esperanzas del pueblo y, para

18.   También conocida como Benten, es la diosa de la elocuencia, una de las siete divinidades benefactoras del budismo japonés. Se le atribuyen los dones de la música, riqueza, sabiduría, además de la elocuencia. La iconografía budista la suele representar con ocho brazos en los que sostiene arco, flechas, una espada, hacha y otras armas, aparte de un laúd o *biwa*. Es la protectora de la isla de Enoshima, muy próxima a Kamakura.
19.   «Jisei» es la lectura china de los dos sinogramas del nombre japonés «Tokimasa» 時政.

colmo de su insensatez, no respetó al emperador. Todo el mundo se burlaba del regente Takatoki a quien tomaban por necio, pensando que el fin de los Hōjō era inminente.

Capítulo 5. EL PRÍNCIPE FUGITIVO

El príncipe imperial Moriyoshi, tercer hijo de Godaigo, tan pronto como tuvo conocimiento de la caída de la fortaleza de Kasagi, huyó de Ishiyama y se refugió en Hanna-ji, un templo de Nara. Circulaba el rumor de que su padre había sido vencido en Kasagi, y luego detenido y exiliado a una isla remota. Si la noticia era cierta, pensaba el príncipe, corría grave peligro de quedarse solo y sin ningún apoyo.

Cuando Nashihara Kōson, supervisor militar del templo Ichijōin, parte del monasterio Kōfuku-ji, se enteró de que el príncipe estaba escondido en Hanna-ji, se presentó de madrugada en este templo con quinientos soldados dispuesto a hacerlo prisionero. Al verse sin escapatoria posible y dispuesto a suicidarse antes que ser detenido, el príncipe se despojó del kimono que llevaba. Pero cambió de idea tras reflexionar. «Será mejor esconderse», se dijo. «Ya tendré tiempo de quitarme la vida si mi fuga fracasa». Echó a correr hacia la sala principal del templo donde halló tres grandes arcones empleados para guardar los rollos del *Sutra de la gran sabiduría*. Probablemente alguien acababa de recitar esta sagrada escritura porque, aunque dos arcones estaban cerrados, el tercero se encontraba abierto y solo hasta la mitad ocupado por los rollos. Sin pensárselo dos veces, el príncipe se metió en este arcón medio lleno y se tapó con los rollos. En previsión de que fuera descubierto, desenvainó la katana y la colocó sobre su vientre. Imaginaba, con el corazón latiéndole fuertemente, que si revolvían los sutras y lo descubrían, en el momento en que dijeran «aquí está el príncipe», tendría tiempo de quitarse la vida. No tardó en oír pasos. Eran los soldados que recorrían la sala principal y buscaban por todas partes, desde el altar hasta el techo. Después de no encontrar nada, uno dijo:

—A ver qué hay en estos cajones...

Abrieron los dos arcones cerrados y revolvieron dentro sacando todos los rollos. Pero no registraron el arcón abierto, pensando sin duda que no era necesario. Finalmente abandonaron la sala. Moriyoshi, inmóvil bajo los sutras, creía estar soñando: se había salvado milagrosamente. Pero, receloso de que regresaran para registrar el arcón abierto, salió de este y se metió en uno de los que acababan de ser registrados. Efectivamente, no tardó en oír nuevamente pasos apresurados:

—Nos faltó buscar en el cajón abierto. Mirad bien —oyó que decía alguien.

Los soldados sacaron todos los rollos de sutras que había en el arcón y, como no hallaron más que sagradas escrituras, dijeron:

—Por mucho que hemos buscado, aquí no hay más que rollos y rollos del *Sutra de la gran sabiduría*. —Soltando una sonora carcajada, exclamaron:— ¡Vaya, en lugar del príncipe de la Gran Pagoda, hemos encontrado al traductor del Gran Tang[20]!

Salieron de la sala y se alejaron del templo. El príncipe estaba seguro de que todo era un sueño. Pensaba firmemente que había sido salvado por la diosa Marishi ten y los Dieciséis Dioses Maravillosos[21]. Profundamente emocionado, no dejaba de llorar y de ensalzar el poder milagroso de los sutras. Su fe en el budismo salió robustecida tras este milagroso incidente.

El príncipe estaba convencido de que no podía quedarse en Nara más tiempo. Debía escapar del templo y huir en dirección a Kumano. Su séquito lo formaban los siguientes hombres de confianza: Akamatsu Sokuyū, Kōrinbō Genson, Kidera Sagami, Okamoto Mikawabō, Musashibō, Murakami Hikoshirō Yoshiteru, Kataoka Hachirō, Yata Hikoshichi y Hiraga Saburō, además de un hijo de Murakami llamado Yoshitaka y del hermano pequeño de Yata llamado Magozaburō. En total, once personas. Todos ellos se vistieron con ropas de color naranja, como si fueran ermitaños, con un tocado debajo del sombrero que les ocultaba casi los ojos y se echaron a la espalda una caja en donde transportaban enseres de viaje. Andaban en fila con los de más edad del grupo delante, igual que hacen los ermitaños de las zonas rurales cuando caminan de peregrinación a los tres santuarios de Kumano[22].

El príncipe Moriyoshi, habituado a no poner el pie fuera de lujosos carromatos y perfumados palanquines, había crecido en palacio y no tenía experiencia alguna en acometer un largo viaje a pie. «¡Ay! ¿Sería capaz su alteza de soportar las inclemencias de un viaje tan duro y de llegar sano y salvo hasta Kumano?», se preguntaban acongojados todos sus acompañan-

---

20. Juego de palabras entre ōtō o «gran pagoda», en alusión a uno de los títulos del príncipe, y ōtō o «gran Tang», en referencia a la dinastía durante la cual el sabio Hsuan Tsang (602-664) tradujo el voluminoso *Sutra de la gran sabiduría*.
21. Se cree que Marishi o Marishiten, deidad de origen hindú como muchas del panteón budista, protege a quienes recitan los sutras haciéndolos invisibles. Los Dieciséis Dioses Maravillosos amparan a quien pone su fe en el *Sutra de la gran sabiduría* o *Daihannya-kyō* [Sutra de la gran perfección de la sabiduría] que consta de seiscientos rollos.
22. En el original *Kumano Sansha*, el nombre colectivo de tres santuarios localizados en la comarca de Kumano, actual provincia de Wakayama. Esta región montañosa, morada de dioses conforme a la creencia popular, ha sido desde tiempos inmemoriales el principal centro de peregrinación del país. Los dioses venerados en sus santuarios se consideran manifestaciones locales (*gongen*) del buda Amida. Asimismo Kumano fue y sigue siendo un lugar favorito del ascetismo *shugendō* frecuentado por monjes itinerantes (*hijiri*) y ermitaños (*yamabushi*).

tes. Para su sorpresa, sin embargo, el príncipe no mostró señal alguna de fatiga, ni se quejó del rústico atavío que llevaba ni de las incomodidades del camino a pesar de tener que alojarse en miserables cabañas de ermitaños y de poner los pies en rústicos santuarios. Tal vez por eso a nadie le resultó sospechoso este grupo, de modo que ni la identidad del príncipe fugitivo ni la de sus acompañantes fueron descubiertas por otros ermitaños o viajeros con quienes se cruzaron durante el viaje. Cuando pasaron por Shinoda tras dejar atrás Ōgi, se levantó un fuerte viento que iba al bosque. Al llegar a Onasaka y reparar en las hojas secas que colgaban de los árboles, Moriyoshi sintió en su corazón la punzada de la llegada del otoño. La emoción lo embargó al divisar las barcas flotando en el mar del puerto de Yura. Después de pasar por Shiranami, Fukiage y Tamatushima, el grupo rindió culto a las divinidades del santuario de Nichizen Kokugen. Reanudaron el camino y llegaron a la región de Kino donde vieron los lirios en las playas de Shiya y Waka. Finalmente, cuando caía el crepúsculo, hicieron su entrada en el santuario Kirime no ōji.

Esa noche el príncipe Moriyoshi, todavía con las mangas de su hábito de ermitaño mojadas por el rocío, rezaba devotamente en el interior del santuario: «Aquí me hallo, postrado humildemente a los pies de las tres manifestaciones búdicas de los dioses del sagrado lugar de Kumano, Hongū, Hatayama y Nachi, que con su infinita compasión guían a los seres vivos por la Vía del Dharma[23]. El segundo, el dios Hatayama, como un médico prodigioso, les entregó el elixir de la eterna juventud para que se curaran y se salvaran del océano de las dudas. Así pudo eliminar de sus corazones los malos deseos, sin necesidad de que tuvieran que partir en busca de la isla fabulosa de Horai donde dicen que moran los seres iluminados del taoísmo. Por su parte, la deidad Nachi, manifestada en el mundo inmaterial bajo la forma del *bodisatva* Kannon, invocó fervorosamente el sagrado nombre de Buda logrando eliminar los cuatro sufrimientos ineludibles del ser humano —nacimiento, envejecimiento, enfermedad y muerte—, y escuchó las plegarias de todos los seres vivos que se dirigían a él, aunque fuera mentalmente y en un instante. Cuando se recita el *Sutra del loto*, se hace penitencia y se muestra arrepentimiento, los *bodisatvas* se manifiestan; y cuando se juntan las manos para rezar, se extingue el fuego de los malos deseos que impiden el camino a la iluminación.

—No voy a quemar una varita de incienso ante los dioses ni a purificarme, pero sí que deseo rezar con devoción. Y no por mí, sino por mi pueblo. Los fundadores de los santuarios donde veneramos a estas dos deidades, Hatayama y Nachi, fueron nuestros dioses progenitores, Izana-

---

23. Dharma o Ley se usa, por antonomasia, para referirse a la enseñanza budista. Las tres divinidades veneradas en Kumano son Hongū Taisha (Susanō no Mikoto) que está en Hongū, Hatayama Taisha en Shingū y Nachi Taisha (Fusumi) en Nachi Katsu-ura.

mi e Izanagi[24]. En estos momentos, su descendiente, nuestro augusto padre el emperador Godaigo, se encuentra preso y en una situación desesperada. Es como si el sol de la mañana de repente se hubiera eclipsado tras un mar de nubes flotantes. Rezo por que su majestad vuelva al trono imperial y se restablezca la paz en el mundo. ¡Cuánto me apenan las tinieblas en que estamos sumidos sin gozar de la luz del sol! Los dioses y los budas nos observan... ¿Es que su mirada compasiva no sirve para nada? Pero estoy seguro de la infinita bondad y sinceridad de nuestros dioses, por lo que nuestro emperador Godaigo recuperará su antiguo poder y esplendor. ¡Que así sea!

Tal fue la plegaria del príncipe. Oró toda la noche con mucho fervor, hincando codos y rodillas en el suelo, con las manos juntas y la cabeza postrada en tierra. Ante la fuerza de su oración, cualquiera diría que el cielo iba a quebrarse de emoción. Fatigado por la pasión de su plegaria, finalmente cayó dormido exhausto con la cabeza sobre las rodillas como si fueran almohadas. Soñó con un niño que llevaba el pelo recogido a ambos lados de la cabeza y que le decía: «En los santuarios de Kumano Hongū, Kumano Hatayama y Kumano Nachi adonde te diriges hay creyentes cuyos corazones permanecen turbados. Será, por lo tanto, difícil que en tal estado puedan combatir la iniquidad de los militares. Ve a la comarca de Totsugawa y espera una ocasión favorable. Las divinidades de Kumano se han conmovido con tus oraciones y me envían para que sea tu guía».

Cuando se despertó, el príncipe estaba seguro de que acababa de oír un oráculo de los dioses. Alborozado, ofrendó a los dioses una varita de incienso antes de que clareara la mañana, despertó a su séquito y se puso en camino a través de un terreno montañoso en dirección a Totsugawa. El viaje fue largo: treinta *ri* [unos ciento veinte kilómetros] escasamente poblados. Tan solo se oía el canto de las aves desde el fondo de valles y quebradas. Aunque no llovía, las hojas de la frondosa vegetación rezumaban humedad por el rocío, por lo cual la ropa de los viajeros siempre estaba mojada. Cuando el fugitivo príncipe pasaba entre los escarpados montes y levantaba la cabeza para mirar arriba, parecía que el desfiladero por donde caminaba hubiera sido perfectamente tajado por un sable gigantesco. Pero si miraba abajo, sentía vértigo al ver la profunda sima de unos mil *shaku* [unos trescientos metros] en el fondo de la cual se distinguían los tonos añil y verdosos de arroyos y malezas.

El príncipe fugitivo y su séquito, después de dejar atrás el monte Tepori, ascendieron a la cima del Ōmine, una montaña especialmente importante en las enseñanzas esotéricas de los ermitaños. El monte

---

24. Los creadores del archipiélago japonés según la mitología japonesa.

Ōmine es, en efecto, un lugar sagrado para el credo budista y sintoísta. En su cumbre se manifestó el dios Kongō Doji y los ermitaños colocan en ella tablillas con inscripciones de la hora del día. Cuando los budas del pasado, presente y futuro se manifiestan sucesivamente en este mundo para trasmitir la enseñanza, sus acciones quedan registradas como la «rueda del Dharma». Se dice que cuando cualquier ser humano, sabio o ignorante, pecador o virtuoso, asciende al monte Ōmine, los tres venenos y los diez vicios se le tornan en las cuatro virtudes del budismo, y los cinco pecados capitales más las cuatro ofensas se permutan en prácticas beneficiosas para alcanzar la iluminación[25]. Así pues, quien sube a lo alto del monte se convierte en buda sin necesidad de renacer. Los hombres, en su supina ignorancia, creen que este monte no es más que un accidente físico. Aunque la vida religiosa budista y la vida mundana sean distintas, la mente impura del ser humano se vuelve pura y el ser extraviado halla su camino hasta alcanzar la iluminación. Tal es el prodigio que opera la fe en el budismo. Por eso, el ser humano se empapa del Dharma sin renacer y puede acceder al sitial excelso donde permanece inmóvil Vairochana[26]. Cuando un ermitaño realiza en este monte prácticas ascéticas, puede nacer y morir varias veces sin pasar por los tres mundos[27]. A pesar de no ser ermitaños, Moriyoshi y su compañía habían tomado la repentina decisión de subir al monte Ōmine. En medio de la infamia de verse perseguido, el príncipe caminaba consolado sabiendo que su decisión estaba determinada por sus acciones del pasado, del presente y del futuro.

Siguieron avanzando. El príncipe estaba atento al suelo agreste del camino y, sin decir palabra, de vez en cuando miraba con melancolía las nubes de la tarde. La luna arriba y la senda abajo, a sus pies, veladas por la niebla día y noche, se mostraban difusas. Eran caminos solitarios por los que no transitaba nadie. Por la mañana, cuando el sendero se hacía escarpado, los falsos ermitaños tenían que agarrarse a las ramas de bejuco para poder subir. Por la noche, se acostaban sobre el musgo con el rostro al viento, a veces impetuoso; y de madrugada se despertaban con

---

25. Los tres venenos (*sandoku*) son la ira, la codicia y la ignorancia. Los diez vicios (*jūaku*) son matar, robar, fornicar, mentir, halagar, difamar, engañar, codiciar, encolerizarse y perseverar en el error. Las cuatro virtudes (*shitoku*) o las cuatro cualidades nobles de la vida búdica son la eternidad, la felicidad, la sinceridad y la pureza. Los cinco pecados capitales (*gogyaku*) son los siguientes: matar al padre, matar a la madre, matar a un santo, dañar a un buda y causar discordia en la comunidad budista. Finalmente, las cuatro ofensas (*shijūzai*) son matar, robar, fornicar y mentir.

26. Es el buda que aparece en varios sutras, especialmente en el *Sutra de la guirnalda* (*Kegon-kyō*). Se trata de una advocación central en la enseñanza de la escuela Shingon según la cual todo el universo es la manifestación de dicho buda.

27. Es el mundo del deseo, de la forma y de la no forma o de lo invisible. Son los tres mundos (*sangai*) que deben recorrer los seres no iluminados.

195

el murmullo de las aguas del río Sekimondo. Así, lenta y penosamente, el príncipe y su séquito avanzaban hasta que por fin, el día decimotercero de su salida, llegaron a la cuenca del río Totsu.

Capítulo 6. UN ENCUENTRO PROVIDENCIAL

Como el príncipe jamás había realizado tan penoso y prolongado viaje, sus pies sangraban por el roce de las cuerdas de las sandalias de paja. La sangre teñía la tierra y las hierbas del camino. También sus acompañantes, que no estaban hechos de piedra o hierro, se hallaban tan fatigados que cuando llegaron no podían moverse. Solo les quedaban provisiones para un día: insuficientes para recuperarse del esfuerzo. Después de llevar al príncipe Moriyoshi a una ermita con techumbre de paja que había cerca para que descansara un rato, los miembros del séquito se dirigieron a algunas casas diseminadas por allí. Contaron a los lugareños que eran ermitaños en peregrinación a Kumano, pero que se habían perdido y estaban muertos de cansancio. Los vecinos se mostraron compasivos y les dieron algo de comer, como arroz con castañas y cocido de mijo. Llevaron estos alimentos a la ermita donde descansaba el príncipe que comió y pudo reponer fuerzas. Esa noche durmió en aquella rústica ermita.

El día siguiente, Genson, uno del séquito, dudando si podrían llegar a los tres santuarios de Kumano en tal estado, salió a visitar una casa de buen aspecto tapiada de un muro y con una gran puerta de bambú. Parecía la vivienda de alguna persona principal del lugar.

—¿Quién vive aquí? —preguntó a un niño que encontró en la calle.

—Es la casa del honorable Tono Hyōe, un sobrino de su excelencia el monje laico Takehara Hachirō.

«He oído hablar de este Tono. Es un hombre del arco y las flechas. Un samurái con recursos. Probaré suerte», pensó Genson y entró en el patio de la casa. Mientras esperaba, se quedó observando la residencia. De una de las dependencias oyó una voz femenina que decía con el tono lastimero, como si estuviera enferma:

—¡Ay, si ese santo ermitaño pudiera ayudarnos con sus oraciones!

Genson decidió aprovechar la ocasión. Se acercó y dijo:

—En efecto, señora, soy un humilde ermitaño. Vengo de realizar ejercicios ascéticos durante siete días en la cascada de Nachi. Además he estado recluido en el santuario de Nachi otros cien días. Ahora me encuentro de peregrino por los treinta y seis templos del oeste[28]. Busco alojamiento.

---

28. Son los treinta y seis centros religiosos situados en las provincias del oeste y dedicados al *bodisatva* Kannon. Corresponden a otras tantas formas bajo las cuales se representa esta popular advocación budista.

Cuando lo oyó hablar así, una criada que andaba por allí, le dijo:

—¡Oh, qué milagro! Sin duda Su Reverencia ha sido enviada por los dioses. La esposa de mi señor ha caído enferma. Yace en el lecho como si hubiera sido poseída por algún mal espíritu. No sabemos cómo curarla. ¡Ah, si Su Reverencia tuviera la bondad de rezar por ella!

—Naturalmente, buena mujer —repuso Genson—. Pero yo no soy más que un humilde ermitaño encargado de llevar equipajes y no tengo mucho conocimiento de qué rezos serían los más adecuados para vuestra ama. Pero en la ermita he dejado a mi maestro: es un santo ermitaño que conoce oraciones eficaces. Él sí que tiene poderes espirituales. Si lo deseáis, puedo ir a preguntárselo. Espero que no le importe venir.

La criada, después de consultar con otros criados que habían salido al patio, le dijo muy contenta:

—¡Ay, sí! Os lo ruego: que Su Reverencia se digne traer a ese santo varón cuanto antes. Rápido, por favor.

Genson volvió a la ermita a toda prisa y le contó al príncipe el encuentro que acababa de tener. Felices por cómo se iban aparejando los acontecimientos, el príncipe y sus acompañantes entraron en la mansión del samurái.

El príncipe era en realidad monje laico. Incluso, años atrás había desempeñado el cargo de superior general de Enryaku-ji con autoridad sobre más de tres mil monjes. Concretamente, el segundo año de la era Karyaku [1327] había tenido lugar en el palacio imperial una solemne ceremonia destinada a la prevención de calamidades en el Imperio dirigida a las estrellas del septentrión. Los ritos se prolongaron varios días durante los cuales el oficiante entonó y comentó el *Sutra de la luz dorada*[29]. Moriyoshi, que estaba al lado, se fijó bien en la liturgia y aprendió los rezos. En calidad de superior general del templo Enryaku-ji, el último día ocupó la posición del oficiante y tuvo que dirigir la ceremonia. Desde aquel día al príncipe le gustaba mostrar sus poderes espirituales.

Cuando Moriyoshi entró en el aposento de la esposa de Tono, se acercó resueltamente donde yacía la enferma. Hizo sonar las cuentas del rosario y se puso a recitar las frases místicas de *Los mil brazos de Kannon*. Como si estuviera bajo el efecto de algún extraño hechizo, la mujer se puso a retorcerse y a sudar por todo el cuerpo. Las sagradas sílabas de los *darani* ahuyentaron a los espíritus malignos que la poseían y pronto la mujer se quedó tranquila y curada. Su marido, el samurái Tono Hyōe, estaba radiante:

—Reverencia, no podría pagaros con todos mis bienes por el bien que nos habéis hecho. Os ruego, por lo tanto, que aceptéis mi hospitalidad y os quedéis con vuestros compañeros en mi humilde casa diez o

---

29. En japonés *Konkōmyō-kyō*.

veinte días. Podréis dar reposo a vuestros fatigados cuerpos. Dicen que los ermitaños son gente andariega. Por eso y como prenda de que no os iréis sin que yo lo sepa, dejad que me quede con vuestro equipaje. Yo sabré guardarlo con todo cuidado.

El samurái mandó que trajeran a su casa las cajas de los ermitaños los cuales, aunque insistían en que debían continuar con su peregrinación, en el fondo estaban felices de poder descansar unos días en la mansión bien abastecida de Tono.

Diez días pasaron Moriyoshi y sus hombres, muy regalados por su anfitrión. Una noche en que este se hallaba conversando con sus invitados al amor de una lumbre, les dijo:

—Tal vez Sus Reverencias, habituadas a andar por los caminos, sepan decirme si es cierto que su alteza Moriyoshi huyó de la capital en dirección a Kumano. No creo que le resulte fácil esconderse en estas tierras pues sé que el monje Jōhen, supervisor de los tres santuarios y firme partidario del sogunato, está buscándolo por todas partes. ¡Ay, qué bien haría su alteza si se refugiara en este pueblo. Aunque es pequeño, su situación geográfica es muy favorable para la defensa. Estamos rodeados de cerros escarpados y protegidos por el río Totsu. Además, nuestra gente es valiente y maneja bien el arco. Cuentan que durante los años de la guerra Genpei [1180-1185], algunos miembros del clan de los Taira hallaron aquí buen sitio donde refugiarse. Por ejemplo, el mismo Taira Koremori[30] se escondió en nuestro pueblo y nuestros antepasados lo ayudaron. También sus descendientes vivieron aquí escondidos.

El príncipe, muy alegre al oír esta revelación, preguntó:

—¿De verdad que ayudarías al príncipe Moriyoshi si él y su séquito se refugiaran aquí y se pusieran bajo tu protección?

—De mil amores —contestó resueltamente Tone—. Somos gente humilde, pero fiel. Además, si uno de nosotros pide ayuda a las comarcas vecinas, seguro que también se unirán a nosotros los samuráis de Nogawa, Satōbuchi, Anō, Hikawa, Furuta, Fuki, Tsutsuga, Sakanoshita, Nonagase, Nakatsugawa, Izumigawara, Ten-no-kawa, Futatani, Kitamata, Akadaki, Toriki, Imose, Shishinose y Kaburazaka. Su Reverencia puede estar seguro de ello.

Entonces, el príncipe hizo una señal a Kidera Sagami, uno de sus fieles, el cual se acercó al samurái y le habló confidencialmente en estos términos:

—Ahora te confesaremos todo. El hombre que tienes delante no es otro que su alteza imperial el príncipe Moriyoshi, hijo de su majestad Godaigo.

---

30. Hijo primogénito de Taira Shigemori y nieto del regente Kiyomori, era el heredero directo del clan Taira. Su huida dramática por la provincia de Kii hasta Kumano se relata en el *Heike monogatari* (cit., pp. 674-697).

El samurái Tone se quedó observando con el gesto de duda el rostro del príncipe, todavía con la indumentaria de ermitaño. Entonces, otros dos del séquito del príncipe, Kataoka Hachirō y Yata Hikoshichi, se quitaron el gorro de ermitaño al tiempo que exclamaban:

—¡Uf, qué calor hace aquí!

Entonces el samurái Tone reparó en que no llevaban la cabeza rapada como los monjes. Dedujo que no eran, por lo tanto, ermitaños. Sorprendido, comentó:

—Ya veo que, a pesar de vuestra ropa, no sois ermitaños. ¡Y yo que he hablado con Sus Reverencias como si lo fueran. ¡Qué vergüenza! Os suplico que perdonéis mis palabras descorteses.

Tone retrocedió y se postró tocando la cabeza en el suelo y juntando las manos.

No perdió tiempo el samurái en construir una vivienda digna hecha de troncos sin pelar para el príncipe y en apostar puestos de vigilancia en los cruces de los caminos. Ordenó, además, a todos sus hombres y criados que se mantuvieran en máxima alerta. Se puso en contacto con su tío, el poderoso samurái y monje laico Takehara, al que reveló la identidad de sus huéspedes y le manifestó la dificultad de proteger al príncipe en su casa. Takehara, después de escuchar a Tone, invitó al príncipe a que se alojara en su residencia. Moriyoshi sintió que podía confiar en él y permaneció en su mansión medio año.

El príncipe volvió al estado de laico como medio de despejar sospechas sobre su verdadera identidad. Para reforzar esta medida y también en respuesta a la afición de su corazón por la hija de Takehara, invitó a esta joven a su dormitorio. De ese modo, se estrecharon los lazos entre Moriyoshi y Takehara, el cual no perdía ocasión de favorecer cada día más al príncipe.

Capítulo 7. DE NUEVO FUGITIVOS

La verdad era que los aldeanos de la región de Totsu sentían tanta simpatía por la causa imperial como odio por el sogunato. Cuando al monje Jōhen le llegó noticia de que el príncipe se había acogido bajo la protección de Takehara, tramó una artimaña para capturarlo. Convencido de la dificultad de irrumpir en la casa de Takehara debido a que el río Totsu y las montañas convertían al poblado en un lugar inexpugnable aunque lo atacara con cien mil soldados, decidió estimular la codicia de los lugareños. Ordenó distribuir carteles por los caminos y posadas en donde se leía: «El sogunato de Kamakura ofrece una recompensa de seis mil *kan* a quienquiera, ya sea vagabundo o asentado, que mate a Moriyoshi. Además de esta recompensa, Jōhen, supervisor de los santuarios de Kumano, le entregará otros seis mil *kan* en moneda». En el escrito, además, se expresaban calumnias muy duras contra el príncipe. El letrero surtió efecto porque las familias poderosas de Kumano eran codiciosas. Así pasaron de la lealtad al príncipe al deseo de traicionarlo. La gente de los pueblos comentaba que la actitud de tales familias se había vuelto extraña. Inquieto por los comentarios, un día Moriyoshi le dijo a Takehara:

—Si sigo aquí, acabaré mal. ¿Qué te parece si nos vamos todos la región de Yoshino?

—Yo y los míos protegeremos a Su Alteza. No hace falta que nos vayamos —lo tranquilizó el samurái.

Pero el príncipe seguía intranquilo. Como no deseaba quedar mal con su protector, siguió días y meses en su casa viviendo bajo la zozobra de que alguien pudiera traicionarlo. Corría el rumor, en efecto, de que uno de los hijos de Takehara, un joven de nombre Yagorō, había tramado una intriga para asesinar al príncipe. Era tan insistente el rumor que, finalmente, Moriyoshi y sus fieles salieron furtivamente de la casa de Takahara y huyeron al monte Kōya.

Obligados nuevamente a ponerse en camino, esta vez los fugitivos tenían que atravesar Imose, Obara y Nakatsugawa, unos territorios agrestes que además estaban infestados de espías. «Será imposible no caer en las manos del enemigo. No me queda más remedio que negociar con alguno de los señores poderosos de esta región», pensó resignado Moriyoshi. Así pues, el príncipe envió un mensajero al señor de Imose para pedirle audiencia en su mansión. Pero este no le permitió seguir adelante, sino que le ordenó que se quedara en una ermita que había cerca. Este fue el mensaje que le mandó: «El sogunato ha dado la orden a Jōhen, el supervisor de los santuarios de Kumano, de detener a todos los cómplices de la conspiración contra Kamakura. Si dejo pasar a Su Alteza por mi territorio, yo también sería acusado de complicidad, y mi vida y la vida de mis hombres correrían peligro. Por otro lado, no me atrevo a poner las manos encima de un hijo del soberano del Cielo. Solamente permitiré que Su Alteza siga el camino si acepta una de las siguientes dos propuestas. O bien me entrega a uno o dos de los miembros más renombrados de su séquito para que yo los entregue a Jōhen, o bien me entrega el estandarte imperial, pues entonces podré demostrar a los militares que he librado una batalla contra Su Alteza. Si no responde a ninguna de estas dos soluciones, no me quedará más remedio que detener a Su Alteza con la fuerza de las armas».

Al príncipe le parecían inaceptables las dos propuestas y se quedó callado sin saber qué contestar. Uno de sus hombres, Akamatsu Sokuyū, se adelantó y rompió el silencio de su señor:

—Alteza, en una situación de grave peligro el vasallo debe sacrificarse por su señor. Así lo hicieron en la antigua China hombres como Chi Hsin que se entregó al enemigo para engañarlo y salvar a su rey, o como Wei Pao que se quedó para guardar el castillo[31]. Fueron guerreros valientes y sus nombres gloriosos han quedado inmortalizados. Si con mi vida el señor de Imose permite que sigáis el camino, no me importa en absoluto morir. Pero el príncipe no deseaba aceptar el sacrificio de ninguna vida.

Entonces intervino Hiraga Saburō:

—¿Quién no querrá ofrecer la vida por Su Alteza? Aunque es una impertinencia que el vasallo más humilde dé consejos, creo que no podéis hacer caso omiso de las propuestas del señor de Imose. ¿Por qué, entonces, no elegir la solución más fácil, es decir, entregar el estandarte? Si en la batalla no es ninguna deshonra dejar atrás el caballo o la katana para que el enemigo se quede con todo ello y así salvar la vida, tampoco en esta situación crítica es vergonzoso que entreguemos un simple objeto. Os lo rogamos, Alteza, dad al señor de Imose la bandera. Así salvaremos todos la vida.

«Este hombre habla con sabiduría», pensó Moriyoshi. Decidió, por lo tanto, entregar al señor de Imose el pendón imperial: un brocado que presentaba el diseño de un sol y una luna recamados en oro y plata. Cuando el samurái lo recibió, dejó que prosiguieran su camino.

Poco después Murakami Yoshiteru, otro del séquito del príncipe, que se había quedado rezagado del grupo y nada sabía de la entrega del pendón imperial, se encontró con el señor de Imose y sus soldados. Uno de estos portaba con orgullo el estandarte imperial.

—¿Quién te ha dado a ti esa bandera? —preguntó Murakami muy extrañado.

El soldado le contó la historia a lo que Murakami respondió:

—No entiendo nada. Me extraña mucho que el hijo primogénito de nuestro soberano Godaigo, su alteza Moriyoshi, que es el señor de todo Japón y que anda por esos caminos con la intención de castigar la maldad del sogunato, se haya encontrado contigo por aquí. No puede ser que un hombre vil como tú haya obligado a su alteza a entregarte el sagrado estandarte imperial. ¡Rápido, devuélvemelo!

Sin más palabras, Murakami agarró al soldado y lo arrojó cuatro o cinco jō [unos quince metros] más allá. El señor de Imose se quedó con la boca abierta y sintió temor ante la extraordinaria fuerza de Murakami el cual, después de arrebatar la bandera al derribado soldado, se la puso al hombro y salió corriendo hasta alcanzar a Moriyoshi. Puesto de rodillas ante el príncipe, le contó la historia. Moriyoshi sonrió dichoso y comentó:

---

31.   La historia de Chi Hsin ya apareció en el Libro II. Wei Pao fue rodeado y matado por los soldados de Chu cuando se quedó en el castillo de Jung Yang, dando tiempo a que se salvara su señor, Kao Tsu.

—La fidelidad de Sokuyū se puede comparar a la de Meng Shih She, aquel antiguo héroe chino; la sabiduría de Hiraga, a la del ministro Cheng, el famoso estratega chino; el valor de Murakami, al de Pei Kung Yu. Con tres súbditos como vosotros, ¿cómo no podré acabar con la perfidia del sogunato de Kamakura?

Esa noche su alteza durmió en una cabaña de leñadores, llena de grietas por donde soplaba el viento y rodeada de robles. A la mañana siguiente reanudó la marcha a Obara. En el camino se encontró con un leñador el cual, cuando a pesar de su rudeza reconoció al príncipe, se bajó la carga de leña de los hombros, cayó de hinojos y exclamó:

—Alteza, en el camino a Obara vive un señor principal. Se llama Tamaki. Si Su Alteza no consigue su ayuda, será imposible que viaje a salvo por muchos leales servidores que lo acompañen.

—No es prudente ignorar las palabras de nadie, aunque sea, como este hombre, un humilde leñador o un lugareño cualquiera —dijo Moriyoshi—. Vamos a hablar con ese Tamaki.

Despachó a dos hombres, Kataoka Hachirō y Yata Hikoshichi, para que se dirigieran a la mansión de Tamaki y le pidieran protección. Cuando llegaron, le dijeron:

—Su alteza Moriyoshi desea atravesar este territorio. Os pedimos que le permitáis pasar por los puestos de guardia y lo favorezcáis en su camino.

Tamaki no respondió nada. Entró en los aposentos de su casa y ordenó reunir a sus guerreros. Los más jóvenes de estos, así como muchos criados, se armaron y ensillaron sus caballos con mucho alboroto.

Los dos mensajeros del príncipe, que se dieron cuenta de los preparativos siniestros, dijeron alarmados:

—Parece que ha sido imposible convencer a Tamaki. Regresemos a toda prisa para avisar a su alteza.

Pero cincuenta o sesenta jóvenes samuráis de Tamaki, blandiendo sus katanas, ya habían empezado a correr tras ellos. Kataoka y Yata se echaron a un lado, ocultándose tras dos o tres pinos que había al lado del camino. Decidieron esperar allí a sus perseguidores que se acercaban a caballo. Cuando pasó el primero, salieron de repente de su escondite y de un sablazo cortaron los tendones de la rodilla del primer caballo que apareció. Nada más caer al suelo el jinete, Kataoka y Yata se echaron sobre él y le cortaron la cabeza. Con las katanas amenazantes y ensangrentadas apuntando al resto de los samuráis de Tamaki, los dos hombres se quedaron inmóviles en medio de camino. Al verlos en esa actitud, los samuráis tuvieron miedo de acercarse y empezaron a disparrlos con flechas. Dos de ellas acertaron el cuerpo de Kataoka. Juzgando como mortales las heridas, le dijo Yata:

—Estoy gravemente herido y voy a morir. Vamos, escapa rápido y ve a informar a su alteza del peligro que lo espera. ¡Corre!

Su compañero le contestó:

—Juramos morir en el mismo sitio uno al lado del otro. ¡Qué magnífica ocasión para cumplir nuestra promesa!

Pero el malherido Kataoka, con lágrimas en los ojos, le insistió:

—Si de verdad eres un súbdito fiel a nuestro señor, no debes morir a mi lado, sino avisar rápidamente a los demás pues la vida de todos ellos está en peligro.

Yata comprendió que Kataoka tenía razón y, muy a su pesar, abandonó a su compañero. Sabía que sería infiel a su señor si no lo advertía cuanto antes. Se alejó corriendo y, cuando ya estaba lejos, volvió la cabeza. Vio que los hombres de Tamaki ya había rematado a Kataoka cuya cabeza uno de ellos levantaba con la punta de su katana.

Yata corrió y corrió hasta llegar donde estaba el príncipe y su séquito a los que comentó el fracaso de su misión y la muerte de Kataoka.

El príncipe reaccionó diciendo:

—Estamos en una ratonera y nuestro fin está próximo. Siento tanta pena que no sé qué decir ni qué hacer.

El tono de su voz era de resignación. Él y todos parecían estar preparados para la muerte. Aun así, decidieron no permanecer quietos. El príncipe echó a andar primero y todo su séquito, compuesto ahora por unos treinta hombres, lo siguió. En el camino y siempre con miedo a ser delatados o atacados, preguntaban cómo llegar a Obara. Finalmente, pasaron el puerto de Nakatsugawa. Después descansaron un rato y, al fijarse en las faldas de los cerros cercanos que había al sur, comprendieron que se hallaban rodeados de enemigos. Eran cuatrocientos o quinientos hombres de Tamaki, todos armados y protegidos de escudos. Además, a la izquierda y derecha había arqueros que los apuntaban. Estaban cercados por enemigos que se aprestaban a atacarlos lanzando gritos de guerra.

Con una sonrisa de sorprendente dignidad, el príncipe se dirigió a sus hombres para decirles serenamente:

—Hemos pasado de todo desde que emprendimos esta fuga: alguna alegría y muchos contratiempos. Todos vosotros habéis estado a mi lado, firmes en vuestra lealtad a mi persona. Como mi fin está muy próximo, es el momento de expresaros mi eterna gratitud. Cuando el enemigo cargue contra nosotros, no quiero que deis ni un paso atrás. Moriremos con calma y nuestro nombre será recordado con honra por las generaciones futuras. Que nadie se haga harakiri antes que yo. Una vez que yo me haya quitado la vida, quiero que me cortéis la nariz y las orejas, que me arranquéis la piel de la cara, que me cortéis la cabeza y la arrojéis por ahí. De esa manera, si alguno de nuestros enemigos la encontrara, no podría identificarla. Nada desmoralizará más a todos los seguidores de nuestra causa que el hecho de ver expuesta mi cabeza en la calle y sometida al escarnio público. La moral del sogunato saldría entonces fortalecida. Igual que aquel Kung Ming, de la antigua China, que hasta muerto fue capaz de poner en fuga a su enemigo Chung Ta, del mismo modo un buen general debe vencer a enemigos una vez caído en batalla. Ahora que no podemos huir es el momento de mostrar el valor que lleváis dentro: no retrocedáis ni un paso. Así no seréis la burla de vuestros enemigos ni el oprobio de vuestros descendientes.

Tras decir esto, se echó a llorar. Uno de su séquito dijo:

—Alteza, ¿cómo podéis hablar así? ¿Acaso dudáis de nuestro valor? Estad seguro que moriremos todos juntos peleando en vuestra defensa hasta el último hombre.

Todos ellos se despidieron uno por uno de Moriyoshi. Luego, se pusieron en camino en dirección a la falda del cerro desde donde subían sus enemigos. Frente a los cuatrocientos o quinientos enemigos, ellos eran muy pocos: no más de treinta, pero en todos latía un corazón valiente. Sabían que caminaban hacia la muerte.

Los enemigos, cuando vieron cómo se les acercaban, alzaron sus escudos para proteger sus rostros igual que hacen las aves cuando ocultan sus cabezas con las plumas de sus alas. Hay algunos peces que logran escapar de la nasa con que se los pesca, pero en esta pelea ninguno de los seguidores del príncipe, atrapados por todas partes, podría huir de los hombres de Tamaki. Pero he aquí que en ese momento en lo alto del cerro aparecieron unos quinientos guerreros. Hacían ondear tres pendones rojos y lanzaban estridentes gritos de combate. Los del séquito del príncipe, volvieron la vista atrás y se sobresaltaron creyendo que se trataba de un nuevo destacamento de soldados de Tamaki. Pero uno de los guerreros de lo alto del cerro, el que parecía dirigir a todos, se adelantó y gritó:

—Somos Rokurō y Shichirō, mi hermano, del clan de los Nonagase. Venimos de la provincia de Kii en auxilio de Su Alteza. Estamos aquí todos reunidos para escoltaros. Es verdad que hemos encontrado por los caminos esbirros obedientes a las crueles órdenes del sogunato moribundo. Pero —gritó con más fuerza— estos enemigos no podrán vivir en ningún rincón de Japón. El Cielo ya ha escrito su condena y nosotros ahora les daremos su merecido. Detenedlos y que no escape nadie.

Los soldados de Tamaki, convencidos de que no podrían derrotar a los recién llegados, tiraron al suelo los escudos, enrollaron sus pendones y a toda prisa escaparon por todas partes. Los hermanos Nonagase, victoriosos sin apenas combatir, desmontaron, se quitaron los yelmos y se sentaron a distancia con la espalda recta y las piernas recogidas, en actitud respetuosa. El príncipe les pidió que se acercasen más. Les dijo:

—Tramar un plan sin muchos seguidores en estas montañas nos ha parecido difícil, por eso pensábamos ir a Yamato y Kawachi. De camino, hemos sido atacados por las tropas de Tamaki. Nos habéis salvado cuando estábamos a punto de perecer. ¡Qué providencial ha sido vuestra llegada! Me gustaría saber cómo os enterasteis de que estábamos aquí cercados de enemigos.

Uno de los hermanos contestó:

—Fue ayer cuando un muchacho de catorce o quince años se presentó ante nosotros. Dijo que había sido enviado por Su Alteza. Nos anunció: «Mañana su alteza Moriyoshi y su séquito viajan de Totsugawa a Obara, pero a mitad de camino los sobrevendrá una desgracia. Si estáis por la causa imperial, debéis acudir a marchas forzadas para socorrerlos». Cuando le pregunté cómo se llamaba, me respondió. «Me llamo Oimatsu». Luego se fue. Todos nosotros somos fieles a la causa imperial, por eso estamos aquí, para ponernos a vuestro servicio.

Moriyoshi no salía de su asombro. ¡Qué maravilloso suceso! Se le ocurrió entonces mirar el amuleto que llevaba dentro de una bolsita pegada a su cuerpo. El amuleto, de oro y cobre, representaba la forma humana del dios Kitano tal como se venera en el santuario de Oimatsu. Pero lo más extraordinario fue que la imagen sudaba por todo el cuerpo y tenía los pies sucios de barro. El príncipe pensó: «Es evidente que los dioses me favorecen. Este prodigio es una señal de que conseguiremos vencer a los impíos. Estoy seguro».

Escoltado por los hermanos Nonagase y sus samuráis, el príncipe Moriyoshi se dirigió a la fortaleza de Makino construida por el monje Makino Kōzukebō Shōken. Pero no era apropiada para la defensa por ser demasiada pequeña. Aun así, el príncipe consiguió el concurso de los monjes del monte Yoshino y, protegido por unos tres mil guerreros, se refugió en la pagoda del templo a la que convirtieron en fortaleza. Decían que enfrente del templo la corriente del río era tan impetuosa que atravesaba hasta las rocas[32].

El hecho de que su alteza Moriyoshi, el hijo del Cielo, se hubiera refugiado en una fortaleza tan bien pertrechada para la defensa y estratégicamente situada se interpretaba como un signo más de que los tiempos andaban revueltos y el mundo estaba sumido en el caos.

---

32. Es el templo Kinpusan, en el monte Kinpu de la provincia de Yamato (actual prefectura de Nara), próximo a las márgenes del río Yoshino.

LIBRO SEXTO

Capítulo 1. EL SUEÑO DE UNA DAMA

Como el vuelo de la flecha del guerrero en busca de la diana, como el agua de un torrente de la montaña en busca del río, así de raudo e incontenible corre el tiempo. En este mundo las penas y las alegrías van y vienen, vienen y van, sucediéndose unas a otras sin parar, igual que, año tras año, las flores rojas de la primavera son seguidas por las hojas amarillas del otoño. Y es que ¿acaso no vivimos en medio de la ilusión de un sueño?, ¿acaso fortunas e infortunios permanecen largo tiempo?

Tales reflexiones ocupaban a diario las mentes de cuantos habitaban por aquellos años en el palacio imperial, haciéndoles derramar caudales de lágrimas. En septiembre del año pasado, el primero de la era Genkō [1331], había caído la fortaleza de Kasagi y al año siguiente el exemperador Godaigo había sido enviado al destierro en la lejana isla de Oki. Los cortesanos que otrora lo habían servido se hallaban ahora abatidos y dispersos por diferentes regiones del imperio, mientras que las tres mil damas de la corte[1], invadidas de melancólicos pensamientos, no hacían más que dar rienda suelta a las lágrimas. No obstante, algunos creían que no había razón para lamentarse tanto por las desgracias de aquellos tiempos si se recordaba que el sufrimiento y el dolor son parte de la naturaleza de esta vida. En lo que todo el mundo estaba de acuerdo era que no había persona más desdichada que la dama Minbukyō, por otro nombre Minamoto Chikako, favorita del exemperador Godaigo y madre del príncipe Moriyoshi.

1. Una hipérbole tomada del poema «Canción de eternas penas» de Pu Chu-i en el cual se alude a las tres mil damas que habitaban el palacio del emperador Hsuan Tsung, en Xian.

Flor incomparable de un jardín, si a su lado se ponían sus damas de compañía u otras damas de la corte, empalidecían hasta asemejarse a plantas y árboles marchitos. La vida en palacio había sufrido un trastorno tan radical, que la dama Chikako se vio obligada a abandonar sus aposentos. Eso no significó, sin embargo, que tuviera que recluirse en una choza con ventanucos tapados por las hojas de la hiedra o con techumbre de rústica paja. Simplemente, la dama pasaba las horas absorta contemplando cómo las lágrimas, una tras otra, empapaban la seda de unas mangas que nunca llegaban a secarse. Mientras, su corazón, en medio de la tempestad de la desgracia, navegaba sin rumbo, como la débil barca de un pescador cuando se halla a merced de olas iracundas y va a la deriva. La dama Chikako supo que Godaigo, consciente de que jamás volvería a regresar a la capital, se encontraba preso de una nostalgia desoladora y también confinado en una barca cuando surcaba el mar del oeste rumbo al destierro. ¡Cómo se dolía la dama al imaginar a su majestad ya en Oki sumido en la triste contemplación de la luna del alba! En otro mar de sufrimiento, Chikako lamentaba profundamente la suerte de su hijo Moriyoshi, errabundo o perdido por los fragosos caminos de los montes de Yoshino. ¡Ah, si pudiera enviarle una carta prendida de la pata de un ganso mensajero de esos que vuelan en las tardes de primavera! Debido sin duda al dolor de verse náufraga en uno y otro océano, su cabello negro y lustroso se le iba poco a poco cayendo, su piel tersa y brillante como un rubí se le fue ajando, su cuerpo comenzó a mostrar señales de prematuro envejecimiento. Aunque por un lado deseaba morir cualquier día porque, pensaba, no habría de vivir mucho, por otro, deseaba seguir con vida para rezar a los dioses y budas por la salvación del emperador y del príncipe. Con este fin no dejaba de frecuentar el santuario de Kitano, a cuyos sacerdotes pedía que realizaran ritos de purificación y en donde había monjes a los que solicitaba el rezo de sutras. Incluso manifestó su intención de recluirse siete días en el santuario. Los religiosos le contestaron que, a pesar del temor a las autoridades militares, no la rechazarían porque era mucho lo que le debían y porque sentían gran compasión por su dolor. Así que la comunidad religiosa habilitó para la dama una pequeña estancia dentro del santuario donde pudiese vivir como si fuera la esposa de algún hombre de clase baja que se refugiaba en recinto sagrado para evitar las miradas y habladurías del vulgo.

Comparada con esta situación, encerrada en el santuario de Kitano, sin nadie con quien hablar, a pesar de que este sagrado lugar estaba muy cerca de la capital, ¡qué diferencia con aquel otro tiempo cuando esta favorita imperial vivía rodeada de mil damas de honor ataviadas de espléndidos vestidos que la servían día y noche en unos aposentos decorados de lujosas sedas y fastuosos brocados! Recordaba entonces la dama Chikako las leyendas asociadas al santuario de Kitano que hablaban de la aparición de mil pinos en una noche y de esa fragancia primaveral exhalada por un ciruelo en flor. Sí; era aquel famoso ciruelo tan querido por Sugawara no Michizane que, al igual que su amado soberano ahora en Oki, sufrió en sus carnes la amargura del destierro en Tsukushi el cuarto año de la era Shōtai [901]². ¡Qué lejanos aquellos tiempos y, sin embargo, qué idéntica debía de ser la pena padecida por ambos hombres! Deseando distraerse de tan tristes pensamientos, Chikako entonaba unos sutras que, incapaz de concentrar su atención, enseguida interrumpía para romper a llorar. Entre esfuerzos por rezar y sollozos incontenibles, escribió esta oración en forma de poema:

> Que el dios Kitano,
> que en su exilio a Tsukushi
> tanto sufrió,
> socorra a mi señor,
> doliente en la isla de Oki.

Esa noche la dama Chikako tuvo un sueño. Vio a un anciano bien vestido que en la mano izquierda portaba una rama de cerezo en flor y en la derecha, un bastón rematado por la imagen de una paloma. Al reparar en su semblante grave, la dama le dijo:

—¡Qué extraño que alguien venga a visitarme en un lugar rodeado de maleza y apartado como este! ¿Quién sois, señor?

El anciano, sin responder nada pero irradiando compasión en su mirada, se acercó a la almohada donde reposaba la cabeza de la dama y depositó la rama de cerezo. Después se alejó silenciosamente. Chikako sintió curiosidad y cuando tomó la rama, vio que colgaba un papelito donde había escrito este poema:

> ¿Por qué te afliges
> el rato que unas nubes
> cubren la luna?
> ¿Ignoras que su luz
> muy pronto brillará?

Cuando se despertó, se quedó pensando en qué podría significar el sueño. Por el sentido de las líneas del poema del anciano, dedujo que

2. El poeta y estadista Sugawara no Michizane (845-903) sufrió el destierro a la isla de Kiushu o Tsukushi adonde, según la leyenda, para consolarlo y hacerle compañía voló un ciruelo que él había plantado en el jardín de su mansión en Kioto. Después de su muerte en el exilio, Sugawara fue deificado como la divinidad Tenman Tenjin del santuario de Kitano. A su poder divino se atribuye también la aparición milagrosa en el año 955 de mil pinos durante una sola noche en el jardín del mismo santuario. Hoy día en Japón Kitano Tenjin o el dios Kitano es el santo patrón de las letras y de los estudiantes que siguen rezándole y visitando su santuario especialmente en vísperas de exámenes.

el exemperador Godaigo no tardaría en volver a la capital para vivir nuevamente en palacio.

Debido a la compasión infinita del *bodisatva* Kannon, manifestado en Japón en la divinidad Tenman Tenjin, la visitas al santuario de Kitano, aunque fueran solo de un día, reportan el cumplimiento de los deseos del presente y del futuro de cuantos acuden a rezar en él. La dama Chikako, madre de Moriyoshi y mujer de Godaigo, pasó siete días derramando sentidas lágrimas y rezando con fervor al dios. Su devoción y fe inquebrantable en la divinidad hicieron posible que sus ruegos fueran atendidos en un mundo sumido en el caos y a merced de las turbulencias de la época. «A pesar de vivir en la Era Postrera de la Ley³», se decía esta dama, «los dioses y budas responden a la fe y a devoción de todo creyente».

Capítulo 2. KUSUNOKI REAPARECE

Desde su cuartel general de Rokuhara el gobierno militar controlaba la capital y las provincias más alejadas del Imperio. Sus autoridades estaban convencidas de que, una vez desterrado el emperador y muerto Kusunoki, no habría de surgir ninguna insurrección más. Aun así, el día 5 del quinto mes del segundo año de Gentoku [1330], Sakon Tokimasa, responsable de custodiar al emperador, y Hōjō Nakatoki, gobernador militar de Echizen, llegaron de Kamakura a Rokuhara para reforzar el control militar. En los tres o cuatro años anteriores, Tokiwa Norisada, gobernador de Suruga, y Hōjō Sadamasa, exgobernador de Echigo, habían ocupado los cargos de jefes supremos de Rokuhara. Todo el mundo decía que Tokimasa y Nakatoki llegaban ahora para ocupar sus puestos porque Norisada y Sadamasa habían manifestado su deseo de dejarlos.

Fue el año primero de la era Genkō [1331] cuando el samurái Kusunoki Masashige había abandonado la asediada fortaleza de Akasaka simulando haber perecido entre las llamas. El sogunato, que hasta había creído identificar su cuerpo entre la pila de cadáveres hallados en el interior de la fortaleza incendiada, despachó a Yuasa Magoroku para ocupar la fortaleza y hacerse cargo de la comarca de Akasaka, provincia de Kawachi; tras lo cual dejó de inquietarse por lo que ocurriera en dicha provincia.

Para sorpresa de todos, sin embargo, Kusunoki reapareció el año siguiente, concretamente el día 3 del cuarto mes del primer año de la nueva era de Shōkei [1332]. Y lo hizo atacando la reconstruida fortaleza con una fuerza de quinientos seguidores. Su plan era interceptar por la noche el transporte de los víveres que Yuasa había encargado desde Asegawa,

---

3. Sobre este concepto budista, véase introducción, p. 12.

provincia de Kii, hasta Asakasa. Llevaban el cargamento unos quinientos o seiscientos hombres, entre portadores y escoltas. Kusunoki se enteró de este transporte y en un lugar estratégico del camino por donde había de pasar el convoy situó a sus hombres los cuales se apoderaron de todas las provisiones y mataron a los sorprendidos guardias. En los sacos que las contenían Kusunoki mandó introducir armas; luego ordenó a sus hombres que se vistieran de portadores y guardias a caballo. De esa forma, a la mañana siguiente el convoy de víveres se acercó a la fortaleza. Cuando estaba muy cerca, los falsos portadores y escoltas empezaron a combatir entre sí con el propósito de engañar a los de la fortaleza haciéndoles pensar que en la comitiva había un grupo de enemigos partidarios de Kusunoki. Yuasa cayó en la trampa, pues creyó que sus soldados luchaban de verdad contra enemigos infiltrados en el convoy. Por eso, abrió las puertas de la fortaleza y salió para repeler el ataque. Luego, dejó entrar a todos. Una vez en el interior de la fortaleza, los hombres de Kusunoki sacaron las armas escondidas en los sacos, prorrumpieron en gritos de guerra y se lanzaron al ataque. Al mismo tiempo, Kusunoki con otro destacamento de hombres emprendió un fulminante ataque a la fortaleza desde fuera. Sorprendidos entre dos fuerzas enemigas, Yuasa y sus hombres no hallaron forma de defenderse y tuvieron que rendirse.

Kusunoki invitó a los soldados de Yuasa a engrosar su ejército y los integró en su tropa. De esa forma, con una hueste que ya ascendía a setecientos hombres, se dedicó a hostigar a las fuerzas sogunales acuarteladas en las provincias de Izumi y Kawachi. No tardó en someterlas a todas, consiguiendo que día a día creciera el número de seguidores y partidarios de la causa imperial.

El día 17 del quinto mes, Kusunoki marchó contra Sumiyoshi y Tennō-ji[4]. Después de acampar al sur del puente que cruza el río Watanabe, apostó puestos de vigilancia en espera de la llegada de los refuerzos de Rokuhara.

De Izumi y Kawachi llegaron a la capital mensajeros con la noticia del avance de Kusunoki y de su intención de cargar contra Kioto. Cundió entonces el temor entre los habitantes de la capital. El resultado fue que muchos samuráis, o bien atemorizados o bien deseosos de unirse a los insurrectos, fueron poco a poco abandonando la capital. Y, a la inversa: como nubes o partículas de espesa niebla, un tropel de guerreros de las provincias y comarcas vecinas, que eran adictos al sogunato, cabalgó a Kioto y se congregó en Rokuhara. «Kusunoki va a atacar», decían. La realidad, sin embargo, era que Kusunoki no tenía intención de marchar contra Kioto. Las autoridades militares especulaban así: «Las fuerzas de Kusunoki no

---

4. El santuario de Sumiyoshi y el templo budista Tennō se hallan en la actual ciudad de Osaka.

pueden ser tan numerosas como dice la gente. Es una banda de maleantes y forajidos mal organizados. Seguro que en un combate abierto podremos acabar con ellos y expulsarlos de la ciudad». Como capitanes generales de las tropas sogunales nombraron a los samuráis principales Suda y Takahashi. Decidieron también reforzar Tennō-ji con fuerzas de Kioto y de las cinco provincias aledañas. En total, despacharon a más de cinco mil soldados que el día 20 del quinto mes acamparon en las regiones de Amagasaki, Kanzaki y Hashiramoto. Por la noche encendieron almenaras y esperaron que amaneciera.

Cuando Kusunoki tuvo noticia de estos preparativos, dividió su hueste de dos mil hombres en tres escuadrones. Dos se ocultaron en Sumiyoshi y Tennō-ji. El otro, de unos trescientos hombres, permaneció al sur del puente Watanabe donde encendió dos o tres grandes almenaras. El plan era permitir que las tropas sogunales cruzaran el puente y cargar contra ellas enseguida para que tuvieran el río a la espalda.

El día 21 del mismo mes los siete mil hombres de Rokuhara marcharon hacia el puente. Al avistar el escuadrón de Kusunoki, que los esperaba al otro lado del puente, se sorprendieron de que fueran tan pocos y que además contaran con pocos caballos y, según parecía a simple vista, mal alimentados. Suda y Takahashi comentaron: «¡Vaya! Ya sabíamos que íbamos a enfrentarnos con una banda de guerrilleros mal armados. ¡Que no escape ninguno! Pasaremos a todos los rebeldes por las armas. Nuestros jefes de Rokuhara nos darán buenas recompensas por sus cabezas». Confiados, Suda y Takahashi, sin apenas escolta y dando gritos, lanzaron a galope sus caballos y se adentraron en el puente. Los siguió el grueso del ejército de siete mil hombres, también montados. Unos cabalgaban por el puente, otros por los bajíos del río Watanabe, pero todos rivalizaban por ser los primeros en pasar a la otra orilla.

Al verlos acercarse, los hombres de Kusunoki se limitaron a lanzar algunas flechas tras lo cual, y sin pelear dieron la espalda a sus enemigos y se replegaron hasta Tennō-ji. Los soldados de Rokuhara, al verlos huir, se animaron y, sin descansar ni un minuto, los persiguieron hasta más allá del barrio residencial que rodea el recinto del templo Tennō. Cuando a Kusunoki le pareció que sus enemigos ya se habían cansado bastante, ordenó que el escuadrón que había permanecido oculto al este del templo embistiera a caballo contra el flanco izquierdo del enemigo; el segundo escuadrón, cuya formación militar presentaba forma de escama, se dio la vuelta de repente y atacó por las puertas o *torii* de piedra situado cerca de la puerta oeste del templo; por último, el tercer escuadrón hizo una súbita aparición de entre las sombras del pinar del santuario de Sumiyoshi y cargó ferozmente contra los enemigos, envolviéndolos como si fuera un ala de grulla. El ejército de Rokuhara era mucho más numeroso que las huestes de Kusunoki y debería haber obtenido una victoria aplastante;

sin embargo, su organización era deficiente y parecía estar siempre a la defensiva ante el ataque impetuoso, repentino y bien coordinado de las huestes de Kusunoki. Al percatarse de la situación, los capitanes generales Suda y Takahashi ordenaron: «Kusunoki tiene refuerzos ocultos a nuestras espaldas. Nos ha burlado. Además, este terreno tiene mal firme y nuestra caballería no puede maniobrar bien. Vamos a atraer al enemigo a campo abierto donde podremos derrotarlos definitivamente».

Entonces, los siete mil jinetes de Rokuhara se replegaron al puente de Watanabe antes de que pudieran cortarles el paso los hombres de Kusunoki. Pero estos, animados por el signo favorable del combate, se lanzaron tras ellos dando gritos. Cuando Suda y Takahashi llegaron al puente, recularon y sujetando las riendas de sus monturas, gritaron: «Los adversarios son pocos. Pero estaremos en desventaja si no volvemos atrás para enfrentarlos, pues tenemos el río a nuestra espalda. ¡Volved todos contra ellos!». A pesar de esta orden, casi todos sus soldados deseaban escapar tratando de cruzar el puente por todos los medios y deseando ser los primeros en ponerse a salvo. Fueron tantos los jinetes que se aglomeraron en el puente que muchos cayeron al río con sus caballos y se ahogaron en las aguas del Watanabe. Hubo algunos que, sin saber dónde estaba la parte menos profunda del río, se dejaron llevar corriente abajo; otros hicieron galopar tanto a sus monturas que estas desfallecieron, convirtiéndose en presa fácil para los hombres de Kusunoki que se hallaban mucho más descansados. Había guerreros que intentaban huir dejando atrás a sus caballos y sus armas; en cambio, no había nadie que retrocediera para luchar contra el enemigo. Finalmente, los de Kusunoki exterminaron a la mayor parte del ejército de Rokuhara, pocos de cuyos soldados consiguieron escapar y llegar vivos a la capital. El sogunato había sufrido una resonante derrota.

Al día siguiente, en la explanada de Rokujō, en la capital, alguien puso un cartel donde podían leerse los siguientes versos satíricos:

Tan raudo corre
el río Watanabe
que al alto puente
y al campo de la esquina
las aguas anegaron[5].

Fiel a su costumbre, el pueblo de Kioto hizo circular los versos y hasta los puso música creando una canción que pasaba de boca en boca y con la cual la gente se reía. Los dos generales deshonrados por la derrota, Takahashi y Suda, fingieron estar enfermos para quedarse en casa y no acu-

5. Juegos de palabras: Takahashi significa «alto puente» y Suda, «campo de la esquina».

213

dir al cuartel de Rokuhara. Las autoridades se tomaron muy en serio este severo correctivo infligido por Kusunoki y decidieron que debían atacar Tennō-ji otra vez. Pero, temerosos de la debilidad de las defensas de la capital, nuevamente pidieron refuerzos a Kamakura.

Capítulo 3. LOS REFUERZOS DE UTSUNOMIYA

El sogunato despachó a Kioto a Utsunomiya Kintsuna. Cuando este samurái famoso, con fama de invencible, llegó a la capital, uno de los dos jefes supremos de Rokuhara le dijo:

—La historia nos enseña que en las batallas es la suerte lo que decide la victoria o la derrota. Sin embargo, esta vez podemos decir que Takahashi y Suda perdieron el encuentro en el sur de Tennō-ji a causa de su pésima estrategia y de la cobardía de sus soldados. Ante un rival inferior nuestro ejército ha sufrido una afrenta y ahora somos el hazmerreír del pueblo. Esperamos que ahora que has venido tú, después de que lo hiciera Nakatoki, podamos someter a los rebeldes. Es nuestra opinión, sin embargo, que aunque reuniéramos apresuradamente a los soldados que han desertado de nuestras filas y emprendiéramos un nuevo asalto contra Tennō-ji, no conseguiríamos la victoria. Pero la situación por la que pasamos es tan crítica que te rogamos que salgas y derrotes a nuestros enemigos cuanto antes.

Utsunomiya no mostró rechazo a la petición. Antes bien, con la expresión serena y el tono seguro, replicó:

—Aunque hemos perdido muchos soldados, no me parece bien que sometamos al enemigo con menos tropas que antes. De todos modos, cuando salí de Kamakura hice la promesa de entregar mi vida por esta causa. De momento no sabemos quién ganará la guerra contra los rebeldes, pero estad seguro de mi firme resolución a ponerme en marcha de inmediato contra el enemigo. Si la situación se complica, pediré refuerzos.

Tras estas palabras, el samurái de las provincias del este se despidió de los jefes de Rokuhara y partió a la guerra.

Fue un 19 del séptimo mes, a eso de la hora del Caballo [mediodía], cuando Utsunomiya, decidido a no volver con vida a Kamakura si no lograba someter a Kusunoki, partió directamente de Rokuhara hacia Tennō-ji. Tan solo lo acompañaban catorce o quince jinetes. Sin embargo, los samuráis y aliados de su clan, al enterarse de la campaña que iba a emprender, lo alcanzaron en las poblaciones de Yotsuduka y Tsukurimichi, de modo que al final se juntó una fuerza de unos quinientos guerreros. En su marcha no tenía escrúpulos en robar los caballos de la gente que se encontraba o comida de las casas vecinas, sin importarle que sus dueños fueran plebeyos o nobles, ni en obligar a que la gente lo sirviera. Por eso, los viajeros apercibidos daban un rodeo a fin de evitar al ejército sogunal y la gente de los pueblos cerraba las puertas de sus casas cuando sabían que iba a pasar. Las huestes de Utsunomiya acamparon en Hashiramoto. Todos los guerreros que las componían eran valientes: sabían que cabalgaban hacia una batalla de la que ninguno volvería con vida.

Cuando se enteró de esta marcha, Wada Magosaburō visitó el campamento de Kusunoki para advertirlo:

—El sogunato está irritado por la derrota del otro día y ha enviado a Utsunomiya directamente desde Rokuhara. Ahora ha acampado en Hashiramoto con solamente seiscientos o setecientos hombres. Nuestras fuerzas han abatido el ejército de Takahashi y Suda formado por siete mil soldados. Además, la moral de los nuestros está por las nubes. El enemigo, por el contrario, teme que se repita la derrota de la otra vez. Estoy seguro de que volveremos a ganar, por muy gran guerrero que digan que es este Utsunomiya. ¿Por qué no los atacamos por sorpresa esta misma noche? Dispersaremos a sus hombres y los echaremos de aquí.

Kusunoki se quedó cavilando. Luego contestó:

—Ni la victoria ni la derrota dependen del número de soldados que combaten, sino de la unión que haya entre ellos. Por eso los antiguos decían: «Ante un enemigo poderoso, ten ingenio; ante un enemigo pequeño, ten miedo». Será mejor que pensemos en una buena estrategia. Utsunomiya ha venido hasta aquí después de saber que un ejército numeroso ha perdido contra nosotros. Y si viene con tan pocos soldados, es porque está decidido a no sobrevivir en este combate. Además, todos sabemos que es el mejor guerrero que hay al este de la frontera[6]. No solo eso: los guerreros de las regiones de Shimono que los acompañan son tan valientes que conceden a la vida el mismo valor que a una mota de polvo. Si luchan unidos, estoy seguro de que matarán a más de la mitad de los nuestros por muy bravamente que combatamos. Creo que la victoria o la derrota del encuentro que sostengamos con Utsunomiya no van a decidir nada. Es la victoria final lo que cuenta, es decir, poner a todo el Imperio a los pies del soberano. Nosotros no somos muchos, por lo que si perdemos a nuestros hombres, quedaremos tan débiles que nadie se unirá a nuestra causa. Hay un dicho: «El buen general gana una batalla sin luchar». Mi plan es este: mañana levantamos el campamento y nos retiramos a fin de que crean que han ganado. Cuando pasen cuatro o cinco días, encenderemos almenaras en los altos de los montes para que, al ver el fuego, piensen que vamos a atacarlos. Estos guerreros del este se desaniman fácilmente y pronto se ponen nerviosos. Segura-

6.   Por antonomasia, la frontera en el lago Hakone que separaba las provincias del este de las del oeste en el Japón de la época.

mente pensarán que van a perder la batalla si permanecen en el mismo lugar y se retirarán antes que sufrir la deshonra de la derrota. Conozco otro dicho: «Avanzar o retroceder depende de la situación». Bueno, ya amanece. Seguro que el enemigo se habrá puesto en marcha. Venga, vámonos de aquí.

Todos sus hombres se hacían lenguas del genio de Kusunoki como estratega. Mientras, Kusunoki y su hueste, incluyendo a Wada y Yuasa, se retiraron de Tennō-ji.

Poco después del amanecer, los setecientos guerreros al mando de Utsunomiya asaltaron las dependencias del templo Tennō profiriendo gritos de guerra e incendiando las casas del barrio de Takatsu, aledaño al templo. Pero no hallaron ninguna resistencia. Utsunomiya no dejaba de prevenir a sus hombres:

—Tiene que haber alguna trampa... No avancéis en desorden. Mantened la formación en todo momento y estad siempre atentos a la retaguardia. El enemigo puede aparecer en cualquier momento y no debe romper nuestras filas.

Los guerreros de Utsunomiya pasaron a los pabellones centrales del templo después de entrar por las puertas del este y oeste, recorrieron todas las dependencias, pero no hallaron rastro del enemigo, excepto el humo de las hogueras prendidas por los de Kusunoki y que ahora, en medio de las primeras luces del día, subía lentamente al cielo. Cuando, poco después, se hizo pleno día, Utsunomiya pensó que había conseguido una victoria sin combate. Desmontó de su caballo delante de la sala principal del templo y entró dentro para rezar ante la imagen del príncipe Shōtoku[7]. Con el semblante alegre, comentó:

—Ha sido gracias a los dioses y a los budas, y no a nuestras fuerzas, que hemos ganado esta batalla.

A continuación despachó a un emisario a Kioto con este mensaje: «Hemos despejado el templo de presencia enemiga». Las autoridades de Rokuhara y los samuráis, de todos los escalafones de la clase guerrera, desde los más humildes hasta los principales, se alegraron sobremanera y se volcaron en elogios sobre el vencedor. «¡Qué extraordinaria victoria nos ha dado Utsunomiya!», era la exclamación que corría de boca en boca.

El samurái Utsunomiya, en efecto, había ganado honra. Aunque tenía la sensación de haber desbaratado con sorprendente facilidad al ejército enemigo, en su fuero interno no sabía qué hacer a continuación. ¿Perseguir sombras? Tan insensato le parecía lanzarse por montes y caminos en búsqueda de los enemigos con los pocos efectivos que llevaba, como poco digno retirarse a la capital sin haber entablado ninguna batalla.

7. Véase nota 16, p. 188.

Pasados cuatro o cinco días, Kusunoki y Wada lograron congregar hasta quinientos o seiscientos hombres de las provincias de Izumi y Kawachi, muchos de los cuales vivían al margen de la ley, además de los doscientos o trescientos jinetes samuráis bien entrenados que siempre los seguían. A todos ellos les ordenaron que encendieran almenaras lo suficientemente cerca del templo Tennō para que fueran avistadas por las huestes de Utsunomiya. Cuando al anochecer estas divisaron el fuego, se alborotaron y empezaron a gritar: «¡Alerta, alerta! ¡Los enemigos han aparecido por fin!». Los resplandores de las almenaras se podían ver desde Akishino y Toyama, incluso desde el monte Ikoma. Había más hogueras que estrellas brillantes hay en el firmamento despejado de una noche de primavera. El resplandor refulgía extrañamente también sobre el mar en Shikitsu-no-ura y en los poblados próximos de Sumiyoshi y Naniwa, como si fueran barcos de pesca en medio de las olas cuando están iluminados con faroles. Por todos los cerros y ensenadas de las comarcas de Yamato, Kawachi, Izumi y Kino se divisaba el fulgor de las almenaras. Había tantas que los soldados de Utsunomiya estaban convencidos de que tenían cerca de veinte o treinta mil guerreros enemigos.

Los resplandores siguieron viéndose dos o tres noches seguidas. Los más próximos al templo parecían proceder de fuegos muy vivos. Era como si la noche se hubiera transformado en pleno día. Utsunomiya estaba decidido a plantar cara a los enemigos en caso de verse atacado, así que ordenó a sus hombres que no desensillaran los caballos ni se desataran los cordones de las armaduras. Debían permanecer en estado de máxima alerta aguardando la aparición de Kusunoki y de su ejército. Pero este no se dejaba ver por ningún lado. La espera se hizo tan larga que las tropas de Utsonomiya que ocupaban Tennō-ji acabaron perdiendo el espíritu de combate y poco a poco en el ánimo de muchos fue prendiendo el deseo de replegarse. Comentaban. «No es prudente que con los pocos que somos nos enfrentemos a un adversario tan numeroso. El otro día ya ganamos honra cuando hicimos desaparecer al enemigo y ocupamos el templo. Será mejor iniciar un repliegue discreto». Esta opinión, compartida por la mayoría, hizo que Utsunomiya y sus hombres se retiraran el 27 del séptimo mes y regresaran a la capital. El día siguiente, a primera hora de la mañana, las tropas de Kusunoki bajaron de los montes y rápidamente volvieron a ocupar Tennō-ji.

Si Utsunomiya y Kusunoki se hubieran enfrentado, habría sido la lucha entre un tigre y un dragón. En otras palabras, los dos samuráis habrían perecido en combate. Ambos lo sabían, por eso Kusunoki, más previsor, decidió retirarse también a un lugar recóndito en el cual meditar futuros ardides. Por su parte, Utsunomiya volvió a Kioto para no perder la honra ganada con la conquista del templo. El pueblo se hacía lenguas de la discreción y previsión de ambos guerreros.

Mientras Kusunoki Masashige ocupaba Tennō-ji, tras haber dado muestras de su valor y talento como estratega, se condujo con admirable respeto y consideración a los lugareños de los alrededores y recompensó con generosidad a sus hombres. Este proceder no solamente fue conocido y apreciado por las familias poderosas que habitaban cerca del templo, sino también por los más importantes clanes guerreros de lugares lejanos. El resultado fue que muchos acudieron a engrosar las filas de Kusunoki declarándose seguidores de la causa imperial.

El día 3 del octavo mes del año primero de Shōkei [1332], Kusunoki rindió visita al santuario de Sumiyoshi[8] donde, después de donar un caballo y otras ofrendas, rezó así: «En ese sagrado santuario se veneran los dioses que protegen nuestro país. Dentro se esconde el futuro Buda manifestado en estas divinidades de Sumiyoshi las cuales amparan siempre al emperador y son guardianas de la pureza del espíritu militar de la clase samurái. Por lo tanto, toda victoria que consigamos contra un enemigo extranjero o un pueblo bárbaro se debe a la fuerza protectora de estos dioses. Yo, ahora que me veo perseguido por el ejército sogunal, imploro vuestra ayuda para vencer a los infames que han humillado y desterrado a mi señor Godaigo. ¡Oh, divinidades de Sumiyoshi, si escucháis esta plegaria que brota de lo más sincero de mi corazón, no permitáis que flaquee el ánimo de mis tropas». Así, con gran devoción, rezó Kusunoki a los dioses de Sumiyoshi.

El día siguiente Kusunoki visitó el templo Tennō donde ofrendó otro caballo, este provisto de una valiosa silla repujada en plata, y una magnífica armadura decorada con herrajes de plata y estaño. A cambio, solicitó que se le leyera una parte del *Sutra de la gran sabiduría*[9]. Cuando acabó la lectura, apareció un anciano monje del templo con una lista en donde estaban inscritos los nombres de los capítulos del sutra leídos. Kusunoki le dijo:

—Aunque me veo perseguido por las autoridades, sigo firme en mi resolución de, a pesar de mi indignidad, restablecer la autoridad del legítimo emperador Godaigo. Pero tal vez Su Reverencia crea que mi decisión es equivocada. Os aseguro, de todos modos, que no tengo miedo de perder la vida si con ello consigo ayudar a mi señor. Confieso que he tenido suerte en los dos últimos lances que, además, me han permitido contar con la adhesión de muchos hombres de diferentes provincias. Todos ellos se han declarado seguidores míos por propia voluntad y sin yo llamarlos. Estoy seguro de que esto ha sido debido al favor que me dispensan los dioses y los budas.

8. Llamado Sumiyoshi Taisha, en Osaka.
9. En el original, *Daihannya-kyō*.

»He oído decir que en épocas remotas el príncipe Shōtoku escribió un libro en donde vaticinaba el porvenir de nuestro país y profetizaba el futuro de los cien emperadores siguientes. ¿Es verdad que existe tal libro? Si es así, ¿tendría inconveniente Su Reverencia en mostrármelo? ¡Cómo me gustaría leer la parte en que habla de nuestro tiempo!

El anciano le respondió con gesto grave:

—El príncipe Shōtoku, después de vencer al traidor Mononobe Moriya, mandó levantar este templo y escribió un libro en treinta tomos titulado *Cronología de generaciones y sucesos de la antigüedad*[10]. En él relata las vicisitudes del mundo acaecidas durante mil trescientos cincuenta y siete años, es decir, desde el primer emperador Jinmu hasta el emperador Jitō[11]. La familia Urabe, de tradición letrada, custodió este libro durante muchas generaciones. Asimismo, el príncipe nos legó otra obra, *Shoku Nihongi*, también en treinta tomos, donde se cuenta la historia de los siguientes noventa y seis años, desde el emperador Monmu [697-707] hasta el año diez de la era Enryaku [791], en tiempos de Kanmu [781-806]. Le siguió otro libro, el *Nihon no kōki*, sobre los siguiente treinta y un años, desde Kanmu hasta Junna [823-833]. Esta obra fue compilada por el ministro de la Izquierda Fujiwara Otsugo y también consta de treinta tomos. El *Shoku Nihon no kōki*, en cambio, tiene veinte tomos y nos cuenta la historia del emperador Ninmyō [833-850]. También de veinte, el *Montoku no jitsuroku* fue redactado por el ministro de Asuntos Administrativos Fujiwara Mototsune. El *Nihon sendai jitsuroku*, de cincuenta volúmenes, describe con detalle la historia de mil quinientos cuarenta y siete años, es decir, la de cincuenta y ocho generaciones de emperadores, hasta los soberanos Seiwa, Yōzei y Kōko [858-887]. Todas esas obras son bien conocidas y la gente las puede leer fácilmente. Pero, hay otro libro. Es una obra secreta: *El libro de las profecías*. Tal vez es el libro al que te refieres. Lo escribió, efectivamente, también el príncipe Shōtoku y cubre los gobiernos de los treinta soberanos que sucedieron al emperador Jitō. Dudo que alguien haya puesto los ojos en él. Lo tengo guardado en el fondo de la biblioteca del templo.

Kusunoki le dijo:

—¡Ah, si Su Reverencia me dejara leerlo! Como os he dicho, estoy firmemente decidido a someter al sogunato y a restablecer el poder imperial. A pesar de mi indignidad de plebeyo, tengo fe en la ayuda de los dioses celestiales y terrenales. Si, por algún extraño designio divino, no lograra

---

10.   Según la tradición, en efecto, fue fundado por el príncipe Shōtoku a finales del siglo VI como acción de gracias por su victoria sobre el líder de la facción antibudista, el noble Mononobe Moriya. Durante la batalla que precedió a la victoria, el príncipe prometió levantar un santuario en honor de los Shitennō o las cuatro divinidades celestiales que protegían los cuatro puntos cardinales. El título japonés de la obra mencionada es *Sendai kuji hongi*.
11.   Un error evidente, pues Jitō reinó (690-697) después de la muerte de Shōtoku (622).

mi propósito, me apartaré del mundo y esperaré la hora de mi muerte con el corazón en calma.

El anciano monje, conmovido por el tono sincero de las palabras del guerrero, accedió:

—Está bien. Como privilegio especial, te dejaré leerlo.

El anciano tomó una llave de plata y abrió la caja que contenía el libro arrollado en un cilindro de oro. Kusunoki, con el corazón que parecía saltársele de júbilo, se puso a leer. Sus ojos se encontraron finalmente con el siguiente pasaje: «En los tiempos del emperador nonagesimoquinto, el mundo conocerá una era tumultuosa y el trono no estará seguro. Un pez surgido en el mar del este devorará los cuatro mares del oeste. Trescientos setenta días después de que el sol se oculte en el poniente, un ave que vendrá de las tierras del oeste devorará al pez del este y gobernará tres años. Después vendrá un mono gigante que ocupará el poder cincuenta años hasta que finalmente al desorden suceda la calma».

Kusunoki estaba perplejo. Leía y releía el fragmento intentando desentrañar su sentido. No había duda de que el nonagesimoquinto emperador era Godaigo, su señor, contando desde el primer emperador de Japón, Jinmu. La frase «el mundo conocerá una era tumultuosa y el trono no estará seguro» debía de aludir a los tiempos actuales. En cuanto a «un pez surgido en el mar del este» podía referirse a ese súbdito impío, el regente Hōjō Takatoki. La frase «un ave que vendrá de las tierras del oeste devorará al pez del este» apunta a alguien de las provincias del oeste que vencería al sogunato del este. En cuanto a lo de que el sol se oculta en el poniente, podía significar que el emperador Godaigo estaba desterrado en la isla de Oki situada en el poniente. Finalmente, con lo de «trescientos setenta días después», es decir, el verano próximo, quizá se vaticinaba el regreso triunfal del emperador de Oki a la capital para recuperar su trono.

Kusunoki se quedó, pues, convencido de que el día en que Godaigo volvería al poder estaba próximo. Satisfecho de su interpretación, regaló una katana con incrustaciones de oro al anciano que volvió a guardar el libro como si fuera un tesoro.

Los sucesos futuros demostrarían el acierto de la interpretación de Kusunoki, pues Godaigo recuperó la dignidad imperial y el orden se restableció en los cuatro mares. El príncipe Shōtoku, buda viviente, había redactado este libro con la clarividencia de quien conoce el futuro. Sus profecías se cumplieron al pie de la letra tanto en Japón como en China.

El samurái Kusunoki Masashige, confiado en el curso de los acontecimientos, ordenó a sus hombres permanecer en la fortaleza de Akasaka y él se refugió en la de Chihaya.

Por ese mismo tiempo vivía en la provincia de Harima un hombre llamado Akamatsu Norimura. Era descendiente de Fujiwara Suefusa, nieto a su vez del príncipe Tomohira, séptimo hijo del emperador Murakami[12]. Se trataba de un hombre generoso y de espíritu independiente, ansioso por recuperar el antiguo esplendor que su familia había gozado. Pues bien, Akamatsu Sokuyū, tercer hijo de Norimura, cansado de las intrigas en la corte, había decidido acompañar al príncipe Moriyoshi en su fuga por las agrestes comarcas de los ríos Yoshino y Totsu. Ya llevaba uno o dos años en esa vida. Un día se presentó de incógnito en casa de su padre portando una misiva con el sello imperial firmada por el príncipe. Norimura abrió la carta y leyó lo siguiente: «Apresúrate en reunir guerreros fieles a la causa imperial y destruye a los enemigos de la corte. El éxito que logres en esta empresa será recompensado con largueza». En otra hoja se enumeraban con detalle los diecisiete artículos que formarían parte de la recompensa. Como los artículos satisfacían holgadamente cualquier ambición humana, Norimura se puso muy contento y, sin pérdida de tiempo, ordenó la construcción de una fortaleza en el monte Kokenawa, provincia de Harima, y el llamamiento de voluntarios dispuestos a luchar en su defensa. La influencia de la familia Akamatsu era tal que muy pronto acudieron guerreros hasta de otras provincias. En total, llegaron a juntarse setecientos hombres. Algo parecido a lo que hicieron aquellos dos hombres de China, Chen Sheng y Wu Guang, cuando organizaron un ejército en Ta Che aprovechando el hundimiento del gobierno de los Chin[13]. Norimura, además, estableció puestos de control en Sugisaka y Yamanosato para impedir a las tropas del sogunato el acceso a la capital por las rutas de Sanyōdō y Sanindō.

Capítulo 6. EL GRAN EJÉRCITO DE LAS PROVINCIAS DEL ESTE

Cuando los mensajeros llegaron a Kamakura con noticias de que estaba creciendo el número de guerreros que habían izado la bandera de la rebelión en las provincias centrales y del oeste, el regente y monje laico Hōjō Takatoki, sorprendido e irritado, dijo a sus fieles: «Es hora de acabar de una vez por todas con esto. Enviaré un inmenso ejército contra Kioto que aplastará a los insurrectos para siempre».

Ordenó el alistamiento de soldados en las ocho provincias del este, para lo cual requirió la estrecha colaboración de su propio clan, los Hōjō.

---

12. El número 62 de la dinastía imperial. Reinó entre 946 y 967.
13. Suceso ocurrido en los años del colapso de la dinastía Chi (221-207 a.e.)

Los capitanes generales del nuevo ejército miembros de este clan eran Harutoki, Sadanao, Munenori, Arimasa Ietoki y Nobumasa. Otros samuráis principales del nuevo ejército fueron los siguientes: Chiba Sadatane, Oyama Hidetomo, Utsunomiya Sadayasu, Takeda Imamesaburō, Ogasawara Hikogoro, Miura Wakasagorō, Senda Tarō, Ashina Hangan, Shoni Sadatsune, Sasaki Kiyotoka, Sasaki Tokinobu, Toki Yorisada, Yuki Chikamitsu, Naganuma, Oda Tokitomo, Kanō Shichsoraemon, Itō, Yamato Nyudō, Usami, Nikaidō Sadafuji, Nikaidō Tokimoto, Abezaemon Nyudō, Nanbu Jirō, Yamashiro Moromasa, Nagae Yarokusaemon, Shibuya, Nagasaki Takasada y Nagasaki Kurō. Además, acudieron a la llamada del regente doscientos treinta y dos entre gobernadores y supervisores de las provincias. En total, se juntó un ejército de quinientos siete mil hombres. Este formidable ejército formado por guerreros de Kantō, las regiones del este, se puso en marcha con destino a Kioto. Era tan inmenso que cuando el 8 del undécimo mes del primer año de la era Shōkei [1332] los primeros destacamentos de la vanguardia entraban en la capital, los de la retaguardia todavía estaban en Ashigara y Hakone.

No contento con este despliegue de tropas, el sogunato despachó emisarios a todas las provincias del Imperio para que movilizaran guerreros contra Kioto. La sustancia del mensaje era la siguiente: «Asunto: matar al príncipe Moriyoshi y a Kusunoki Masashige. Hemos enviado un gran ejército al mando de Hōjō Harutoki. Reunid a los guerreros de vuestro clan y marchad a la capital antes del día 20 del próximo mes. Una vez en Kioto, jurad obediencia a Harutoki y poneos a sus órdenes. Es la voluntad del gobierno del sogún. Fecha: 8 del undécimo mes del primer año de Shōkei. Firmado: Hōjō Moritoki y Hōjō Shigetoki».

Cuando recibieron esta carta, Kōno Michimori y los clanes guerreros de la gran isla de Shikoku zarparon en unos trescientos barcos y, después de atracar en Amagasaki, llegaron al sur de Kioto. Yoyota, gobernador militar de la provincia de Mikawa, Kōtō Takezane, Ouchi Hiroyuki, Kumagai Naotsune y los clanes de las provincias de Nagato y Suō se hicieron a la mar en seiscientas embarcaciones, bajaron a Hyōgo y arribaron al oeste de la capital. Por su parte, Takeda, Ogasawara, Ichijō, Shimojō, Henmi y Murakami, todos del linaje de los Minamoto, llegaron a Higashiyama por la ruta de Nakasen al frente de siete mil soldados. Hōjō Tokimi y Hōjō Tokiharu, a la cabeza de treinta samuráis principales de las regiones colindantes con la ruta de Hokuriku, llegaron al este del Kioto por Sakamoto.

Siguiendo órdenes sogunales, todas las tropas del imperio fieles a Kamakura se presentaron en la capital a marchas forzadas. Especialmente los barrios del norte de la capital estaban abarrotados de samuráis de provincia. Había tantos que no cabían en las casas y muchos tuvieron que dormir a la puerta de los templos y hasta en los campanarios. ¿De dónde habría

222

salido tanta gente?, se preguntaban asombrados los habitantes de Kioto, que hasta entonces creían que Japón era un país pequeño y ahora, por primera vez en sus vidas, veían tantas personas juntas.

Entretanto, al abrigo de enemigos y extraños, en la fortaleza de Chihaya seguía refugiada la familia de Kusunoki Masashige, compuesta de unos veinte miembros, además de doscientos fieles seguidores. El pueblo, al comparar este reducido número con las decenas de miles de soldados que pululaban por las calles de la capital, admiraba el valor de Kusunoki y su lealtad al emperador.

El día 28 del primer mes del año segundo de Shōkei [1333] el inmenso ejército de Kantō acantonado en la capital fue dividido en cuatro compañías y estas en escuadrones. Se emprendió la marcha hacia Yoshino, Akasaka y el monte Kongō, que eran los principales bastiones de la rebelión. Concretamente, Nikaidō Sadafuji, que iba al mando de vetintiséis mil hombres, dividió sus fuerzas en tres regimientos y tomó el camino a Yoshino siguiendo tres rutas. Hōjō Harutoki, general al frente de ochenta mil soldados, tomó la dirección de Akasaka y estableció cuatro campamentos en Tennō-ji y Sumiyoshi. Por su parte, Hōjō Ietoki, otro capitán general de una compañía formada por cerca de doscientos mil hombres que debía atacar la retaguardia del enemigo, marchó sobre el monte Kongō por la ruta de Nara.

Nagasaki Takasada, otro de los capitanes generales, cuya misión era atacar la vanguardia enemiga, salió de Kioto un día después de los demás, tal vez para que los capitalinos admiraran el atavío y la formación de su compañía. Y es que, en verdad, el atuendo de sus guerreros era de lo más vistoso. A la cabeza marchaba un jinete con el pendón de tropa. Lo seguía un destacamento de ochocientos guerreros en filas tan apretadas que sus armaduras casi se rozaban. En sus cabezas brillaban vistosos yelmos. Todos montaban caballos grandes y robustos, con hermosos jaeces, que trotaban acompasadamente. Takasada, bajo una armadura de cordones turquesa vestía un *hitatare*[14] bellamente teñido con un elegante moteado y una *hakama* de seda con los bajos muy abiertos que hacía pensar en finos troncos de bambú. Su cabeza iba tocada de un yelmo terminado con remaches plateados en forma de estrella rematados por ocho dragones dorados. El cubrenucas estaba formado con cinco planchas semicirculares que acababan con crestas de diseño también de ocho dragones. Sus piernas iban guardadas por espinilleras plateadas y a la cintura portaba dos katanas con empuñaduras repujadas en oro. El caballo que montaba tenía de nombre Ichinoheguro, el más bello cuadrúpedo que pastaba en las regiones del este, de una alzada de cinco *shaku* y tres *sun* [metro y

14. Prenda holgada e informal vestida por los samuráis cuando iban de campaña o caza.

medio]. La silla presentaba un relieve que mostraba un barco abandonado en bajamar. La frente del animal iba enjaezada con una testera de flecos y penacho de color amarillo brillante. El brazo del caballero sostenía un arco lacado en negro con ratán en la empuñadura y a la espalda cargaba una aljaba con veintiséis flechas de anillas plateadas en sus emplumados extremos. Su porte, atavío y montura eran tan imponentes que cuantos lo admiraban estaban seguros de estar viendo al guerrero más gallardo y valiente de todo el imperio. Detrás de Nagasaki Takasada cabalgaban en dos filas trescientos hombres equipados con guanteletes en la mano izquierda, faldillas protectoras y arcos con aljabas. Un trecho después venía el grueso de la compañía: cien mil jinetes en filas tan apretadas que las grupas de las caballerías de unos casi tocaban las armas de los otros. El desfile se estiraba, incesante, a lo largo de más de cuatro *ri* [veinte kilómetros] y su paso era tan decidido y vigoroso que abrumaba la tierra y el cielo, y agitaba montes y ríos.

De Kioto salieron también otros samuráis principales, cada uno con su destacamento de tropas. Unos llevaban cinco mil jinetes; otros, dos mil; otros, tres mil. Las marchas en dirección a las fortalezas ocupadas por los insurrectos se sucedieron día y noche hasta el día 13 del mismo mes. Cuantos los veían pasar, en ciudades, pueblos y caminos, se admiraban contemplando tantos guerreros y pensando: «¿Era posible que allende los mares, en la India, en China, en los dominios de la dinastía Yuan, en las tierras ignotas de los bárbaros o en el propio imperio de Japón se reuniera tanta gente de armas como la que esos días vemos con nuestros propios ojos?». E, incrédulos, se los frotaban.

Capítulo 7. TRES VALIENTES

El general en jefe Hōjō Harutoki, cuyo plan era capturar la fortaleza de Akasaka, pasó antes por el templo Tennō donde permaneció dos días con la intención de reforzar sus tropas con las que venían en la retaguardia. Desde allí, publicó la siguiente orden: «A la hora del Caballo [mediodía] del día 2 del segundo mes lanzaremos una flecha para dar aviso del inicio de las hostilidades. Hasta ese momento, queda prohibido tomar cualquier iniciativa contra el enemigo. Cualquier infractor será severamente castigado».

Sin embargo, entre sus soldados había un guerrero de nombre Hitomi Shirō, natural de la provincia de Musashi. Al conocer la orden, le comentó en secreto a uno de sus compañeros de armas, un tal Honma Sukesada:

—Nuestras tropas son tan numerosas como apelotonadas nubes y partículas de densa niebla. Por eso, no nos resultará nada difícil conquistar la fortaleza. Pero, si echamos una mirada a la historia, nos damos cuenta de que el linaje de los Hōjō lleva ya más de siete generaciones con las riendas del poder sogunal. Es ley de la naturaleza que lo que está lleno mengüe y que el poderoso se debilite: es la lógica de los cielos y el destino inevitable de las cosas de este mundo. Además, ¿no es una contradicción que el regente Hōjō Takatoki haya desterrado al emperador Godaigo a pesar de ser este su señor natural? No me cabe duda de que un día nuestro regente pagará la injusticia cometida. Yo soy un guerrero de clase baja y el clan Hōjō me ha colmado de mercedes a lo largo de los más de setenta años que tengo de vida. Sé que no me quedan muchos. Si vivo más, me veré obligado a ser testigo de la caída del clan que tanto me ha favorecido. Seré entonces un viejo amargado y no podré morir con el corazón sereno. Dando vueltas en mi cabeza a todo esto, he decidido ir en contra de la orden de nuestro general y mañana temprano adelantarme a todos. Cabalgaré hasta los muros de la fortaleza, retaré al enemigo y moriré con gloria. Así, mi nombre será pronunciado y leído con admiración en los siglos futuros.

Su compañero Honma que, en el fondo de su corazón también ambicionaba el honor de ser el primero en atacar, le contestó:

—No digas tonterías, hombre. Aunque tomaras la delantera en una batalla de tanta envergadura como esta, estoy seguro de que no te serviría absolutamente de nada para ganar honra. Yo —añadió— no me molestaré en adelantarme al resto de la tropa y cumpliré la orden.

El viejo Hitomi se sintió molesto con la incomprensión de su compañero y se retiró malhumorado a la sala principal del templo Tennō. Pero Honma, receloso de que Hitomi llevara a cabo su deseo, mandó a un criado que lo siguiera. Este espía vio como el viejo guerrero sacaba una moleta de escribir, tomaba pincel y se ponía a escribir algo en la superficie de uno de los pilares de piedra que formaban el *torii* del santuario. Tras esto, Hitomi volvió a su tienda en el campamento. Entretanto, Honma inquieto por que Hitomi se le adelantara y se quedara con la honra de ser el primero en atacar, no podía dormir esa noche. Finalmente, se levantó y, aprovechando la oscuridad de la noche, se dirigió sigilosamente hasta la fortaleza enemiga pasando por Tōjō.

Después de descansar el resto de la noche a la orilla del río Ishi, Honma se despertó con los primeros rayos del sol y al mirar hacia el sur distinguió entre la bruma matinal la silueta de un guerrero a caballo que se acercaba. Cuando lo tuvo más cerca vio que montaba un bayo y vestía armadura de planchas metálicas unidas por cordones de seda y una bolsa grande a la espalda. Cuando lo tuvo a un tiro de piedra, comprobó que no era otro que el viejo guerrero Hitomi el cual, nada más ver a Honma, soltó una risotada y exclamó:

—¡Menuda sorpresa! De haberte creído ayer, no hubiera creído que un joven como tú, tan joven que hasta podrías ser mi nieto, iba a engañarme e intentar robarme la honra de ser el primero.

Sin decir más, picó espuelas y lanzó su caballo a galope. Pero Honma montó en el suyo y salió rápidamente tras él. Cuando lo alcanzó, le dijo:

—¿Por qué vamos a pelearnos, siendo compañeros de armas, por ser el primero? Moriremos combatiendo uno al lado del otro y juntos nos iremos al otro mundo.

—Prefiero no comentar nada y callarme —respondió secamente el viejo guerrero.

Cabalgaron juntos y pronto surgió el diálogo entre los dos. Después de subir la pendiente que los llevaba a Akasaka, se acercaron al foso de defensa de la fortaleza. Entonces, dirigiéndose a los defensores, se irguieron sobre los estribos y, clavando con arrogancia la punta del arco en el suelo, se pusieron a gritar desde sus caballos:

—¡Somos Hitomi Shirō, de Musashi, de setenta y dos años, y Honma Sukesada, de Sagami, de treinta y siete años! ¡Hemos sido los primeros en llegar desde Kamakura para hallar la muerte en esta fortaleza! ¡Os retamos a que salgáis a medir vuestras fuerzas con las nuestras!

Mientras gritaban con el gesto sañudo y la mirada clavada en los defensores de la fortaleza, de los ojos de los dos guerreros del este parecían salir chispas, tan intenso era el espíritu de combate de los samuráis de las provincias del este. Pero los enemigos, cuando los vieron por las aspilleras de la atalaya, se dijeron unos a otros:

—¡Ahí hay dos que hablan con la típica arrogancia de los samuráis del este! Se creen que pueden imitar lo que hicieron aquellos dos valientes, Kumagai Naozane y Hirayama Sueshige, cuando fueron los primeros en atacar en Ichi-no-tani[15]. ¡Qué ilusos! Sería una estupidez que saliéramos a luchar contra esos dos fanfarrones y perdiéramos la vida. Lo mejor será no hacerles caso. Que griten cuanto quieran. Ya se cansarán.

Rabioso porque ni siquiera lo contestaban, Hitomi exclamó:

—¡Mentecatos! Hemos madrugado antes que nadie para venir hasta aquí y nos despreciáis. ¿Es que ni siquiera merecemos que nos disparéis una flecha! ¡Cobardes! ¡Ahora veréis de lo que somos capaces!

Los dos guerreros desmontaron y rápidamente echaron a correr hasta cruzar el pequeño puente que franqueaba el foso. Después, se acercaron a los lados de un saliente de madera del muro y empezaron a destrozarlo. Los defensores de la fortaleza, que no los perdían de vista, se asustaron y empezaron a dispararles flechas desde lo alto de la atalaya y desde las aspilleras del muro. Una lluvia de dardos cayó sobre Hitomi y Honma clavándose en sus cuerpos como si llevaran capas de paja. Pero aun así, los dos guerreros seguían en pie tratando de perforar el muro de la fortaleza

---

15.   Episodio ocurrido en 1184 durante la guerra Genpei, tal como se narra en el Libro IX, cap. 10 del *Heike monogatari* (cit., pp. 607 ss.).

y sin retroceder ni un paso. Finalmente y con los cuerpos acribillados, se desplomaron al suelo y murieron uno al lado del otro.

Había por allí un monje que había acompañado a Honma y presenciado desde lejos su muerte. Después de recitar el nombre del buda Amida diez veces[16], recibió de los defensores las cabezas de los dos guerreros. Las envolvió cuidadosamente y se las llevó al templo Tennō. Allí mostró la cabeza de Honma al hijo de este, un joven de nombre Suketada, y le contó lo sucedido. El joven se quedó mudo de tristeza. Luego se echó a llorar. Finalmente, incapaz de aguantar la pena, se levantó, ensilló el caballo y se puso la armadura. Alarmado, el monje le preguntó sujetándolo por la manga:

—¿Qué vas a hacer? Si tu padre hubiera deseado solamente ganar honra por ser el primero en asaltar la fortaleza, te habría llevado con él. Pero en realidad sacrificó la vida por su señor, el regente Hōjō Takatoki, a fin de que la recompensa de este recayera sobre ti que eres su hijo y sobre tus descendientes. Si vas solo a la fortaleza siguiendo los pasos de tu padre y te matan, ¿quién podrá recibir el premio?, ¿quién quedará para rezar por el alma de tu difunto padre? Recapacita un momento, joven. Si el linaje de los Honma prospera gracias a la gloria alcanzada por tu padre, ¡cuánto se alegrarán tus antepasados muertos, entre ellos tu mismo padre! Entiendo tu rabia y el deseo natural de morir en combate intentando vengar a tu padre, pero sería un acto estúpido. Por favor, quédate.

Tanto insistió el religioso y tan buenas razones le dio que el joven Suketada decidió hacerle caso; aguantando las lágrimas, se quitó la armadura y se quedó en la tienda.

El monje, feliz por haber hecho entrar en razón al joven, volvió a envolver la cabeza de Honma en un paño, la ocultó en la amplia manga de su hábito y se fue para llevarla al crematorio. Aliviado por la ausencia del religioso, el joven decidió llevar a cabo su propósito. Se dirigió al santuario Shitennō y allí, rezó con toda su alma ante la imagen del príncipe Shōtoku: «Mi plegaria no es por alcanzar prosperidad en este mundo, pues hoy será el último día que pase en él. Rezo, más bien, si de verdad sois la encarnación de la misericordia infinita[17], para que mis cenizas sean enterradas en el mismo lugar donde mi padre ha muerto y para que pueda renacer sentado en medio de los pétalos del loto que crece en la tierra de la suprema y perfecta felicidad».

Honma Suketada volvió a su tienda y, cuando caía la tarde, ensilló el caballo, se puso la armadura y partió hacia la fortaleza de Akasaka. Al pasar por el santuario, vio el poema escrito en la columna de piedra del *torii*.

---

16.   Esta recitación aseguraba, según las creencias del budismo amidista dominante en la época, el renacimiento en el paraíso de la Tierra Pura.
17.   El espíritu deificado del príncipe Shōtoku se cree que es una manifestación del *bodisatva* Kannon, la advocación budista de la infinita compasión.

Estaba firmado por Hitomi Shirō, que había caído en combate junto a su padre. «También yo dejaré un recuerdo para la posteridad», se dijo. Se mordió el dedo meñique y con la sangre escribió un poema de despedida en el mismo lugar del de Hitomi. Después se dirigió a la fortaleza de Akasaka. Cuando llegó, desmontó y se puso a aporrear con insistencia el portón con el arco bajo el brazo.

—¡Tengo una cuenta pendiente con los defensores de esta fortaleza! —gritó.

Pasó un rato hasta que alguien desde dentro le contestó:

—¿Quién eres?

—Me llamo Honma Hyōe Suketada, hijo de Honma Kurō Sukesada que llegó a este muro y al que disteis muerte esta misma mañana. Los padres pierden la razón por amor a sus hijos. Por eso, para evitar mi muerte, vino aquí mi padre sin llevarme consigo. Supongo que ahora está caminando perdido en la región intermedia del mundo de las tinieblas[18]. Para guiarlo deseo reunirme con él cuanto antes. Os ruego que trasmitáis mi petición al alcaide de la plaza y me deje entrar para luchar. Quiero morir combatiendo en el mismo lugar que mi padre. Os lo suplico: cumplid el deseo de un hijo.

Acabó su ruego con sollozos tan sentidos que los cincuenta guardias que defendían la puerta se conmovieron por la voluntad del joven y trasladaron su petición al alcaide. No tardaron en abrirle el portón y dejarle entrar. Suketaka montó en su caballo e irrumpió dentro lanzando un potente grito de guerra. Desenvainó la katana y alocadamente se puso a guerrear contra los guardias haciendo saltar chispas al acero. Al comprender que iba a morir, se metió la punta de la katana en la boca y saltó del caballo. El sable le atravesó el cráneo y murió en el acto.

¡Qué lamentables pérdidas las de estos hombres! El padre era un valiente guerrero, un hombre incomparable de las regiones del este. A pesar de su juventud, su hijo Suketada fue también un hombre leal y profundamente comprometido con la Vía del arco y las flechas. Con sus muertes alcanzaron la gloria inmarcesible del guerrero y una honra eterna para su linaje. Igualmente, el anciano Hiromi Shirō, fiel a sus principios, era un hombre de corazón valeroso, previsor del futuro y sabio para adaptarse a la situación de cada momento. Los tres guerreros cayeron el mismo día. Cuantos los conocían, e incluso los que no los conocían pero oyeron su historia, sintieron profundamente sus pérdidas.

También el general Hōjō Harutoki se enteró de la muerte de los tres hombres intentando asaltar la fortaleza sin su permiso. Decidió entonces acelerar los preparativos para el asalto final. Cuando se dirigía del templo Tennō a la fortaleza, pasó por Shitennō y le llamó la atención algo

---

18. El periodo entre la muerte y el importante funeral a los 49 días (*kichū*). Véase nota 37, p. 97.

escrito en los pilares del *torii* del santuario. Bajó del caballo y en el pilar de la izquierda pudo leer estos versos:

> Seco cerezo
> que ya nunca florece,
> soy yo, anciano
> sin fuerzas, mas ansioso de la honra
> de ser hoy el primero.

Y debajo, la siguiente inscripción: «Hitomi Shirō, de Musashi, a los setenta y dos años de edad, el día 2 del segundo mes del segundo año de Shōkei, marcha contra Akasaka y muere como gesto de gratitud por las mercedes recibidas de mis señores de Kamakura». En el pilar de la derecha se podía leer otro poema:

> Pensando en mí,
> vaga perdido mi padre
> en el más allá.
> Padre, espera un poco
> que enseguida te alcanzo.

Al lado: «Honma Suketada, de Sagami, hijo de Honma Sukesada, a los dieciocho años de edad, el día 2 del segundo mes del segundo año de Shōkei, yacerá para siempre al lado del cuerpo sin vida de su padre en el campo de batalla».

Los dos poemas, pensaba el capitán general, expresaban a la perfección la lealtad de un viejo guerrero hacia su señor y la devoción de un hijo por su padre. Aunque sus cuerpos corruptos se pudrieran en el campo de batalla, los nombres de estos tres guerreros quedarán para siempre grabados en los anales de la historia y su eco resonará en todo el mundo. Cuantos leían estos extraordinarios versos inscritos en el *torii* del santuario no podían impedir que las lágrimas les rodasen por las mejillas.

Capítulo 8. LA CONQUISTA DE AKASAKA

No tardó Hōjō Harutoki, al frente de ochenta mil hombres, en lanzarse al asalto de la fortaleza de Akasaka. Como nubes o densa niebla, su ejército la cercó ocupando veinte poblados que había por los alrededores. Los gritos de guerra de tantos hombres, proferidos tres veces para alardear de fuerza e impresionar al enemigo, eran tan potentes que parecían sacudir la tierra y quebrar los cielos. La aproximación al muro en tres de las fachadas de esta fortaleza natural estaba enormemente dificultada por escarpadas paredes de piedra altas como biombos superpuestos. La fachada sur daba a una explanada a la que se accedía por un sendero estrecho. Pero a todo lo largo de este muro corría un foso de catorce y quince *jō* de hondo y ancho [cuarenta y cinco metros] con altas atalayas en cada trecho. Por mucha agilidad y fuerza que tuvieran los asaltantes, parecía una altura imposible de salvar. Sin embargo, los atacantes eran tan numerosos que pronto perdieron el miedo y cada vez eran más los que se atrevían a trepar por el muro, para lo cual hasta prescindían de los escudos. Avanzaban de frente, bajaban uno a uno al foso y luego iniciaban la subida. Al ascender eran un blanco fácil de la puntería de los diestros arqueros que desde las atalayas defendían la fortaleza. Cada día del asedio había quinientos o seiscientos atacantes que caían muertos o malheridos, pero las fuerzas sogunales, lejos de desanimarse, continuaban hostigando a los de la fortaleza una y otra vez. Pasaron así trece días y trece noches. La resistencia de los defensores seguía intacta y su ánimo parecía más entero que el de sus enemigos.

Fue entonces cuando se presentó ante el general del sogunato un samurái de la provincia de Harima de nombre Kitsukawa Hachirō. Le dijo:

—Señor, si seguimos con la misma táctica de asalto, podremos pasarnos así dos o tres años antes de conquistar la fortaleza. Como Kusunoki controla las provincias de Izumi y Kawachi desde hace dos años, es evidente que ha almacenado muchas provisiones en la fortaleza, por lo cual tampoco podremos someterla por el hambre. Llevo tiempo pensando sobre el asunto. Por tres de los muros de la fortaleza hay precipicios tan profundos que es imposibles cruzarlos. En el lado sur hay una explanada y más allá, a bastante distancia, un monte. Aunque parece que dentro de la plaza no hay pozos, los defensores apagan nuestras flechas incendiarias tan pronto como llegan. Deben de tener una buena provisión de agua a pesar de que hace tiempo que no llueve y sus aljibes tienen que estar vacíos. Estoy seguro, por lo tanto, de que han enterrado tuberías que les trae agua de ese monte del sur. No encuentro otra explicación. Mi humilde propuesta, señor, es que mandes a los zapadores que caven en la falda del monte orientada a la fortaleza.

Al capitán general le pareció razonable la explicación y también la propuesta. Reunió a cuatro o cinco mil zapadores que se pusieron a cavar donde había indicado Kitsukawa. Y, efectivamente, a unos dos *jō* [unos seis metros] de profundidad, hallaron varios tubos de bambú, con piedras y troncos encima, dentro de los cuales bajaba el agua desde monte arriba hasta la fortaleza, a diez *chō* [un kilómetro] de distancia.

Poco después de que los zapadores cortaron el abastecimiento de agua, los defensores empezaron a padecer los efectos de la sed. A lo largo de cuatro o cinco días se vieron obligados a chupar el rocío de las hojas de las plantas que había en el interior de la fortaleza y a mirar angustiados al cielo en espera de una lluvia que nunca llegaba. Incluso se tumbaban en la tierra humedecida por el aire de la noche para soportar mejor la sequedad de sus cuerpos. Animados por la nueva situación, los atacantes no dejaban de lanzar a las atalayas flechas incendiarias, seis de las cuales consiguieron quemar parte de la fortaleza. Al cabo de doce días sin agua, los defensores empezaron a dar claras muestras de flaqueza. «Más valer morir luchando que morir de sed», pensaron, por lo cual muchos de ellos consideraron abrir de par en par los portones y salir a combatir al enemigo. Pero el alcaide de la fortaleza, Hirano Shōgen, agarró por las mangas de las armaduras a algunos de los soldados y les dijo:

—¡No seáis insensatos! ¿Qué pretendéis hacer? ¿Salir sin fuerzas y medio muertos de sed a presentar batalla al enemigo? ¡Qué deshonra si en tal estado los soldados de baja estofa que hay en el ejército de los bárbaros del este os detienen y os hacen prisioneros! Las fortalezas de Yoshino y del monte Kongō continúan aguantando al enemigo; también siguen vivos los focos de resistencia repartidos por las provincias del oeste. Me temo que si nos rendimos, no seremos pasados por las armas, sino perdonados para de ese modo incitar a la rendición a los defensores de las otras fortalezas. De cualquier modo, no podemos estar seguros de qué nos puede pasar. Mi sugerencia es que nos entreguemos sin luchar: será una rendición fingida. Si el sogunato de Kamakura se fortalece, compensaremos nuestra traición con fidelidad; en caso contrario, volveremos a ponernos a las órdenes de Kusunoki. Hay dos cosas seguras en este mundo: el futuro es incierto y los muertos no vuelven a este mundo. Lo más realista es no perder la vida y esperar una ocasión mejor para actuar. ¿Qué os parece?

A pesar de que los defensores de la fortaleza eran valientes, también deseaban seguir con vida. Por eso tal vez, optaron por adoptar la recomendación del alcaide y no salieron a luchar.

Durante el asedio del día siguiente, Hirano Shōgen subió a la atalaya más alta y dirigiéndose al enemigo, le gritó:

—Deseo parlamentar con vuestro general. Dejad de atacarnos un momento y escuchadme.

Harutoki envió a un mensajero llamado Shibuya Jurō. El alcaide salió hasta el portón para recibirlo. Le dijo:

—Mientras Kusunoki sometía las tierras de Izumi y Kawachi y aumentaba su poder, nos aliamos con él, temerosos de que si no lo hacíamos, nos atacaría. Incluso consideramos ir a la capital para informar de nuestro temor a las autoridades sogunales, pero justo entonces vuestro poderoso ejército cercó nuestra fortaleza y nos atacasteis. Nosotros disparamos flechas para defendernos, tal como se hace entre guerreros. Si nos perdonáis esta ofensa, estamos dispuestos a la rendición y a la entrega de la plaza. De lo contrario, lucharemos hasta la muerte y el campo de batalla quedará sembrado con nuestros cadáveres. Os ruego que informéis a vuestro general. Quedamos a la espera de su respuesta.

—Así lo haré —respondió el mensajero que al punto regresó al campamento donde informó a Harutoki.

El general se alegró mucho al oír el mensaje. Redactó una carta en la que prometía respetar la vida y la propiedad de Hirano Shōgen e incluso interceder ante las autoridades de Rokuhara para que premiaran a todos los defensores por haberse rendido. Después, ordenó el cese del asedio.

De la fortaleza salieron doscientos ochenta y tres soldados que se rindieron. Ninguno de ellos podía aguantar más la sed. ¡Ah, si supieran que todos ellos iban a ser pasados por las armas el día siguiente! Fue Nagasaki Takasada el encargado de custodiar a los prisioneros. Como era la costumbre en tales casos, primero los despojó de armaduras y katanas; luego, les ató las muñecas y brazos con ligaduras; finalmente, los condujo a Rokuhara. Los prisioneros se lamentaban diciendo: «¡Ah, si hubiéramos sabido que íbamos a recibir este trato! Mejor hubiese sido luchar hasta la muerte». ¡Qué arrepentidos estaban de haberse rendido! Pero ya no había remedio.

Las autoridades de Rokuhara deliberaron sobre qué hacer con ellos. Para marcar el inicio de la campaña militar, decidieron ejecutarlos públicamente como sacrificio a los dioses de la guerra y como escarmiento para todos los rebeldes del Imperio. Así que llevaron a los prisioneros al cauce seco de Rokujō donde fueron decapitados y sus cabezas expuestas.

Cuando los guerreros de Kusunoki, atrincherados en los montes de Yoshino y Kongō, se enteraron, rechinaron los dientes de rabia y se reafirmaron en su voluntad de jamás rendirse al enemigo. El pueblo criticó el proceder de Rokuhara lamentando que no hubieran puesto en práctica la máxima aquella que dice: «el general sabio usa la estrategia del perdón al enemigo».

LIBRO SÉPTIMO

Capítulo 1. LA CAÍDA DE LA FORTALEZA DE YOSHINO

El día 28 del primer mes del segundo año de la era Shōkei [1333][1], Nikaidō Sadafuji al mando de setenta mil soldados del sogunato puso cerco a la fortaleza de Yoshino, refugio del príncipe Moriyoshi. Desde los remansos del río Natsumi se veían los pendones imperiales blancos y rojos que, como airosas flores entre nubes cárdenas, ondeaban al viento que envolvía al monte Yoshino. En la falda del mismo aguardaban en fila dos o tres mil hombres, con las armaduras puestas y los yelmos de resplandecientes remaches. Parecía un precioso brocado extendido sobre la tierra. La cima del Yoshino era alta y el camino que conducía a ella, angosto y escarpado. Las laderas eran abruptas y el suelo del camino estaba resbaladizo por el musgo. No parecía empresa fácil conquistar la fortaleza, ni siquiera con un ejército de cientos de miles de hombres.

A la hora de la Liebre [seis de la mañana], los dos ejércitos rivales intercambiaron los disparos de flechas para marcar el inicio de las hostilidades. Desde ese momento, se peleó con gran ímpetu. Los soldados fieles a la causa imperial, que conocían el terreno, se internaban por tortuosas sendas y lugares recónditos del monte para despistar y sorprender a los sitiadores. A veces, les lanzaban flechas; otras veces, se les escabullían. Por su parte, los soldados del sogunato combatían con valor y desprecio de sus vidas, sin cejar en su ímpetu ni un momento. No les importaba pisar sobre un montón de cadáveres entre los que pudieran estar los de sus propios hijos o padres. Gracias a esta audacia poco a poco fueron ganando terreno y acercándose a la fortaleza. Siete días con sus noches los dos ejércitos se combatieron sin tregua. Alrededor de

---

1. Corresponde al tercer año de Genkō, la era usada por la dinastía imperial del sur.

trescientos de los defensores perecieron y ochocientos de los sitiadores cayeron en combate, aparte de miles de heridos graves por impactos de piedras y flechas. Las hojas de hierbas y arbustos se tiñeron de la sangre que corría por ellas como encendidas lágrimas, mientras que en el monte y en el valle los muertos empezaron a amontonarse a sus pies. ¡Qué insuficiente era la palabra «cruel» para describir las terribles escenas desarrolladas en torno al monte Yoshino!

Sin embargo, a medida que las tropas de sogunato comprobaban el denuedo con que se defendían los de la fortaleza, empezaron a perder ímpetu. Fue entonces cuando Iwatama Maru, el monje superior del templo Kinbusen, también cerca del monte Yoshino, que luchaba en el ejército del sogunato y buen conocedor de la geografía local, convocó a sus hombres y les dijo:

—Dicen que Kanazawa Sadafuyu, el general de las tropas de Tōjo, ya ha conquistado la fortaleza de Akasaka y se dirige al monte Kongō. Como nosotros conocemos mejor estos montes, nos han pedido que ataquemos al enemigo por este lado. ¡Qué lástima que nuestros esfuerzos y ataques no hayan servido para nada y sigamos sin tomar la fortaleza! Reflexionando bien sobre la situación de combate, me doy cuenta de que los nuestros seguirán siendo un blanco fácil de las flechas enemigas si arremetemos de frente. Es indudable que la fortaleza es inexpugnable atacada por delante. En cambio, por la parte trasera, donde está el monte Kinbu, no está tan bien defendida. Seguro que nadie piensa que se nos ocurrirá atacar por ese lado tan empinado. Si escogemos a ciento cincuenta hombres ágiles capaces de escalar aprovechando la oscuridad de la noche, tal vez podamos llegar antes del amanecer a la pagoda del dios Aizen. Los defensores se sorprenderán al escuchar nuestros gritos de guerra tan cerca y seguro que actuarán precipitadamente. Entonces podremos aprovechar la confusión para atacarlos por tres frentes y detener al príncipe Moriyoshi.

A todos les pareció bien el plan de Iwatama Maru. No perdieron tiempo en seleccionar ciento cincuenta soldados ágiles y buenos conocedores del lugar.

Al caer la noche, se pusieron en marcha. Dieron un rodeo para llegar al monte Kinbu e iniciaron el ascenso por un terreno rocoso. Tal como habría previsto Iwatama Maru, no se veía ningún soldado enemigo defendiendo esa parte de la fortaleza. Tan solo había banderas atadas a las copas de los árboles. Los ciento cincuenta guerreros se ocultaron bajo los árboles o en las oquedades de las peñas y descansaron, dejando a un lado arcos y flechas y haciendo almohadas de sus yelmos, en espera del primer albor. Esa fue la hora convenida. Los cincuenta mil soldados del ejército del sogunato se repartieron para atacar la fortaleza en tres frentes distintos. Pero del monte Yoshino habían bajado unos quinientos bonzos guerreros dispuestos a defender la plaza. Con admirable desprecio de sus vidas unos y otros combatieron haciendo saltar chispas de las armas. Al mismo tiempo, los ciento cincuenta guerreros agazapados en el monte Kinbu bajaron a la pagoda Aizen y prendieron fuego a varios edificios de la fortaleza a la vez que lanzaban gritos de guerra. Al ver las llamas detrás de ellos, los defensores perdieron el ánimo. Comprendieron que era inútil seguir resistiendo y decidieron quitarse la vida. Muchos se hicieron harakiri, otros se lanzaron a las llamas y otros embistieron alocadamente al tropel de enemigos que tenían enfrente. El foso de la fortaleza no tardó en llenarse y hasta rebosar de cadáveres apilados.

Los guerreros que habían irrumpido por el monte Kinbu se dirigieron al pabellón Zao después de pasar por el santuario Katte no Myōjin. Sabían que en dicho pabellón tenía sus aposentos el príncipe Moriyoshi. Este, al comprender que no tenía escapatoria, se puso un *hitatare* de brocado rojo y encima una armadura de color escarlata. Se ató el barboquejo también de color bermejo del yelmo, se colocó unas espinilleras forradas de pan de oro y, con una katana de tres *shaku* y cinco *sun* [un metro] debajo del brazo, salió a batirse con los enemigos. Lo escoltaban unos veinte seguidores fieles. Este pequeño grupo fue capaz de hacer retroceder a los ciento cincuenta guerreros del sogunato que tuvieron que replegarse en las cuatro direcciones haciendo levantar el polvo de la tierra. A pesar de ser muchos más, se asustaron ante la fuerza formidable del príncipe y se retiraron al valle como hojas que dispersa el viento. Después, Moriyoshi pidió a sus fieles que instalaran un toldo untado de aceite en los jardines del pabellón Zao bajo el cual quiso sentarse tranquilamente y beber sake por última vez en su vida. De la armadura del príncipe sobresalían siete flechas y su cuerpo tenía dos heridas de combate, una en la mejilla y otra en el brazo, de las cuales manaba sangre a borbotones. Pero Moriyoshi, sin arrancarse las flechas ni limpiarse la sangre, se irguió sobre la estera de piel y bebió tres copas grandes de sake. Uno de sus fieles, Kodera Sagami, elevó la punta de su katana de cuatro *shaku* y tres *sun* [un metro y treinta centímetros] en la cual estaba insertada la cabeza de un enemigo y con expresión grave recitó estos versos:

Como lluvia de primavera
que incesante cae del cielo,
así nosotros
hemos bajado los sables
sobre los enemigos.

Como los copos de nieve
que ateridos caen a la tierra,
así las piedras
saltan en mil pedazos
ante nuestro ímpetu.

Pero, a pesar de ello,
es nuestro infausto destino
caer derrotados
como los demonios *asura*
cuando al dios Indra combaten.

Acto seguido, se puso a bailar un buen rato agitando los brazos con movimientos varoniles. Su danza recordaba la de Xiang Po y Xian Zhuang, de la dinastía Chu, cuando con las espadas en la mano ejecutaron un baile en la puerta Hong al verse con Lio Bang y Xiang Yu. La danza, sin embargo, fue interrumpida por el valiente Fan Kuai cuando abrió la cortina en el jardín y con semblante severo miró a Hsiang Yu.

Se acercaba el momento final de la batalla. Los dos ejércitos rivales parecieron haber recobrado el espíritu combativo y los alaridos de guerra no dejaban de oírse hasta en la capilla del pabellón Zao. Fue entonces cuando otro de los fieles del séquito de Moriyoshi, Murakami Yoshiteru, de cuya armadura sobresalían hasta dieciséis flechas clavadas y rotas como si el viento invernal las hubiera doblado, se presentó en los jardines para decir al príncipe:

—Alteza, la primera puerta de la fortaleza ha sido forzada y llevamos varias horas defendiéndonos en la segunda. He venido a ver a Su Alteza porque he oído las voces animadas de los brindis. Los enemigos tienen la moral alta debido a su superioridad numérica, mientras que nosotros nos sentimos presa de la fatiga y sabemos que no podremos resistir mucho más tiempo. Pero antes de entregar la plaza, los distraeremos en alguno de sus flancos para dar tiempo a que Su Alteza pueda escapar. Aun así, siempre habrá enemigos que os perseguirán a menos que quedemos alguno de nosotros para ofrecerles resistencia hasta el final. Para hacerles desistir de su persecución se me ha ocurrido la idea de suplantar a Su Alteza. Permitidme ponerme vuestro *hitatare* de brocado y la armadura que lleváis. De esa manera podré engañar al enemigo haciéndole creer que morís.

—Un buen señor cuida a sus súbditos igual que hace un padre con sus hijos —repuso tristemente el príncipe—. Por eso, ¿cómo voy a dejar que te sacrifiques por mí? Han sido varias las ocasiones en que en medio del peligro he estado a punto de perecer...

Yoshiteru, incapaz de aguantarse, alzó la voz para decir:

—Alteza, es lamentable que habléis así. Cuando Xiang Yu, de los Chu, asediaba en Xingyang a Liu Bang, de la dinastía Han, un vasallo de este, Ji Xin, dijo: «Señor, quiero engañar a las tropas de Chu fingiendo ser Liu Bang». ¿Acaso creéis que Liu Bang no se lo permitió? Es solo en casos de extremo peligro como el presente cuando un vasallo puede demostrar la lealtad sin límites que late en su corazón. ¿Cómo podréis recuperar el poder imperial con una actitud tan pusilánime? ¡Vamos, os lo suplico, quitaos la armadura!

Sin más palabras, Yoshiteru se acercó y desató los cordones de la armadura del príncipe. Este, resignado ante la sensatez de las palabras de su fiel seguidor, se despojó de la armadura y del *hitatare*. Con las lágrimas rodándole por las mejillas, dijo:

—Jamás olvidaré esta suprema demostración de lealtad. Cuando decidimos refugiarnos en esta fortaleza, juré que moriríamos todos juntos. ¿Quién iba a decirme que yo seguiría viviendo y tú sacrificarías la vida por mí? Si sobrevivo, rezaré por ti; y si también a mí me matan, recorremos juntos el camino hacia el otro mundo, vagaremos por los seis mundos[2] y renaceremos juntos algún día.

No había nadie de los fieles del príncipe que no vertiera lágrimas de emoción al presenciar la escena. Cuando Yoshiteru oyó hablar así a su alteza, vaciló en su resolución, pero enseguida se sobrepuso. Se vistió la ropa del príncipe, montó en un caballo y acudió a la segunda puerta de la fortaleza. Entretanto, Moriyoshi huyó por el sur después de pasar delante del santuario Katte no Myōjin. Convencidos los dos, señor y vasallo, de que era la última vez que se veían en esta vida, Yoshiteru volvió la vista para quedarse contemplando cómo se alejaba su alteza, mientras que este regresó para despedirse con gran pena de su fiel vasallo.

Murakami Yoshiteru esperó hasta que creyó que Moriyoshi había escapado del peligro. Después, se subió a una de las atalayas de la fortaleza, rompió la aspillera de madera con la katana y, asomándose, gritó a los enemigos:

—Aquí estoy. Soy Moriyoshi, cuarto hijo de su majestad Godaigo, nonagesimoquinto emperador de nuestro país. Acosado por vasallos rebeldes, deseo destruirme a mí mismo para expiar la traición. Mirad lo que voy a hacer y tomad ejemplo cuando la fortuna no esté de vuestra parte y os veáis obligados a acabar con honra.

Yoshiteru se desató los cordones de su armadura, se la quitó para revelar el *hitatare* principesco de brocado. Luego levantó las mangas de seda y se hundió la katana en su piel blanca e inmaculada, haciéndose una profunda incisión en el costado izquierdo. Después movió el arma en línea horizontal hacia el costado derecho y, tomando sus intestinos con la mano, los lanzó dentro de la atalaya. Acto seguido, se arrojó al vacío con la punta de la katana dentro de la boca.

Cuando los enemigos contemplaron la atroz escena y vieron el cuerpo caído de quien creían que era Moriyoshi, exclamaron:

—¡Oh, el príncipe se ha quitado la vida! Recojamos su cabeza.

Levantaron el cerco y se reunieron en un lugar. Entretanto, el príncipe pudo escapar en dirección a Tennokawa.

---

2. En el budismo, los seis mundos o caminos (*rokudō*) por donde transmigran los seres no iluminados. Véase nota 12, p. 186.

Indudablemente, de no ser por el sacrificio de Yoshiteru, el príncipe habría corrido grave peligro. Por eso, en este caso no se podría decir aquello de: «quien sabe lo que debe hacer y no lo hace es un cobarde». Yoshiteru había hecho lo que sentía que debía hacer todo vasallo leal. Sin embargo, ¡qué pocos precedentes hay en el mundo de conductas tales!

Entretanto, los quinientos nombres al mando de Iwatama Maru, que habían atacado la fortaleza por el sur y que conocían bien el terreno, habían formado un cerco para impedir la escapatoria del príncipe. Su intención era cortarle el paso y acabar con su vida.

En el grupo de fugitivos que acompañaban al príncipe estaba Murakami Yoshitaka, hijo de Yoshiteru. Cuando su padre se disponía a quitarse la vida, había querido perecer a su lado, pero Yoshiteru lo ordenó que se quedara con su alteza para servirlo hasta el final. Por eso, aunque Yoshitaka se hallaba ahora con Moriyoshi, estaba abatido pensando en el sacrificio de su padre; y en su corazón deseaba también morir. Esto explica que, para cubrir la fuga, se quedara atrás cortando las rodillas de los caballos perseguidores y matando audazmente a varios enemigos. Una hora estuvo combatiendo él solo a los quinientos soldados que los perseguían por un camino muy angosto. Su lealtad era firme como una roca, pero su cuerpo no era como el oro o el hierro. Asaeteado en más de diez partes del cuerpo, comprendió que había llegado también su hora. «Todo menos caer en la manos del enemigo», pensaba. Con esta resolución, corrió a esconderse a un soto de bambúes donde se hizo tranquilamente el harakiri. De esa manera, el mismo día, padre e hijo perecieron y con sus muertes dieron lugar a que el príncipe Moriyoshi escapara del peligro y consiguiera refugiarse en el monte Kōya.

Por su parte, el general del ejército sitiador, Nikaidō Sadafuji, creyendo que el cuerpo caído de la atalaya pertenecía al príncipe, mandó la cabeza a Rokuhara. Sin embargo, cuando la lavaron y acudieron testigos para identificarla, se supo que pertenecía a otra persona. La cabeza, sin ser expuesta públicamente, fue enterrada en un cementerio.

Capítulo 2. EL ASEDIO A CHIHAYA

Sadafuji, a pesar del éxito militar de la conquista del monte Yoshino, lamentaba que el príncipe Moriyoshi se le hubiera escapado de las manos. Decidido a capturarlo, se puso en marcha hacia el monte Kōya. En el camino ocupó una torre llamada Konpondaito desde donde despachó espías en busca de información sobre el paradero del príncipe. Pero todos los monjes de los alrededores y del monte Kōya se conjuraron para no revelar nada, de modo que todas las pesquisas de varios días fueron en vano. Tras esto, Sadafuji se dirigió a la fortaleza de Chihaya, en la cumbre del monte Kongō.

Antes había llegado un ejército de un millón ochocientos mil hombres a dicha fortaleza, por lo que cuando a ese ejército se le unieron las tropas de Sadafuji, el número ascendió a más de dos millones de hombres, todos ellos dispuestos a someter a Chihaya a un riguroso asedio. Eran tantos y estaban tan apiñados que se asemejaba al público apretado cuando se presencia un combate de sumo. Había más pendones y estandartes ondeando al viento que espigas de eulalias en un campo otoñal. Las katanas de los soldados centelleaban al sol como las gotas de rocío en las hojas secas al amanecer. Cada vez que la inmensa muchedumbre de soldados se acercaba a los muros de la fortaleza, las montañas circundantes parecían retumbar y cuando de las gargantas de tantos soldados salían gritos se diría que el eje de la tierra iban a romperse para siempre.

Dentro de los muros de Chihaya estaban refugiados Kusunoki y menos de mil hombres, confiados en sí mismos porque no tenían esperanza alguna de que llegaran refuerzos. Al este y oeste de la fortaleza se abrían hondonadas tan profundas que nadie podría subir por sus paredes, mientras que por el norte y sur el acceso tenía una fuerte pendiente. A pesar de esta situación, como la fortaleza se había levantado a uno o dos *chō* [doscientos veinte metros] y su perímetro era inferior a un *ri* [cuatro kilómetros], los sitiadores consideraban que su conquista sería fácil. Con tal confianza, los dos primeros días del asedio avanzaron contra la entrada principal de la fortaleza protegidos solo con los escudos y sin organizar bien el ataque. De forma desordenada, todos querían ser los primeros en irrumpir en sus muros. Los defensores, con todo a su favor y tranquilos, lanzaban desde las atalayas grandes piedras con las que destrozaban los escudos de los atacantes y después los disparaban con los arcos. Los asaltantes caían rodando por la pendiente, unos encima de otros. De esa manera, perecieron o sufrieron graves heridas quinientos o seiscientos de ellos.

Nagasaki Takasada, el general de las tropas de asedio, quiso conocer el número de los caídos en el asalto. Los nombres de las víctimas eran anotados por doce escribientes cuyos pinceles no dejaron de moverse día y noche durante cinco días. Una vez informado de las bajas, Takasada dio la siguiente orden: «A partir de ahora cualquier soldado que se acerque a los muros de la fortaleza sin permiso será castigado severamente».

Fue así como las tropas del sogunato dejaron de atacar y se quedaron en sus campamentos. La impresión era que la batalla había quedado suspendida. Así pasaron varios días.

Uno de los capitanes del ejército sitiador, Kanazawa Sadafuyu, que se había distinguido en la captura de la fortaleza de Akasaka, fue adonde estaba el general Takasada y Osaragi Takanao y les dijo:

—Con mis tropas fuimos capaces de someter Akasaka no con las armas, sino descubriendo el punto flaco de la plaza: el abastecimiento de agua. Una vez que se lo cortamos, el enemigo no tardó en rendirse. Ahora bien, observando con atención el emplazamiento de esta fortaleza de Chihaya en el monte Kongō, no me parece que dispongan de aljibes grandes en la cima de un monte tan pequeño, ni que acarreen el agua desde el monte de al lado. Sin embargo, es evidente que cuentan con alguna manera de aprovisionarse. Probablemente traen el agua por la noche desde algún lugar del valle. Me permito sugerir a Su Señoría que ordene a varios hombres que vigilen por la noche todas las salidas posibles de la fortaleza.

A los generales les pareció acertada la propuesta y ordenaron a Nagoe Tokimi que al frente de tres mil hombres bajara al valle, tomara posiciones y apuntalara con estacas el probable camino que recorrían los de la fortaleza para acarrear el agua.

Efectivamente, Kusunoki Masashige, un hombre de ingenio, había estudiado el asunto del aprovisionamiento de agua antes de levantar la fortaleza. Supo que los ermitaños de los alrededores se abastecían de agua a escondidas en cinco manantiales del valle. Salía tanta agua de ellos que nunca se habían secado, ni siquiera en tiempo de sequía, y los hombres de Kusunoki todas las noches eran capaces de llevarse hasta cinco *koku* [unos novecientos litros] de agua, una cantidad suficiente para cubrir las necesidades de los defensores. Sin embargo, Kusunoki, estimando que no podría ser bastante en el caso de tener que apagar el fuego provocado por las flechas incendiarias disparadas durante el asedio o que aplacar la sed de las gargantas de sus hombres resecas por los incendios, ordenó la construcción de doscientos o trescientos aljibes de madera en el fondo de los cuales asentaron capas de arcilla roja para mantener la calidad del agua almacenada. Además, colocaron canalones en todos los edificios de la fortaleza para que el agua de lluvia cayera a los aljibes. Con tales medidas, Kusunoki estaba seguro de resistir el asedio aunque no lloviera durante cincuenta o sesenta días; sin embargo, no era probable que no lloviera en un periodo tan largo.

Cuando supo que el enemigo controlaba las rutas de abastecimiento del agua del valle, no se atrevió a ordenar a sus hombres que salieran por la noche pues todos los caminos y senderos estaban fuertemente vigilados por las tropas del sogunato. Así pasaron varios días. Finalmente, al ver que los defensores ya no venían a por agua, estas tropas se relajaron y redujeron la vigilancia. Fue el momento esperado por Kusunoki. Ordenó a trescientos de sus hombres, los más valerosos que juzgó, que salieran por la noche hasta el pie del monte y, aprovechando la niebla previa al amanecer, atacaran por sorpresa. Consiguieron matar a veinte soldados y luego, lanzando gritos de guerra, irrumpieron en el campamento de Nagoe Tokimi el cual, sorprendido por el súbito ataque, se vio obligado a replegarse. Desde el campamento principal del sogunato, diez o veinte mil soldados, cuando se enteraron del ataque, se alborotaron y dijeron:

—¡Carguemos contra ellos!

Pero como había que atravesar profundas quebradas para llegar al valle, muchos de ellos estaban en contra de ir a plantar batalla. Mientras disputaban entre sí sobre atacar o quedarse en el campamento, los hombres de Kusunoki se dedicaron a recoger y llevarse los estandartes y los cortinajes de las tiendas de Tokimi abandonados en la retirada, y regresaron tranquilamente a la fortaleza. Por la mañana los colgaron de los muros de la puerta principal. En los cortinajes y pendones figuraban inscritos los blasones de la familia Tokimi. Desde lo alto de las atalayas los defensores se burlaban de los sitiadores y les gritaban:

—¡Aquí tenéis los pendones y estandartes robados a Nagoe Tokimi! No nos sirven para nada, así que si alguien del clan Tokimi desea llevárselos, que se acerque a por ellos.

Al oír estas burlas, los soldados del sogunato comentaban:

—¡Qué vergüenza para el señor Tokimi!

Los señores de este clan, ofendidos en lo más vivo por estas chanzas, dieron la siguiente orden a sus soldados:

—¡Más nos vale morir que soportar esta afrenta! Todos debemos salir a luchar hasta la muerte contra el enemigo.

Unos cinco mil soldados avanzaron intrépidamente hasta los muros de la fortaleza. Al avanzar, muchos fueron presa fácil de las flechas enemigas y cayeron muertos o heridos. Pero sus compañeros, pisando encima de sus cuerpos, siguieron atacando con decisión. Lograron superar la primera empalizada y llegaron hasta los pies del acantilado que defendía la fortaleza. Pero la pared era tan escarpada que no había forma de escalarla. Debían contentarse con mirar con rabia desde abajo y con resoplar a pleno pulmón para templar su ira. Entonces vieron que sobre ellos caían diez o veinte grandes troncos catapultados desde la fortaleza. Con estos proyectiles inesperados cuatrocientos o quinientos soldados de Tokimi cayeron por tierra con la facilidad con que caen las fichas de *shogi*[3] y muchos perecieron aplastados. Los que se libraron del impacto huyeron precipitadamente, pero fueron víctimas fáciles de las flechas que los de Kusunoki empezaron a lanzar desde las atalayas y aspilleras de los muros. ¡Qué pocos hombres de Tokimi sobrevivieron a esta batalla! Habían demostrado valor, eso sí, pero su alocado ataque les había costado muy caro. Este era el comentario que corría de boca en boca por todo el campamento sogunal: «encima del oprobio de la burla, Nagoe Tokimi ha sufrido cuantiosas bajas».

Convencido de que la fortaleza era inexpugnable y con la moral baja después de estos lances, el ejército del sogunato se resignó a deponer las armas. Su líder, Nagasaki Takasada anunció:

3. Ajedrez japonés.

241

—Está visto que de poco nos sirve atacar con la fuerza de las armas. No cosecharemos más que muertes de nuestros soldados. El triunfo no llegará jamás atacando. Vamos a limitarnos simplemente a mantener el cerco hasta que se les acaben los víveres.

Así pues, suspendidas las hostilidades contra la fortaleza, dejaron correr los días. Los soldados, aburridos por la inactividad, recurrieron a pasatiempos como la poesía. Llamaron a algunos poetas profesionales de la capital y celebraron certámenes de *renga*[4]. El primer día del certamen, el general Takasada compuso esta estrofa:

> Abrid las flores,
> cerezos de montaña,
> antes que otras.

Estos versos fueron rematados por Kudō Jirō con este pareado:

> Pero vientos hostiles
> dispersarán sus pétalos.

A todos dejó mal sabor de boca esta poesía porque, a pesar de sus dos elegantes imágenes, aludía claramente a las tropas del sogunato comparadas con flores y vencidas por los vientos hostiles representados por las tropas imperiales. «Traerán mala suerte unos versos así», decían. Conforme a las órdenes de no atacar que había dado el general Takasada, los soldados del sogunato se dedicaban a matar el tiempo como mejor podían: unos jugaban al *go*[5] o a diversos juegos de mesa; otros celebraban ceremonias de té o recitaban poemas. Al final estaban aburridos y no sabían en qué gastar el tiempo.

Pasados varios días, Kusunoki Masashige dijo a sus hombres:

—¿Qué os parece si preparamos una trampa a los enemigos para despertarlos de su aburrimiento?

Ordenó fabricar veinte o treinta muñecos de paja del tamaño de un hombre, vestirlos una armadura, con yelmo y armas en las manos, poner un escudo delante de cada uno y en plena noche colocarlos en la parte baja de la fortaleza, donde pudieran ser vistos desde el campamento enemigo. Pero detrás de los muñecos se escondieron hasta quinientos soldados escogidos entre los mejores de la fortaleza. Cuando amaneció y se dispersó la niebla, estos soldados lanzaron gritos de combate. Al oírlos, los sitiadores exclamaron:

---

4. Poesía encadenada entre varias personas. Un poeta componía tres versos y otra persona los restantes dos versos, hasta completar una estrofa de cinco versos de 5 / 7 / 5 / 7 / 7 sílabas que formaba el poema clásico *waka*. Era un género poético especialmente popular en los siglos XIV y XV.
5. Juego semejante a las damas.

—¡Alerta, alerta! El enemigo ha salido de la fortaleza. No cabe duda de que, acosado por el hambre, sale a atacarnos con todas sus fuerzas.

Y salieron contra ellos. Los soldados de Kusunoki, ocultos tras los muñecos, soltaron una andanada de flecha y luego se retiraron furtivamente a la fortaleza, dejando solos a los muñecos. Los sitiadores se lanzaron contra los muñecos creyendo que se trataba de soldados de verdad. Cuando Kusunoki desde la atalaya vio que un buen número de enemigos se había amontonado muy cerca de los muñecos, dio la orden de lanzarles desde arriba cuarenta o cincuenta rocas de una vez. Hasta trescientos soldados enemigos perecieron en el acto y otros quinientos sufrieron heridas graves o leves. Especialmente los soldados que se habían acercado para atacar a los muñecos quedaron aplastados por las piedras. Su ataque, por haber tenido como objeto simples muñecos de paja, no tuvo ningún mérito. Los demás soldados no quisieron avanzar más por miedo a algún otro ardid, y se replegaron a toda prisa al campamento. La cobardía de unos y otros fue motivo de risa de todo el campamento.

Tras este incidente las tropas de sogunato perdieron el espíritu combativo limitándose a alzar la vista y mirar tristemente los muros de la fortaleza. Algún soldado ingenioso puso delante de la tienda del general un cartel en donde se podía leer el siguiente poema burlesco:

¿Os contentáis,
hombres de Kamakura,
con mirar ramas
de un árbol de alcanfor
en lo alto de Kazuragi?[6]

Resignados a no pelear y a contemplar de lejos a los enemigos, los soldados del ejército sogunal mandaron venir a mujeres de la vida de Eguchi y Kanzaki para que les ayudaran a vencer el tedio. Entretanto, dos samuráis principales, Nagoe Tōtōmi Nyūdō y su sobrino Nagoe Hyōgo no Suke, se enzarzaron en una discusión mientras jugaban una partida de dados con unas prostitutas. Surgió un malentendido entre los dos hombres por una simple jugada y la disputa pasó a mayores: los dos hombres echaron mano a las armas y acabaron matándose entre sí. Al ver esto, los vasallos de uno y otro tomaron partido por sus señores respectivos y empezaron a pelearse. Muy pronto la pelea degeneró en batalla campal cuyo resultado fue más de doscientos soldados muertos. Cuando los defensores de la fortaleza conocieron el suceso, se reían diciendo:

6. «Ramas» alude a las tropas de Kusunoki cuyo nombre significa «árbol de alcanfor», mientras que Kazuragi es el nombre antiguo de la montaña donde se ubica la fortaleza. El poema es una variación de un conocido poema que aparece en la antología *Shinkokinshū* de 1212.

—¡Qué bien! Los enemigos se matan entre ellos. Sin duda es el Cielo que castiga la perfidia del ejército de Kamakura por haber levantado la mano contra su hijo[7].

Lo que ocurría en el campamento sogunal era ciertamente un suceso fuera de lo común. Era como si el demonio o algún poderoso espíritu maligno se hubiera apoderado de los corazones de sus soldados. El día 4 del tercer mes del mismo año llegó al campamento un emisario de Kamakura con este mensaje: «No es bueno que los soldados pasen tantos días ociosos y sin combatir al enemigo». Los generales celebraron una asamblea para discutir qué plan tomar. Se decidió construir un puente de madera que salvara la profunda hondonada que había para acceder a la fortaleza. Llamaron de la capital a quinientos carpinteros y prepararon tablones de un grosor entre cinco o seis *sun* [quince centímetros] y de ocho o nueve *sun* [treinta centímetros]. El puente tenía un *jō* y cinco *shaku* de ancho [cuatro metros y medio] y veinte *jō* de largo [unos sesenta metros]. Ataron dos o tres mil cuerdas gruesas a los extremos del puente para elevarlo con poleas por encima del abismo hasta quedar al nivel de la base del muro de la fortaleza. El puente fue tan ingenioso y espectacular como la célebre escala que construyó Lu Ban, el gran maestro carpintero de la antigüedad[8]. Una vez salvada la profunda hondonada con esta maravillosa obra, cinco mil soldados entusiastas se aprestaron a cruzarlo. Esta vez parecía que la fortaleza iba a ser conquistada, pero los defensores ya tenían un plan. Kusunoki había mandado preparar numerosas antorchas que sus hombres lanzaron en el momento en que vieron venir contra ellos a los soldados enemigos. Muy pronto en medio del puente había un montón de antorchas, tras lo cual desde la fortaleza lanzaron rociadas de aceite propulsadas como una cascada por bombas de presión que cubrieron toda la superficie del flamante puente. El fuego de las antorchas, favorecido además por el viento que soplaba del valle, se propagó de inmediato a todo el puente que no tardó en arder por los cuatro costados. Los soldados que iban los primeros retrocedieron al ver las llamas cada vez más vivas, pero los que iban detrás avanzaron sin saber lo que pasaba delante. No tardó en reinar la confusión en la soldadesca. Unos hasta pensaron en arrojarse al vacío antes que arder entre las llamas, pero vacilaban al ver el abismo profundo y las puntiagudas peñas que había bajo el puente. Entretanto el puente en llamas se hundió por el centro y cayó al vacío. Entre mil y dos mil hombres se despeñaron al fondo, algunos de ellos envueltos en llamas. La terrible escena hacía pensar en los ocho infiernos budistas

---

7. El hijo del Cielo, es decir, el exemperador Godaigo.
8. En la era de los Estados Combatientes de China (403-221 a.e.) este artesano construyó un puente desde el cual el soberano de Chu pudo atacar el castillo enemigo.

donde los pecadores caen sobre un mar de puntiagudas espadas, de gigantescas llamas y de agua hirviendo. La palabra «horror» no hace justicia a la pavorosa escena del puente de Chihaya.

Había cerca de siete mil samuráis leales a la causa imperial que, llegados de Yoshino, Totsugawa, Uda y Uchikori, se habían reunido en torno a la persona de su alteza el príncipe Moriyoshi. Se habían organizado para ocultarse en los valles de la región próxima al monte Kongō y bloquear los caminos. El objetivo era impedir el aprovisionamiento del inmenso ejército de Kamakura que sitiaba la fortaleza. La consecuencia fue que tanto los soldados como los caballos de este ejército empezaron a resentirse de la falta de víveres. Por esto y por la sucesión de los reveses sufridos ante los muros de la fortaleza, comenzó a cundir el desánimo en la tropa. Cada día desertaban cien o doscientos jinetes. Pero lo peor estaba por llegar, pues en los caminos de retirada estos desertores eran sorprendidos en emboscadas por los samuráis locales, buenos conocedores del terreno, y asesinados sin piedad. Cada día mataban a tantos enemigos que es imposible llevar la cuenta. Los que sobrevivían a las emboscadas, vagaban indefensos después de haber sido despojados de caballos y armas. Había muchos que caminaban desnudos pues les habían robado hasta la ropa; entre estos algunos se vieron obligados a cubrirse con capas de paja medio rotas; otros no pudieron hacer otra cosa que taparse sus vergüenzas con hojas ensartadas en una cuerda ceñida a la cintura. Por caminos y senderos se veía pasar muchos soldados derrotados del ejército de Kamakura que deambulaban sin rumbo como almas en pena. ¡Qué situación tan deshonrosa para el ejército del sogún! ¡Cuántos hombres se vieron privados para siempre de armaduras, yelmos y katanas que sus familias habían atesorado de generación en generación! Ya se ha descrito cómo se dieron muerte Nagoe Tōtōmi Nyūdō y Nagoe Hyōgo no Suke que eran tío y sobrino, tras discutir por una nadería. Hubo soldados que desertaron para abrazar la vida religiosa después de haber perdido a sus padres en el asalto fallido a la fortaleza del monte Kongō; otros salvaron a sus señores heridos en combate y regresaron derrotados a sus lugares de origen. El resultado final fue que del ejército de Kamakura, que inicialmente constaba de más de un millón ochocientos mil hombres, quedó reducido a menos de cien mil.

Capítulo 3. NITTA YOSHISADA RECIBE UN EDICTO IMPERIAL

Un samurái principal de nombre Nitta Yoshisada vivía en la provincia de Kōzuke. Era el hijo mayor de Nitta Yoriuji, descendiente en Nitta Yoshishige, hermano mayor de Ashikaga Yoshiyasu y descendiente en decimoquinta generación del emperador Seiwa. Pertenecía en décima generación, al mismo linaje que el famoso guerrero Minamoto Yoshiie y por sus venas corría, por lo tanto, sangre Minamoto. Este Yoshisada y sus huestes, obedientes al mandato de los Hōjō, aún en la cúspide del poder, formaban parte del ejército sogunal acampado en las faldas del monte Kongō. Allí, como se ha visto, pasaba los días ocioso y sin ocasión de hacer ninguna proeza. Un día llamó a uno de sus hombres más fieles, un tal Funada Yoshimasa, y le dijo confidencialmente:

—En el pasado el clan Minamoto y el clan Taira acostumbraban a colaborar sirviendo en el palacio imperial e incluso gobernando[9]. Aunque yo he seguido el camino del arco y las flechas como líder del clan Minamoto, he vivido sin pensar para nada en el futuro. Por eso, la prosperidad de mi familia llegó a su fin y ahora estamos en decadencia. Por ejemplo, heme aquí sirviendo a los Hōjō[10]. ¡Cuánto quisiera recuperar el antiguo esplendor de mi casa! Bien mirado y examinando la conducta del regente Hōjō Takatoki, es indudable que el fin del clan Hōjō está próximo. Quiero confesarte que mi intención es volver a mi tierra cuanto antes, reunir un ejército y ponerme a las órdenes del emperador Godaigo. ¡Cómo me gustaría recibir de él un edicto imperial! Creo que lo primero será entrar en contacto con su alteza el príncipe y manifestarle mi deseo.

Funada Yoshimasa, con la expresión grave, le contestó:

—¡Ah, señor! ¡Qué bien os entiendo! Si realmente estáis decidido a dar un paso tan importante, contad conmigo. Yo urdiré una intriga para ponerme en contacto con el príncipe y comentarle vuestra intención.

Funada se puso manos a la obra. Localizó a unos leñadores de Yoshino y Totsugawa a quienes preguntó por el paradero del príncipe. Recelosos, al principio los leñadores se quedaron callados.

—Si no habláis, os degüello aquí mismo —los amenazó el samurái.

Uno de los leñadores dijo entonces:

—Está bien, señor. Dadme dos días y os traeré la respuesta del príncipe.

Efectivamente, a los dos días volvió el leñador con una misiva de Moriyoshi. Yoshisada la abrió. No estaba escrita por el príncipe, sino por su secretario. Decía así: «A continuación transcribo las palabras que diría mi padre, su excelsa majestad el emperador Godaigo: 'Un soberano virtuoso ilustra al pueblo y lo gobierna con sabiduría. Los vasallos fieles están atentos a reprimir toda rebelión contra el hijo del Cielo y se muestran

---

9.   Referencia a la alternancia de poder de estos dos clanes guerreros en la segunda mitad del siglo XII. Finalmente se enfrentaron en las guerras Genpei (1180-1185) saliendo victorioso el clan Minamoto.
10.   Este clan, aunque aliado en un principio a Minamoto Yoritomo, del cual recibió el poder del sogunato, pertenecía en realidad a los Taira. De ahí, la queja de Yoshisada.

celosos en la pacificación de los cuatro mares. Muchos años, Hōjō Takatoki y los suyos han dado muestras sobradas de prepotencia, sin respeto alguno a la autoridad nuestra y de la Casa Imperial. Puedo ver las señales de que el castigo del Cielo por su iniquidad está próximo. Tengo noticia de tu intención de levantarte en armas para aliviar nuestro sufrimiento. Tu deseo me emociona. No tengas duda de que tus esfuerzos serán recompensados. Te ordeno que idees algún plan para derribar al clan Hōjō de su pedestal de soberbia. Ganarás méritos a nuestros ojos si lo haces'. Tales son las palabras que saldrían de los augustos labios del emperador, mi padre, y que te comunico para tu conocimiento por medio de esta carta. El 11 del segundo mes del tercer año de la era Genkō [1333]. Al señor Nitta Yoshisada, del clan Minamoto».

Yoshisada no cabía en sí de gozo. El hijo del Cielo lo honraba maravillosamente con el encargo de alzarse contra Kamakura. Fingiendo enfermedad ante sus superiores del ejército sogunal, se retiró y regresó apresuradamente a su tierra.

Entretanto, muchos destacamentos de samuráis de diversas provincias, que igualmente debían permanecer en el ejército para seguir combatiendo a Kusunoki en Chihaya, volvieron grupas y con una excusa o con otra regresaron a sus lugares de origen. Los que quedaron se vieron con el abastecimiento de provisiones cortado, lo cual contribuyó aumentar aún más su desánimo.

Cuando las autoridades de Rokuhara se enteraron de la situación, despacharon un ejército con jinetes de Kii y Kiyowara al mando de Utsunomiya Kintsuna, con fama de invencible incluso en las regiones del este. Las tropas de Utsunomiya, sin esperar ni un segundo, se pusieron en marcha y, nada más llegar a la fortaleza de Chihaya, se acercaron al foso y no cesaron de atacar día y noche por espacio de diez días seguidos. Los muros de la fortaleza hechos de troncos de bambú sufrían los destrozos del intenso asalto y los defensores se veían cada vez más apurados para resistir. ¡Ah, si los soldados de Utsunomiya pudieran volar sobre la fortaleza como aquel legendario Hansoku, rey de la India, o tener la fuerza sobrehumana del gigante Ryuhaku para arrancar de cuajo el monte Kongō[11]! Pero como no eran más que humanos, tuvieron que resignarse a tomar palas y azadas para excavar zanjas bordeando el muro de la parte trasera de la fortaleza, mientras que otras tropas atacaban el frente. Al cabo de tres días de intenso trabajo, los zapadores de Utsunomiya consiguieron derribar dos atalayas. Cuando lo vieron, el ejército del sogunato, que había cercado la

---

11. Hansoku es la japonización del rey Kalmasadapada cuya mención aparece en varios sutras budistas y Ryuhaku, la de Lung Po, el rey de un país legendario de gigantes en la mitología china.

fortaleza en vano durante tantos días, se arrepintió de no haber usado a sus zapadores desde el principio del asedio para hacer lo mismo. Se unió a los esfuerzos de Utsunomiya y se puso a cavar zanjas en torno a los muros. Pero el perímetro era largo, de más de un *ri* [cuatro kilómetros], por lo que no parecía una empresa nada fácil.

Capítulo 4. CUNDE LA REBELIÓN

A pesar de las labores de zapa de Utsunomiya, corría el rumor de que la fortaleza de Chihaya, en el monte Kongō, defendida por Kusunoki era inexpugnable y de que todos los refuerzos enviados desde Rokuhara o desde Kamakura resultaban insuficientes. Cuando supo esto, Akamatsu Norimura partió de la fortaleza de Konenawa, en tierras de Harima, y bloqueó las rutas de San'in y San'yō. Luego estableció campamentos en Yamanosato y Nashigawara y se quedó esperando la llegada de refuerzos.

Mientras, grupos de samuráis de las provincias de Bizen, Bitchū, Bingo, Aki y Suō, que acudían a la capital para ponerse a las órdenes de las autoridades sogunales de Rokuhara, se congregaron en las posadas de Mitsuishi e intentaron desbloquear la ruta de San'yō para poder continuar hacia Kioto. Pero el hijo de Akamatsu Norimura, de nombre Sadanori, que se hallaba al acecho en el monte Hunakasa, los cerró el paso llegando a capturar a unos veinte capitanes enemigos. Sadanori, lejos de matarlos, los trató con cortesía.

Entre estos estaba Itō Yamato no Jirō el cual, agradecido por el trato, decidió cambiar de bando y declararse seguidor de la causa imperial. Levantó una fortaleza en el monte Mitsuishi, arriba de donde vivía, y tomó posiciones en el monte Kuma con sus familiares y aliados donde se hizo fuerte. Incluso derrotó a Kajii Genta Saemon, de la provincia de Bizen, que tuvo que huir a Kojima. Tras este incidente las rutas hacia las regiones del oeste quedaron cortadas y la confusión reinó en Chugoku, es decir, en las provincias centrales del Imperio.

Mientras Itō combatía las tropas que trataban de llegar a Kioto desde el oeste, Akamatsu, con las manos libres gracias a este inesperado aliado, pudo conquistar la fortaleza de Takada Hyōgo no Suke y controlar la ruta de San'yō. Fueron muchos los guerreros que a mitad de camino cabalgaron hasta unirse a las fuerzas de Akamatsu, llegando a juntarse hasta siete mil hombres. Con tan importante contingente Akamatsu podría atacar Rokuhara, en Kioto, pero prefirió reforzar su posición construyendo una fortaleza en el templo Maya situado en el norte de la provincia de Hyōgo, a solo unos veinte *ri* [unos ochenta kilómetros] de la capital. De esa forma contaría con un buen refugio donde jinetes y caballos pudieran descansar en caso de necesidad.

Los jefes de Rokuhara, al enterarse de la marcha de Akamatsu, deliberaron sobre qué hacer. «Enviemos a Utsunomiya contra la fortaleza de Maya», decían, pero el general Utsunomiya ya había sido despachado contra Chihaya y, además, Itō interceptaba el paso a cualquier posible refuerzo que llegara de Kamakura. Decidieron entonces pedir refuerzos a las provincias de Shikoku. Pero el día 4 del segundo mes se presentó en Rokuhara un mensajero de Iyo, en Shikoku, y anunció: «Los señores Doi Michimasu y Tokunō Michitsuna izaron la bandera de la rebelión y apoyan la causa imperial. Reunieron un ejército y el día 12 del mes pasado, marcharon contra Tosa después de informarse bien de las fuerzas a las que iban a enfrentarse. El gobernador de Tosa, Hōjō Tokinao salió contra ellos a bordo de unos trescientos barcos. La batalla tuvo lugar en Hoshigaoka. El gobernador fue derrotado y un elevado número de sus soldados perdieron la vida o quedaron malheridos. El mismo Hōjō Tokinao y su hijo desaparecieron. Desde ese día, los samuráis de Shikoku siguen a Doi Michimasu y a Tokunō Michitsuna. Con una fuerza de seis mil hombres están preparando barcos en los puertos de Utazu e Imabari para cruzar el mar y marchar contra la capital. ¡Alerta máxima ante la llegada de una flota enemiga!».

Las autoridades de Rokuhara se quedaron muy sorprendidas por las noticias de Shikoku... ¡antes de poder sofocar las insurrecciones de las provincias centrales, estallaba un nuevo foco de rebelión en Shikoku y en las regiones del oeste! La fidelidad de los samuráis al sogunato era frágil como una delgada capa de hielo y el país se hallaba en un peligro comparable al de alguien situado en la orilla de un río torrencial a punto de desbordarse.

Capítulo 5. GODAIGO HUYE DE OKI

En tal situación, los líderes de Rokuhara decidieron despachar urgentemente un emisario a Oki, donde seguía desterrado el exemperador Godaigo, con la orden a Sasaki Kiyotaka, el samurái que lo custodiaba, de que redoblara la vigilancia. El mensaje decía: «La paz no se asienta en los cuatro mares. La razón principal de la tormenta de sus aguas es la conspiración instigada por el emperador. Es posible que los rebeldes intenten rescatar a Godaigo aprovechando la confusión reinante y cualquier instante de descuido». Cuando recibió el mensaje, Kiyotaka organizó a los administradores militares de los alrededores y a otros vasallos fieles de los Hōjō para que lo ayudaran a estrechar la vigilancia a puertas cerradas sobre el exemperador.

Los últimos diez días del segundo mes el turno de la vigilancia le correspondía a Fujina Yoshitsuna. Durante un tiempo este samurái abrigaba en lo profundo de su corazón la idea de hacer prosperar a su familia, liberando a Godaigo aunque para ello tuviera que alzarse contra el sogunato. Pero no se atrevía a dar el paso. Además, nunca tuvo oportunidad de acercarse al exemperador para confiarse a él. Una noche en que estaba de guardia, Godaigo lo invitó a una copa a través de una servidora. Fujina, sorprendido por el honor que se le hacía, antes de aceptar, estuvo un rato hablando con esta mujer a la que dijo:

—Quizás su majestad no lo sabe todavía, pero Kusunoki Masashige se ha hecho fuerte en una fortaleza levantada por él mismo en el monte Kongō. Desde comienzos del segundo mes un ejército llegado de las provincias del este, numeroso como nubes en un día cubierto y denso como espesa niebla, ha intentado en vano vencerlo. Con la moral rota, muchos soldados han abandonado sus filas. En la provincia de Bizen, Itō Yamatojirō ha levantado una fortaleza en el monte Mitsuishi y ha cortado todos los caminos de la ruta de San'yō. En Harima, Akamatsu Norimura, después de haberse hecho fuerte en Maya, ha ganado influencia en las comarcas vecinas de donde acuden samuráis para ponerse a su servicio. En la isla de Shikoku, otros dos samuráis principales, Doi Michimasu y Tokunō Michitsuna, del clan Konō, se han alzado en armas a favor de su majestad Godaigo. Han derrotado y obligado a huir al gobernador Hōjō Tokinao. Corre el rumor de que todos los samuráis de Shikoku rinden obediencia a Michimasu y a Michitsuna los cuales preparan una flota para venir a rescatar a su majestad o para atacar la capital. Creo que ha llegado el momento de que su majestad tome una resolución. Podrá salir de aquí mientras yo estoy de guardia y escapar al puerto de Chiburi en el cual hallará algún barco que lo lleve a cualquier playa de Izumo donde podrá esperar el curso de los acontecimientos. Decid a su majestad que yo fingiré que lo ataco, pero en realidad colaboraré para que huya con seguridad.

La criada se retiró y, yendo adonde estaba Godaigo, le trasladó punto por punto todo lo que Fujina le había dicho. El exemperador dudaba si sería verdad que en tantas partes del Imperio se hubieran producido alzamientos contra el sogunato y no sabía qué hacer. Decidió ofrecerle a Fujina la servidora para que se confiara a ella y así sondear la fidelidad del samurái. Este se sintió colmado de felicidad ya que la mujer no solamente era bella, sino muy cariñosa con él. La pareja juró amarse toda la vida, incluso más allá de la muerte, y pusieron como testigo de su amor al dios Kashima, deidad que preside los lazos humanos y a la cual la gente ofrenda un cinturón con el nombre escrito para que el dios decida con quién han de casarse. Por la convivencia con esa mujer, Godaigo se enteró de que Fujina Yoshitsuna era un hombre sin doblez y de corazón fiel. Dedujo entonces que podía fiarse de él. Creía además que Fujina no levantaría sospechas[12]

---

12. Según otra versión del *Taiheiki*, la seguida en la edición inglesa de H. C. McCullough, cit., p. 193, Fujina es enviado por Godaigo para buscar apoyo a Izumo donde es apresado.

y ordenó a la mujer que se fuera de la casa con la excusa de que Rokujō Tadaaki, uno de los cortesanos que lo acompañaban en el exilio, se había enamorado de ella. El cortesano alegó que, como estaba embarazada y se acercaba la fecha del parto[13], debía abandonar los aposentos del exemperador. Fue la ocasión esperada, pues Godaigo intentó subirse al palanquín en el que iba Tadaaki. Pero, como no encontró a nadie que llevara el palanquín y creyendo que además llamaría la atención, decidieron los dos hacer el camino a pie.

¡Qué lastimoso espectáculo ver al hijo del Cielo, el hombre que había dominado los diez santos preceptos del budismo[14], llevar unas rústicas sandalias de paja manchándose los augustos pies con el barro y polvo y arañándoselos con la maleza de los caminos!

Así pues, la noche 23 del segundo mes el exemperador, con la compañía de Tadaaki, anduvo en medio de las tinieblas de los caminos hasta que la luna asomó muy tarde. Llegó a un pueblo y al rozar con su vestido las ramas de un ciruelo, sintió la fragancia de sus flores. ¡Qué pena daba verlo marchar con paso vacilante por caminos tan rústicos! Se sentía muy solo y le parecía que ya se hallaba muy lejos de donde había estado tanto tiempo encerrado, pero el viento que soplaba desde el pinar de un monte desconocido le transmitía el rumor de una cascada lejana. Dedujo entonces que en realidad no había caminado mucho. Con el temor de que sus perseguidores se acercaran, deseaba a toda costa poner el máximo de tierra de por medio. Pero, como no estaba habituado a caminar, erraba más que andaba y daba vueltas sin apenas avanzar en línea recta. Era como si estuviera soñando. A su lado, Rokujō Tadaaki, con la expresión compungida, lo llevaba de la mano y a veces lo empujaba por las caderas para acelerar su paso. Deseaban llegar esa misma noche a algún puerto de la costa. Pero los dos hombres se veían tan fatigados física y mentalmente que tuvieron que tumbarse sobre la tierra mojada de rocío para descansar un rato. ¡Cómo suspiraba Tadaaki pensando que si hubieran podido permanecer en la capital nunca habrían caído en este estado! Las mangas del kimono que llevaba el soberano se hallaban empañadas por tantas lágrimas como rodaban por sus augustas mejillas. A altas horas de la madrugada, bajo la luna, Tadaaki oyó las campanadas de alguna ermita perdida en la montaña que anunciaba la llegada de la aurora. Reanudaron la marcha y cuando divisaron una casa con un seto y puerta de bambú, Tadaaki llamó para preguntar:

—¿Podréis decirnos cuál es el camino más corto para llegar al puerto de Chiburi?

---

13. De acuerdo con la idea de la época en las clases altas, se pensaba que el parto causaba polución en la casa contaminando a sus moradores, por lo que las parturientas usaban una cabaña anexa que después del parto se quemaba.
14. Véase nota 10, p. 114.

Como aún no amanecía, todo parecía dormido y nadie respondía. Volvió a preguntar lo mismo con la voz más alta. Al cabo de un rato, un hombre de aspecto muy rudo apareció en la puerta. Después de mirar fijamente a Godaigo, dijo:

—Debéis de ser forasteros que andan perdidos en estos parajes. El puerto de Chiburi está a unos cincuenta *chō* [cinco kilómetros] de aquí. Si seguís el camino recto, hallaréis un cruce. Un camino va al norte y el otro, al sur. —Después, sin duda movido por la compasión, añadió:— Bueno, creo que os vais a perder, así que os guiaré.

El lugareño se echó a las espaldas a Godaigo y anduvo abriéndose camino a través de la maleza cargada del rocío de la noche. Finalmente llegaron al puerto de Chiburi. A sus oídos llegaron las campanadas que anunciaban la hora. Eran las cuatro de la madrugada. Tadaaki deseaba que su majestad se embarcase en alguna de las naves que zarpaban antes del amanecer. El rústico llevó a cuestas al exemperador de un lado para otro preguntando a un marinero y a otro. Finalmente negoció con uno que partía enseguida en dirección de Hōki. Subió al barco, instaló a bordo a Godaigo y al cortesano, y se retiró, aunque se quedó en el puerto para verlos partir.

Posiblemente aquel hombre rústico tan servicial no era un mortal. Cuando finalmente Godaigo recuperó el poder y ordenó su busca con la intención de agradecerle personalmente la ayuda y de recompensarlo, nadie se presentó diciendo «Fui yo». Todas las pesquisas fueron en vano, por lo que el soberano estaba convencido de que quien lo había salvado aquella noche fue alguna deidad en figura de hombre rústico.

Al alba los marineros de la nave donde viajaba Godaigo soltaron amarras. Gracias al viento que soplaba de popa, el barco se deslizaba velozmente por las aguas que separan las islas de Oki de las costas de Hōki e Izumo. A pesar de verse por fin en el mar, el exemperador no estaba del todo tranquilo, pues temía que algún barco más veloz pudiera alcanzarlos para detenerlo y confinarlo nuevamente en el lugar de su destierro. El piloto de la embarcación, sin duda convencido de que el pasajero que llevaba a bordo no era un cualquiera, dijo con expresión respetuosa:

—¿Cómo vamos a atrevernos nosotros, humildes marineros, a acercarnos a Su Señoría? Os habéis dignado subir a nuestro barco honrándonos para toda la vida y dándonos ocasión de hacer una buena acción que seguro tendrá en cuenta el rey Enma el día que nos juzgue una vez muertos. Decidnos adónde queréis que os lleve y yo obedeceré vuestras palabras y pondré rumbo a cualquier puerto o playa que deseéis. Su Señoría no tiene motivo para inquietarse por nada. ¡Estad tranquilo!

Las palabras del marinero parecían sinceras y tanto en sus palabras como en sus ademanes mostraba una gran cortesía. A la vista de esto, el cortesano Tadaaki juzgó que tal vez fuera mejor confesarle la verdadera identidad de sus pasajeros y el motivo del viaje. Así que llamó al piloto y le dijo:

—¿De qué sirve seguir fingiendo, buen hombre? El hombre que ha subido a tu barco no es otro que el soberano del Japón y señor del Imperio, el hijo del Cielo. Tal vez hayáis oído decir que el año pasado fue desterrado a las islas de Oki y recluido en la mansión de Sasaki Kiyotaka. Pero resulta que ahora se ha presentado una ocasión muy favorable. Aprovechando un descuido de los vigilantes, yo, Rokujō Tadaaki, su humilde servidor, tuve la fortuna de poder sacarlo furtivamente y traerlo hasta aquí con grandes dificultades. Te rogamos que nos lleves cuanto antes a algún puerto de las provincias de Hōki o de Izumo donde podamos desembarcar con seguridad. No dudéis que una vez que haya recuperado el poder que le pertenece, su majestad os mandará llamar y sabrá recompensaros con largueza.

El piloto, sobrecogido por la emoción, contestó con lágrimas en los ojos:

—¡Ah, señor, qué gran merced me hacéis! Quedaos tranquilos que yo pondré proa adonde me digáis.

El piloto manejaba el timón con gran destreza y la embarcación surcaba rauda las olas con las velas desplegadas impulsadas por un viento favorable. Fue así como en un abrir y cerrar de ojos, recorrieron los treinta *ri* [ciento veinte kilómetros] que separan la isla de tierra firme. A medida que el barco avanzaba, los corazones del exemperador y de su cortesano se iban apaciguando. Pero cuando estaban ya cerca de la costa, vieron unos cien barcos rumbo también a Hōki e Izumo. Con el viento igualmente a favor, parecía que volaban. Al principio creyeron que se trataba de barcos de comerciantes, pero no tardaron en darse cuenta de que eran sus perseguidores: Sasaki Kiyotaka y sus hombres que navegaban en su busca. Tadaaki, presa del pánico, preguntó:

—¡Ay! ¿Qué podemos hacer ahora?

Pero el piloto le contestó con voz tranquila:

—¡Calmaos! No hay razón para tanto alboroto. Nadie os encontrará.

Condujo al exemperador y al cortesano al fondo de la bodega del barco, los metió en un rincón y los ocultó con sacos de *aimono*, un pescado seco.

—Os ruego que me perdonéis la descortesía —añadió el piloto que ordenó a sus hombres que se sentaran encima de los sacos y con los torsos desnudos se pusieran a cinglar con los remos.

Cuando finalmente los barcos perseguidores los alcanzaron, Kiyotaka y sus samuráis saltaron a la embarcación donde iba Godaigo y se pusieron a registrar por todas partes, pero no pudieron encontrar a los dos fugitivos. El piloto, con expresión inocente, preguntó:

—¿Puedo preguntaros que andáis buscando, señor?

—Buscamos al exemperador Godaigo que se ha escapado de la isla de Oki a las dos de la madrugada. Estamos en su búsqueda porque creemos que se ha embarcado en algún barco que cruza el mar.

—¡Ahora entiendo! —exclamó el piloto—. Esta noche pasada he visto a dos personas que por su aspecto parecían gente de mucho fuste, nobles o algo por el estilo a juzgar por los sombreros que llevaban. Me pareció verlos subir a un barco que salía de Chiburi a eso de las seis de la mañana. Nos tomó la delantera y ahora ese barco debe de estar cinco o seis *ri* [veinte o veinticinco kilómetros] por delante de nosotros.

Para hacer más creíble su historia, el piloto se puso de puntillas y mirando a lo lejos, estiró el brazo y señaló con el dedo:

—¡Mirad! Debe de ser aquel barco que se ve allí borrosamente a lo lejos.

Kiyotada exclamó:

—¡Sin duda, ahí van! ¡Rápido, vamos tras ellos! —y, seguido de sus hombres, abandonó el barco, subieron a los suyos y a toda vela se alejaron rápidamente.

El piloto respiró aliviado y miró detrás. Vio entonces naves del sogunato, tan numerosas como hojas flotando en el agua después de una tormenta. Las naves avanzaban a toda vela hacia su propio barco donde seguía escondido el exemperador. El piloto, alarmado ante la posibilidad de verse rodeado de tantas naves, ordenó a sus hombres que remaran con todas sus fuerzas para llegar a la costa lo más rápidamente posible. Los marineros se pusieron a remar acompasando sus enérgicos movimientos con voces muy altas, pero, aunque navegaban con las velas desplegadas, en ese momento cambió la dirección del viento y parecían que no avanzaban nada. Por el contrario, las naves enemigas cada vez estaban más cerca. La tripulación se alborotó y el exemperador, asustado por el ruido, salió del fondo de la bodega. Cuando supo que el barco apenas se movía, dijo:

—Reino sobre un Imperio con devoción por todos sus habitantes, venero la enseñanza del budismo y tanto me alegro de que sus verdades se extiendan como me entristezco cuando no son seguidas. Intento gobernar con justicia y conforme a mis valores. Siendo así, ¿por qué tengo que ser detenido nuevamente por un súbdito traidor? ¿Por qué voy a tolerar otra vez ser reducido a prisión? ¿Tan mal gobierno? Si no puedo reinar con el beneplácito de los dioses, de nada servirá ser emperador. Pero si, por el contrario, es la voluntad del Cielo que yo reine como emperador sobre estas tierras, estoy seguro de que los dioses del cielo y del mar me protegerán. ¡Vosotras, las ocho deidades[15], mostradme vuestro favor y enviadme una señal!

---

15. En la antigua cosmología japonesa el ocho es número indicador de la totalidad y es usado frecuentemente para referirse a los innumerables *kami* o dioses que pueblan el universo sintoísta. Por eso, se puede entender como «el número infinito de deidades». Por ejemplo, el epíteto *Oo ya shima kuni* o «país de las ocho grandes islas» significa en el lenguaje mítico el archipiélago japonés con sus incontables islas.

Mientras rezaba así, sacó de la manga del kimono un *butsuyari*, un amuleto sagrado hecho de las cenizas de un buda, y lo arrojó al mar envuelto en un papel. Los dioses atendieron al ruego de su majestad porque al punto el viento cambió de dirección, de suerte que las velas de su barco se hincharon y la embarcación se deslizó a toda prisa hacia el este, mientras que las naves de sus perseguidores fueron arrastradas hacia el oeste. De esa manera se conjuró el peligro y Godaigo pudo desembarcar sano y salvo en el puerto de Nawa, provincia de Hōki. ¡Cómo se alegraron el piloto y los marineros del feliz desenlace de la travesía después de haber pensado en el sufrimiento que debía de haber sentido el exemperador durante toda su fuga!

Capítulo 6. LA BATALLA DEL MONTE FUNANOE

El primero en pisar tierra fue Rokujō Tadaaki que preguntó a los pasajeros:

—¿Hay por aquí algún hombre famoso de arco y flechas?

—Sí, se llama Nawa Nagatoshi —le respondieron—. Aunque no es muy famoso, es un hombre poderoso y valiente, pero modesto y discreto. Cuenta con muchos aliados y samuráis a su servicio.

Después de informarse sobre dónde vivía, Tadaaki fue a su casa. Le dijo:

—El emperador Godaigo, el hijo del Cielo, acaba de llegar a este puerto huyendo de sus perseguidores. Me ha manifestado el deseo de poner su confianza en ti porque hemos oído decir que eres un hombre valiente y recto. Dinos si podemos contar contigo.

Nagatoshi lo escuchó con la expresión seria. Vacilaba entre el sí y el no. Pero su hermano menor, de nombre Nagashige, que estaba a su lado, se adelantó para decir:

—En esta vida los hombres buscan fama y provecho. Desde hace mucho siempre ha sido así. Resulta que ahora el emperador se digna pedir nuestra ayuda. Si aceptamos este gran honor, aunque perezcamos en la empresa y nuestros cuerpos sean expuestos con escarnio a la vista de todos, podremos convertirnos en caballeros de proeza y hacer que nuestros nombres pasen a la historia. ¡Qué gloria la nuestra una vez muertos! Creo, hermano, que no nos cabe sino decir que sí y aceptar el honor que se nos propone.

Nawa Nagatoshi se quedó pensando en las palabras de su joven hermano. Finalmente repuso:

—De acuerdo, aceptamos ayudar a su majestad.

Los dos hermanos, al frente de treinta hombres, todos samuráis importantes del clan Nawa, se aprestaron para auxiliar a Godaigo. Se vistieron las armaduras, se echaron al hombro fajas protectoras, se apretaron los cordones de las corazas y fueron adonde les dijo Tadaaki. Pero como hicieron todo apresuradamente, olvidaron llevar un palanquín en el cual transportar al exemperador Godaigo. No tuvo más remedio Nagatoshi que aprovisionarse de una estera de paja que vistió sobre su armadura y encima hizo subir al exemperador al que llevó en volandas, raudo como un ave, hasta una mansión situada en el monte Funanoe. Mientras, su hermano Nagashige se ocupó de transportar arroz de sus graneros y monedas de sus arcas; después, incendió su casa y marchó también al monte Funanoe para servir como escolta a Godaigo. Entre los samuráis del clan Nawa había uno de nombre Shichirō, un hombre de ingenio, que se dedicó a juntar una gran cantidad de lienzos blancos que ennegreció con humo de hojas de pino. A continuación mandó inscribir en ellos los blasones e insignias de las familias y clanes que vivían cerca. Después los colgó en las copas de los árboles, como si fueran estandartes y pendones, de manera que cuando ondeaban al viento, producían la impresión de pertenecer a un gran ejército que hubiera ocupado toda la montaña.

El día 29 del mismo mes, el segundo del año, Sasaki Kiyotaka y Sasaki Danjō Saemon atacaron con tres mil soldados a los samuráis del clan Nawa que se habían hecho fuertes en el monte Funanoe. Al norte de esta montaña se elevaba el cerro Dai, tres de cuyas vertientes estaban recorridas por hondas quebradas y barrancos. Las nubes envolvían la falda del Funanoe que se erguía a lo lejos. Como la defensa de la plaza había sido organizada de repente, los hombres de Nawa no habían tenido tiempo de abrir un foso protector en torno a la fortaleza ni de levantar un muro muy alto. Se habían limitado a instalar una empalizada de estacas y a improvisar unas paredes hechas con los troncos arrancados de las techumbres de las cabañas de bonzos que vivían por los alrededores. Sin dejar de disparar flechas, los soldados de los Sasaki llegaron a la mitad de la pendiente que daba acceso a la fortaleza y echaron una mirada a la misma. Alrededor de la fortaleza crecían frondosos pinos y cipreses y más allá, al fondo del bosque y entre las nubes, el viento hacía ondear cuatrocientos o quinientos estandartes blasonados con insignias familiares que refulgían reflejando la luz del sol. Al verlos, los Sasaki creyeron que se habían congregado numerosos samuráis de las regiones aledañas y que con solo tres mil soldados no podrían conquistar la fortaleza ni detener al exemperador. Además, los defensores, escondidos en las sombras del bosque, los hostigaban sin cesar disparándoles flechas con la intención de hacerles creer que eran muchos. Fue así como los perseguidores desistieron del plan inicial de asaltar la plaza.

A pesar de que Sasaki Danjō Saemon se había quedado en un campamento levantado lejos de la fortaleza, los hombres de los hermanos Nawa no dejaban de acosarlo. Una flecha lanzada por uno de ellos acertó a Sasaki en el ojo derecho y lo penetró en el cerebro, haciendo que se desplomara y muriera en el acto. Los hombres de Danjō se asustaron y perdieron las ganas de combatir. Además, Sado no Zenji, que había avanzado contra la fortaleza por la parte de atrás al frente de ochocientos soldados, cuando llegó cerca, plegó sus estandartes y se rindió a los hermanos Nawa. Ignorante de esta rendición, Sasaki Kiyotada, confiando en que esos ochocientos soldados iban a atacar por detrás, se enfrentó contra los samuráis de Nawa en la primera puerta donde pasó dos horas guerreando. Durante la batalla, el cielo se encapotó de repente y se levantó un viento huracanado. No tardó en desatarse una violenta tempestad: se puso a llover a cántaros mientras los truenos retumbaban con tal violencia que parecían querer destruir toda la montaña en mil pedazos. Los soldados de Kiyotaka, atemorizados por este súbito cambio de tiempo, se reunieron a la sombra de los árboles, sin saber qué hacer. Entretanto, Nawa Nagatoshi y sus dos hermanos menores, Nagashige y Nagataka, dispusieron sus hombres a ambos flancos del enemigo y embistieron resueltamente contra ellos, desenvainando sus katanas en el momento en que los vieron bajar los escudos. Empujados por el ímpetu de los samuráis de Hōki, los soldados de Kiyotaka retrocedieron hasta caer por los barrancos al fondo del valle. Unos murieron por la caída y otros heridos por sus propios sables o los de sus compañeros. Únicamente su líder Kiyotaka se salvó del peligro, cabalgó a la costa y se embarcó con la intención de huir a la capital. Pero no lo tuvo fácil, pues los samuráis de otras comarcas de Hōki, hasta entonces fieles al sogunato, de repente cambiaron de bando y se declararon partidarios de la causa imperial. Desde los puertos e islotes de la costa estos samuráis salieron en barcos para capturar a Kiyotaka, el cual tuvo que ir a la deriva impulsado por los vientos y las olas, hasta conseguir a duras penas llegar al puerto de Tsuruga en la provincia de Echizen. Antes de llegar a la capital, en tierras de Ōmi, se apartó a un templo de Banba donde se hizo el harakiri para salvar su honor.

Mientras tanto, circulaba el rumor de que el exemperador desde su refugio en la fortaleza del monte Funanoe había lanzado a la clase samurái un llamamiento obedecido por la mayor parte de la misma. Primero, fue Enya Takasada, administrador de la provincia de Izumo que se presentó con unos mil hombres; después, Fujina Yoshitsuna —el mismo que había facilitado la fuga del emperador en Oki— al mando de doscientos samurási; en tercer lugar, acudieron Asayama Jirō Kagetsura y Kamochi Takeharu, también administrador militar de Yamato, con bonzos guerreros del monte Dai. Vino también Takeda Jurō Yoshimasa, así como samuráis de los siguientes clanes: Sawa y Mitsumi, de la provincia de Iwami, Kumagae y Kobayakawa, de Aki, Kanke, Emi, Ashibuya y Hagakawa, de la provincia de Mimasaka, Eda, Hirosawa, Miya y Miyoshi, de la provincia de Bingo, Niimi, Nariai, Nasu, Mimura, Kosaka, Kawamura, Sō y Makabe, de Bitchū, Imaki, Ōtomo, Wada, Inokoshi, Fujii, Kojima, Wake y Oshiko, de la provincia de Bizen. Asimismo, acudieron hasta Funanoe hombres de las islas de Shikoku y Kiushu. Tantos se congregaron que la montaña rebosaba de gente de armas y a lo largo de cuatro o cinco *ri* [unos veinte kilómetros] desde las faldas del monte podían verse samuráis de muy diversa procedencia en cualquier rincón, debajo de los árboles y al pie de las peñas. Si tanta gente de armas estaba dispuesta a batirse con valor por Godaigo, seguro que los enemigos huirían sin pelear y el Imperio recobraría la paz. ¡Qué extraño el destino, que gracias al embarazo de aquella criada de Oki, la mujer amada por Rokujō Tadaaki, el emperador pudo escapar de la isla! Sensible a esta circunstancia, el soberano ordenó que el bebé en caso de ser varón, fuera confiado al cuidado de la familia Rokujō para ser criado honrosamente. Esta voluntad representó un inesperado honor para la madre, una plebeya. El bebé, en efecto, fue un niño. Lo pusieron de nombre Tomotada y después de alcanzar la mayoría de edad, se distinguió sirviendo en el palacio imperial.

LIBRO OCTAVO

Capítulo 1. LA BATALLA DE MAYA

De las provincias de Izumo y Hōki llegaron mensajeros a Rokuhara con la noticia de que a los pies del monte Funanoe se hallaba congregado un elevado número de samuráis en respuesta al llamamiento del antiguo emperador Godaigo el cual había conseguido escapar del destierro. Se supo también la derrota de Sasaki Kiyotaka. Los rostros de los dos jefes supremos de Rokuhara demudaron de color cuando comprendieron la gravedad de estos sucesos. Aun así, la proximidad de los insurrectos de Maya era mayor motivo de inquietud. «No podemos permitir que tropas enemigas hayan ocupado terrenos colindantes a Kioto. Lo primero de todo, debemos conquistar la fortaleza de Maya, en Settsu, y expulsar de la región a las bandas de Akamatsu», decían. En consecuencia, ordenaron a Sasaki Tokinobu y a Oda Tokitomo, como generales de un contingente de cinco mil soldados, que se dirigieran a Settsu. Formaban parte del mismo los vigilantes de cuarenta y ocho puestos de control de la capital, así como unos trescientos bonzos guerreros de Miidera. Todos ellos salieron de la capital el día 5 del segundo mes y el día 11, a la hora de la Liebre [seis de la mañana], llegaban a Motomezuka y Yawata Bayashi, en el sur de la fortaleza.

Al ver acercarse al enemigo, Akamatsu Norimura, ordenó que unos cien o doscientos arqueros salieran y se apostaran fuera de la fortaleza y que, tras soltar una andanada de flechas desde lejos, corrieran a meterse dentro. El objetivo de la maniobra era celar a los enemigos a un lugar de difícil acceso y movilidad. Los cinco mil soldados del sogunato cayeron en la celada, porque, atraídos por la posibilidad de acabar a toda prisa con tan reducido número de adversarios, galoparon despreocupadamente tras ellos hasta llegar a la escarpada pendiente que daba acceso a la puerta sur de la fortaleza. Todos competían por llegar los primeros. Cuando alcanzaron una cuesta estrecha llamada Nana Magari, que quiere decir «Los siete giros», se quedaron un momento indecisos porque la subida era muy empinada. Fue en ese momento cuando de la ladera sur de la montaña bajó un pelotón de hombres al mando de Akamatsu Sokuyū y Akuma Mitsuyasu que rápidamente se pusieron a lanzar furiosamente flechas contra los soldados de Rokuhara. Estos perdieron la calma y con la formación rota se defendían como podían utilizando a sus compañeros como escudos. El desconcierto fue aprovechado por los defensores de la plaza los cuales, al mando de Norisuke y Sadanori, hijos de Akamatsu, seguidos de quinientos hombres de los clanes Sayo, Kodera y Hayami, salieron velozmente de la fortaleza con los sables desenvainados y en alto. ¡Qué tumulto y griterío! Parecía que toda la montaña iba a derrumbarse. Los soldados de Rokuhara, especialmente los de los clanes Sasaki y Oda iniciaron la retirada sin atender las órdenes del general Sasaki Tokinobu que les gritaba que no abandonaran sus puestos. Además, el terreno al que habían sido celados para huir era pantanoso, por ser zona de arrozales, y las patas de los caballos se hundían hasta las rodillas en el barro. Los que conseguían salir debían internarse en sendas casi infranqueables por las zarzas y cuanto más avanzaban más se les cerraba el paso. Por todo esto, no podían volver atrás ni hallaban modo de defenderse de ninguna manera. El trayecto de tres *ri* [doce kilómetros] que separaba la parte más baja de la fortaleza de Maya hasta la orilla oeste del río Muko quedó sembrado de tantos cadáveres de soldados y caballos que era imposible evitar pisarlos.

Cuando unos días antes el ejército de Rokuhara había marchado contra Maya, la gente comentaba al verlo pasar que su número podía alcanzar hasta siete mil hombres. Sin embargo, cuando después de la derrota ante los muros de Maya, el mismo ejército regresó a la capital, las mismas personas decían en voz baja que no volvían más de mil. El caso es que las autoridades de Rokuhara y el pueblo de la capital, al enterarse del desastre, se inquietaron sobremanera. Así y todo, los soldados de sogunato seguían pensando que las tropas fieles al emperador y rebeldes a Kamakura que había cerca de la capital, seguían siendo escasas y mal pertrechadas de armas, por lo que, a pesar del descalabro de Maya y de alguno más, al final no podrían alzarse con la victoria.

Se decía también que los administradores militares y antiguos vasallos directos del clan Hōjō que vivían en la provincia de Bizen se había pasado al bando del emperador. Una vez confirmado el rumor, el día 21 del segundo mes del tercer año de Genkō [1333], el sogunato despachó apresuradamente otros diez mil soldados para que atacaran la fortaleza de Maya antes de que les llegaran refuerzos de los sublevados de Bizen.

Cuando Akamatsu Norimura, el defensor de la plaza, se enteró, comentó: «Para ganar una batalla, son fundamentales tres cosas: contar con el elemento sorpresa, tener la moral más alta que el enemigo y prever sus movimientos para anticiparse en todo momento». En consecuencia con estas palabras, Norimura salió de la fortaleza con unos tres mil hombres y tomó posiciones en Kuguchi y Sakabe. El día 13 del tercer mes le avisaron de que el ejército sogunal había llegado a Segawa. Tranquilos porque la batalla no comenzaría hasta el día siguiente, Norimura y sus hombres decidieron entrar en las casas de esos dos pueblos para secar las armaduras y los yelmos mojados por un chaparrón inesperado y para esperar a que escampara el tiempo. Pero en ese instante fueron sorprendidos por un batallón de tres mil soldados enemigos que, al mando de Ogasawara Yorihisa, de la provincia de Awa, habían llegado al puerto de Amagasaki en barco. Norimura se precipitó sobre ellos con poco más de cincuenta hombres y se batió con todo denuedo, golpeando a un lado y otro, pero no pudo abatirlos y perdió a cuarenta y siete guerreros. Solo quedó con vida él y seis hombres, entre ellos sus dos hijos. Los siete, resueltos a vender caras sus vidas, se arrancaron la tela pegada al yelmo en la que aparecía el blasón de sus familias a fin de que no los reconocieran y se metieron temerariamente entre las filas enemigas. O bien porque los adversarios no los reconocieron o bien porque los cielos debieron de acudir en su ayuda, el caso es que los siete salieron ilesos como quien sale de las fauces de un tigre. Las tropas de Rokuhara, al ver el arrojo con que combatían los hombres de Akamatsu, permanecieron en las posadas de Segawa sin avanzar y consideraban la extrema dificultad de salir airosos de la batalla.

Akamatsu Norimura decidió retrasar la ofensiva porque deseaba ganar tiempo a fin de reunir a los soldados dispersos por la retirada y de esperar refuerzos. Sin embargo pensaba: «Si prolongo más la espera, es posible que mis guerreros pierdan espíritu combativo». Así pues, el 11 del tercer mes, los tres mil valientes de Akamatsu avanzaron contra el campamento sogunal. Cuando se acercaron, divisaron doscientos o trescientos pendones blasonados que ondeaban al viento desde las copas de los árboles. ¿Sería la señal de que el ejército enemigo se componía de veinte o treinta mil soldados? A la vista de esos pendones, por más de una cabeza de los guerreros de Akamatsu rondaban estos pensamientos: «La proporción es de cien de ellos por uno o dos de nosotros. ¿Quién puede alzarse con el triunfo ante tal desproporción? Aun así, si luchamos siempre tendremos alguna posibilidad de victoria...» Siete de ellos, entre los que estaban Akamatsu Sadanori, Sayo Hyōgo no Suke Noriie, Uno Kuniyori, Nakayama Mitsuyoshi, Akuma Mitsuyasu Gorō y dos criados, atravesaron a caballo el soto de bambú e iniciaron el ascenso de la ladera sur del monte.

Al observar sus posiciones, daba la impresión de que las tropas de Rokuhara se disponían para lanzarse al ataque, pero en realidad vacilaban y se movían inquietas mientras observaban los movimientos de los siete hombres. Estos desmontaron de sus cabalgaduras y se apostaron entre los troncos de bambúes desde donde se pusieron a disparar flechas furiosamente, una tras otra, usando los troncos como escudos. La formación enemiga estaba muy apretada a lo largo de unos treinta *chō* [tres kilómetros], tan apretada como las chinchetas clavadas en la suela de un zapato. Por eso todas las flechas de los siete hombres hicieron blanco en los cuerpos de los soldados enemigos entre los cuales seis que estaban montados en primera fila se desplomaron muertos. Los que estaban detrás se escudaron en sus compañeros para protegerse a sí mismos y a sus caballos de los proyectiles que, como una lluvia intensa, no cesaban de caer sobre ellos. Sin hacer caso de las órdenes para que mantuvieran la formación, se movían de un lado a otro. Al verlos romper filas, los guerreros más jóvenes de Hirano, Sayo, Kōzuki, Tana, Kodera, Yagi y Kinugasa que defendían la fortaleza gritaron mientras golpeaban sus aljabas:

—¡Hurra! ¡Los enemigos están en completo desorden!

Tras lo cual, unos setecientos guerreros de Akamatsu se lanzaron a caballo contra la formación rota del ejército de Rokuhara. ¡Con qué razón se dice que cuando el comienzo de una batalla es desfavorable, los grandes ejércitos se desmoralizan! Así ocurrió con las tropas sogunales. Sus hombres de vanguardia se replegaron, pero los de la retaguardia no hicieron lo mismo por lo que la confusión y el desorden eran cada vez mayores entre unos y otros. Los primeros no dejaban de decir a los segundos:

—El camino que seguiremos en la retirada es estrecho. Es necesario, por lo tanto, replegarse despacio para no atropellarnos unos a otros. ¡Despacio, despacio, retiraos poco a poco!

Pero los de la retaguardia no hacían caso. Los hijos huían como podían dejando atrás a sus padres y los vasallos escapaban sin acompañar a sus señores. El tumulto fue tal que a la caballería de Akamatsu no les resultó difícil causar gran mortandad entre ellos. El ejército de Rokuhara quedó diezmado y fueron pocos los superviviente que lograron llegar con vida a la capital.

El vencedor, Akamatsu Norimura, mandó cortar las cabezas de trescientos soldados enemigos heridos o hechos prisioneros en Sukugawara, las expuso y estaba preparándose para regresar con ellas a la fortaleza de Maya cuando su hijo Sokuyū vino hacia él y le dijo:

—El mejor modo de redondear la victoria aprovechando la moral de la victoria es perseguir al enemigo que huye. Estoy seguro de que el ejército enemigo, que, a juzgar por su número, ha reunido a todas las tropas disponibles en la capital, debe de estar desanimado por la derrota y sus caballos cansados después de haber combatido cuatro o cinco días seguidos. Si los perseguimos y aniquilamos ahora que están dominados por el dios de la cobardía, seguro que podremos conquistar Rokuhara, en la capital, de una vez por todas. Es la táctica escrita en el libro *Seis enseñanzas secretas* de Jiang Ziya y es lo que enseña Shang Liang.

Los demás guerreros se mostraron de acuerdo con el parecer de Sokuyū, por lo que esa misma noche el ejército de Akamatsu abandonó Sukugawara en persecución del enemigo que escapaba como podía. Para localizarlos en medio de la oscuridad de la noche, quemaban casas a su paso como si fueran antorchas. Así los acosaron toda la noche y el día siguiente.

Capítulo 2. EL ASALTO A LA CAPITAL

Los jefes supremos de Rokuhara, el cuartel general del sogunato en Kioto, habían despachado tropas contra la fortaleza de Maya convencidos de que habrían de conquistar en poco tiempo la plaza y de que la rebelión sería aplastada. Esperaban, por lo tanto, recibir muy pronto noticias del feliz desenlace de la campaña. Pero he aquí que, en esta espera, empezó a correr un rumor entre la gente de la capital: «Las tropas enviadas por Rokuhara han sido derrotadas y regresan de vencida». Los rumores eran tan insistentes que la anterior tranquilidad de las autoridades se trocó en ansiedad. La noche del día 12 del tercer mes se vio desde la capital el resplandor de grandes almenaras en treinta puntos de las comarcas de Yodo, Akai, Yamazaki y Nishioka. Cuando se preguntaba a qué se debía el fuego, la respuesta era: «Se acercan tropas de las provincias del oeste. Van a atacar la capital por tres puntos distintos». El pueblo estaba alborotado.

Las autoridades de Rokuhara ordenaron que se tocaran las campanas para convocar urgentemente a todos los hombres de armas de la capital, pero como la mayoría de estos se habían alistado en el ejército despachado contra Maya, otros habían desaparecido y los que quedaban se escabullían como podían, al llamamiento no acudió casi nadie. Sí que se presentaron en Rokuhara a caballo, sin embargo, cuatrocientos o quinientos funcionarios que trabajaban en el ministerio de Justicia. Eran hombres orondos y gordos por la gula, de expresión apática y con todas las señales de ser incapaces de levantar un arma. Uno de los jefes supremos, el del ala norte de Rokuhara, Hōjō Nakatoki, al verlos comentó:

—Es evidente que con tales recursos no tendremos medios de defender la capital de los rebeldes. Lo mejor será salir fuera para plantar cara a los rebeldes.

Confió los veinte mil soldados de la capital a Suda y Takahashi, jefes de la guardia y la policía de la ciudad, para que los condujeran a los barrios de Imazaike, Tsukurimichi, el oeste de Suzaku y el oeste de Hachijō donde podrían defender mejor la capital al tener el río Katsura enfrente que entonces estaba crecido por ser la época del deshielo a causa de los vientos cálidos del sur. Los soldados ocuparon posiciones en esos lugares. Ante ellos corría el río Katsura que, en efecto, corría con las aguas a punto de desbordarse.

Por su parte, Akamatsu Norimura había dividido a sus tres mil guerreros en dos grupos con el objetivo de conquistar la capital; con uno de los grupos pretendía atacar pasando por Kogano Awate y con el otro por Nishi Shichijō. El primero llegó a la orilla oeste del río Katsura al otro lado del cual estaban apostadas las tropas de Rokuhara con los pendones ondeando al viento hasta en las laderas del monte Tsuki, en el barrio Toba. Como densas nubes y apretada niebla los soldados de Rokuhara, listos para defender la capital, se apiñaban desde las puertas del palacio de Toba hasta Tsukurimichi, Yosuzuka, Rashōmon e incluso Nishi Shichijō. Ninguno de ellos, obedeciendo órdenes, se había atrevido a cruzar el río. Por su parte, los dos contingentes de tropas de Akamatsu, al darse cuenta de que tenían enfrente muchos más soldados de los que habían imaginado, se contentaron con dispararles flechas desde el otro lado del río, sin aventurarse tampoco a atravesar sus aguas. Pero Sokuyū, uno de los hijos de Akamatsu, bajó del caballo, desató la cuerda que sujetaba un buen hato de flechas y se puso a disparar furiosamente, una tras otras, protegido por el escudo. «En una batalla las flechas nunca deciden ni la victoria ni la derrota», se dijo, tras lo cual dejó de disparar. Se vistió de nuevo la armadura, se sujetó bien el barboquejo del yelmo, apretó las cinchas de su caballo y volvió a montarse en él. Entonces, resueltamente y él solo, enderezó el paso del animal hacia las aguas del río llevando bien sujetas las riendas.

Cuando su padre, Akamatsu Norimura, lo vio internarse en el río, lanzó a galope su caballo hasta donde estaba su hijo, se puso ante él para impedirle el paso y le dijo:

—En tiempos pasados Sasaki Moritsuna atravesó el mar y Ashikaga Tadatsuna cruzó el río Uji. Fue en las guerras Genpei[1]. El primero lo hizo después de saber de labios de un pescador dónde estaban los bajíos del mar y el segundo después de averiguar por sí mismo la profundidad del río. Fue solamente entonces cuando aquellos dos famosos samuráis se lanzaron contra el enemigo y alcanzaron la gloria. Pero, ¿acaso sabes tú lo hondo que es este río? ¿Ignoras que en esta época del año las aguas bajan crecidas después de que las nieves se han fundido en la montaña? ¿Cómo sabes qué parte es baja y qué parte es honda? Es una insensatez que pretendas cruzar el río sin haberte informado antes. Te ahogarás sin remedio. Y si, por

---

1. Ocurridas en el periodo 1180-1185. Ambos lances están narrados en el *Heike monogatari* (cit.).

casualidad consiguieras alcanzar la otra orilla gracias a que tu caballo es robusto, llegarías fatigado y serías presa fácil de las flechas enemigas. No olvides que el futuro de la guerra que libramos para devolver el poder al emperador no depende del resultado de esta batalla. ¿No crees que será mejor que te mantengas vivo para servir a su majestad Godaigo?

Estas razones parecieron convencer a Sokuyū porque movió las riendas del caballo para dar la vuelta al tiempo que envainaba el sable. Aun así, replicó a su padre:

—Si nuestro pequeño ejército fuera tan numeroso como el de los enemigos, la victoria o la derrota dependerían de la voluntad del Cielo y yo no me aventuraría a lanzarme solo contra ellos. Pero los nuestros no pasan de tres mil, mientras que ellos son cien veces más. Si el enemigo se entera de que somos pocos, no tendremos ninguna posibilidad de ganar. Es mejor atacarlos antes de que lo sepan. En el libro de Tai Kung sobre las seis enseñanzas del arte de la guerra, se dice que para alzarse con la victoria es necesario observar bien las señales que dan los movimientos del enemigo y después aprovechar una buena ocasión para atacarlos por sorpresa. Creo, padre, que tal debe ser nuestra estrategia teniendo en cuenta que estamos en desventaja numérica ante un enemigo poderoso.

Nada más acabar de hablar, reenderezó las riendas hacia el río, fustigó su caballo y se adentró velozmente en las aguas salpicando y levantando olas.

Al presenciar el ejemplo de Sokuyū, otros compañeros suyos como Akuma Mitsuyasu, Itō Yamato Jirō, Kawara Hayashi Jirō, Kodera Sagami y Uno Kuniyori, que era gobernador de Noto, hicieron lo mismo y cabalgaron hasta meterse en el río. Los caballos de Itō y de Uno eran tan vigorosos que vadearon el río en línea recta. El de Kodera, sin embargo, se dejó llevar por la corriente y se hundió tanto que un rato solo se veía la parte superior del yelmo de su jinete. Finalmente desapareció bajo las aguas; tal vez el samurái pudo reflotar o tal vez nadó sumergido. El caso es que poco después se vio a Kodera en la otra orilla poniéndose en pie mientras le chorreaba el agua por la armadura. Había sido el primero en cruzar el río Katsura.

Cuando los veinte mil soldados del ejército sogunal vieron a los cinco samuráis atravesar el río, consideraron sobrehumana su hazaña y, atemorizados, se retiraron al este y al oeste, siguiendo el cauce del río, sin ánimo alguno de oponerles resistencia. Rompieron la formación y los bordes de sus escudos, antes bien alineados, se desordenaron.

Otros dos de los hijos de Akamatsu, Norisuke y Sadanori, gritaron:

—¡Crucemos el río también nosotros en ayuda de nuestros compañeros! ¡No los dejemos solos! ¡Seguidnos, seguidnos!

Los dos hombres se adelantaron seguidos por los tres mil guerreros de Sayo y Kōzuki. Todos se internaron en el río formando una fila con sus monturas como si fueran balsas con las que contener el ímpetu de las aguas. Por una orilla del río la corriente rebosaba por todas partes, mientras que por la otra, gracias a la posición que ocupaban los caballos, las aguas se podían cruzar casi sin que los cascos de los animales se mojaran. De esa forma tres mil soldados lograron vadear el río y avanzar contra el enemigo valientemente y con desprecio de sus vidas. Las tropas de Rokuhara, convencidas de que no podrían llevarse la victoria contra guerreros tan temerarios, abandonaron sus escudos y se llevaron los pendones sin presentar batalla. Unos huyeron al norte por Tsukurimichi; otros se retiraron a Tō-ji; otros, finalmente, se replegaron por la calle de Hōshō-ji después de haber subido a Takeda Kawara. Por el camino, a lo largo de veinte *chō* [dos kilómetros] fueron dejando armaduras y yelmos que el polvo levantado por las patas de los caballos en huída no tardó en cubrir tristemente.

Mientras, los hombres de Akamatsu, concretamente Takakura Saemon no Suke, hijo del capitán Takakura, y algunos de Kōdera y Kinugasa, que habían avanzado por el barrio Nishi Shichijō, ya estaban en la capital e incendiaban lugares de las calles Ōmiya, Inokuma, Horikawa y Abura no Kōji. Además, sostenían escaramuzas contra la soldadesca de Rokuhara en los barrios de Hachijō y Kujō. El galope de los caballos, cubiertos de sudor por las carreras, y los gritos de los guerreros retumbaban con un estruendo que parecía perforar los cielos. Cualquiera diría que los tres desastres de que habla el budismo —incendios, huracanes e inundaciones— se habían desencadenado de repente y que el mundo entero iba a ser destruido en un fuego universal.

Como la lucha continuaba hasta medianoche, los combatientes de uno y otro bando estaban desorientados y se oían gritos en todas partes. Los soldados tanto de Rokuhara como de Akamatsu, ignorantes de sus respectivas posiciones y del número de fuerzas con que contaban, se veían incapaces de tomar decisiones de combate. El desconcierto general cundía y nadie sabía dónde acudir. Finalmente, los hombres de Rokuhara se reunieron en Rokujō Kawara y se quedaron esperando sin hacer nada.

Capítulo 3. EL EMPERADOR KŌGON SE REFUGIA EN ROKUHARA

Mientras se combatía en la capital, el consejero medio Hino Sukena y el ministro del Tesoro Hino Sukeakira subieron a un carromato tirado por bueyes y se presentaron en el palacio imperial. En ninguna de las cuatro puertas, abiertas de par en par, estaba la guardia. Y aunque su majestad Kōgon, el emperador recientemente entronizado por el sogunato, se había acercado al pabellón Sishinden y gritado «¿Hay alguien ahí?», nadie le había respondido. La razón es que todo el mundo, guardias, centinelas y funcionarios del ministerio de la Casa Imperial, había huido. Tan solo quedaban dos personas al lado del soberano: una sirvienta y un paje. Los dos cortesanos, Sukena y Sukeakira, le dijeron al emperador nada más verlo:

—Majestad, debéis tomar las Tres Insignias Sagradas y buscar refugio en Rokuhara. Su Majestad debe apresurarse porque las tropas del sogunato van de vencida y los rebeldes podrían llegar aquí en cualquier momento.

Sin perder tiempo, el emperador Kōgon montó en un palanquín y se fue de Nijō Kawara al cuartel de Rokuhara. En el séquito que lo acompañó iban los grandes consejeros Horikawa Tomochika y Sanjō Sanetada, el consejero medio Washinō, los magistrados Bōjō Toshizane y Bōjō Tsuneaki, junto a otros veinte cortesanos. También se refugiaron en Rokuhara los exemperadores Gofushimi y Hanazono, la emperatriz Kianmon-in no Ichijō y el príncipe Soninhō. Los escoltas de todos ellos pugnaban por llegar cuanto antes y en el camino lanzaban gritos a los transeúntes para que les abrieran paso. Los samuráis y todo el personal de Rokuhara, sorprendidos por tanto alboroto y la llegada repentina de tantos personajes ilustres de la nobleza y la casa imperial, se movían de un lado a otro tratando de aposentar a todos en el ala norte del edificio. Todo había ocurrido con tanta rapidez y tumulto que no habían realizado ningún preparativo.

Cuando se hizo de noche, las autoridades de Rokuhara marcharon a Shichijō Kawara para esperar y hacer frente a los enemigos. Pero las tropas de Akamatsu, sorprendidas al ver el elevado número de soldados del ejército del sogunato, no se atrevieron a avanzar, limitándose a incendiar algunas calles y a proferir gritos de guerra de vez en cuando. Los dos jefes supremos de Rokuhara dijeron:

—Parece que los adversarios son pocos. Carguemos contra ellos para sacarlos de la capital.

Enviaron a tres mil soldados al mando de los generales Suda y Takahashi al barrio de Hachijō Guchi. Otros dos mil fueron despachados a la zona del templo Renge-in a las órdenes de Kōno Michimori y Suyama Jirō. Pero este le dijo a su compañero:

—Con una tropa tan variada como esta que traemos, es difícil llevar a cabo una buena estrategia. No sé qué te parece a ti, pero mi opinión es que ordenemos que el grueso permanezca en Hachijō Kawara y que se limiten a lanzar gritos de guerra. Mientras, nosotros dos con un pelotón de hombres escogidos avanzamos al este del templo. Ahí podemos atacar al enemigo con nuestras katanas en un avance en forma de cruz, de derecha a izquierda y de adelante para atrás, como hace la araña cuando avanza. Así podremos expulsar a los enemigos y luego les tiraremos flechas como si fueran animales montaraces.

—Creo que es un buen plan —repuso Kōno.

Así pues, Suyama y Kōno mandaron a poco menos de dos mil hombres, que no pertenecían a clanes importantes, a la sala Zishu de la calle Shio no Koji. Mientras, unos trescientos hombres de Kōno y otros ciento cincuenta de Suyama se dirigieron al este del templo Renge. A la hora convenida, las tropas que permanecían en Hachijō Kawara empezaron a lanzar gritos de aliento. Al oírlos, el ejército de Akamatsu se dispuso a la defensa pensando que el ataque venía del oeste. Fue ese el momento en que el contingente de Suyama y de Kōno, formado por cerca de cuatrocientos hombres, galoparon al ataque por detrás al tiempo que daban atronadores gritos para desbaratar la formación enemiga. Su táctica era cargar primero todos juntos para romper las filas enemigas y luego dividirse en dos grupos para atacar en un cuerpo a cuerpo a la infantería desde la posición ventajosa de sus caballos. Esta táctica la repitieron una y otra vez, hasta ocho veces, de modo que acabaron fatigando a la infantería de Akamatsu, ya de por sí bastante cansada por el viaje desde Harima, consiguiendo ponerla en fuga y causarle una gran mortandad. Algunos de los soldados de Akamatsu abandonaban a sus compañeros heridos y trataban de salir de las calles principales para escabullirse por las secundarias. Pero Suyama y Kōno, sin prestar atención a la infantería enemiga que huía, comentaron:

—Más importante que perseguir a estos es ver cómo discurre la batalla que está teniendo lugar en el barrio de Nishi Shichijō.

Cruzaron en diagonal Shichijō Kawara y cabalgaron en dirección oeste. Se detuvieron en la calle Shichijō Ōmiya para echar un vistazo al campo de batalla de Sujaku. Unos dos mil guerreros de Takakura, Kōdera y Kinugasa atacaban a la tropa sogunal de tres mil hombres al mando de Suda y Takahashi, la cual trataba de reagruparse y recuperar la formación, pero no lo conseguía. Al ver esta situación, Kōno le comentó a Suyama:

—Si la cosa sigue así, nuestros compañeros no tardarán en caer. —Y le propuso:— ¿Qué te parece si cargamos contra el enemigo?

Pero Suyama le contestó:

—No sé... Si los ayudamos ahora que están en una situación desesperada y ganamos, estoy seguro que después irán pregonando por todo el mundo que el mérito de la victoria ha sido por su valor y no por nuestra ayuda. Digo esto porque conozco la fanfarronería de Suda y de Takahashi. Será mejor que no intervengamos y veamos cómo se desarrolla la batalla. Aunque el enemigo se alce con la victoria y su moral suba un poco, no pasará nada.

Se adoptó el parecer de Suyama y nadie participó en la batalla de Sujaku, limitándose a observar desde lejos cómo marchaba el combate.

Las tropas de Akamatsu atacaron con denuedo y sin tregua al ejército sogunal al mando de Suda y Takahashi, que había tratado de expulsarlas de la capital, hasta conseguir hacerles huir. Algunos soldados de este ejército huyeron al norte pasando por Sujaku en dirección a Uchino; otros se replegaron al este por Shichijō en dirección al centro de la ciudad. Hubo otros que perdieron sus monturas mientras huían, pero luego, avergonzados, volvieron al campo donde encontraron la muerte. Suyama, al observar el cariz que iba tomando la batalla, le comentó a Kōno:

—Ya está bien. No es digno que sigamos de observadores mientras nuestros aliados huyen y mueren. Vamos a atacar.

—Sí, creo que ya es hora de que entremos en acción —repuso Kōno. Ordenaron entonces a sus tropas que se unieran a las de Suda y Takahashi. El ejército sogunal, reforzado por esta inesperada incorporación, combatió varias horas y fue gracias a la ayuda de los hombres de Suyama y Kōno, que atacaban desde todas partes y se batían valerosamente, que el signo de la batalla se puso del lado de las tropas de Rokuhara. El ejército de Akamatsu fue derrotado y abandonó la capital por el oeste pasando por Terado.

Entretanto y tal como se ha descrito, los hermanos Akamatsu, Sadanori y Sokuyū, habían cruzado el río Katsura y puesto en fuga a los enemigos. Pero no se dieron cuenta de que sus compañeros no los seguían. Estaban solos con únicamente seis fieles vasallos. Avanzaron hasta Takeda en dirección norte y, adentrándose en la capital, llegaron a la avenida que hay enfrente del templo Hōshō y Rokujō Kawara. Después alcanzaron la puerta oeste del mismo palacio Rokuhara. Ese era el punto convenido en donde debían reunirse con el resto de sus compañeros para asaltar el palacio. Pero, como las tropas de Akamatsu que supuestamente debían de llegar del templo Tō, habían perdido la batalla y huido, no estaban allí. Al verse solos y rodeados de enemigos en medio de la capital, los ocho hombres decidieron arrancarse de sus yelmos la tela en que se veía el blasón de su ejército y apartarse a un lugar donde no había soldados del sogunato. Su plan era pasar desapercibidos entre la soldadesca enemiga mientras esperaban la llegada de refuerzos.

Pero cuando llegaron Suda y Takahashi, pasaron a la tropa esta información: «Parece que en nuestra tropa se han infiltrado algunos enemigos». Y dieron la siguiente orden: «Son los que acaban de cruzar el río, por lo que sus ropas y caballos deben de estar todavía mojados. Mirad bien y matadlos si los encontráis». Sadanori y Sokuyū, al conocer esta orden, consideraron que no estaban seguros si seguían haciéndose pasar por soldados de Rokuhara; por eso, juzgando preferible luchar y ganar honra, los dos hermanos y sus seis fieles, katana en mano y dando feroces gritos, cargaron a galope contra los dos mil soldados enemigos. Mientras se metían en las filas adversarias, unos decían sus nombres verdaderos y otros fingían aún ser de Rokuhara. Sorprendidos, el grueso de la tropa sogunal se quedó desconcertada un momento porque no sabía si los nuevos enemigos que de repente cargaban tan ferozmente contra ellos eran muchos o pocos. Sobrepuesta a la confusión, se peleó unos minutos: dos mil hombre rodeando a solamente ocho. Estos, a pesar de su valor, no pudieron contra tantos. Pronto cayeron cuatro. Seguían vivos dos, además de los dos hermanos Akamatsu. De estos, Sokuyū, convencido de que nada podían hacer más, se separó de su hermano Sadanori, que se quedó solo, y, fustigando su caballo, huyó en dirección oeste pasando primero por Shichijō y luego por la calle Ōmiya. Un samurái importante, de nombre Igu Takeyoshi, gobernador de la provincia de Owari, se lanzó a caballo en su persecución seguido de ocho de sus hombres. Cuando lo alcanzó, le preguntó:

—Veo que sois un caballero de proeza, un enemigo verdaderamente digno. ¿Quién sois? Os ruego que me digáis vuestro nombre.

Sokuyū frenó su caballo, lo mantuvo al paso y contestó:

—Soy un guerrero sin importancia, por lo que no merece la pena que te diga mi nombre. ¡Venga, acaba conmigo y córtame la cabeza! La podrás enseñar a tus jefes.

Cuando los hombres de Igu se le acercaron, Sokuyū alzó la katana y cargó contra ellos. Estos retrocedieron y volvieron grupas, momento que aprovechó el hijo de Akamatsu para lanzarse a galope y seguir huyendo. A pesar de verse acosado por los ocho hombres en su huida a lo largo de veinte *chō* [tres kilómetros], Sokuyū consiguió llegar al sur de la ciudad después de pasar por el templo de Nishi Hachijō. Allí estaban los trescientos hombres de su hermano Sadanori con los pendones del clan Akamatsu izados, que esperaban a los compañeros huidos mientras sus caballos descansaban metiendo las patas en las aguas frescas de un arroyo que corría frente la puerta Rashōmon. Sokuyū, aliviado, cabalgó hacía el grupo y se unió a él.

Sus ocho perseguidores exclamaron entonces:

—¡Qué pena! Hemos dejado escapar a un enemigo digno. —Resignados, se dieron media vuelta y regresaron a Rokuhara.

Más tarde, los soldados dispersos en la huida confluyeron en Shichijō Kawara y en el oeste de Sujaku hasta reunirse unos tres mil. Sokuyū les ordenó que marcharan por los callejones del oeste y este de la capital y que cuando se reunieran en el barrio de Shichijō, se pusieran a lanzar alaridos de guerra. Contra ellos cargaron entonces los seis mil hombres de Rokuhara que en ese momento se hallaban frente el palacio de Rokujō. Al cabo de cuatro horas de lucha no se sabía cuándo iba a terminar. Sin embargo, las tropas de Kōno y Suyama se presentaron desde el sur por la calle Ōmiya sorprendiendo a las de Akamatsu por la retaguardia y causando gran mortandad en estas. Los pocos supervivientes a duras penas pudieron retirarse a Yamazaki. Los de Kōno y Suyama los persiguieron hasta Tsukurimichi, pero, al ver que los de Akamatsu se preparaban para contraatacar, dijeron cuando estaban frente al palacio de Toba:

—Bueno, el signo de la batalla ya se ha decidido a nuestro favor. No será necesario que los persigamos más.

En su persecución los samuráis de Kōno y Suyama habían hecho veinte prisioneros y matado a setenta y tres enemigos cuyas cabezas insertaron en la punta de sus katanas. Con este trofeo y los cuerpos bañados en sangre regresaron a Rokuhara desde el palacio de Toba. Desde sus aposentos en Rokuhara, el emperador Kōgon mandó alzar las persianas para recibir a los dos samuráis victoriosos. También estaban presentes los dos jefes supremos de Rokuhara sentados en sendas esteras de piel. El soberano alabó a Kōno y Suyama en estos términos:

—Aunque vuestro proceder en la guerra siempre es digno de destacar, en la batalla de esta noche ha sido sobresaliente. Si no hubiera sido por la gallarda valentía y el espíritu de sacrificio con que los dos habéis combatido, seguramente habríamos perdido.

Esa misma noche el emperador nombró a Kōno gobernador de Tsushima y a Suyama de la de Bitchū; además, los honró obsequiándoles, respectivamente, una katana y un corcel criado en los establos imperiales. Cuando los demás supieron de estos honores, decían con envidia:

—¡Qué gran honra para hombres de arco y flechas!

Todo el mundo conoció entonces los nombres de Kōno y Suyama.

El día siguiente los generales Suda y Takahashi lo pasaron recorriendo las diferentes calles de la capital y mandando recoger las cabezas de los enemigos muertos y prisioneros que estaban desparramados en todas las direcciones. En total, reunieron ochocientas setenta y tres cabezas que expusieron en Rokujō Kawara, en el lecho del río. En realidad, las tropas sogunales no habían matado a tantos enemigos, pero algunos soldados, sin apenas combatir, habían degollado a algunos vecinos de la capital y entregado sus cabezas con tablillas de nombres de guerreros famosos a fin de cobrar la recompensa y ganar honra. Así se entiende que entre estas cabezas hubiera hasta cinco de las que colgaba el siguiente letrero: «Akamatsu Norimura». Ahora bien, nadie de Rokuhara, que conocía personalmente a Norimura, pudo identificar a ninguna de estas cabezas como perteneciente a Akamatsu Norimura. A pesar de este engaño, las cabezas quedaron expuestas a público escarnio con las mismas tablillas. Al verlas, la gente de Kioto hacían comentarios burlones de este jaez: «Los difuntos que han prestado sus cabezas volverán para cobrarse con intereses este engaño» o bien «Akamatsu Norimura tiene un doble por arte de magia que aparecerá para vengarse. ¿No es una prueba de que jamás podrán acabar con él?».

Eran días en que las aguas de los cuatro mares se hallaban turbulentas y las llamas de las guerras ensombrecían los cielos. Desde la entronización del nuevo emperador Kōgon, no había pasado un día en que la gente viviera en paz. Todos los días alguien, si no era un señor de la guerra era otro, izaba en alguna parte una bandera de rebelión. Parecía que nadie podía someter a los insurrectos y que jamás reinaría la paz en los cuatro mares a no ser que se contara con el poder de la religión. Por esto, el emperador Kōgon decidió pedir a varios templos que celebraran oficios sagrados para impetrar el concurso de los budas en la derrota de los rebeldes. Así, el príncipe Soninhō, hermano menor del emperador, que era también monje supremo del templo Enryaku, ordenó la construcción de una capilla en el palacio en la cual dirigió una ceremonia bajo la advocación de Butsugen. En otra sala, un monje de alto rango, de nombre Jiyū de Uratsu-ji, ofició otra en honor de Yakushi. Por su parte, el sogunato donó bienes, como tierras y tesoros, a la comunidad religiosa de Enryaku-ji, en Kioto, de Kōfuku-ji, en Nara, y de Onjō-ji[2], en Ōmi, para que elevaran a los budas plegarias en favor de la paz y del sometimiento de los rebeldes. No obstante estos esfuerzos, ni los dioses ni los budas atendieron los ruegos ni aceptaron las ofrendas del sogunato, sin duda debido a la acumulación de las maldades perpetradas por este. También fracasó el gobierno de Kamakura en convencer al pueblo de que se pusiera de su parte, tal vez porque los corazones humanos no siempre son interesados. El resultado fue que no tardaron en presentarse en Kamakura mensajeros de diferentes partes del Imperio con noticias de la alarmante situación en que se vivía.

Es cierto, sin embargo, que en la batalla del día 12 del tercer mes el sogunato había infligido una grave derrota a las tropas de Akamatsu, algunos de cuyos supervivientes se habían refugiado en Yamazaki. Si las hubiera perseguido para exterminarlas por completo, es posible que el signo de la guerra se hubiera decantado a su favor, pero las autoridades de Rokuhara se quedaron de brazos cruzados, dando así tiempo a que los samuráis huidos de Akamatsu pudieran rehacerse y reunirse hasta constituir otra vez un temible ejército.

Su líder, Akamatsu Norimura, nombró capitán general honorífico a Nakanoin Sadayoshi, proclamándolo además príncipe imperial heredero con el título de Shōgoin no Miya[3], y estableció campamentos en

---

2. Por otro nombre, Mii-dera.
3. Hijo del emperador Godaigo, este príncipe se había hecho monje. Con esta proclamación, probablemente Akamatsu pretendía dar legitimidad a su insurrección para ganar favor popular y atraerse seguidores.

Yamazaki y Yawata. A continuación ocupó la comarca en donde confluyen los ríos Katsura, Uji y Kizu a fin de cortar la ruta hacia el oeste. Este bloqueo de los caminos significó la interrupción de una buena parte de la actividad comercial de Kioto y la dificultad en el transporte de víveres para las tropas del sogunato. Cuando la autoridad de Rokuhara empezó a resentirse de la nueva situación, comentó: «La capital sufre por el bloqueo de Akamatsu y no podemos aceptar que nuestros soldados pasen hambre. Teniendo en cuenta la victoria que alcanzamos el día 12, sería una vergüenza permanente para este gobierno que esta vez dejemos las manos libres a los rebeldes de Akamatsu en las puertas de la capital. En esta ocasión nuestro ejército imperial[4] atacará hasta arrasar sus campamentos de Yamazaki y Yawata. Luego degollará hasta el último hombre echando sus cuerpos decapitados al río y exponiendo sus cabezas en Rokujō Kawara».

Así pues, los guardias de cuarenta y ocho puestos de vigilancia de los alrededores de Kioto acudieron a Rokuhara donde se juntaron con los samuráis de la capital formando un contingente de cinco mil jinetes que marchó contra Yamazaki a la hora de la Liebre [seis de la mañana] del día 15 del tercer mes. El plan inicial era que la marcha se realizara con dos regimientos, pero como el camino de Koganawate era angosto y más adelante había arrozales que les impedían avanzar a caballo, los dos grupos se juntaron en Hachijō. A partir de ahí, el ejército de Rokuhara cruzó el río Katsura, atravesó el sur de Kawashima y, finalmente, se dispuso a hacer frente a las tropas de Akamatsu que, se creía, estaban apostadas en Mozume y Ōharano.

Sin embargo, Akamatsu había dividido a sus huestes de tres mil hombres en tres batallones. El primero, de unos quinientos buenos tiradores de a pie, acudió al monte Oshio. El segundo, formado por unos mil guerreros entre los que había ermitaños o *yamabushi*[5] y jinetes, se asentó en las proximidades del río Kitsune. El último batallón, de unos ochocientos hombres armados de lanzas y sables, se escondió en los pinares que había detrás del santuario Mukai no Myōjin.

Las tropas de Rokuhara, ignorantes de la proximidad de los guerreros de Akamatsu, siguieron avanzando y quemando las casas en el pueblo de Terado. Cuando pasaron por delante del santuario Mukai no Myōjin, los arqueros de Akamatsu descendieron súbitamente de los montes Yoshimine e Iwakura y, protegidos por sus escudos, no cesaron de disparar flechas. Los jinetes de Rokuhara, aunque intentaron ahuyentarlos con la caballería, no pudieron porque tenían muchas dificultades en subir por

---

4. «Imperial» en el sentido de que defendía la legitimidad del emperador Kōgon en contra de Godaigo.
5. Véase nota 36, p. 92.

las laderas más abruptas de los montes. Además, los arqueros estaban prevenidos y no se dejaron atraer a un lugar abierto y llano. En tal situación, los generales de Rokuhara dieron esta orden: «¡Estad tranquilos! No fatiguemos nuestros caballos luchando contra estos maleantes. No les hagamos caso y marchemos a Yamazaki».

Pero cuando pasaban por Nishioka en dirección al sur, de improviso Bōjō Saemon, al mando de cincuenta jinetes, se dejó ver tras el pinar del santuario Mukai no Myōjin y se lanzó contra las huestes de Rokuhara. Estas, al considerar que eran muy pocos jinetes enemigos, abrieron la formación para que entraran dentro y rodearlos. Entonces apareció primero un centenar de guerreros y después doscientos más de los clanes de Tanaka, Kodera, Yagi y Kanzawa que embistieron en formación de escama contra los soldados de Rokuhara e intentaron luego cercarlos como las alas de una grulla. Al mismo tiempo, otros quinientos hombres de Akamatsu, los que aguardaban en las cercanías del río Kitsune, corrieron atravesando los arrozales para cortar la retirada a los jinetes enemigos. Estos, convencidos de que no podían ganar la batalla, iniciaron el repliegue. El encuentro apenas duró una hora y, aunque las tropas de Akamatsu no consiguieron matar a tantos guerreros de Rokuhara, muchos de estos cayeron a zanjas y a los arrozales de manera que sus cuerpos quedaron maltrechos y sus caballos y armaduras manchados por el barro. Cuando, poco después, regresaron a la capital, la gente comentaba en susurros y en tono burlón: «¡Miradlos! Si por lo menos el sogunato hubiera enviado contra los rebeldes a Suyama y Kōno, no hubieran perdido de modo tan vergonzoso».

De esa manera, las huestes de Rokuhra perdieron esta vez la batalla de Yamazaki mientras que, sin moverse de la capital, creció la fama de Suyama y Kōno.

Capítulo 5. LOS BONZOS GUERREROS ATACAN LA CAPITAL

Cuando se iniciaron las hostilidades dentro de la capital y al principio se extendió el rumor de que las tropas de Rokuhara estaban en desventaja, el príncipe Moriyoshi, hijo de Godaigo, despachó un emisario a la boncería de Enryaku-ji invitándola a tomar las armas en favor de su padre el emperador. El día 27 del tercer mes, los bonzos de los templos y monasterios del monte Hiei se congregaron en los jardines delante del pabellón central del templo Enryaku y, después de deliberar, publicaron la siguiente proclama:

Nuestra montaña es el lugar santo donde los budas se han manifestado como las deidades de Sannō Gongen. Ha sido, además, el sagrado bastión protector de los emperadores, los hijos del Cielo, a lo largo de muchas generaciones.

274

Fue también el sitio donde el gran maestro Saichō[6] fundó el presente templo, ventana desde la cual contemplar la luna de la realidad permanente que es la Ley[7]. Pero poco después de que el maestro Jien[8] fuera superior del monasterio y nos enseñara cómo eliminar los obstáculos que nos estorban el cumplimiento de la Ley, siempre que ocurren disturbios en el mundo, nuestra comunidad los evita gracias a la fuerza que nos da la práctica de la religión budista. Y cuando la iniquidad de vasallos pérfidos se abate sobre la sociedad de los seres humanos, pedimos la ayuda de las deidades de Sannō Gongen. Ahora que las olas de los cuatro mares están agitadas y el corazón del soberano se halla atribulado, se multiplican los portentos que tanto a discretos como a necios indican que muy pronto los cielos castigarán las maldades acumuladas con el paso de los años por el clan Hōjō, un vasallo más del emperador. Está escrito: «No hay que ser remiso en el servicio al soberano»[9]. En tiempos tales, ¿cómo puede ser que nosotros que somos creyentes budistas y nos hemos sacudido el polvo del mundo no respondamos a la voz del hijo del Cielo? Reflexionemos sobre el pasado error que cometimos al prestar oídos al clan impío de los Hōjō y, fieles a nuestro juramento de lealtad, pongámonos resueltamente al servicio de la causa imperial.

Tres mil monjes secundaron este anuncio y todos se pusieron a pensar en la mejor estrategia militar para destruir al sogunato de Kamakura. Se decidió la fecha del 28 del tercer mes para descender sobre la capital y atacar el cuartel general de Rokuhara. Pero antes se pidió el alistamiento de todos los religiosos y laicos asociados a los templos de las cercanías, también el de los samuráis de las regiones vecinas. Tal éxito tuvo el llamamiento que en el día fijado para el ataque había ciento seis mil hombres armados delante del santuario central de Hiyoshi, en el monte Hiei. Parecían nubes apretadas y partículas de densa niebla, de tantos como eran. El espíritu combativo de todos ellos era tan iracundo que estaban convencidos no solo de que podrían vencer fácilmente al ejército de Rokuhara, sino de que este huiría cuando supiera que tal multitud de bonzos estaba a punto de caer encima de ellos. Sin ni siquiera comunicar su plan de ataque a los aliados de Yawata y Yamazaki, los bonzos guerreros se reunieron frente al templo Hōshō a la hora de la Liebre del día 28. De ahí iniciaron el descenso sobre la capital sin comer antes ni ponerse las armaduras. Unos iban por Imamichi; otros bajaban por el oeste de Sakamoto.

6. Su nombre era Dengyō (767-822), el fundador de la escuela Tendai en Japón a la cual pertenecían los templos del complejo monástico del monte Hiei.
7. El *dharma*, la enseñanza budista.
8. Monje (1155-1225) de la escuela Tendai, también conocido con el nombre póstumo de Jichi. Fue el autor de la obra histórica más notable de su tiempo, el *Gukanshō* o «Tratado de opiniones ignorantes», y sobresalió también como poeta.
9. En *El libro de los cantos*, trad. G. García-Noblejas, Alianza, Madrid, 2013, la más antigua antología de poesía china que existe, con más de trescientos poemas de los siglos XI al VII a.e.

Cuando los jefes supremos de Rokuhara tuvieron noticia de estos movimientos, calcularon que a pesar de la multitud de enemigos que venía contra ellos, dispondrían de un jinete bien armado por cada cien bonzos; y que, además, no obstante el ardor de los monjes, llegarían a la capital cansados por la caminata y por el peso de las armaduras. Ordenaron enviar varios destacamentos de arqueros montados a Sanjō Kawara para que, aprovechando la movilidad de sus caballos, dispararan contra los bonzos como si estuvieran practicando la caza de perros[10]. Consideraron que tal estrategia sería la más adecuada cuando se trata de combatir a un ejército numeroso de infantería con otro mucho menor compuesto de soldados a caballo. Así pues, dividieron sus huestes de unos siete mil jinetes en siete destacamentos de mil cada uno a los que ordenaron tomar posiciones en el este y oeste de Sanjō Kawara.

Los bonzos guerreros, ignorantes de la estrategia de Rokuhara, se apresuraron a entrar en la capital y competir entre ellos por buscar las mejores casas y templos donde alojarse. Algunos hasta se apropiaron de los objetos valiosos y tesoros que encontraron. Después, llevando en sus manos veinte o treinta tablillas de las usadas para inscribir los nombres de los huéspedes en posadas y templos, volvieron a reunirse en Hosshō-ji. Era tal la muchedumbre de bonzos guerreros desparramados por las localidades de Imamichi, Nishizaka, Yase, Yabusato, Sagarimatsu y Sikisanguchi que cuando la vanguardia ya estaba en el templo Hosshō o en el santuario Shin Nyōdo, la nutrida retaguardia aún no había salido del monte Hiei o seguía en Sakamoto. El sol de la mañana de aquel día refulgía en la bruñida superficie de sus armaduras emitiendo reflejos como relámpagos, mientras que los estandartes y pendones, en interminable fila, ondeaban al viento que soplaba desde la montaña: diríase la cola de un gigantesco dragón o el cuerpo de una colosal serpiente. Verdaderamente las tropas de Rokuhara no alcanzaban ni la décima parte de la aguerrida multitud que, como la lava de un volcán, bajaba del monte Hiei. Era natural, a la vista de tal diferencia, que los bonzos guerreros menospreciaran a las huestes sogunales, convencidos de que las vencerían con toda facilidad.

Toda la vanguardia del ejército de bonzos ya estaba congregada en las inmediaciones de Hosshō-ji y esperaba la llegada de los guerreros de la retaguardia. Fue entonces cuando, desde tres flancos y lanzando gritos de guerra, cargaron contra ellos los siete mil jinetes de Rokuhara. Los bonzos, sorprendidos por los gritos, rápidamente se pusieron las armaduras, y, alborotados, fueron a empuñar sus katanas y alabardas. Por la puerta oeste de Hosshō-ji salieron unos mil bonzos que se encontraron con la caballería

---

10. El disparo a perros era un práctica de tiro al blanco bastante común entre la caballería de los samuráis de la época.

sogunal que cargaba contra ellos. El plan de la caballería era replegarse al verse atacada y embestir contra la retaguardia cuando los bonzos cesaran en su ataque. Esta estrategia de hostigar sin tregua el enemigo con sucesivos repliegues y ataques la llevaron a cabo hasta seis o siete veces, dando como resultado el debilitamiento gradual de los bonzos que iban a pie los cuales resentían las armaduras pesadas que llevaban, además de la fatiga del camino. Por esta razón eran blancos fáciles para los jinetes de Rokuhara que los disparaban sin piedad. Convencidos de que no podrían ganar en la explanada frente al templo, los bonzos trataron de refugiarse en el interior de los diferentes pabellones de Hosshō-ji. Un samurái de Rokuhara, de nombre Saji Magoro, de Tanba, llegó con su caballo hasta la misma puerta oeste del templo, desmontó y blandiendo una katana de cinco *shaku* y tres *sun* [metro y medio], única en su tiempo por su extraordinaria longitud, de tres tajos mató sin esfuerzo a otros tantos bonzos. Cuando el sable se le torció, lo enderezó empujando con él la puerta del templo mientras se quedaba mirando con gesto amenazador al interior. Los bonzos guerreros, asustados, supusieron que podría haber más samuráis dentro del templo y en tropel se dirigieron al ala norte para salir. Después, divididos en dos grupos, pasaron frente al santuario Shin Nyōdō, detrás de Kaguraoka, con la intención de regresar cuanto antes al monte Hiei.

Pero entre los bonzos había dos guerreros famosos por su descomunal fuerza. Se llamaban Gōkan y Gōsen, y residían en el monasterio de Zenchibo, en el valle sur de la torre este del monte Hiei. Mientras volvían a regañadientes hacia Kita Shirakawa al lado de sus compañeros de armas que iban de retirada, Gōkan le comentó a Gōsen:

—En esto de las guerras a veces se gana y a veces se pierde. Todo depende de la suerte. Por eso, no me parece que perder deba ser motivo de vergüenza, aunque haya gente que diga lo contrario. Sin embargo, si te soy sincero siento que la derrota de hace un rato me pone rojo de vergüenza pensando sobre todo en todos los bonzos de este monte. Ahora todo el mundo se burlará de nosotros. ¿Qué te parece, Gōsen, si damos media vuelta y morimos luchando? Perderemos la vida, pero lavaremos la deshonra del monte Hiei.

—No hay cosa que más me guste que oír lo que acabas de proponer —contestó su compañero, feliz porque deseaba lo mismo.

Volvieron los dos solos a Hosshō-ji y cuando estuvieron frente a la puerta norte, encararon a los samuráis de Rokuhara para gritar:

—Nuestros compañeros han perdido la calma y han decidido retirarse, pero nosotros tenemos claro una cosa: queremos luchar. Ahora ya sabréis que también entre los bonzos hay hombres valientes. En cuanto a cómo nos llamamos, vais a saberlo: somos Gōkan y Gōsen, vivimos en el monasterio de Zenchibo. Todo el monte Hiei conoce nuestros nombres. ¡Adelante, acercaos si creéis que sois más fuertes que nosotros! Al primero que se acerque lo matamos y nos llevaremos su cabeza para exponerla por ahí... ¡Venga, acercaos!

Los dos bonzos blandían alabardas de hojas sumamente largas: de cuatro *shaku* [ciento veinte centímetros] y lo hacían sin esfuerzo pues movían las armas con la facilidad con que se mueve un molino de agua. Con ellas no les costó trabajo cortar las rodillas de los caballos que se les acercaban. Después, se acercaban a los samuráis derribados y los mataban de un tajo en la cabeza dado con tanta contundencia que les hundían el yelmo. Por espacio de una hora los dos bonzos mantuvieron su posición sin dejar de luchar ni un momento ni dar la espalda al enemigo. Finalmente, con los cuerpos acribillados de flechas que les caían como lluvia, se dijeron:

—Me parece que hemos cumplido nuestro deseo. ¡Venga, vámonos juntos al otro mundo!

Se despojaron de las armaduras y, con el tronco desnudo, se hicieron en sus vientres una profunda incisión en forma de cruz. Acto seguido, cayeron muertos uno al lado del otro.

Los samuráis enemigos no pudieron evitar exclamaciones como estas:

—¡Qué hombres tan valientes! ¡No los hay con más valor en todo el país!

Y lamentaron sus muertes.

La vanguardia del ejército de bonzos guerreros había perdido la batalla y huido al monte Hiei. Los numerosos bonzos de la retaguardia, sin ocasión de haber presenciado el combate, no tuvieron más remedio que, igualmente, dar media vuelta y volver a sus templos y monasterios. A pesar de todo, solo por la muerte gloriosa de Gōkan y Gōsen la honra de los templos del monte Hiei se había salvado.

Capítulo 6. LOS CUATRO FORAJIDOS DE BIZEN

Si bien las tropas de Akamatsu habían sido derrotadas y perseguidas en la batalla del día 12 del tercer mes y a pesar de que la moral del ejército de Rokuhara había subido después de haber matado a varios miles de enemigos, lo cierto es que las aguas de los cuatro mares seguían revueltas y el mundo continuaba en caos. Además, no obstante la derrota y retirada de los bonzos guerreros en la jornada del día 28 del mismo mes, los monjes del monte Hiei volvieron a encender almenaras en su cumbre y a congregarse en Sakamoto. Corrió el rumor de que se reorganizaban para intentar el asalto a Rokuhara por segunda vez.

Ante esta noticia, las autoridades del sogunato trataron de granjearse el favor de los monjes de Enryaku-ji obsequiándoles trece grandes fincas y uno o dos terrenos bien situados. «Son para que recéis», les dijeron. Estas donaciones hicieron que surgieran opiniones enfrentadas entre los monjes principales de Enryaku-ji sobre qué posición tomar, pues había algunos que ahora expresaban su simpatía por el sogunato. Además, como muchos de los soldados partidarios de la causa imperial, que seguían manteniendo los campamentos de Yawata y Yamazaki, habían sido heridos o exterminados y otros muchos habían desaparecido, el ejército capaz de hacer frente a Rokuhara no llegaba a los diez mil hombres.

A pesar de esta nueva situación, Akamatsu decidió probar otra vez el ataque. No le importaban las posiciones con que las huestes de Rokuhara habían reforzado la defensa de Kioto. Decidió dividir a los siete mil guerreros de Yawata y Yamazaki en dos batallones y atacar la capital a la hora de la Liebre [seis de la mañana] del día 3 del cuarto mes. A uno lo puso al mando de Tono no Hōin Ryōchū y de Nakanoin Yoshisada; estaba formado por samuráis de los clanes de Itō, Matsuda, Hayami y por la banda de Tonda Hōgan, así como por vagabundos de las comarcas de Maki Kuzuha que eran diestros arqueros. En total, tres mil hombres a los que se ordenó prender almenaras en Fushimi y Kobata. El otro batallón, de más de tres mil quinientos soldados, lo comandaba el mismo Akamatsu Norimura y lo formaban hombres de los clanes de Uno, Kashiwabara, Sayo, Majima, Tokuhira, Kinugasa y Kanke. Este grupo, después de encender almenaras en Kōshima y Katsura no Sato, avanzó a la capital por el barrio de Nishi Shichijō.

Por su parte, la moral de las tropas de Rokuhara estaba por las nubes tras las últimas victorias y con la confianza de su superioridad numérica, pues eran más de treinta mil hombres. Al conocer el nuevo avance del enemigo, ocuparon sus posiciones de defensa con calma. Aunque en los últimos días, el sogunato había recibido muestras de simpatía de los bonzos del monte Hiei, no estaba del todo seguro de su fidelidad. Por eso, las autoridades militares enviaron a Sasaki Tokinobu, Oda Tokitomo y Nagai Hidemasa al frente de unos tres mil hombres en dirección a Tadasu Sawara. A Kōno y a Suyama, con cinco mil soldados, los mandaron a defender la calle ancha de Hosshō-ji, sin duda recordando el éxito que tuvieron en la batalla del día 12 del mes anterior; a los clanes de Togashi, Hayashi, Shimazu, Kobayawaka, con seis mil guerreros, al templo Tō en Hachijō; a Kōtō, gobernador de la provincia de Kaga, Kaji Gentasaemon, Suda, Takahashi, Kasuya, Tsuchiya y Ogawawara, al mando de siete mil soldados, al oeste de Shichijō. El resto del ejército, unos mil hombres, permanecieron como refuerzo en Rokuhara.

A eso de la hora de la Serpiente [once de la mañana] de ese día empezaron las escaramuzas en tres lugares diferentes de la ciudad. El ejército de Akamatsu se componía de pocos jinetes y muchos arqueros, por lo que cifraban su estrategia en bloquear las calles y lanzar furiosamente flechas. Por su parte, en el ejército sogunal predominaba la caballería sobre la infantería, por lo que deseaban a toda costa recorrer arriba y abajo las calles para rodear al enemigo. Los generales de uno y otro ejército conocían bien tanto las lecciones de estrategia de los mil ataques de Sun Tzu como la táctica de las ocho posiciones de Wu Tzu y trataban sin éxito, unos de rodear al enemigo y otros de romper la formación adversaria. La batalla se prolongó todo el día.

Cuando anochecía irrumpieron con ímpetu los hombres de Kōno y Suyama. Las tropas imperiales que ocupaban posiciones en Kohata se vieron sorprendidas y no pudieron defenderse por lo que tuvieron que replegarse a Uji. Pero los jinetes de Kōno y Suyama no los persiguieron, sino que cabalgaron en diagonal hacia Takeda Kawara y enderezaron las riendas de sus caballos a Tsukurimichi pasando delante de la puerta norte del palacio de Toba, para así rodear a los enemigos que luchaban frente a Tō-ji. Aunque los soldados del ejército imperial ocupaban hasta dieciocho barrios de Tsukurimichi, al ver la caballería de Kōno y Suyama creyeron que no podrían vencerlos por lo que cruzaron por el oeste de la puerta Rashō y retrocedieron a Terado.

Kobayakawa y Shimazu Sukehisa, de Rokuhara, habían empleado la táctica del ataque y repliegue, una y otra vez, en oleadas, pero no habían conseguido ahuyentar a los enemigos. Por eso, cuando vieron como Kōno y Suyama lograron hacer huir a los mismos enemigos que ellos habían acosado, lamentaron no haber podido conseguir lo que sus aliados habían logrado rápidamente. Desalentados, decidieron dirigirse al norte, a Nishi Sujaku pasando por Nichi Hachijō, pues juzgaban que podrían desbaratar el ataque enemigo que en ese momento, a la cabeza de Akamatsu y sus tres mil samuráis seleccionados con fama de invencibles, ocupaba posiciones en Nishi Shichijō. Los defensores de este barrio estaban cediendo terreno, pero al ver la llegada de refuerzos, se animaron, redoblaron sus gritos de guerra y contraatacaron a los de Akamatsu en tres flancos de su formación.

El ejército de Akamatsu quedó descompuesto y se dispersó en tres grupos. Fue en ese momento de la batalla cuando de él salieron cuatro hombres que se adelantaron con el paso resuelto. Parecían dispuestos a enfrentarse ellos solos a los miles de adversarios que tenían enfrente. En la expresión de sus rostros se leía el coraje que sentían y su resolución a perder la vida. Recordaban a los famosos guerreros chinos Fan Kuai o Hsiang Yu[11]. Al tenerlos cerca, los soldados de Rokuhara observaron que los cuatro hombres eran extraordinariamente altos: cerca de siete *shaku* [casi dos metros], eran barbudos y sus ojos parecían echar chispas. Bajo sus armaduras vestían cota de malla, tenían protectores en muslos y rodillas y tanto las espinilleras como los yelmos mostraban la figura de un dragón. Las katanas que ceñían

11. Ya mencionados en el Libro VII, cap. 1. Son personalidades históricas de la dinastía Chu.

eran asombrosamente largas, de cinco *shaku* [un metro y medio], y en los hombros sostenían barras de hierro de más de ocho *shaku* [dos metros y treinta centímetros] como si se tratara de algo ligero. ¡Sin duda eran hombres de una fuerza portentosa! Al ver el porte resuelto con que caminaban, varios miles de soldados de Rokuhara retrocedieron atemorizados por tres lugares diferentes, sin esperar a luchar con ellos. Los cuatro hombres, haciendo señas con las manos, llamaron a sus enemigos que huían:

—¡Somos de la provincia de Bizen! Nos llamamos Hayami Matajirō, el hijo de este, Magosaburō, Tanaka Tōkurō Morikane y el hermano menor de este, Yakurō Moriyasu. Condenados por orden imperial hace mucho tiempo, hemos vivido a nuestro aire y al margen de la ley como forajidos en el monte. Pero, aprovechando esta rebelión, hemos venido a ofrecer humildemente nuestra ayuda a su majestad Godaigo. En el fondo estamos avergonzados por haber sido derrotados en la batalla anterior sin apenar haber tenido ocasión de luchar. Pero hoy, aunque nuestros compañeros de armas huyan, no pensamos retirarnos sin combatir. No nos importa ni cuántos seáis, ni la fuerza que tengáis. Estamos decididos a lanzarnos contra todos vosotros y llegar hasta donde estén los jefes de Rokuhara.

Hablaron con toda calma y se quedaron de pie con la cerviz bien erguida y el gesto desafiante.

Cuando Shimasu Sukehisa los oyó hablar así, se volvió a su hijo, su padre y algunos vasallos, y les dijo:

—Ya veis cómo hablan estos hombres del oeste. Ya sabía de la fuerza descomunal de esos cuatro. Ninguno de vosotros podréis con ellos. Esto no es para vosotros. Será mejor, por lo tanto, que os vayáis a otro campo de batalla. Seremos mi padre, mi hijo y yo mismo quienes nos enfrentemos a ellos. Emplearemos la táctica del ataque y repliegue hasta cansarlos. Solamente así podremos vencerlos y matarlos. Por mucha fuerza que tengan esos hombres, no creo que se les resistan las flechas. Y por muy rápido que corran, tampoco creo que sean más rápidos que nuestros caballos. Llevamos mucho tiempo entrenándonos con la caza de perros y el tiro al arco. Esta es la ocasión de demostrar para qué ha servido tanto entrenamiento. ¡Vamos, que el mundo entero conozca el valor que llevamos dentro!

Sukehisa, su padre y su hijo abandonaron las filas de su ejército y sin desmontar avanzaron hasta donde seguían los cuatro forzudos. Uno de estos, Tanaka Morikane, le dijo con una sonrisa:

—No conozco vuestros nombres, pero habéis demostrado ser valientes por salir a enfrentaros con nosotros. —Y, en son de burla, añadió:— Sí, sois valientes; tan valientes que me gustaría apresaros vivos[12] para que luchéis a nuestro lado...

---

12. Frase insultante pues ser apresado vivo se tomaba por una ignominia insufrible.

Y se adelantó hacia ellos mientras blandía la barra de hierro. Sukehisa mantenía su caballo al paso. Cuando estuvo a tiro de flecha, se detuvo. Tomó el arco, encordó una flecha, tensó y disparó. La punta de la flecha se hundió en la mejilla derecha que perforó hasta salir por debajo del cubrenucas. Fue un impacto tan potente que, a pesar de su corpulencia, Tanaka se tambaleó. Su hermano Moriyasu corrió para ayudarlo, le sacó la flecha y, mirando torvamente a Sukehisa, dijo:

—El enemigo del emperador son los hombres de Rokuhara. El enemigo de mi hermano mayor es también Rokuhara. Por eso, voy a mataros. Inmediatamente empuñó la barra de hierro y, blandiéndola, fue contra Sukehisa. Lo siguieron los Hayami, padre e hijo, con sus largas katanas en alto. Pero Sukehisa era un guerrero consumado y conocía muchas tácticas de combate; aparte de manejar con gran maestría el caballo, disparaba flechas con gran rapidez. Por eso, cada vez que recibía el ataque de Moriyasu, lo esquivaba diestramente y tenía tiempo para, sin prisas, preparar una flecha tras otra contra su enemigo. Cuando Moriyasu lo atacaba por el flanco izquierdo del caballo, Sukehisa giraba hacia la derecha para disparar. Era un combate admirable ver un guerrero famoso en las provincias del oeste por su manejo de la katana y otro célebre en las regiones del norte por su pericia como jinete. Uno y otro, luchando cara a cara en un combate singular sin nadie que interviniese. Finalmente, Sukeshisa agotó todas sus flechas y tuvo que desenvainar el sable. Fue entonces cuando unos ciento cincuenta soldados de Kobayakawa, que hasta entonces habían permanecido en la parte norte del templo de Jizō de Sujaku, cargaron contra los cuatro forzudos gritando. Ante este ataque, las tropas de Akamatsu que estaban detrás de Moriyasu retrocedieron. Finalmente, este y los Hayami, padre e hijo, recibieron tres o cuatro flechazos en las aberturas de sus armaduras y del cubrenucas del yelmo, de modo que murieron, pero de pie y apoyados en sus katanas. Cuantos presenciaron estas muertes o las oyeron más tarde lamentaron sinceramente su pérdida.

A mando de trescientos guerreros, el clan de Kanke de la provincia de Mimasaka, que luchaba en el bando de Akamatsu, se presentó en la calle Shijō Inokuma ante unos mil soldados de Takeda, Kasuya y Takahashi, batiéndose contra ellos con gran denuedo por espacio de dos horas. Tres hermanos del clan Kanke, de nombres Sukehiro, Sukemitsu y Sukeyoshi, observaron cómo algunos de sus compañeros se replegaban a las posiciones de retaguardia. Sin saber si este movimiento había sido convenido de antemano o había sido una decisión tomada en ese momento, sintieron vergüenza y resolvieron enfrentarse ellos solos a los enemigos. Pero estos eran tantos que los derribaron de sus monturas. Sukehiro, que había recibido una herida en la rodilla durante la batalla de la mañana, no era un guerrero muy fuerte, porque lo que a Takeda Shichirō no le resultó muy difícil abatirlo y cortarle la cabeza. Por su parte, Sukemitsu, enrabietado por la muerte de su hermano, se abalanzó contra Takeda Jirō, hermano de Shichirō, y le cortó también la cabeza. Después, Sukeyoshi, el tercer hermano de los Kanke, y un vasallo de los Takeda pelearon entre sí muriendo ambos en el combate. Ante esta situación, el único hermano superviviente de los Kanke, Sukemitsu, le dijo a Takeda Shichirō, que había matado a su hermano Sukehiro:

—¿Cómo podremos sobrevivir después de las muertes de nuestros hermanos? ¿Qué nos queda hacer a nosotros, sino combatir a muerte?

Los dos samuráis soltaron las cabezas que tenían en las manos y se enzarzaron en un combate en el que perecieron los dos.

Mientras tanto, otros samuráis importantes del bando de Akamatsu, como Fukumitsu Hikojirō Sukenaga, Uetsuki Shigesuke, Harada Sukehide y Takatori Tanesuke, juntos con sus respectivos vasallos, galoparon para volver a la batalla contra las tropas de Rokuhara. Fueron derribados de sus caballos y se exterminaron entre ellos. Al final, veintisiete hombres encontraron la muerte en el mismo lugar; y el clan de los Kanke perdió la batalla.

En el bando de las tropas imperiales de Akamatsu combatía un tal Mega Nagamune, de Harima, descendiente del famoso Satsuma Ujinaga. Su fuerza era colosal y su personalidad, prominente. A partir de la primavera de sus doce años, empezó a practicar con pasión el combate de sumo y unos años después era tan fuerte en este deporte que no había nadie en las más de sesenta provincias del país capaz de ganarlo. Vencía hasta usando solo una mano. Entre los vasallos que lo acompañaban en esta jornada, había diecisiete igualmente sobresalientes por su fuerza, pues, se dice, las personas se juntan con las de su especie. Este grupo avanzó a la cabeza de las tropas imperiales hasta llegar al cruce de las calles Rokujō no Bōmon y Ōmiya. Pero en ese momento se encontraron con unos tres mil soldados de Rokuhara, entre ellos algunos del clan Takeda, que volvían victoriosos de la batalla en Tō-ji. El pequeño grupo de Mega se vio rápidamente cercado y atacado por estas tropas. Los diecisiete hombres del grupo murieron, quedando con vida solo Nagamune el cual reflexionó así: «Es posible que mi vida no sirva para nada, pero la aspiración imperial seguirá siempre. Por lo tanto, deseo seguir con vida para ayudar a su majestad a cumplirla algún día». Así pues, volvió grupas y huyó en dirección a Nishi Sujaku. Tras él se lanzaron cincuenta jinetes de Igu, gobernador de Suruga. Uno de ellos, que era joven, consiguió alcanzarlo y poner su caballo a la par del de Nagamune. Cuando lo agarró de la manga de su armadura, Nagamune soltó las riendas y con la mano que tenía libre, levantó al guerrero de Igu por los aires y con él siguió galopando unos tres chō [trescientos metros]. Como este joven pertenecía a una familia ilustre, los otros perseguidores, asustados, gritaron a Nagamune:

—¡Soltadlo! ¡No lo matéis!

Nagamune contestó volviendo la cabeza y lanzándoles una mirada furiosa. Después les gritó:

—¡No sabéis a quién os enfrentáis! No cometáis el error de acercaros más a mí pensando que cabalgo solo. Si queréis recuperar a este joven, ahí lo tenéis. Os lo devuelvo.

Tras lo cual agarró bien al joven guerrero con la mano derecha y lo lanzó contra sus perseguidores. El joven voló hasta caer encima de seis de sus compañeros, acabando en el suelo, en el barro de un arrozal. Los cincuenta perseguidores, al ver esta muestra de fuerza, se acobardaron y volvieron grupas.

Entretanto, Akamatsu Norimura, el líder de las tropas imperiales, estaba triste por la suerte de las batallas de esa jornada en el curso de las cuales habían perdido la vida hasta ochocientos hombres fieles a su clan. Fatigado y abatido, se retiró nuevamente a Yawata y a Yamazaki.

Capítulo 7. EL NUEVO ASALTO A LA CAPITAL

A los oídos del exemperador Godaigo, refugiado en el monte Funanoe, llegó la noticia del fracaso de las tropas de Akamatsu en su intento por conquistar la capital y de la disminución de sus seguidores apostados en los campamentos de Yawata y Yamazaki. Preocupado por el cariz de los acontecimientos, el exsoberano ordenó la construcción de una capilla en la cual él personalmente ofició ceremonias propiciatorias del budismo esotérico, como la de la Rueda de Oro, en favor de la recuperación del trono. La séptima noche después de la celebración de este rito, los tres hijos radiantes de los cielos —el sol, la luna y la estrella— se mostraron en forma de *bodisatvas* sobre un nimbo de gloria encima del altar de la capilla. Esta conjunción fue estimada como auspiciosa por Godaigo que supo entonces que los cielos habían atendido su plegaria.

«Siendo así, nombraremos un general de las tropas fieles a nuestra causa para que marche de inmediato a la capital y refuerce el ejército de Akamatsu Norimura», pensó su majestad. El elegido fue Rokujō Tadaaki, el cual empezó por sumar el máximo de efectivos de guerreros de San'yōdō y San'indō, las rutas que llevan al oeste del Imperio. Cuando la tropa de Tadaaki abandonó la provincia de Hōki, apenas sumaba mil guerreros, pero en el camino se le unieron destacamentos de las provincias de Inaba, de la misma Hōki, Izumo, Mimasama, Tajima, Tanba y Wakasa, de suerte que sus fuerzas, engrosadas poco a poco, alcanzaron el número de doscientos siete mil guerreros. Este ejército contó, además, con una incorporación muy ilustre. Uno de los hijos del exemperador Godaigo, el príncipe Jōson Hoshinnō, apresado al comienzo en la batalla de Genkō y desterrado a la provincia de Tajima, había sido liberado por Ōta Saburō

Saemon, gobernador de dicha provincia, el cual reunió a guerreros de las regiones vecinas y, al lado del príncipe, consiguió juntarse con las tropas de Tadaaki en Shinomura, provincia de Tanba. El general Tadaaki se alegró sobremanera de esta inesperada incorporación, sobre todo porque la presencia del príncipe le permitía izar los estandartes imperiales y reforzar la moral de sus hombres. Acordó al príncipe el título honorífico de capitán general de todo el ejército y dio la orden de partida hacia Kioto.

Así pues, el día 2 del cuarto mes el ejército imperial del príncipe salió de Shinomura y acampó en los recintos de los templos de Hōkayama, en las colinas que hay al oeste de la capital. Eran tan numerosos los soldados, más de doscientos mil, que no había alberge para todos, teniendo muchos que dormir a la intemperie en los distritos de Hamuro, Kinugasa, Mangoku Ōji, Matsunō y Katsura. Tono no Hōin Ryōchū había fijado su campamento en Yawata, mientras que Akamatsu Norimura había hecho lo propio en Yamazaki. La distancia entre este último campamento y el de Rokujō Tadaaki era solamente de cincuenta *chō* [unos cinco kilómetros], por lo que hubiera sido natural que ambos ejércitos, que eran aliados, hubieran colaborado en la conquista de la capital. Pero Tadaaki, confiado de que le bastaba su numeroso ejército imperial para llevarse la victoria y deseoso de alcanzar él solo la gloria, decidió mantener en secreto el día fijado para su ataque contra Rokuhara: la hora de la Liebre [seis de la mañana] del día 8 del cuarto mes. La gente que criticó su actitud comentaba: «Hoy es el cumpleaños de Buda. Es un día de fiesta en que todo el mundo, sea o no practicante budista, lava cualquier estatua de Buda que tenga cerca, como símbolo de purificación de los corazones. Además, se ofrendan flores, se quema incienso y se recitan sutras para dejar atrás la maldad y atraer la virtud. ¿Por qué solamente Tadaaki seguirá el camino de los demonios al haber elegido precisamente un día santo como el de hoy para presentar batalla?».

Como de las tropas imperiales formaban parte los clanes de Minamoto y de Taira, que tradicionalmente eran enemigos, para impedir que sin darse cuenta lucharan entre sí, decidieron identificarse unos y otros claramente para no confundirse con los enemigos de la causa imperial. Por eso, cortaron telas blancas de seda en trozos de un *shaku* [unos treinta centímetros] y escribieron en ellas el sinograma del viento y las pegaron a las mangas de sus armaduras. Sin duda lo hicieron por haber tenido en mente las palabras de Confucio: «La virtud del soberano es el viento; la virtud del pueblo es la hierba. Cuando el viento sopla, la hierba se dobla».

En el otro bando, los de Rokuhara, se esperaba la llegada a la capital de los enemigos con la vista clavada en el poniente. Por eso, las autoridades habían abierto zanjas todo a lo largo de la calle Ōmiya desde Sanjō hata Kyūjō y levantado atalayas desde donde los centinelas no dejaban de estar ojo avizor. Además, apostaron batallones de mil o dos mil guerreros en cada una de las calles para, una vez entraran los enemigos en la ciudad, avanzar en formación de escama o de ala de grulla, según el caso, y poder rodearlos fácilmente desde atrás. Cuando los jefes de Rokuhara preguntaron quién estaba al mando de las tropas imperiales, les respondieron:

—Es el sexto hijo del exemperador Godaigo, el príncipe Jōson Hoshinnō, pero el general es Rokujō Tadaaki.

—En tal caso, no hay razón de tener miedo. —Fue la reacción de las autoridades de Rokuhara. Y añadieron este comentario:— Aunque Tadaaki pertenezca al linaje de los Minamoto, se ha vuelto un cortesano; y es que no cabe duda de que «cuando un naranjo plantado a un lado del río se trasplanta a la otra orilla se convierte en un mandarino silvestre[13]». Cuando los seguidores de la vía del arco y las flechas, como nosotros, tienen enfrente a cortesanos amantes de la poesía, ¿quién dudará de su victoria?

Animados por comentarios jactanciosos por el estilo, unos siete mil samuráis de Rokuhara se apostaron a lo largo de la calle Ōmiya para aguardar la llegada del enemigo.

Cuando alcanzó la sede del ministerio de Ritos y Ceremonias, Tadaaki dividió a su ejército en varios destacamentos. Aparte, envió a unos mil soldados a cada calle que había desde la zona más al norte de la ciudad, el barrio de Ōtoneri, hasta la zona más al sur, Shichijō.

Por su parte, las tropas del sogunato levantaron una verdadera fortaleza en medio de la ciudad, delante de la cual se posicionaron los arqueros y detrás los jinetes con la misión de aprovechar su velocidad para perseguir al enemigo cada vez que se replegara. El grueso del ejército imperial, en cambio, estaba dividido en tres batallones cuya estrategia era que, cuando el primero retrocediera ante el empuje enemigo, el segundo se adelantaría para ocupar su lugar; y si el segundo se replegaba, el tercer batallón tomaría el relevo. Con esta táctica una parte del ejército imperial inició las hostilidades atacando a las tropas sogunales y levantando tal nube de polvo que oscurecía el cielo, mientras la otra parte podía descansar un rato. Uno y otro bando se combatieron con fidelidad al código marcial que desprecia la muerte y estima el honor. En la lucha podían acudir a socorrer a un compañero pero jamás daban la espalda al enemigo. Nadie sabía cuándo terminaría la batalla. De repente se vieron incendios en varios puntos de la capital, sin duda provocados por los hombres de las provincias de Tajima

---

13.   Es la adaptación de un conocido refrán chino que pondera el predominio del entorno físico y no del origen en la formación del carácter de la persona. Quien habla alude así al hecho de que los Minamoto, linaje de origen guerrero al que remotamente pertenecía Tadaaki, alternaban su residencia entre la corte y la provincia, asociadas respectivamente al afeminamiento y al vigor marcial. El comentario viene a decir que de Tadaaki, por ser un Minamoto que había elegido vivir desde hacía mucho en la corte y no en la ruda provincia, no hay mucho que temer pues ha perdido su espíritu marcial.

y Tanba afectos a la causa imperial, los cuales habían permanecido escondidos para tal fin. El fuego, impulsado por un viento desatado de repente, se extendió a un lado y otro de la ciudad obligando a la vanguardia de las tropas sogunales, detrás de la cual se elevaba la violenta humareda, a replegarse de la calle Ōmiya al centro de la ciudad. Entonces, las autoridades de Rokuhara despacharon cinco mil soldados a los barrios de Ichijō y Nijō comandados por Sasaki Hōgan Tokinobu, Suda, Takahashi, Nanbu, Kōno, Suyama, Shimoyama, Togashi y Kobayakawa. Ante estos refuerzos, Ōta Saburō Zaemon, gobernador de Tajima, y sus trescientos guerreros fue abatido, tras lo cual las fuerzas imperiales que habían irrumpido en la capital por el barrio de Nijō perdieron la batalla.

Otro destacamento de la causa imperial, el comandado por Ogino Tomotada y Adachi Saburō, de Tanba, al frente de quinientos hombres se presentó en la intersección de las calles Shijō y Aburakoji donde se enfrentaron a setecientos defensores de las bandas de Tan y Kodama, y dirigidos por Yakushi Hachirō, Nakagiri Jurō y Tankodama, de la provincia de Bizen. Cuando, en el curso de este combate, Ogino y Adachi se enteraron de la derrota de Nijō, decidieron replegarse considerando que todo estaba perdido. Al mismo tiempo, Kanaji Saburō, al mando de otros setecientos hombres afectos a la causa imperial, acudió para prestar ayuda en la intersección de las calles Sichijō y Higashi no Tōin, pero como estaba herido, se vio imposibilitado incluso de retirarse. Entonces doscientos samuráis sogunales del clan Kōzuka, provincia de Harima, lo rodearon e hicieron prisionero. Entre tanto, unos ochenta bonzos guerreros del templo Miike, en Tanba, seguían combatiendo en las calles Gojō y Nishinoin, sin darse cuenta de que sus compañeros estaban perdiendo las posiciones e iban ya de retirada. Fue entonces cuando se vieron cercados y masacrados por Shō Saburō y Makabe Shirō, de Bitchū, que llegaron con trescientos hombres a caballo.

Fue así como una parte de las tropas que combatían por la causa imperial cayeron en combate, y otra parte perdió la batalla y debieron retirarse al río Katsura. Solamente resistían en el barrio de Ichijō, donde Kojima Takanori y Nawa Kojirō se batieron encarnizadamente contra las tropas de Kōno y Suyama. Por cierto que entre estos cuatro samuráis, aunque enfrentados ese día como enemigos, se producía la extraña coincidencia de que Kojima y Kōno pertenecían al mismo clan, mientras que Nawa y Suyama habían sido compañeros en otras ocasiones. Los cuatro, avergonzados por cosas dichas en el pasado o quizás preocupados por lo que pudiera decir la gente, se combatieron con fiereza profiriendo gritos de combate y sin miedo a perder la vida; todo antes que perder la honra del guerrero.

Rokujō Tadaaki, el general de las fuerzas imperiales nombrado personalmente por el exemperador Godaigo en Funanoe, tuvo que retirarse al poblado de Uchino. Pero cuando se enteró de que la lucha continuaba en Ichijō, volvió al edificio del ministerio de Ritos y Ceremonias, desde donde despachó un emisario a Kojima y a Nawa para que dejaran de luchar y se reunieran con él. Al recibir la orden, estos dos samuráis dijeron a Kōno y a Suyama contra los que estaban luchando:

—El día está acabando. Será mejor que continuemos otro día con el combate.

Las tropas de ambos bandos se separaron, unas al este y otras al oeste de la capital.

Las batallas en la capital habían terminado al atardecer y el general Tadaaki deseaba conocer el número de bajas. Fue al campamento principal y se enteró de que en total, entre muertos y heridos graves, había perdido a siete mil hombres. En la lista de caídos en combate estaban cien miembros del clan Ōta y Kanaji, que siempre se habían distinguido por su lealtad a la causa imperial.

Creyendo que Kojima Takanori tenía gran autoridad en la tropa, Tadaaki quiso consultarle:

—Con la moral baja tras la derrota no es fácil volver a levantar los ánimos para combatir de nuevo. En mi opinión hacemos mal en seguir atacando la capital en la situación tan desventajosa en que nos encontramos. Creo que lo mejor será establecer campamentos en lugares apartados de Kioto y desde ellos convocar a más guerreros de las comarcas vecinas. Cuando volvamos a ser muchos, podremos pensar en un nuevo ataque. ¿Qué te parece?

Kojima le contestó:

—La victoria y la derrota la decide la suerte, por lo que haber perdido una batalla no siempre es motivo de deshonra. Lo que sí es deshonroso es que un general ordene a sus soldados retroceder cuando no deben, o atacar cuando no es prudente. Su Señoría haría bien en reparar en la forma de luchar de Akamatsu Norimura. Él, con solo mil hombres, fue capaz de penetrar hasta tres veces en la capital y supo retirarse cuando convenía, aunque nunca se alejó mucho pues siempre mantuvo las posiciones en Yawata y Yamazaki. Por lo que respecta las tropas que comanda Su Señoría, debo deciros que aunque la mitad de ellas fueran abatidas, todavía contaría con más efectivos que los enemigos de Rokuhara. Además, fijaos: detrás de este campamento donde estamos ahora hay altas montañas y delante tenemos un caudaloso río. ¡Qué gran fortaleza natural desde la cual poder atacar! Si nos atacan, nuestra posición será inexpugnable. Permitid que os diga que no debemos dar marcha atrás. Además, es posible que el enemigo nos ataque esta misma noche aprovechando la fatiga de nuestras tropas. Por eso, creo que tomaré posiciones en el puente de Shichijō desde donde podré prevenir cualquier ataque sorpresa. Sería buena idea que Su Señoría enviara cuatrocientos o quinientos buenos guerreros para que monten guardia en los pasos de Uzume y Hōren.

Dicho esto, Kojima se llevó trescientos hombres y tomó posiciones al oeste del puente de Shichijō. Por su parte, el general Tadaaki, avergonzado por las palabras de Kojima, se quedó un rato en Minenodō; pero, sintiendo temor en su corazón por la posibilidad de que el enemigo lanzara un ataque nocturno, montó a caballo con su escolta y se retiró a Yawata pasando por Hamuro y naturalmente llevándose consigo al príncipe Jōson Hoshinnō.

Al alba del día siguiente, Kojima Takanori, por completo ignorante de la retirada de Tadaaki, echó un vistazo y se sorprendió de que las almenaras, que durante la noche había visto refulgir como estrellas por los alrededores de Minenodō, ahora estaban apagadas del todo o apenas daban brillo a las luces del amanecer. Sin todavía poder creer que el general en jefe de todo el ejército imperial hubiera huido, subió al templo Jōjū desde Hamuro para ver qué pasaba. Cuando llegaba ya a las puertas del templo, se encontró a Ogino Tomotada, uno de los samuráis aliados, que le informó:

—Anoche a la hora del Ratón [medianoche] el general Tadaaki huyó, por eso nos retiramos todos a Tanba. Pero si queréis os acompaño al templo.

Kojima, sin poder contenerse, estalló:

—¡Qué error haber nombrado a un cobarde como Tadaaki general de las fuerzas imperiales! ¡Y qué idiota he sido por haberle respetado como tal! Aun así, debo conocer bien los detalles; si no, todo el mundo me criticará después. Tú, Ogino, puedes irte. Yo iré al templo para buscar al príncipe y luego te alcanzo.

Kojima pidió a sus hombres que permanecieran a las puertas de Jōjū-ji y él, abriéndose paso entre la multitud de soldados que huían, subió al pabellón central del templo. Allí, en la sala principal estaba Tadaaki. Irritado aún más al ver el estandarte imperial de brocado ya enrollado y la ropa oficial de capitán en jefe a un lado, Kojima, rechinándole de ira los dientes, exclamó:

—¡Ah, ojalá que este desastre de capitán general caiga por algún barranco o acantilado!

Y durante un buen rato se quedó de pie en el corredor de la sala temblando de rabia. Después, recordando que sus hombres lo esperaban abajo, ordenó a un criado que recogiera el estandarte imperial y enseguida bajó a Jōjū-ji. Luego, con sus huestes detrás montadas a caballo, no tardó en alcanzar a Ogino en una posada en Oiwake. Ogino iba al frente de tres mil hombres que se retiraban a Tanba, Tango, Izumo y Hōki, y con los que llegó a Shinomura y Hieda. Más tarde debió ahuyentar a forajidos y bandidos de los caminos hasta que finalmente se refugió en la fortaleza de Kōsen-ji, provincia de Tanba.

Capítulo 9. EL INCENDIO DE LOS TEMPLOS SAIFUKU Y JŌJŪ

El día 9 del cuarto mes, las tropas de Rokuhara, cuando se enteraron de que Rokujō Tadaaki se había retirado, asaltaron los templos Saifuku, Minenodō, Jōjū, Matsunō, Mangokuō, Hamuro y Kinugasa. Destruyeron las capillas y pabellones, ocuparon las celdas y residencias monacales, saquearon los bienes y tesoros sagrados y, finalmente, prendieron fuego a los edificios. Además, debido al fuerte viento que parecía haber sido levantado por los demonios, unas trescientas viviendas aledañas a Saifuku-ji, Jōjū-ji y Nisonin, y unas cinco mil casas de los poblados de Hamuro, Kinugasa y Mangokuō se quemaron en un santiamén. Fueron pasto de las llamas rollos de sutras y muchos libros religiosos y profanos todos los cuales quedaron reducidos a cenizas y humo.

Saifuku-ji era un templo fundado por el monje Enrō, un hijo del primogénito de Yoshichika, el gobernador de Tsushima que a su vez era el hijo también mayor del señor Hachiman[14]. El venerable Enrō procedía, pues, de una ilustre estirpe de guerreros a pesar de lo cual dejó todo para abrazar la vida religiosa. En su nuevo estado aprendió y cumplió los preceptos fundamentales del budismo y de la meditación, y purificó los seis sentidos corporales[15]. Tras la ventana de su humilde celda recitaba incansablemente el *Sutra del loto* ante cuya salmodia sagrada se inclinaban atentos las deidades de Matsunō; y cuando, tras la puerta realizaba los misterios de la Palabra Verdadera[16], el niño Goho, guardián de la ley budista, le escuchaba con las manos juntas.

Debido a que este templo había sido levantado por tan santo varón, hasta doscientos años después de su muerte las aguas de los arroyos cercanos al edificio corrían siempre limpias y transparentes, simbolizando así la pureza de la esencia de la religión budista; y el resplandor de las antorchas y hachas, metáfora del fulgor eterno del Dharma, iluminaba las sagradas estancias del templo. En sus estanterías se atesoraban unos siete mil rollos de sutras y comentarios que transmitían el poder de la enseñanza budista que elimina apegos humanos e ilusiones mundanas.

---

14. El legendario samurái Minamoto no Yoriie (1041-1108). Hachiman era la advocación del dios sintoísta de la guerra.
15. La vista, el oído, el olfato, el gusto, el tacto y la mente.
16. Los ritos esotéricos de la escuela Shingon (Palabra Verdadera).

En los jardines del templo había un estanque decorado con plantas extrañas y peregrinas rocas, alrededor del cual se erguían cuarenta y nueve pabellones tan espléndidos que rivalizaban con las moradas del cielo Tosutsuten[17]. Doce barandillas resplandecían por las perlas y piedras preciosas de que estaban hechas, la pagoda se hallaba decorada de oro y plata que reflejaban maravillosamente a la luz de la luna, y el paisaje del recinto del templo era tan hermoso que los creyentes creían estar en la Tierra Pura de los siete tesoros[18].

Por su parte, Jōjū-ji era el templo desde donde se difundían las enseñanzas de los preceptos budistas que constituyen la esencia de la escuela Risshū. Cuando Shakyamuni entró en el nirvana, un demonio de nombre Shōshituki se le acercó furtivamente mientras reposaba bajo la sombra de los árboles y le arrancó un diente. Vivamente indignados, los cuatro discípulos de Buda que velaban su cuerpo, intentaron detenerlo, pero el demonio dio un salto de dos millones de leguas y voló por los aires hasta refugiarse en el cielo de los Cuatro Reyes[19], a medio camino al monte Sumeru, donde se lo entregó al dios Skanda el cual después se lo regaló al sabio chino Tao Shuan. Desde entonces el diente fue trasmitido a lo largo de muchas generaciones de un patriarca a otro hasta que uno de ellos lo llevó a Japón, acabando en este santo lugar en tiempos del emperador Saga[20]. ¡Qué portento que una parte del bendito cuerpo de buda Shakyamuni estuviera guardado dos mil trescientos años después de su entrada en el nirvana y que durante ese tiempo su enseñanza se hallara tan extendida en el país!

Por todo ello la gente en voz baja reprochaba al sogunato su iniquidad por haber destruido tan espléndidos lugares sagrados. «Sin duda es la señal de que el fin del gobierno militar está muy cerca», comentaban. ¡Qué extraña coincidencia que poco después de estos incendios todos los samuráis de Rokuhara perecieran en las posadas de Ōmi y el clan de los Hōjō fuera aniquilado en Kamakura! No había nadie que no creyera en aquello de que «la desgracia siempre se abate sobre una familia que acumula maldades».

17. Este cielo es conocido también por los budistas bajo su nombre sánscrito de Tushita. Es el cuarto de los seis que existen en el mundo del deseo. Se dice que Shakyamuni descendió de este cielo para entrar en el útero de su madre (*Dictionary of Buddhism*, cit., p. 773).
18. El paraíso de la Tierra Pura (*gokuraku*) de Amida cuyas maravillas se describen con detalle en el *Sutra de Amida* y en el *Sutra de la vida infinita de Buda* era el objeto de aspiración popular de los seguidores de la escuela Tierra Pura (Jōdoshū), popular en la época. En cuanto a los siete tesoros, eran oro, plata, lapislázuli, cristal, ágata, rubí y cornalina.
19. En el original, *shi tennō*, son los señores al servicio del dios Shakra que protegen las cuatro direcciones del mundo. En varios sutras son referidos como los guardianes del budismo.
20. El soberano número 52 de la dinastía imperial. Reinó en 809-823.

LIBRO NOVENO

Capítulo 1. LOS RECELOS DE ASHIKAGA TAKAUJI

De Rokuhara galoparon velozmente mensajeros a Kamakura, la sede del sogunato, con la siguiente información: «El exemperador Godaigo, huido del destierro, se ha refugiado en el monte Funanoe, provincia de Hōki, desde donde maquina el envío urgente de un ejército contra la capital para conquistarla. Estamos en estado de máxima alerta». El regente y monje laico de Sagami, Hōjō Takatoki, se sorprendió mucho al oír esta noticia y dijo:

—Está bien. Volveré a reunir un cuantioso ejército que marchará sobre la capital, Kioto. Una mitad se quedará en la capital para protegerla y la otra saldrá a Hōki para atacar la fortaleza de Funanoe.

Como capitán general nombró a Nagoshi Takaie, gobernador de Owari, al que acompañarían como generales otros veinte samuráis principales y vasallos directos del regente.

Este deseaba que a la expedición se incorporara también Ashikaga Takauji el cual acababa de recuperarse de una enfermedad. Cuando recibió la orden del sogunato, por la cabeza de Takauji pasaron estos pensamientos: «¿cómo se atreve el regente a convocarme cuando acabo de salir de una enfermedad? Todavía recuerdo cuando el año pasado, apenas transcurridos siete días desde la muerte de mi padre, me mandó marchar sobre la capital. ¿Por qué no respetó mi luto y me obligó a partir de campaña cuando todavía no se me habían secado las lágrimas por mi padre?

»Se dice que el tiempo abate a los poderosos y ensalza a los humildes. Será por eso que Hōjō Takatoki, un descendiente de Tokimasa cuyo clan estuvo al servicio del mío en el pasado, ha sido exaltado en los últimos tiempos al puesto de regente del Imperio. En cambio, yo, que procedo de la estirpe gloriosa de los Minamoto, tengo unos orígenes que me emparentan con la familia imperial; además, en los tiempos de mis antepasados los sogunes Yoritomo, Yoriie y Sanetomo, mi familia tenía acceso al Palacio Interior del soberano. Pero ahora los Hōjō, antes vasallos nuestros, viven en el lujo y en la cúspide del poder. Si Takatoki fuera un hombre sensible a la relación que en el pasado hubo entre nuestros clanes, no me mandaría ahora de campaña. ¿No es tiempo de que sea mi vasallo en lugar de tratarme como si fuera mi señor?

»Como el regente insista en seguir dándome órdenes, me paso al bando del emperador Godaigo y ordeno a mis tropas que asalten el palacio de Rokuhara. Quién sabe si así podré recuperar el antiguo esplendor de mi clan[1].

De estos pensamientos, que rumiaba con rabia y despecho en el fondo de su corazón, nadie sabía nada, ni por supuesto el mismo regente que, por eso, se extrañó de que Takauji no respondiera a la convocatoria de movilizarse ninguna de las tres veces en el mismo día. El mensajero, Kudō Saemon no Jō, le insistía:

—¿Por qué os hacéis el remolón y no os ponéis en marcha de una vez?

Pero Takauji cada vez parecía tenerlo más claro: defendería la causa imperial y se rebelaría contra el sogunato. Sin embargo, decidió mantener su idea en secreto, limitándose a dar largas al asunto. Respondió al mensajero:

—Sí, dentro de unos días saldremos hacia la capital.

Pronto corrió el rumor de que finalmente se iba poner en marcha, pero llevando consigo a sus mujeres, hijos pequeños y a todos sus criados. Cuando se conocieron estas disposiciones, Nagasaki Takatsuna o Enki, consejero y hombre de confianza del regente, dijo a este:

—Señoría, no sé si será verdad lo que dicen de Ashikaga Takauji, pero me parece todo muy sospechoso. Mi consejo es que en tiempos tan revueltos como los que ahora corren no os fieis de nadie y menos de los parientes. Takauji, cuya esposa principal es de vuestra familia, es un samurái principal por cuyas venas corre sangre Minamoto, un clan que lleva muchos años sin gobernar el país. Quién sabe qué puede estar tramando.

»Antes, en China, cuando la sociedad estaba en un estado de confusión, el soberano reunía a sus vasallos más importantes y sacrificaba reses cuya sangre bebía como señal de juramento de lealtad. En nuestro

---

1. Con estas reflexiones Ashikaga desentierra la vieja rivalidad entre los Minamoto (o Genji, en lectura sinizada), al que él pertenece, y los Taira (Heike, en la misma lectura), al que pertenece el clan gobernante del regente. Desde este punto de vista, las guerras entre los seguidores de Godaigo y los del sogunato revisten la forma de una reedición de las guerras Genpei que ciento cincuenta años antes habían enfrentado a los dos famosos clanes de samuráis.

país, en una situación de desorden como la actual, esa ceremonia la hemos sustituido por una carta en la que se jura fidelidad poniendo como testigos a los dioses y ofreciendo a los hijos como rehenes. Así, en la era Genryaku [1184], Minamoto Yoshinaka ofreció a su hijo Yoshitaka a Yoritomo como rehén y garantía de que no se alzaría.

»En definitiva, mi consejo a Su Señoría es que ordene a Takauji que antes de partir a la capital deje en Kamakura a su esposa principal y a sus hijos, y que escriba una carta de lealtad firmada de su puño y letra.

Al regente le pareció bueno el consejo y despachó al mismo Nagasaki Takatsuna a Takauji para que le trasmitiera este mensaje: «Ya que aquí, en las regiones del este, hay paz y todo está en calma, os ruego que dejéis aquí a vuestra esposa e hijos pequeños. Podréis partir tranquilo hacia la capital sabiendo que vuestra familia estará mucho más segura aquí en Kamakura que en las turbulentas tierras del oeste. No olvidéis que la relación entre nuestros dos clanes, que siempre ha sido muy estrecha, se ha reforzado no solo con vuestro matrimonio con una mujer Hōjō, sino el de vuestra vuestra hermana pequeña con Hōjō Moritoki. Por eso, aunque nosotros no albergamos ninguna duda de vuestra fidelidad, para acallar a los maldicientes y disipar cualquier rumor, os queremos pedir también que nos escribáis una carta de juramento de lealtad».

Este mensaje solo sirvió para incendiar más el ánimo de Takauji y reafirmarle en su deseo secreto de pasarse a la causa imperial. Pero, como le convenía guardar las apariencias, templó la ira y despidió al mensajero con semblante apacible:

—Decid al regente que en breve contestaré su prudente mensaje.

Cuando el mensajero se fue, Takauji llamó a su hermano pequeño Tadayoshi. Quería saber su opinión sobre tan delicado asunto.

—¿Qué bando crees que debemos tomar, hermano?

Tadayoshi se quedó pensando un buen rato. Luego contestó:

—La conspiración de que me hablas no la has tramado en tu propio interés. Creo que el deber de un buen samurái como tú es castigar la descortesía y maldad de los que se han apartado del camino justo que debe seguir un súbdito en su relación con el soberano. Tu idea, por lo tanto, es en cumplimiento de la voluntad del Cielo; y la voluntad divina no respeta juramentos humanos. Por lo tanto, quédate tranquilo y escribe la carta, pues no te obligará de cara a los dioses ya que estos protegen a los que son sinceros de corazón y velan por el interés del hijo del Cielo. En cuanto al asunto de dejar a tu mujer e hijos en Kamakura, creo que no debes preocuparte tampoco. Es un asunto insignificante al lado de la grandeza de la empresa de restituir el poder al hijo del Cielo. Deja a un puñado de hombres fieles cerca de ellos para que los escondan en un lugar seguro en caso de que surjan dificultades, y confía también en tu cuñado Moritoki que seguro que sabrá proteger a su hermana. ¿No se dice «cuando te ocupes de cosas grandes no te preocupes de cosas pequeñas»?

»En resumen, hermano, mi consejo es que cumplas con todo lo que te pide el regente para no despertar sospechas y que partas rápidamente a la capital a fin de poner en marcha tu noble empresa.

Takauji consideró que era un buen consejo. Dejó a su hijo pequeño y a su esposa en Kamakura. Luego escribió un juramento de lealtad al sogunato y se lo envió al regente. Cuando este recibió el documento, se alegró mucho y se disiparon las dudas que tenía sobre Takauji. Deseoso de honrarlo, enseguida lo mandó llamar a su mansión. Nada más tenerlo delante, le dijo:

—Tengo en mi poder un estandarte blanco, el color de los Minamoto, que tus antepasados atesoraron durante varias generaciones. Desde los tiempos del gran Minamoto Yoshiie hasta Yoritomo, pasando por grandes samuráis de tu clan, este legado ha ido pasando de mano en mano. Hōjō Masako, cuando enviudó de Yoritomo, se quedó con él y ahora es patrimonio de mi clan. Es un tesoro maravilloso pero su valor no lo pueden apreciar los samuráis de otros clanes. Te lo quiero regalar como prueba de la confianza que tengo en ti. Ve y subyuga a los enemigos del sogunato enarbolando este glorioso estandarte de tus antepasados.

El regente ordenó que trajeran el estandarte y lo guardaran cuidadosamente en una bolsa de seda. Después, él mismo se lo entregó a Ashikaga Takauji. Además, le obsequió diez armaduras con incrustaciones de plata sobre estaño y diez magníficos corceles con sillas repujadas en plata.

Takauji aceptó los presentes con el gesto alegre y el día 27 del tercer mes del tercer año de la era Genkō [1333] partió de Kamakura al lado de su hermano y al frente de sus huestes. Lo acompañaban, además, los siguientes clanes aliados: Kira, Shibukawa, Hatakeyama, Imagawa, Hosokawa, Ko y Uesugi. En total, incluidos los setenta y tres samuráis principales de dichos linajes, el número de sus guerreros ascendía a dos mil. Llegaron a la capital el 16 del cuarto mes, es decir, tres días antes que las tropas del capitán general Nagoshi Takaie.

Este adelanto fue juzgado como una señal auspiciosa de que la suerte del exemperador Godaigo iba a sonreír y de que el destino del clan Minamoto habría de florecer de nuevo.

Capítulo 2. UN FLECHAZO MORTAL Y UNA TRAICIÓN INESPERADA

Ufanas por las victorias de las últimas batallas, las autoridades militares de Rokuhara comentaban: «¿Por qué vamos a temer a esos guerreros de las provincias del oeste, como Kusunoki Masashige y Akamatsu Norimura?». Pero esta seguridad sufrió un inesperado revés cuando se enteraron de que Yūki Chikamitsu, de cuya lealtad y valor estaban tan seguras, se declaró partidario de la causa imperial de Godaigo y sumó sus tropas a las que ya había apostadas en Yamazaki. Además, fueron muchos los samuráis que, cansados de transportar víveres, o tal vez por por seguir la tendencia de los tiempos, poco a poco abandonaron las filas del ejército sogunal y pasaron a colaborar con las tropas imperiales. De esa forma, estas se multiplicaban y aquel, a pesar de los triunfos recientes en la capital, menguaba. El pueblo, por lo tanto, empezaba a dudar seriamente que el sogunato ganara la guerra.

Fue por entonces cuando los generales Ashikaga Takauji y Nagoshi Takaie llegaron a Kioto, la capital, con sus respectivos ejércitos que como apretadas nubes y partículas de densa niebla llenaron calles, casas y templos. Al verlos, mucha gente cambió de parecer y daba como vencedora la causa sogunal.

Ashikaga Takauji no perdió tiempo en mandar como emisario a Ebina Sueyuki, uno de sus hombres más fieles, al monte Funanoe, provincia de Hōki, para que bajo el máximo de los secretos trasmitiera al emperador Godaigo el siguiente mensaje: «Las autoridades del sogunato han violado las reglas que deben presidir la relación entre soberano y vasallo, por lo que es el momento de que el Cielo las castigue. Yo, Takauji, me pongo al servicio de Su Majestad prometiéndoos mi lealtad y la de todos los míos. Os pediré humildemente retribución conforme a la grandeza de mis servicios».

El emperador no cabía en sí de gozo. Hizo un llamamiento a los señores principales de las diferentes provincias, instándoles a que se levantaran en armas contra el sogunato. Al emisario Ebina le regaló una heredad en Ihara, en la provincia de Bitchū, una concesión directa del emperador y, por tanto, un privilegio excepcional.

Los jefes de Rokuhara, ignorantes por completo de la traición que rumiaba Takauji en su corazón, se reunían a diario con este y con los otros generales para deliberar sobre las estrategias militares a emplear contra los rebeldes de Yawata y Yamazaki. Parece que las reuniones y deliberaciones no sirvieron de nada, pues como dice el poeta Po Chu I:

Comparado con el suelo abrupto de las montañas de Tai Han que destruye
tantos carros,
el corazón del hombre es un camino llano y sencillo.
Comparado con las aguas bravías de Wu Hsai que hace naufragar
tantos barcos,
el corazón del hombre es una balsa suave y apacible.
Sin embargo, ¡qué vertiginosos son los cambios en ese corazón!

¡Qué gran verdad pues solo el hombre es capaz de sonreír con la cara mientras con las manos afila la espada! Con su lengua es capaz de prender un fuego capaz de destruir y quemar hasta los huesos. ¡Qué necios los jefes de Rokuhara por ignorar que el corazón del hombre cambia con pavorosa rapidez! ¡¿A quién de ellos se le hubiera pasado por la cabeza dudar de la lealtad de un guerrero como Ashikaga Takauji que había servido sin doblez al clan Hōjō tantos años y que había tomado como esposa a una hermana del mismo Hōjō Moritoki, antiguo gobernador de Sagami, de la que había tenido muchos hijos?!

La fecha del ataque contra Yawata y Yamazaki se fijó para el 27 del cuarto mes. El capitán general del ejército llegado de Kamakura, Nagoshi Takaie y su ejército de siete mil seiscientos guerreros avanzaron pasando por Tsukurimichi, en Toba; mientras, Ashikaga Takauji y sus cinco mil hombres se dirigieron a Mazume, para atacar en Nishi ga Oka la retaguardia de las posiciones enemigas.

Cuando las tropas imperiales supieron los movimientos de uno y otro ejército, dijeron: «Cuando pasen por algún lugar difícil de franquear, los atacaremos por sorpresa». Se distribuyeron en el siguiente orden. Rokujō Tadaaki con un batallón de quinientos guerreros cruzó el puente Ōwatari y se apostó en Akai Kawara; Yūki Chikamitsu con otro de trescientos hombres acampó en la zona del río Kitsune; Akamatsu Norimura con trescientos soldados hizo lo propio en Yodo, Furukawa y Koganawate. Los hombres de los tres batallones se sentían con un ánimo tan alto como si pudieran aplastar a enemigos invencibles y con una fuerza suficiente para invertir los cielos e inclinar el eje de la Tierra. Sin embargo, no parecía probable que fueran capaces de luchar de igual a igual contra diez mil samuráis del este, hombres todos ellos avezados en la guerra y que iban a atacarlos con los colmillos afilados. Aunque se había corrido el rumor de que Ashikaga Takauji planeaba traicionar al sogunato, las tropas imperiales no las tenían todas consigo sobre las verdaderas intenciones de este hombre. ¿No sería que pretendía engañarlas? Por eso, enviaron a Bōmon Tadamasa al frente de quinientos o seiscientos hombres armados alistados en los pueblos de Terado y Nishi ga Oka para que ocupara posiciones en Iwakura.

Cuando Nagoshi Takaie supo que Ashikaga Takauji había salido de la capital al amanecer para atacar por la retaguardia, comentó preocupado:

—Quizás va a llegar antes que yo.

Decidió, entonces, llevar a sus tropas por un atajo para lo cual tuvo que atravesar unos arrozales donde las patas de los caballos se hundían miserablemente. Este Nagoshi era un samurái joven de sangre ardiente; por eso, y por haber sido distinguido entre muchos miembros del clan Hōjō con la responsabilidad de capitán general, deseaba a toda costa librar una batalla gloriosa y realizar proezas extraordinarias para grabar su nombre en los anales de la historia. Tanto las armas como las partes de la armadura que llevaba eran espléndidas y resplandecientes: el escudo, el blasón de su clan pegado al yelmo, los arreos del caballo, todo era magnífico. Llevaba un *hitatare* de seda carmesí con diseño floral, una armadura circunvalada de placas doradas sujetas entre sí con cordones morados, unas escarcelas en las cinturas con ornamentos metálicos. El yelmo, del que caía el cubrenucas por detrás y dos orejeras laterales, estaba adornado en el cimacio con la imagen fulgurante de dos dioses que representaban el Sol y la Luna. De las katanas que ceñía, una se llamaba Onimaru, con la empuñadura repujada en oro, un legado del clan Hōjō, y tesoro de valor acrisolado por el paso de generaciones; la otra medía dos *shaku* y tres *sun* [unos setenta centímetros]. El carcaj contenía treinta y seis flechas con plumas remeras de águila y el arco estaba lacado en tres partes de fibras secas de mimbre. El capitán general montó despacio en la silla que, sobre un caballo blanco entreverado de castaño y de planta robusta, lucía una tarja con la divisa del clan de los Nagoshi. La baticola del animal era escarlata. El jinete empuñó con firmeza las bridas de azul marino rematadas con un bocado plateado; y con el aire gallardo y marcial abrió la marcha de su tropa. ¡Qué maravilloso espectáculo verlo cabalgar bajo los rayos del sol de la mañana!

Por el caballo, los arreos, las armas, la armadura, el porte y el gesto con que animaba a la tropa, cualquiera que viera avanzar a este ejército podía saber que tenía ante sus ojos al capitán general. Una vez empezada la batalla en Yamazaki, tanto destacaba Nagoshi Takaie, que la cabeza de cualquier soldado de las tropas enemigas era asaltada por este pensamiento: «¡Ah, si pudiera abatir a ese jinete! ¡Qué gloria la mía! Sin duda se trata del capitán general». Todo el mundo del bando rival, en efecto, soñaba con acabar con su vida, no con la vida de los demás guerreros. Pero la armadura de Nagoshi era tan fuerte que las flechas enemigas rebotaban sin hacerle daño. Además y a pesar de su juventud, era un maestro en el manejo del sable no resultándole difícil decapitar a cuantos caballos enemigos se le acercaban, destrozar los yelmos de sus jinetes y, después de derribarlos, pisotear sus cuerpos con los cascos de su caballo. Miles de soldados de las fuerzas imperiales retrocedían espantados ante el ímpetu irresistible del joven capitán general.

Había un soldado del ejército imperial de nombre Sayo Suburō Norie, vasallo del clan Akamatsu, capaz de disparar flechas con gran rapidez y precisión. Además poseía una fuerza extraordinaria que le permitía usar un arco muy potente y estaba versado en el arte de las batallas a campo abierto y en el del código militar secreto de Hsuan Kung. Aprovechando que Nagoshi y algunos de sus hombres se habían apartado a descansar un momento ante el bosque de Hatsukashi, este soldado se acercó sigilosamente. Se quitó la armadura, cruzó un sendero a pie, pasó por varios campos de arroz y se acercó al bosque abriéndose paso entre la maleza. Allí se agazapó escondido al borde de un arrozal y con la mirada clavada en el capitán general. Nagoshi, ignorante por completo de la existencia de Sayo, había matado a tantos enemigos que Onimaru, teñida de rojo, chorreaba sangre enemiga. Después de limpiarla con una tela en la cual estaba impreso el blasón de su familia, se abanicaba despreocupadamente con un abanico rojo. Sayo se acercó aún más y preparó su arco. Apuntó y tensó. Antes de que la cuerda dejara de zumbar, la flecha había alcanzado el centro de la frente de Nagoshi perforándole el cráneo. Tal fue la potencia del disparo que la punta de la flecha le salió por atrás teñida de sangre. Nagoshi, un capitán general de gran valor y talento para infundir ánimo a sus soldados, se estremeció y doblando la cintura cayó del caballo. Estaba muerto. Sayo Norie estalló en un grito al tiempo que golpeaba su carcaj:

—¡Hurra! ¡He matado al capitán general de los enemigos, a Nagoshi Takaie, el gobernador de Owari, de un solo flechazo! ¡Seguidme!

Cuando los soldados de las fuerzas imperiales, que se hallaban a punto de emprender la retirada, oyeron estas voces, se enardecieron entre gritos y contraatacaron a los guerreros de Nagoshi. Tras la muerte de este, siete mil de sus soldados acabaron sus días: unos en el campo de batalla donde lucharon con desprecio de sus vidas; otros en los arrozales donde metieron sus caballos para suicidarse al saber que su capitán general había caído; otros, finalmente, sin haber entrado en combate al ser alcanzados por flechas enemigas disparadas desde lejos. Así pues, a lo largo de unos cincuenta *chō* [unos cinco kilómetros], desde las proximidades del río Mitsune hasta el templo Koizuka y el monte Toba, el suelo estaba regado de cadáveres, y de flechas y katanas abandonadas. Un espectáculo impresionante.

El ejército de Nagoshi Takaie había empezado la batalla a la hora del Dragón [ocho de la mañana] de aquella mañana del día 27 del cuarto mes. Sus caballos habían levantado polvaredas densas como nubes y los gritos de sus soldados habían perforado el cielo. Sin embargo, el general Ashikaga Takauji, del cual se esperaba que atacara la retaguardia del ejército imperial, se había pasado toda la mañana bebiendo sake en el campamento, en la margen izquierda del río Katsura. Así ocioso, llamó a un monje:

—¿Cómo se llama tu templo?— le preguntó.

—Se llama Shō-ji, señor.

—Pues igual que en ese nombre de Shō-ji, que quiere decir «templo de la victoria»[2], en nuestra guerra también habrá victoria. Hay que celebrarlo.

Tras estas palabras prometió donar al templo un espacioso terreno cuando acabara la guerra.

---

2. El primer sinograma, por la izquierda, del nombre del templo, 勝持寺, coincide con el de la palabra «victoria».

Al cabo de varias horas, llegaron unos soldados que le dijeron:

—Señor, nuestro ejército ha sido derrotado en las posiciones de vanguardia y el capitán general ha muerto.

—En tal caso —ordenó Takauji— crucemos aquellas montañas antes de que anochezca.

Todos sus soldados montaron y a galope se alejaron de Yamazaki, donde había tenido lugar la batalla, en dirección al oeste, hacia Shinomura por la ruta de Tanba.

Entre los hombres de Takauji había dos samuráis, Nakagiri Jurō, de Bizen, y Nuka Shirō, de Settsu, que hablaban confidencialmente así:

—No entiendo nada —decía Nakagiri—. Nuestros aliados, los soldados del capitán general Nagoshi, empezaron a combatir a la hora del Dragón, pero nosotros hemos estado descansando sin ayudarlos para nada. Y ahora resulta que cuando nuestro general se entera de la muerte de Nagoshi, nos ordena retirarnos y tomar la ruta de Tanba. No sé qué piensas tú, pero yo creo que este general nuestro trama algo contra el sogunato. Si es así, mi sentido del deber me impide seguir bajo su mando.

—Estoy de acuerdo contigo —repuso Nuka—. A mí también me parece muy rara esta orden de alejarnos del campo de batalla. Y al principio pensaba que la había dado siguiendo instrucciones de las autoridades de Rokuhara. Además, me siento frustrado de no haber podido participar en la batalla al lado de nuestros compañeros.

—¿Qué te parece si nos damos la vuelta y volvemos a la capital para avisar a los señores de Rokuhara?

—Sí, creo que es nuestro deber informarles de que aquí ha ocurrido algo raro —le contestó Nuka—. Si es verdad que el general Takauji se cambia de bando y va a ayudar al emperador, nosotros también seremos cómplices de su traición y no tendremos ningún valor como hombres. ¡Venga, por lo menos, vamos a disparar una flecha, y que sea contra el traidor!

Nuka tomó una flecha que encordó en el arco, tras lo cual fustigó su caballo para galopar a un alto. Pero rápidamente, Nakagiri galopó también hasta ponerse a su lado y le gritó:

—¡Te has vuelto loco! Eso sería un disparate. ¿Quieres luchar tú solo a mi lado o, a lo sumo, al lado de veinte o treinta más contra cinco mil hombres? ¿Es que quieres morir como un perro sin haber realizado ninguna acción meritoria? Yo no quiero ganar fama haciendo locuras. ¡Piénsalo un momento! Es mejor volver discretamente a la capital sanos y salvos e informar de lo que hemos visto. Así conservaremos nuestras vidas para futuras batallas y siempre seremos recordados como hombres que han entendido qué es la lealtad.

Nuka Shirō le dio la razón y los dos compañeros de armas dieron la vuelta en el monte Ōe y regresaron a la capital pasando por Ikuno.

Cuando los jefes supremos de Rokuhara escucharon el relato de Nakagiri y Nuka, se frotaron los ojos. ¿Era posible que un vasallo tan leal como Nagoshi Takaie hubiera caído en combate y que un señor como Ashikaga Takauji, en quien confiaban ciegamente por estar emparentado con los Hōjō, los hubiera traicionado convirtiéndose en enemigo mortal? ¿De quién podían fiarse ahora? Estaban desolados y sentían que el mundo se les caía encima. Cuando, poco después, se enteraron de que Ashikaga Ienaga, hijo mayor de Ashikaga Takatsuna, había izado también la bandera de la rebelión, tomaron conciencia de la gravedad de la situación, pues ahora la región al sur de la capital, como la del oeste, habían dejado de ser territorios seguros para el sogunato. Y lo que es peor, comprendieron que ya no podían confiar en nadie, ni siquiera en sus propios vasallos. Pensaban que tarde o temprano cualquier hombre entre los que vivían a diario podría ser otro traidor. La sospecha había anidado en sus corazones.

Capítulo 3. LA CARTA DE TAKAUJI AL DIOS HACHIMAN

Fue en Shinomura, provincia de Tanba, donde Ashikaga Takauji fijó su campamento e izó los estandartes blancos de los Minamoto. Desde allí lanzó un llamamiento a todas las gentes de armas disponibles en la comarca. El primero en acudir fue Kuge Tokishige, de Tanba, al frente de ciento diez jinetes. En los pendones con la divisa de su familia se leía la palabra *Ichiban* que quiere decir «El primero». Curioso por esta inscripción, Takauji mandó llamar a Kō Moronao y le preguntó:

—En los pendones de la divisa familiar, en lugar de un blasón veo la palabra Ichiban. ¡Qué extraño! ¿Ha sido siempre esa la divisa de su clan o es que la han mandado escribir en esta ocasión por haber sido los primeros en llegar?

Con el gesto grave, Moronao respondió:

—Es la divisa original de su clan, señor. Dicen que su antepasado Kuge Shigemitsu, de la provincia de Musashi, fue el primero en acudir a la llamada de Minamoto Yoritomo cuando se levantó contra los Taira en el monte Sugiyama. Al verlo llegar, Yoritomo le dijo muy contento: «Cuando alcance el poder, la primera recompensa que otorgue será para ti». Fue entonces cuando Shigemitsu decidió adoptar esa palabra como divisa de su clan.

Takauji, con el tono jubiloso, dijo:

—¡Qué extraña coincidencia que el descendiente de Shigemitsu haya vuelto a ser el primer en responder a mi llamamiento! ¡Ciertamente es un augurio feliz para todos nosotros!

Igualmente resolvieron alzarse contra el sogunato las huestes de Adachi Saburō y de los clanes Ogino, Kojima, Wada, Inden, Honjō y Hirajō.

Todas ellas cruzaron por Tanba hacia Wakasa para atacar directamente la capital por la ruta de Hokuriku. No se unieron a las fuerzas de Takauji porque decían «No queremos que nadie más nos mande». En cambio, los clanes Nakazawa, Yoda, Shiuchi, Yamanouchi, Ashida, Sakai, Hagano, Oyama y Hahakabe, además del ya mencionado Kuge, se pusieron a las órdenes de Takauji. También lo hicieron guerreros de provincias vecinas. Con estas incorporaciones las fuerzas reunidas en Shinomura ascendían a quince mil hombres.

Al saberlo, los jefes de Rokuhara comentaron.

—Sin duda, esta va a ser la batalla decisiva. Si perdemos, nos llevaremos a las regiones del este al emperador reinante Kōgon y a los exemperadores Gofushimi y Hanazono. Con ellos fijaremos una nueva capital imperial en Kamakura desde donde convocaremos un inmenso ejército con el que barreremos de la faz de la tierra a los traidores. Con el emperador en nuestro poder, no cabe duda de que el pueblo se pondrá de nuestra parte[3].

Dispusieron entonces estancias dignas en el ala norte del palacio Rokuhara para acomodar al emperador y a los dos exsoberanos. También se instaló en dicho palacio el príncipe Kajii, hermano de Kōgon, que a la sazón era superior supremo de Enryaku-ji. Aunque por su condición religiosa no tenía motivos para temer por su seguridad, tal vez el príncipe deseaba estar al lado de su hermano y oficiar ceremonias por la paz del Imperio. Aparte de ellos, también se les buscó aposentos a la madre de emperador y a su esposa, así como a sus damas de compañía, al ministro de Administración Civil, a cortesanos de los rangos más altos y a sus esposas y criados. Todos buscaban refugio en Rokuhara. Por eso, los alrededores del ahora desierto palacio imperial, en el centro de la capital, perdieron animación. Además, los nobles que vivían cerca se trasladaron a casas de parientes alejadas del centro. El resultado fue que Shirakawa, al este de la capital, conoció una animación extraordinaria. Era como si los cerezos de aquella primavera hubieran florecido de repente en el este de la ciudad[4] y los del centro se hubieran marchitado. Y es que así es el acontecer en el mundo: cuando uno prospera, otro decae; y cuanto este prospera, el primero decae, ejemplo todo de la verdadera naturaleza fugaz y cambiante de las cosas, de esta realidad, tan vana como sueños e ilusiones, en medio de la que vivimos.

Hay una famosa sentencia de un libro chino: «Cualquier lugar del país que ocupe el soberano del Cielo es su casa porque donde está su casa, está su poder». Además, porque Rokuhara, la nueva morada del soberano, no

---

3. Conforme a la tradición japonesa, donde estaba el emperador, ahí estaba la capital del país.
4. Era donde se asentaba el palacio de Rokuhara.

estaba nada lejos del centro de la capital, y porque sus alrededores, en las márgenes orientales del río Kamo, ofrecían hermosos paisajes a la vista, Kōgon no debería tener motivos de inquietarse. La realidad, sin embargo, era que desde que ocupaba el poder, los cuatro mares andaban revueltos y la sociedad no conocía la paz. «¿Será que el Cielo no acepta mi virtud?» se preguntaba todos los días el joven soberano con tal congoja que no había noche que se retirara a descansar antes de las cuatro de la madrugada. Le dio por llamar a su lado a algunos cortesanos y hombres sabios a los cuales preguntaba sobre los tiempos remotos de los emperadores chinos Yao, Shun, Tang y Wu[5]. No deseaba, por el contrario, saber nada de historias de ficción o de asuntos fantásticos ni de influencias maléficas.

Aunque el día 16 del cuarto mes tenía que haberse celebrado la fiesta del santuario de Hiyoshi[6], sus dioses, los Sannō Gongen, se quedaron solos, permitiendo compasivamente que los hermosos peces que debían haber sido sacrificados como ofrendas siguieran nadando animosamente en las aguas del lago Biwa un año más. Tampoco el día siguiente se celebró la fiesta anual del santuario Kamo. En la calle Ichijō no había nadie ni se veían carros compitiendo por ocupar el mejor lugar desde el cual ver el desfile. Las máscaras plateadas con que se solían engalanar las caballerías para la festiva ocasión yacían cubiertas de polvo y los adornos que colgaban de baticolas y borlas habían perdido su deslumbrante brillo. Está escrito: «Ni en años de abundancia te prodigues en las fiestas en templos y santuarios, ni en años de malas cosechas dejes de celebrarlas». Pero ese año, de repente, no se celebró ninguna festividad en Hiyoshi ni en Kamo, lugares sagrados en donde desde el comienzo del mundo siempre se habían celebrado. Y en los corazones de los hombres se enseñoreó el temor a lo que pudieran pensar los dioses por tan grave negligencia.

El día 7 del quinto mes fue la fecha señalada por las fuerzas imperiales para lanzarse a la conquista de la capital. Desde los campamentos de Shinomura, Yawata y Yamazaki las unidades de vanguardia realizaron incursiones la noche anterior a la capital encendiendo almenaras en los barrios del oeste, es decir, en Umetsu y Katsura no Sato, y del sur, como Takeda y Fushimi. Gracias a la acción de estas unidades, el ejército de Godaigo había ocupado las rutas de San'yo y San'in.

En la capital corría el rumor de que las tropas imperiales apostadas en Kōsen-ji que llegaban por la ruta de Wakasa ya se acercaban por Takao y el camino de Kurama. De momento, la ruta de Tōsan estaba abierta, pero como se temía que los monjes del monte Hiei conspiraran contra el

---

5. Modelos de soberanos virtuosos en la historia china.
6. En el monte Hiei, cerca de Kioto.

sogunato, era posible que Seta también estuviera ya en manos enemigas. Es decir, los samuráis que defendían Rokuhara se hallaban prácticamente cercados, como un pajarillo dentro de la jaula o como un pez en la red, sin vía posible de escape. De labios para fuera estaban muy animados, pero en sus corazones reinaba el temor. El poeta Po Chu I escribió: «De los hogares en donde había dos hombres, se llevaba dos el ejército de Tang que marchaba sobre Yunnan». Pues bien, las autoridades de Rokuhara hubieran pretendido hacer lo mismo en los hogares de los capitalinos. Sin embargo, no podían, pues para la campaña contra la fortaleza de Chihaya habían reclutado a todos los hombres disponibles no solo de la capital sino de todas las provincias. Y ahora sucedía que mientras que aquella fortaleza seguía sin conquistar, en la misma capital les faltaban hombres para la defensa. ¿Qué iba a sucederles ahora que, además, tenían todas las vías de salida cortadas por el enemigo? ¡Cómo lamentaron haber reclutado entonces a todos los hombres! ¡Ah, de haber sabido que la capital estaba a punto de ser asaltada por un poderoso ejército rebelde!

Las autoridades de Rokuhara pensaban: «No es prudente presentar batalla en campo abierto ya que esta vez las filas del ejército enemigo, engrosadas con huestes de las diferentes provincias, son mucho más numerosas que las nuestras. Lo mejor será levantar una fortaleza dentro de la cual podremos dar descanso a la caballería y tener siempre tropas de refresco. Cada vez que el enemigo trate de acercarse a sus muros, saldremos a galope para rechazarlos». Así pues, a un costado del palacio de Rokuhara los zapadores se pusieron a cavar una zanja a lo largo del río Kamo de siete u ocho *chō* [un kilómetro] de larga. Además, abrieron un canal para llevar agua del río al foso. El sol primaveral de poniente reflejado en sus aguas hacía pensar en el lago Kun Ming de Xian[7]. A los otros tres lados de la fortaleza levantaron muros de barro reforzado de paja, con atalayas en cada corto trecho, y pusieron filas de estacas delante. ¿Es que pretendía rivalizar con el inexpugnable castillo de Shou Hsiang en Yenchou? Sin embargo, aunque el plan era incorporar varias trampas para impedir el acceso enemigo, esta fortaleza de Rokuhara se construyó sin ellas. Hay un pasaje de la historia china que dice: «Quien pone su esperanza en el monte Chien Po, fracasará debido a que lo abrupto y rocoso de su superficie impide que los árboles arraiguen con profundidad. Quien pone su esperanza en el lago Tung Ting, fracasará debido a que sus aguas ni aman a los gobernantes del país ni a los que tratan con injusticia al pueblo».

El país, Japón, se hallaba dividido en dos bandos ansiosos de una paz que dependía del resultado de la inminente batalla que iba a librarse en

---

7. Este párrafo especialmente está salpicado de referencias históricas y poéticas a China. Xian es la capital de la China de la dinastía Tang. La intención de estas alusiones parece ser mostrar que la fuerza militar no puede imponerse cuando falta la virtud.

la capital. Las autoridades de Rokuhara deberían haberse preparado para la muerte con una estrategia más brillante, por ejemplo, arrojando víveres por la borda o hundiendo el mismo barco en que navegaban[8]. Tal hubiera sido un fin digno.

Lejos de eso, sin embargo, gastaron sus esfuerzos en atrincherarse en una pequeña fortaleza al lado de su cuartel general, con lo cual estaban sellando la deshonra de la derrota y la infamia de la huida. ¡Qué estrategia tan deplorable!

A la hora del Tigre [cuatro de la madrugada] del día siguiente, Ashikaga Takauji y su hermano pequeño Tadayoshi salieron de una posada de Shinomura y echaron un vistazo en dirección este y oeste. Al sur de la posada, lindero con unos frondosos sauces, se levantaba un viejo santuario rodeado de árboles. Los dos samuráis observaron un resplandor y oyeron el delicado sonido de unos cascabeles. Al acercarse, distinguieron, bajo la tenue luz de un fuego sagrado, los movimientos ondulantes de las mangas de una sacerdotisa.

—¡Qué escena tan sublime! ¿Qué santuario será este? —se preguntaron.

Como tenían tiempo, y el lugar estaba de paso, decidieron hacer un alto en su marcha hacia la capital. Desmontaron de sus caballos, se quitaron los yelmos y se acercaron al sagrado lugar. Takauji se puso de hinojos ante el santuario y rezó: «Deidad de este sagrado lugar, concededme la gracia de la victoria en la batalla de hoy. Si así lo hacéis, prometo reconstruir el muro de este santuario y adoraros todos los días de mi vida». Cuando acabó, se levantó y volviéndose a la sacerdotisa que tenía la cabeza inclinada mientras terminaba su ritual, le preguntó:

—¿A qué dios está dedicado este santuario?

—Al dios Hachiman —repuso la mujer—. El santuario se llama Shin Hachiman.

—¿Hachiman? Es el dios tutelar del clan Minamoto al que pertenezco. Estoy seguro de que ha escuchado mi oración. Aun así, deseo escribir una carta.

Entonces, Hikida Myōgen sacó pincel y una moleta con tinta, y se puso a escribir el siguiente texto:

Humildemente postrado ante vuestra divinidad, expongo: los santuarios consagrados al *bodisatva* Hachiman han sido guardianes de las tumbas de los antepasados de la augusta familia imperial y la deidad Hachiman ha sido la protectora de mi linaje, los Minamoto. Los *bodisatvas*, uno de los cuales es el dios Hachiman, nos enseñan el Dharma, que es la Ley budista, un tesoro tan excelso como la luna y tan maravilloso que nos conduce al paraíso

---

8. Nueva alusión a la historia china, ahora a un incidente registrado en el *Libro de las canciones* o *de la poesía*.

de la Tierra Pura⁹. La luz de la divinidad Hachiman, que irradia por encima de los siete mil dioses de Japón, ilumina el camino de los que buscan el Dharma, pero oscurece el camino de los inicuos y malvados. Es una deidad que siempre acude en auxilio de quien es sincero. ¡Grande es su virtud, inconmensurable son las gracias que concede!

En la era Jōkyū [1221] un miembro del clan Taira, que durante varias generaciones fue vasallo del clan Minamoto, se hizo con el poder el cual legó a sus descendientes. Estos, a lo largo de nueve generaciones, han ocupado el puesto de regente y gobernado el Imperio a su antojo y capricho. El último de ellos, Hōjō Takatoki envió al emperador al destierro en la isla de Oki y al príncipe Moriyoshi lo tiene acorralado en el monte Yoshino. Y esto ha ocurrido en nuestros días. ¿Alguna vez en la historia se ha oído un acto de tal iniquidad como este del que somos testigos en el presente? ¿Cómo vamos a quedarnos indiferentes ante tanta maldad? Si somos fieles seguidores de la vía que todo vasallo debe seguir, ¿qué otra cosa nos queda hacer sino es empuñar las armas contra los enemigos impíos del hijo del Cielo? ¿Cómo no podrá caer del Cielo el justo castigo sobre la perfidia del regente Hōjō Takatoki?

Tras observar una tras otra las ofensas cometidas a lo largo de tantos años, he decidido no escatimar esfuerzos para poner fin a esta situación. Combatiré listo para morir con la misma actitud con que el pez espera sobre la tabla a que corten sus carnes con afilado cuchillo.

Los guerreros que han jurado luchar por la causa del hijo del Cielo tomarán posiciones hoy en el suroeste de la capital y, también hoy, su alteza Joson Hoshinno izará la bandera imperial de la rebelión en Shinomura. Ambos territorios se hallan bajo la protección del dios Hachiman del cual recibirán sin duda el apoyo necesario para alzarse con la victoria. Con el auxilio de tan formidable aliado como la divinidad de este santuario, ¿quién nos impedirá aniquilar a los enemigos?

Ante el dios Hachiman juro defender con mi vida al emperador Godaigo. Estoy seguro de que al clan Minamoto, que ha venerado fielmente a esta divinidad de Hachiman durante muchas generaciones, le sonreirá la victoria. Con el auxilio divino, ¿por qué no seremos bendecidos con un portento como la aparición de aquella multitud de ratas doradas que royeron las cuerdas de los arcos enemigos¹⁰? Cuando se lucha con la bandera de la jus-

---

9. En virtud del sincretismo entre el sintoísmo aborigen —Hachiman es una deidad sintoísta— y el budismo importado del continente asiático —el *bodisatva* es una figura característica del budismo mahayana llegado de China—, las divinidades sintoístas fueron interpretadas en términos budistas, es decir, el «prototipo original» de cada una de ellas, como trazas manifiestas de Buda, fue identificado con el nombre de un buda o *bodisatva* particular. En el contexto del budismo mahayana, el *bodisatva* (de *bodhisattva* en sánscrito, *bosatsu* en japonés) es un ser poseedor de todos los requisitos para alcanzar la budeidad, pero que por su gran compasión aplaza su entrada en el nirvana a fin de ayudar a los demás seres a librarse del ciclo de renacer y remorir. Esto lo convierte en ser celestial digno de devoción, contemplación y de recibir plegarias. Ya en el siglo XI el dios Hachiman estaba identificado con el buda Amida.

10. En los anales de la historia de China se cuenta la leyenda de una horda de ratas doradas que acudieron al rescate del ejército chino que estaba sitiado, royendo por la noche las cuerdas de los arcos enemigos.

ticia, los dioses siempre ayudan. ¡Oh, dios Hachiman, permanece a nuestro lado en todo momento y castiga, con nuestro brazo, a los enemigos malvados, derríbalos de su pedestal de soberbia hasta dispersarlos como el huracán dispersa la hierba seca de los campos! Repara en la sinceridad de mi corazón y concédenos la victoria.

A día siete del quinto mes del año tercero de la era Genkō [1333]. Humildemente,

Minamoto no Ason Takauji

Cuando el escribano leyó en alta voz la carta, los presentes se admiraron de las buenas razones de la misma. «Las frases son como gemas preciosas: hermosas y brillantes. Seguro que el dios las va a escuchar», pensaron todos con el corazón henchido de fe en el poder divino. Takauji tomó el pincel y firmó la carta. Luego la ofrendó al dios del santuario junto a una flecha. Detrás de él su hermano pequeño Tadayoshi sacó un dardo de su aljaba y también lo ofreció al dios. El resto de samuráis principales y no principales que lo acompañaban ofrendaron también una flecha cada uno, formándose un gran montón ante las puertas del santuario. ¿Se convertirían tantas flechas en ratas doradas que vendrían en su ayuda?

Con las primeras luces del día Takauji franqueó los altos de Ōe. Aparte de su hermano Tadayoshi, iban con él Kira Sadayoshi y hijo Mitsuyoshi, Ashikaga Takatsune, Shibukawa Yoshisue, Isshiki Noriuji, Hatakeyama Takakuni, Hosokawa Yorisada, Hosokawa Kazūji, Ueno Yoshiari, Komata Nakayoshi, Uesugi Norifusa, Ogasawara Gorō Tanenaga, Ogasawara Yoriuji, Kō Moroshige y su hijo Moronao, Ōtaka Shigenari, Nanbu Munetsugu, Utsunomiya Sadamune, Iwami Rokurō, Shimizu Mitsumune, Apō Mitsuyu. Iban también samuráis de los clanes de Shidara y Tominaga, aparte de unos cinco mil guerreros que cabalgaban delante.

Entonces apareció una pareja de tórtolas en el cielo que sobrevolaba los pendones blancos del ejército. Al fijarse en ellas, Takauji comentó:

—Es una señal del Cielo que nos envió el dios Hachiman. Con este signo venceremos. —Y ordenó:— Seguid su vuelo.

Los abanderados que cabalgaban a la cabeza del ejército tomaron como referencia el vuelo lento de las dos aves y las siguieron hasta entrar en los primeros barrios de la capital. Finalmente, las tórtolas se posaron en la rama de un cinamomo plantado delante del ministerio de Ritos y Ceremonias cuyo edificio en otro tiempo había sido usado como palacio imperial. Las tropas de Takauji lo tuvieron por buen agüero y siguieron adelante. En el camino se encontraron con algunas avanzadillas del enemigo. Eran grupos de cinco en cinco o de diez en diez que, nada más verlos, enrollaron las banderas del sogunato, se quitaron los yelmos en señal de sumisión y se unieron al ejército de Takauji. Con estas incorporaciones, las tropas imperiales, que cuando salieron de Shinomura eran unas cinco mil, ahora ascendían a treinta mil.

Capítulo 4. EL ATAQUE A ROKUHARA

Los jefes supremos de Rokuhara habían dividido sus tropas de sesenta mil samuráis en tres compañías de veinte mil jinetes cada una, las cuales habían sido enviadas a un punto distinto de la capital en donde pasaron la noche. La primera, al mando de los capitanes Nagoe Takakuni, Kawagoe Sadashige, Sasaki Kitoyaka, Oda Tokitomo, Nagai Munetane, Kōno Michimori, Hatano Nobumichi y Shimazu Tadahide, había acampado en los recintos del tempo Shinsen-en y delante del ministerio de Administración Civil por donde se esperaba a Ashikaga Takauji al cual debían impedir el paso. La segunda, comandada por Ōgo Michitoki, Miyoshi Yasutoki, Tō Ujitoki, Nagai Takahiro y Suyama Takamichi, ocupaba la calle Shichijō, al oeste de Tō-ji; su misión era acabar con el ejército de Akamatsu Norimura. La tercera compañía la dirigían Igu Arimasa, Sasaki Tokinobu, Takahara Gyōi, Nagai Takafuyu, Ogushi Hidenobu, Takeda Naganobu, Mizuya Sadaari, Hatano Michisada; la formaban hombres de los clanes de Sasaki, Mutsuki, Yokoyama, Togashi y Hasebe que habían acampado en Takeda y Fushima y debían combatir a las tropas de Rokujō Tadaaki.

Fue a eso de la hora de la Serpiente [diez de la mañana] cuando empezó la batalla. Los soldados de los ejércitos contendientes lanzaron su vocerío de guerra que se mezclaba con el estruendo del galopar de la caballería. La víspera, huestes de los clanes Shidara y Nominaga habían sostenido algunas escaramuzas contra avanzadillas de los defensores con el ánimo valiente y la disposición de dejar la vida en el campo de batalla. Ahora, el día de la gran lid, se enteraron de que la orden era que los clanes Niki y Hosokawa, que acompañaban a Takauji, serían los primeros en lanzar el ataque. Pero Shidara Sugeshige, deseoso de ser el primero, movió las riendas hacia el este donde sabía que lo podían oír los soldados enemigos. Ese día llevaba una armadura de color amarillo rojizo con una capa o manto de color rosa pálido. Enderezándose sobre los estribos, gritó:

—Me llamo Shidara Sugeshige. Desafío a un combate singular a quienquiera crea que puede derrotarme. Le enseñaré de lo que es capaz un buen samurái.

Sugeshige llevaba bien protegido todo el cuerpo contra el impacto de flechas enemigas. Tal vez por eso, los enemigos lo observaban sin disparar.

Pero de las filas de los de Rokuhara salió un guerrero de armadura y yelmo negros. Montaba un caballo castaño claro con baticola azul. Respondió:

—Soy Saitō Genki, de la generación decimoséptima del famoso capitán Fujiwara Toshihito. La de hoy es la madre de las batallas entre los clanes Taira y Minamoto. No tengo miedo a morir. ¡Que los sobrevivientes de hoy cuenten a sus hijos las proezas que verán en esta gran batalla!

Tras esto, se abalanzó contra Sugeshige. El impacto fue tal que ambos jinetes cayeron de sus monturas y rodaron por el suelo. Como Sugeshige era más fuerte, pudo ponerse encima del cuerpo de Genki. Desde esta posición ventajosa le asestó un tajo en el cuello para cortarle la cabeza. Pero Genki, aunque recibió el golpe, era ágil y pudo impulsarse y desde abajo hundir tres veces la katana en el cuerpo de su enemigo. Los dos samuráis eran tan robustos que no se soltaban a pesar de haber recibido heridas mortales y estar desangrándose. Muertos incluso, continuaban agarrados y sosteniendo cada uno su sable.

Poco después, se adelantó otro samurái que montaba un bayo. En la armadura llevaba la divisa del clan Ashikaga. Desenvainó una katana de cinco *shaku* y tres *sun* [un metro y medio], se acercó a las filas enemigas y gritó:

—Fue Koretsune, descendiente directo del emperador Tenmu, quien cambió el apellido Minamoto por el de Takashina. Pues bien, tenéis ante vosotros a Ōtaka Shigenari, del clan Minamoto y octava generación de aquel Takashina Koretsune. ¡A ver! ¿No están entre vosotros esos famosos generales, Suyama y Kōno, vencedores en las últimas batallas? ¡Que salgan! Quiero demostrar contra ellos el valor de este samurái que os habla.

Se quedó esperando. Suyama no estaba presente pues había ido a defender el templo Tō. Pero sí Kōno que se encontraba en la vanguardia montado en su caballo. Era un hombre de sangre ardiente y contestó impulsivamente:

—Muy bien. Aquí estoy yo, Kōno Michiharu, que acepto vuestro desafío.

Iba a fustigar su caballo para salir a combatir cuando, de repente, se le adelantó Kōno Michitō, su hijo adoptivo, de solo dieciséis años. El joven se lanzó velozmente contra Ōtaka y los dos samuráis forcejearon. Ōtaka pudo agarrar el cinturón de la armadura del Michitō levantándolo por el aire.

—No tengo tiempo para luchar con un niño —dijo y lo arrojó a un lado. Pero al ver en su yelmo la divisa de los Kōno, pensó «debe de ser el hijo o el sobrino de Kōno». Entonces se acercó a él y de dos tajos le cortó las piernas por las rodillas. Después se agachó, tomó las amputadas piernas y las arrojó a tres *jō* [diez metros más o menos] de distancia, al lado izquierda de donde estaban.

Ciego de rabia al ver cómo se desangraba su querido hijo, Michiharu fustigó el caballo y salió como un rayo contra Ōtaka para matarlo a riesgo de su vida. Al mismo tiempo trescientos hombres de Kōno Michiharu embistieron también para defender a su señor y acabar con la vida de Ōtaka.

Desde atrás, Ashikaga Takauji gritó la siguiente orden:

—¡No dejéis que maten a Ōtaka!

Dos de sus hombres respondieron:

—¡Nosotros somos Hosokawa Kazūji y Hosokawa Yorisada, cuarta generación de Ashikaga Yoshikiyo!

Y corrieron para defender a Ōtaka. Los siguieron otros compañeros, como Kō Moroaki, Nanbu Morohisa, Kira Sadayoshi y su hijo Mitsuyoshi, con varias decenas de sus hombres. También se lanzaron al ataque dando gritos Ogasawara Tanenaga e Ichinomiya Shigehiro. Por su parte, los de Rokuhara, Igu Arimasa, Ōga Michitoki y el ejército entero de veinte mil hombres fustigaron sus monturas y cargaron contra el enemigo. La batalla había empezado. El sudor corría por el pelaje de los caballos y sus pezuñas sangraban. Se oía el fragor de las armas y el zumbido de los dardos. Las hierbas verdes de los campos y las ruinas del antiguo palacio imperial de Heian no tardaron en teñirse de sangre. Por la calle Ichijō, por la calle Nijō, por el este, por el oeste, por la calle Ōmiya, por la calle Inokuma, por el norte, por el sur, a galope, a pie: unos persiguiendo, otros huyendo; unos matando, otros muriendo. Todos creyéndose que empuñaban los sables de la justicia y que tensaban los arcos de la razón; todos soltando el último aliento con la paz del guerrero; ninguno volviendo grupas, ninguno dando la espalda; todos, enardecidos por el combate, luchando con denuedo y desprecio de sus vidas. A muchos samuráis distinguidos de las tropas de Ashikaga Takauji mataron los soldados de Rokuhara, tantos que creían estos haber ganado la batalla. Y las cabezas de Shidara, Tominaga e Indō fueron expuestas. Al cabo de varias horas de luchas, ambas partes pactaron una tregua en el templo Shinsen-en.

Mientras, Akamatsu Norimura y sus tres mil hombres cargaron contra Tō-ji. Al llegar cerca de la puerta de este templo, un hijo del anterior, Norisuke, apoyándose en los estribos de su caballo, miró a derecha e izquierda y gritó:

—¿No hay nadie que aparte las estacas y derribe la puerta del templo?

Unos doscientos guerreros de los clanes de Uno, Kashiwabara, Sayo y Majima pusieron pie a tierra y se acercaron a las puertas del templo. Observaron un muro que se extendía desde la puerta Rashōmon al oeste hasta Hachijōkawara en el este. Era una sólida empalizada de troncos de ciprés japonés talados en la región de Nagato de diámetros de entre cinco y nueve *sun* [entre quince y treinta centímetros]. Además, había estacas delante y un foso de tres *jō* [nueve metros] de ancho lleno de agua que venía del río. No era nada fácil cruzarlo y las tropas de Akamatsu estuvieron deliberando sobre qué hacer. ¿Cómo podrían meterse en el foso lleno de agua sin conocer su hondura? Entonces Mega Nagamune, de Harima, se apeó del caballo y acercándose al foso metió la punta del arco en el agua para medir su profundidad. Tan solo quedaba visible la parte superior del arco.

—Yo hago pie —dijo Nagamune el cual, resueltamente, se echó a los hombros la katana de cinco *shaku* y tres *sun* [un metro y medio], se descalzó de sus zapatos de cuero y se metió en el foso. El agua le llegaba al pecho de modo que pudo cruzar sin problema alguno. Al ver su ejemplo, Takebe Shichirō se tiró también al agua del foso. Pero era más bajo que Nagamune y se metió en una parte en la cual el agua le llegaba más arriba del yelmo. Nagamune volvió atrás para decirle:

—Apoya los pies en la faja de la pancera de mi armadura y te llevaré a hombros.

Shichirō así lo hizo y pudo cruzar el foso a hombros de su compañero. Al llegar al otro lado, saltó a tierra y exclamó:

—¡Soy Takebe Shichirō y he sido el primero en cruzar el foso de la fortaleza de Rokuhara!

Pero Nagamune le dijo riendo:

—¿Cómo que el primero? Eso ha sido porque me has usado como puente. ¡Vamos, destruyamos el muro!

Nagamune se acercó al otro lado del río y empujó hasta derribar unos pilares que sostenían el muro. El montón de tierra que, como una montaña, había encima se desmoronó y cayó al suelo, de modo que donde antes había un muro ahora era terreno llano. Desde más de trescientas aspilleras de las atalayas más cercanas los enemigos no dejaban de disparar una intensa andanada de flechas sobre los dos hombres. Nagamune se contentó con doblar las flechas que tenía clavadas en el yelmo y en las placas de su armadura y echó a correr hacia las puertas del templo, justo debajo de una de las atalayas, y al lado de las dos estatuas de Reyes Guardianes que flanqueaban la entrada de Tō-ji[11]. En ese lugar, Nagamune clavó su katana y se quedó de pie entre las dos estatuas, enseñando los dientes en un gesto de tal fiereza que desde lejos no podía decirse quién era la estatua y quién Nagamune.

En los recintos de Tō-ji las tropas de Rokuhara habían apostado un campamento. Sus soldados, más los que acudieron de las calles Nichi Hachijō, Hari y del puente Kara, sumaron diez mil que se presentaron a

---

11. Divinidades custodias de la enseñanza budista. Se las suele representar en forma de estatuas de gran tamaño a la entrada de los templos budistas con el gesto iracundo y aspecto aterrador. Véase nota 20, p. 79 y nota 5, p. 371.

defender el muro, irrumpiendo por la puerta de Tō-ji con el mismo ímpetu con que las nubes algodonosas asoman tras el perfil de una montaña al atardecer de un día de viento. Ante tal avalancha, Nagamune y Shichirō se vieron en grave peligro. Pero a su rescate llegaron Tokuhira Genta, Bessho Rokurōsaemon y Bessho Gorōsaemon. También vinieron en su ayuda Akamatsu Norisuke con sus hermanos menores, Sadanori y Sokuyū, seguidos de tres mil hombres de los clanes de Mashima, Kozuki, Kanke y Kinugasa todos con las katanas desenvainadas. Las bladieron con tal furor y habilidad que la vanguardia de las tropas de Rokuhara retrocedió y fue perdiendo terreno hasta retirarse a Shichijō Kawara. Derrotada la vanguardia, la retaguardia no sabía qué hacer. El ejército sogunal también perdió en Takeda, Kowata y Fushimi. Los que pudieron huir buscaron refugio dentro del cuartel de Rokuhara, pero las tropas imperiales los perseguían por todas partes. Finalmente los muros de Rokuhara, desde el puente Gojō hasta Shichijō Kawara, estaban rodeados de hasta cincuenta mil guerreros de la causa imperial que habían tenido la precaución de dejar abierta una vía de retirada en el este. En realidad era una celada para, si caían en ella, poder aniquilar por completo a los fugitivos.

Uno de los generales de las tropas imperiales, Rokujō Tadaaki, dijo:

—Si prolongamos el asedio a Rokuhara, ahora convertido en fortaleza, los batallones enemigos que todavía siguen asediando Chihaya podrán venir en su ayuda y nos atacarán por la retaguardia. Por lo tanto, debemos organizarnos para conquistar Rokuhara rápidamente. Estamos en la batalla definitiva y más importante.

Los samuráis de las provincias de Izumo y Hōki trajeron doscientos o trescientos carromatos tirados por bueyes y cargados de troncos que amontonaron junto a las puertas de madera de la fortaleza. Luego los prendieron fuego y se retiraron.

Quien sí que vino en auxilio de los sitiados fue el príncipe Kajii, hermano del emperador Kōgon. Este príncipe, por ser monje supremo de Enryaku-ji, pudo reunir fácilmente unos trescientos bonzos guerreros de Jōrinbō y Shōgyōbō los cuales se pusieron las armaduras y emprendieron la marcha desde la puerta norte del templo Rokuharamitsu hasta el puente Gojō. Salieron a hacerlos frente Bōmon Masatada Ason, Tono no Hōin Ryōchu y tres mil soldados de las tropas imperiales, pero perdieron a pesar de su superioridad numérica y muchos fueron perseguidos y asesinados. Al principio los bonzos guerreros pensaron en ir tras ellos para darles muerte, pero como eran pocos, desistieron y regresaron al monte Hiei.

Mientras tanto, dentro del palacio-fortaleza de Rokuhara al menos veinte o treinta mil hombres se defendían del asedio del ejército imperial. Si en ese momento se hubieran unido para salir de la fortaleza y cargar contra el enemigo que estaba desconcertado por el ataque de los bonzos guerreros, probablemente habrían ganado la batalla. Pero el sogunato no tuvo suerte. Ni muchos de sus samuráis con fama de valientes, ni muchos de sus arqueros celebrados por poder disparar sin interrupción y con gran acierto, se animaron a enfrentarse a un enemigo que, aunque superior numéricamente, estaba peor preparado y armado. En lugar de eso, se reunieron en varios lugares para organizar la huida.

Puede afirmarse, por tanto, que los samuráis de Rokuhara que pretendían hacer proezas de caballero y ganar honra para sí y para su clan, se comportaron cobardemente.

Capítulo 5. LA HUIDA

Dentro de los muros de Rokuhara, el emperador Kōgon, los dos exemperadores, las mujeres de uno y otros, el ministro de Administración Civil, la esposa del canciller del imperio, los cortesanos de alto rango y sus mujeres, pajes y damas de compañía, monjes de la corte y sirvientes, gente que, en fin, jamás había estado cerca del fragor de una batalla, se encontraban asustados en extremo. A sus oídos llegaba el griterío de los atacantes y el galopar de los caballos de guerra.

—¿Qué será de nosotros? —era la pregunta que se escapaba de los labios de muchos de ellos a punto de sucumbir al desmayo.

Las autoridades militares del palacio que se hacían cargo de la situación de todos ellos lo lamentaban sinceramente. ¿Pero qué podían hacer?

Aunque la intención de la mayoría de los samuráis encerrados en la fortaleza no era traicionar al sogunato, muchos perdieron la calma y, convencidos de que jamás ganarían esta guerra, abrieron las puertas por la noche y escaparon cruzando entre las estacas. Tras estas fugas, en Rokuhara quedaban menos de mil hombres que, por ser fieles seguidores de la vía del guerrero, respetaban el lazo que une al señor y al vasallo y esperaban sin miedo la muerte.

Uno de estos, Kasuya Saburō Muneaki habló así a los jefes de Rokuhara:

—Uno a uno nuestros guerreros desertan y huyen. Quedamos solo mil hombres, demasiados pocos para enfrentarnos a un enemigo tan numeroso. ¿No sería prudente sacar de aquí a su majestad Kōgon y los dos exemperadores, buscar refugio en el este y, tras reunir más tropas, contraatacar con fuerza a los rebeldes? Estoy seguro de que si nos reunimos con Sasaki Tokinobu, que sigue apostado vigilando el puente de Seta, no nos faltarán tropas fieles. Si Sasaki está de nuestro lado, ningún samurái de la provincia de Ōmi se atreverá a atacarnos. Además, conforme a la información de nuestros espías, no hay rebeldes en las provincias de Mino, Owari, Mikawa y Totōmi, por lo que la retirada será segura. Cuando lleguemos a Kamakura, nuestros jefes del sogunato tomarán una decisión sabia que nos permita reorganizarnos para destruir para siempre a los rebeldes.

»Ruego a Sus Señorías que consideren al grave peligro al que están expuestos nuestro emperador y los dos exemperadores por permanecer en una fortaleza como esta, situada en campo abierto y a merced de la tropa rebelde. ¿No sería una tragedia que personajes tan augustos y los generales famosos que hay entre los nuestros mueran a manos de la canalla enemiga?

A las autoridades de Rokuhara les pareció sensata la propuesta de Muneaki. Dijeron:

—Organizaremos la huida secreta y segura de su majestad y sus mujeres, los niños, los exemperadores, el ministro de la Administración Civil y su mujer, las damas de compañía y los pajes, los nobles y los funcionarios. Una vez que hayan escapado, los demás trataremos también de huir arremetiendo contra algunos de los flancos del ejército enemigo que nos tiene sitiados.

A través del mensajero Ogushi Hidenobu mandaron recado al emperador y a los exemperadores para que se prepararan para huir. Las damas salieron de Rokuhara descalzas, compitiendo por ser las primeras y sin despedirse con pena ni pensar en el futuro, tal era el atolondramiento y deseos de escapar lo antes posible de Rokuhara. Tenían, en efecto, más miedo de quedarse que tristeza por abandonar la capital. ¡Qué penoso espectáculo verlas partir así! Hacían pensar en los hermosos pétalos dispersos por el viento de una mañana de niebla del famoso jardín chino, el Kinkoku, el día aquel en que Sekiho celebró una fiesta para ver el espectáculo[12].

Cuando se quedó solo con su esposa, Hōjō Nakatoki, el jefe del ala norte de Rokuhara, le dijo:

—Siempre creí que, si por alguna circunstancia extraordinaria, tuviéramos que abandonar la capital, saldríamos los dos juntos. Pero parece ser que todas las calles de la capital y los cruces de los caminos están infestados de tantos rebeldes que no será nada fácil escapar y llegar a las regiones seguras del este. No tiene sentido que ponga en peligro tu vida obligándote a que me acompañes. En cambio ni a ti por ser mujer, ni a nuestro hijo Matsuju, porque no podrán reconocerlo, os pasará nada si os quedáis en la capital. Pero no en Rokuhara. Con todo secreto esta misma noche organizaré vuestra huida a algún templo apartado de la capital. Será un lugar seguro en donde podrás esperarme hasta que los tiempos recuperen la paz. Si llego al este con vida, enviaré a alguien para que os recoja a los dos. Pero si me matan en el camino de huida, cásate con alguien y cría a Matsuju tranquilamente. Cuando se haga adulto, pídele que se haga monje para que rece por la felicidad de mi siguiente vida.

12. El jardín, el Valle Dorado, fue famoso en los tiempos de la dinastía Chin (265-419).

Las últimas frases las pronunció Nakatoki en medio de sollozos y sin impedir que las lágrimas mojaran las mangas de su armadura. Su esposa se aferró con fuerza a ellas y a lágrima viva acertó a pronunciar las siguientes palabras:

—¿Qué dices? ¿Por qué eres tan cruel conmigo? ¿No te das cuenta de que si alguien me ve caminando por ahí al lado de un niño, sospechará sin duda que soy la mujer de algún samurái principal que ha sido derrotado? Igualmente, cualquier morada sagrada donde me refugie o casa de algún aliado por leal que sea sería registrada. Entonces, no solo me ultrajarían a mí, sino que matarían a nuestro hijo. Por eso, ¿adónde voy a ir, desdichada de mí? Es imposible que me refugie en algún lugar por muy corto tiempo que sea. No quiero quedarme sola. Déjame ir contigo. Si algo me pasara en el camino, moriremos juntos y desaparecemos del mundo como dos gotas de rocío cuando desaparecen de la frágil hierba. Si no te tengo a mi lado, aunque sea un segundo, te aseguro que no me siento viva. Te lo suplico, llévanos contigo.

El corazón de Nakatoki, aunque era el de un rudo samurái del este, no estaba hecho de piedra o madera, por lo que se vio incapaz de moverse y de decir adiós a su esposa, permaneciendo largo rato con ella.

Por su parte, el otro jefe supremo de Rokuhara, Hōjō Tokimasa, responsable del ala sur del palacio, que había ido a caballo al edificio donde estaban los aposentos imperiales para disponer la fuga del emperador Kōgon, al volver vio a Nakatoki y preguntó:

—¿Qué haces todavía aquí? El emperador ya está montado en caballo y listo para salir.

No dijo más y se alejó. Nakatoki hizo un esfuerzo y por fin se separó de su hijo y de su mujer la cual lo seguía agarrando de la manga. El samurái subió al corredor para desde él montar a caballo y emprender la salida por la puerta norte en dirección a las regiones del este. Los que permanecían en Rokuhara se quedaron un buen rato sollozando acongojados por la partida de sus seres queridos. Imaginando que saldrían por la puerta este del palacio para darle un último adiós, Nakatoki se volvió para mirar por última vez a su esposa e hijo cuyos ayes y sollozos le taladraban los oídos. Después, cada vez que el camino lo alejaba más de ellos, con cada paso que daba el caballo, ¡cómo corrían las lágrimas por las mejillas del samurái! ¿Sería que tal vez intuía que ya no iba a volver a verlos? Después de cabalgar unos catorce o quince *chō* [un kilómetro y medio], Nakatoki volvió la cabeza una vez más. Distinguió claramente una humareda que salía de la fortaleza del palacio. Sin duda los enemigos ya la habían prendido fuego.

Era una noche del quinto mes cuando la comitiva en que viajaba el emperador huía hacia el este. En medio de la oscuridad atravesaban pueblos hostiles desde donde les lanzaban flechas por todos lados. Una de estas acertó en el cuello a Hōjō Tokimasa que inmediatamente se desplomó del caballo. Kasuya Shichirō, uno de sus fieles, desmontó e intentó sacarle la flecha para reanimarlo. Pero fue en vano porque el flechazo había sido profundo y Tokimasa enseguida exhaló el último suspiro. Desconcertado, el criado no sabía qué hacer. Ni siquiera podía pensar que la vida no es más que un sueño fugaz. Además, como era de noche, no podía localizar al autor del disparo, ni ver a ningún enemigo alrededor. Tampoco podía avisar a sus compañeros, que proseguían camino adelante, para que lo ayudaran a vengarse. Shichirō continuó largo rato en la misma posición, abrazando por la cintura el cuerpo muerto de su señor, incapaz de separarse de él y con la sensación de estar en un barco que flotaba a la deriva, sin norte y sin luz, en un océano de tinieblas. ¡Qué punzante dolor cada vez que sus ojos reparaban en el pálido fulgor del semblante del muerto! «Ya lo tengo decidido», se dijo, «me quitaré la vida aquí mismo, en el mismo lugar en donde ha caído mi señor. Así, en la siguiente vida seré honrado con mantener mi relación de vasallo con él». Se enjugó las lágrimas, cortó la cabeza de su señor, la envolvió cuidadosamente en su propia *hakama*, se apartó a un lado del camino donde escondió el envoltorio respetuosamente, volvió al centro del camino y, quitándose la pancera de la armadura, se rajó el vientre, cayendo sin vida sobre el cuerpo de su señor. ¡Cumplió su deseo de morir en el mismo lugar que Tokimasa! Cada vez que la gente contaba cómo había muerto Kasuya Shichirō, quienquiera que oía se conmovía ante tal acto de devoción de un vasallo por su amo; y llorando comentaba: «¡Qué difícil hallar semejante prueba de lealtad en los tiempos que corren!».

Cuando el caballo que transportaba al emperador Kōgon pasó por el llano de Shinomiya, se oyeron voces gritar: «¡Por ahí pasa un caballero que va de huida! ¡Hay que detenerlo y quitarle la armadura!». Y de todas partes le llegaban flechas, tantas que parecían gotas de lluvia. El príncipe y los nobles que lo acompañaban se dijeron: «Si esto pasa ahora, ¿qué nos esperará más adelante?», tras lo cual echaron a correr cada uno por un lado desapareciendo la mayor parte de los miembros del séquito imperial. Solamente quedaron el gran consejero Hino Sukena, los dos consejeros medios Kanjuji Tsuneaki y Aya no Jōji Shigesuke y el magistrado Rokujō Arimitsu. El joven emperador sentía una profunda nostalgia por la capital al mirar las nubes a lo lejos en un cielo en el cual todavía no rayaba el alba. Imaginaba un viaje a algún remoto destino a la vez que recordaba la historia del emperador Huan Tsung cuando, también fugitivo como él, huía tras la rebelión de An Lushan por los agrestes caminos de Chien Ko. Y pensaba lánguidamente que los días en que los emperadores Goshirakawa y Takakura tuvieron que trasladarse a Fukuhara, en la era Jūei [1182-1185], no debían de ser muy distintos de estos que ahora le tocaba vivir a él. Dando vueltas a estos tristes pensamientos, el joven soberano mojaba las mangas con unas lágrimas tras otras y avanzaba despacio

317

por aquellos desconocidos caminos. Era una noche corta del quinto mes[13], pero aún faltaba tiempo para que clareara el nuevo día y reinaban todavía las tinieblas cuando llegó a la barrera de Osaka. Se bajó del caballo al que ató al tronco de un cedro y decidió retirarse a una casa cercana de aspecto pobre con la intención de descansar un rato. Fue entonces cuando una flecha perdida acertó a darle en el codo izquierdo. Afortunadamente a su lado estaba Suyama, el gobernador de Bitchū, que desmontó en el acto y tomando el brazo de Kōgon, le arrancó la flecha y sorbió la augusta sangre que manaba de la herida. La piel inmaculadamente blanca estaba teñida por la sangre y la llaga era tan dolorosa que Suyama tuvo que apartar la vista para no verla. ¡Qué ignominia que un rústico arquero sin nombre hubiera herido al hijo del Cielo con una flecha! Era como si el pobre pescador de aquella leyenda china hubiese atrapado en sus redes al maravilloso dragón descendido de los cielos[14]. No había nadie de sus vasallos que llorase abundantemente al considerar que se trataba de un suceso en verdad extraordinario de la historia del país.

Cuando por fin amaneció, el emperador y los miembros de su comitiva distinguieron, entre la niebla matinal que en la parte norte del monte, a quinientos o seiscientos hombres armados de escudos y arcos con aspecto de bandidos de la montaña. Al ver que se acercaban, Nakagiri Yahachi, que cabalgaba al frente de la comitiva, galopó hacia ellos y les gritó:

—¿Es que no sabéis que quien ahora pasa por aquí es su augusta majestad, el señor del Imperio, de camino a las provincias del este? ¿Acaso alguno de vosotros se atreverá a impedirle el paso y usar la fuerza contra su persona inviolable? ¡Vamos! Deponed los arcos, quitaos los cascos en señal de respeto y apartaos de nuestro camino. Estoy seguro de que así lo haréis si hay buenos sentimientos en vuestros corazones. Pero si no conocéis la cortesía, os detendremos a todos, cortaremos vuestras cabezas y las expondremos a la vergüenza pública en la calle. ¡Apartaos!

Pero los forajidos, después de echarse a reír a mandíbula batiente, respondieron:

—Por muy emperador que sea, por aquí no pasa nadie que venga derrotado de la capital. Aunque bueno..., si realmente quiere seguir su camino, bastará con que todos vosotros nos dejéis los caballos, las armas y los yelmos que lleváis. Solamente así os dejaremos pasar.

Y juntaron sus voces para proferir espantosos aullidos con los cuales se animaron para lanzarse al ataque. Al oír tal griterío, Yahachi exclamó:

---

13. Final de junio o primera parte de julio.
14. Referencia a la historia china conforme a la cual un dragón que vivía en los cielos siente curiosidad por saber cómo viven los humanos en la tierra y se convierte en pez. Pero, despojado de sus poderes sobrenaturales, acaba en las redes de un pescador.

—¡Gentuza de la peor calaña! Si eso es lo que queréis, os daremos las armas que tanto deseáis.

Al frente de seis de sus hombres, Yahachi fustigó su caballo y cargó contra los bandidos. Estos hombres, codiciosos de bienes ajenos, eran cobardes y no deseaban perder la vida, por lo que al verse atacados de repente, se dispersaron como pequeñas arañas espantadas, siendo perseguidos por los seis jóvenes samuráis durante un buen trecho. Quizás por haber corrido tras ellos demasiado lejos y haberse separado de su grupo, de repente Yahichi se vio rodeado de veinte enemigos. Pero, decidido a no echarse atrás, el samurái identificó al que parecía el líder y lo atacó. Los dos cayeron del caballo y rodaron por el suelo. Enseguida se agarraron y nuevamente rodaron unos cuatro o cinco *chō* [quince metros] cuesta abajo hasta caer en un arrozal profundo. El bandido estaba sobre Yahichi el cual buscaba la katana corta que llevaba a la cintura para clavársela desde abajo, pero la vaina estaba vacía pues el sable se le había caído durante el forcejeo. El bandido entonces agarró a Yahichi por los cabellos y se dispuso a degollarlo, pero el samurái lo retuvo por el antebrazo con el que sujetaba el sable y le dijo:

—Escúchame bien. Podrás matarme con facilidad pues he perdido mi katana en la lucha. Si la tuviera o si estuvieran cerca mis compañeros, te resultaría más difícil acabar conmigo. Además, ¿sabes qué? Yo no soy un samurái importante ni famoso. Por eso, ¿qué recompensa van a darte por mi cabeza? Ninguna. Soy Rokurō Tarō, un simple guardia de baja categoría empleado en el cuartel de Rokuhara al que no conoce nadie. Si me matas, te sentirás culpable por haber quitado la vida a un don nadie como yo. Pero si me salvas, ¿sabes qué? Te haré rico. Así es. En gratitud por salvarme la vida, podré mostrarte el lugar donde los señores de Rokuhara dejaron escondido un tesoro de seis mil monedas. Si te digo donde está, no tendrás más que apoderarte del dinero y llevártelo.

El bandido se creyó la historia de Yahichi, se guardó la katana y ayudó a levantarse al samurái. Después lo invitó a una buena comida y le dio varios regalos. Juntos se dirigieron a Rokuhara, que ahora estaba en ruinas, donde Yahichi, con una sonrisa forzada, explicó al jefe de los bandidos:

—¡Qué extraño! Estoy seguro de que el dinero estaba enterrado aquí. Seguro que se nos ha adelantado alguien. ¡Qué mala suerte! Sinceramente hubiera deseado que te hicieras rico por haberme salvado la vida, pero no ha habido suerte porque, según veo, los lóbulos de tus orejas son pequeños[15].

Resignado a su mala suerte, el bandido se alejó dejando libre al samurái.

---

15. Se creía que unos lóbulos largos y grandes eran señal de buena suerte.

Así, fue gracias a la treta de Yahichi que la comitiva del emperador Kōgon pudo continuar su camino con seguridad y llegar a una posada en la localidad de Shinohara. Allí encontraron un modesto palanquín como medio de transporte para el soberano. A falta de portadores, echaron mano a dos escoltas de a pie que iban en la comitiva los cuales llevaron a hombros el palanquín.

Por su parte, el príncipe Kajii, hermano del joven soberano al cual también acompañaba en su fuga, pensó: «Nos esperan peligros incontables en el camino. Debo buscar por mi cuenta un lugar seguro donde refugiarme. ¿Habrá en la comitiva algún monje que me siga?». Se preguntó esto porque era el superior supremo de Enryaku-ji y máxima jerarquía del budismo de la escuela Tendai. Le dijeron que los únicos religiosos que había en el séquito eran Kyōchō y Joshō, pues los demás monjes habían desaparecido, o bien porque estaban rezagados o porque habían huido. El príncipe, juzgando que sería imposible llegar con vida hasta las regiones del este, decidió despedirse de la comitiva en medio de lágrimas, dejar en la posada de Shinohara los caballos y las armaduras que atraían la codicia de los bandidos de los montes, y emprender a pie el camino hacia el santuario de Ise. Cuando llegó, los sacerdotes le dieron refugio compasivamente.

Capítulo 6. EL HARAKIRI COLECTIVO

El rumor de que los jefes supremos de Rokuhara iban de huida hacia las tierras del este estaba tan extendido que los bandidos de la provincia de Ōmi se congregaron rápidamente y se pusieron a las órdenes del príncipe Moriyoshi, el quinto hijo del emperador Godaigo, que hasta entonces estaba refugiado en el monte Ibuki, en Yoshino. Izaron los pendones de brocado de la causa imperial y se dieron a la caza de los fugitivos. Se les juntaron samuráis del clan de Kumagai y bandas de forajidos y montañeses de Nomura, Ataka, Shinohara, Hinatsu, Oiso, Echigawa, Ono, Horibe, Kamisaka, Kinugasa, Kashiwabara, de la comarca del monte Ibuki y de las márgenes del río Suzuka. Subieron a un cerro ubicado al este de una posada del puerto de Surihari. Desde ahí se desparramaron por los parajes más estratégicos de la ruta Tōsandō, ocupando sobre todo los pasos altos y más estrechos del camino, y se pusieron al acecho de los fugitivos.

Sin saber nada de estas emboscadas, Hōjō Nakatoki, el único de los dos jefes supremos de Rokuhara que quedaba con vida, salió de la posada de Shinohara al rayar el día y miró al horizonte. En su corazón preguntó al dios del monte qué camino deberían tomar. El dios le respondió que se dirigieran al monte Kagami. Nakatoki ordenó que la comitiva imperial se pusiera en marcha.

En el camino no había muchos árboles a cuya sombra pudieran detenerse para que el joven emperador descansara. Cuando llegaron a la región de Noji y entraron en un terreno arbolado, se levantó un viento que hacía doblar las copas de los árboles. ¿Quién sabe qué sueños pudo tener el soberano fugitivo durante un viaje tan penoso como el de esta fuga por caminos a los que no estaba acostumbrado? La comitiva pasó los bosques de Isobe y cruzó el rio Isaya, tras lo cual entró en tierras de Ono por estrechas sendas flanqueadas de densa maleza. Finalmente, ascendió al puerto de Surihari. Luego, bajó hacia el este y finalmente llegó a las posadas de Banba.

La escolta, que cuando salieron de la capital estaba formada por mil o tal vez dos mil guerreros, en los dos últimos días había menguado por continuas deserciones y ahora se reducía a menos de mil. Nakatoki sabía que con tan pocos hombres no podría hacer frente al ejército rebelde de Ashikaga Takauji. Por eso, había ordenado a Sasaki Tokinobu que defendiera la retaguardia de la comitiva para impedir que fueran perseguidos, mientras que a Kasuya Saburō Muneaki lo había enviado de avanzadilla a fin de dispersar a cualquier grupo armado que les impidiera el paso. Además de estas dos fuerzas, estaba la guardia del soberano que rodeaba el palanquín imperial. Detrás y delante cabalgaban más guerreros con los pendones imperiales enarbolados. No había cortesanos al lado del emperador que pudieran defenderlo en caso de un ataque. ¡Ah, si supieran que muy cerca, en los altos de Surihari, los acechaban miles de enemigos con los arcos tensados y los escudos alineados! Poco después de que la comitiva hubiera salido de la posada de Banba, en las faldas del monte Surihari, Muneaki, que iba delante, explicó a sus hombres:

—Estamos rodeados de cientos de forajidos al acecho. Parece que se han hermanado todas las bandas de gente de mal vivir de esta región y comarcas vecinas para robarnos las armaduras y los yelmos. Saben que vamos de vencida. Debemos atacarlos sin miedo a la muerte. Creo que si los embestimos con la caballería, podremos abrir camino.

Treinta jinetes de Muneaki cargaron contra los bandidos, quinientos de los cuales, que formaban la primera fila, sin pelear y asustados, se dispersaron como se dispersan las motas de polvo ante la violencia del viento. Muneaki había salido airoso del primer encuentro y se quedó tranquilo creyendo que ya no había más enemigos y que la comitiva podría pasar tranquilamente. Sin embargo, cuando avanzó un corto trecho y alzó la vista al camino empinado de la montaña que iban a recorrer a continuación, se asombró de lo que vio: cinco o seis mil hombres armados con los pendones de la divisa del emperador Godaigo ondeando al viento y ocupando todos los altos que bordeaban la ruta. A Muneaki se le cayó el alma a los pies. Su primer instinto fue lanzarse contra ellos, pero enseguida comprendió que sería una locura. Sus hombres, escasos, y los caballos que montaban resentían la fatiga del encuentro anterior. Además, y lo más importante, los enemigos, infinitamente más numerosos, se habían aprovechado del relieve fragoso del terreno. Para empeorar las cosas, Muneaki y sus hombres tenían bastante mermada la provisión de flechas. Convencido de que ni siquiera tenían opción de replegarse, Kasuya Muneaki se apartó con sus hombres a un pequeño santuario en la falda del monte, desmontó y aguardó la llegada del grueso de la comitiva. Cuando llegó Nakatoki, Muneaki le informó de la situación. Luego añadió:

—Señoría, ahora entiendo eso que decimos los hombres de arco y flechas: «La mayor deshonra del guerrero es no morir cuando debe». Nosotros tuvimos miedo de morir combatiendo cuando hace dos días defendíamos la capital. Pero nos agarramos al hilo de la vida y decidimos huir para vivir un poco más. ¡Qué grave error! Ahora acabaremos a manos de una chusma de bandidos desconocidos que después expondrán nuestros cuerpos en calles y caminos. Si al menos el terreno fuera llano, podríamos cargar contra ellos y ahuyentarlos. ¡Qué lástima que Sasaki Tokinobu, que ahora defiende la retaguardia, no se halle con nosotros! Además, tras esa chusma de forajidos que hay en los montes, están los guerreros de Toki Yorisada y Tajimi Kuninaga, de la provincia de Mino, que también nos han traicionado y ahora luchan por Godaigo. Acabarían con nosotros si saliéramos de esta. Para colmo, he oído decir que el clan Kira ha desobedecido las órdenes del sogunato y aguarda en la fortaleza de Tōtōmi para atacarnos cuando pasemos por allí. Ni siquiera con diez mil soldados seríamos capaces de vencer a tantos enemigos. Fatigados como estamos, caballeros y caballos, nuestros hombres no tienen fuerzas ni para disparar una flecha. ¡Si por lo menos pudiéramos batirnos en retirada! ¿Qué le parece a Su Señoría? Tal vez podríamos aguardar la llegada de Tokinobu mientras levantamos una fortaleza en la cual podamos resistir hasta la llegada de refuerzos de Kamakura...

Nakatoki, después de escucharlo con atención, le dijo:

—Tienes razón en todo lo que has dicho, excepto en esperar a Tokinobu... La verdad es que ahora ya no me fío de él. Quién sabe si trama algo para traicionarnos. De momento, nos apartaremos todos a este templo para deliberar entre todos. Entretanto, a lo mejor llega Tokinobu con refuerzos.

Ordenó que desmontaran sus quinientos jinetes y descansaran.

Sasaki Tokinobu, encargado de defender la retaguardia de los fugitivos, se hallaba en ese momento a un *ri* [cuatro kilómetros] más atrás. Estaba al frente de un batallón de quinientos hombres. Quizás fue algún espíritu malévolo quien le sopló al oído la siguiente información: «Los bandidos de las montañas rodearon a Hōjō Nakatoki y a todo el séquito imperial en las posadas de Surihari, matando a todos». El caso fue que hizo caso del rumor y, convencido de la inutilidad de su defensa, consideró no seguir más allá del templo Shijuku, cerca del río Etchi. Pensaba «soy del clan Sasaki y mi antepasado Sasaki Dōyo pertenecía al mismo clan de Ashikaga Takauji. Hablaré con él y pediré su clemencia». Decidido, por tanto, a rendirse, volvió a la capital con sus hombres. Como Nakatoki no conocía la decisión de Tokinobu, seguía acariciando la esperanza de su regreso para enfrentar el enemigo. Pero cuando pasó mucho tiempo y no llegaba, abandonó toda esperanza y no tuvo dudas de su traición. ¿Qué le quedaba por hacer si no conservar su honra de guerrero quitándose la vida? Quiso preparar a sus hombres y les habló así:

—Todos sabéis que la causa del sogunato está perdida y que el clan Hōjō al que pertenezco tiene las horas contadas. Fieles a vuestra condición de samuráis, me habéis acompañado hasta ahora dando pruebas de admirable lealtad y amistad. No tengo palabras para agradecéroslo y estoy en deuda con todos vosotros. Pero como mi clan se derrumba, no sé cuándo podré saldar esta deuda. Quiero que sepáis que voy a quitarme la vida. Y lo haré con el deseo de renacer en otra vida para pagaros vuestra lealtad. No soy más que un indigno miembro de un clan que hasta hoy ha sido el más poderoso del Imperio. Por eso, es seguro que os darán alguna recompensa por cortarme la cabeza. ¡Vamos, segad este cuello que os tiendo y entregad mi cabeza a los enemigos! Expiad vuestra culpa siendo fieles a otro señor.

Dicho esto, se despojó de la armadura, se desnudó el torso y parte del abdomen y se hizo el harakiri.

Muneaki no pudo aguantar las lágrimas y exclamó:

—¡Ay, yo quería haberme quitado la vida primero para prepararle el camino al más allá! ¡Qué dolor que se me haya adelantado! —Y dirigiéndose al muerto, añadió:— Señoría, he visto vuestro fin. Os habéis ido al otro mundo, dejándome solo. Pero no os abandonaré. Esperadme un poco. Enseguida nos encontramos en el Río de los Tres Pasos[16].

Sin decir más, se apoderó de la katana que seguía clavada hasta la empuñadura en el vientre de Nakatoki y se la hundió en su abdomen cayendo abrazado al muslo izquierdo de su señor. ¡Qué sublime muestra de lealtad la de Kasuya Muneaki!

Cuando presenciaron el harakiri de Muneaki, los demás samuráis dijeron:

—Todavía resuenan en nuestros oídos las palabras de su señoría Nakatoki. ¡Qué punzante dolor el que sentimos todos! Seguiremos el ejemplo de Muneaki.

---

16. Véase nota 15, p. 160.

Y todos, uno detrás de otro, se hicieron el harakiri. El primero fue Sasaki Kiyotaka, después su hijo Yasutaka, luego otros samuráis de los siguientes clanes: Takahashi, Suda, Andō, Kuroda, Takei, Kasuya, Nawa, Haramune, Miyazaki, Yamamoto, Ishikawa, Miyoshi, Mishima, Ikemori, Saitō, Chikuzen, Tamura, Suyama, Fujita, Mokabe, Atagi... en total, cuatrocientos treinta y dos hombres[17]. La sangre corría y empapaba tantos cuerpos como las aguas del río Amarillo corren y empapan las tierras de sus márgenes y el jardín del templo rebosaba de cadáveres como la sala de un matadero rebosa de la carne cuarteada de bestias. En la historia china conocemos la batalla del año de la Tierra y del Jabalí [759], en el tiempo de la dinastía Tang, cuando cinco mil soldados con cascos de piel y uniformes de brocado, perecieron luchando contra las hordas bárbaras de An Lusan y Shi Siming y, más tarde, un millón de guerreros hallaron la muerte ahogados en el río Amarillo durante la batalla de Tung Kuan. No más lamentable que aquellas catástrofes acaecidas en remotos tiempos y lugares fue esta sucedida en nuestro país y en nuestros días. Ante tanta mortandad, el joven emperador Kōgon y los dos exemperadores con los ojos atónitos ¿qué podían hacer sino estar a punto de desmayarse?

Capítulo 7. EL MINISTRO SUKENA RENUNCIA AL MUNDO

Las tropas del príncipe Moriyoshi no tardaron en llegar y detener al emperador Kōgon y a los dos exemperadores a quienes trasladaron al templo Kokubun, en el monte Ibuki. Recibieron de ellos los tres tesoros de las Insignias Imperiales[18], los *biwa* de Genjō y Susogo, y la sagrada imagen del buda Kannon que estaba en el palacio Seiryoden. ¡Qué escena tan parecida a aquella memorable de la historia china cuando Tzu Yin, al caer la dinastía Chin y ser derrotado por los Han, montó en un carro tirado por un corcel blanco y se entregó a Liu Bang con la insignia imperial colgada del cuello!

Al verse detenido, el gran consejero Hino Sukena, cortesano favorito de Kōgon, estaba inquieto. «¿Qué será de mí? ¿Me mandarán matar?», se preguntaba. Decidió entonces dirigirse a un monje itinerante que encontró en un templo cercano:

—Deseo abrazar la vida religiosa. Os ruego que os dignéis tonsurarme —le pidió.

El religioso lo aleccionó en algunos puntos de la enseñanza budista y cuando se dispuso a raparle la cabeza, Sukena le preguntó:

---

17. Todavía hoy en un monasterio de la escuela Shingon, el Renge-ji, prefectura de Hyōgo, ciudad de Sanda, se conserva un registro de defunciones con los nombres de los cuatrocientos treinta y dos samuráis suicidas.
18. Su posesión confería legitimidad a la dignidad imperial.

—¿Es cierto que hay que renunciar al mundo y a sus pompas entonando cierta frase?

El monje, que tal vez no conocía la frase, se puso a entonar:

—Recuerda que animal eres y desde tu animalidad, reconoce la voluntad de buscar la iluminación.

Estaba por allí Tomotoshi, el gobernador de Mikawa, también con la intención de tonsurarse, que en tono de burla terció:

—¿No es una pena que al gran consejero le tengan que decir que es un animal para salvarle la piel?

Sucedió, en efecto, que los cortesanos del séquito de Kōgon o bien se hicieron monjes o bien se escabulleron tomando diferentes direcciones. Al final, solo Tsuneaki y el ministro Arimitsu se quedaron al lado del emperador y de los dos exemperadores que estaban dentro de sus modestos palanquines. De esta guisa y estrechamente vigilados por soldados enemigos, fueron trasladados de vuelta a la capital. La gente, nobles y plebeyos, se arremolinaba en las calles por donde pasaba el cortejo.

—¡Qué extraño es todo! —exclamaban— Hace solo dos años el sogunato se atrevió a detener al exemperador Godaigo en la fortaleza de Kasagi y lo desterró a la isla de Oki. Ahora pagan su osadía. Con razón se dice «quien ayer causaba la desgracia ajena, hoy conoce la propia». Ahora al emperador Kōgon seguro que lo van a desterrar a algún lugar lejano y sufrirá como sufrió su antecesor.

Compadecida, la gente mojaba las mangas de sus kimonos al tiempo que se admiraba de la ley inexorable de la causa y el efecto que gobierna la vida de los hombres.

A la hora del Caballo [mediodía] del día siguiente llegó a la fortaleza de Chihaya la noticia de que Rokuhara había caído y de que la noche anterior el emperador Kōgon y los exemperadores habían emprendido la huida hacia la regiones del este. Los defensores de la plaza sintieron tanto júbilo que a punto estuvieron de abrir las puertas y salir a luchar con la misma alegría con que un pájaro enjaulado sale de su prisión y echa a volar. Los sitiadores, por el contrario, se lamentaron sintiéndose como ovejas perseguidas y llevadas al altar de los sacrificios. «Si tardamos un solo día en replegarnos, tendremos muchas dificultades en transitar por caminos y poblados infestados de bandidos y guerreros enemigos», comentaban los sitiadores. Así pues, a primeras horas de la madrugada del día 10, el inmenso ejército de cien mil hombres deshizo el cerco e inició la retirada hacia Nara. Tal como habían previsto, las rutas seguidas estaban ya tomadas por bandas de forajidos que los acosaban continuamente. Como suele ocurrir en retiradas precipitadas, muchos de los soldados, al verse así hostigados, abandonaban a sus compañeros y se dispersaban en todas las direcciones, dejando tirados arcos y flechas. Unos llegaron al borde de barrancos y abismos donde se hacían el harakiri; otros, se arrojaban al vacío insondable y morían con los huesos quebrantados. El resto no dejó de huir desde Chihaya a lo largo de tres *ri* [doce kilómetros], siempre con los enemigos pisándoles los talones y sin ofrecer ninguna resistencia. Un ejército, que la víspera había sido inmenso, estaba ahora diezmado y los sobrevivientes se veían obligados a dejar a su paso un reguero de caballos, armaduras y yelmos abandonados. Los huesos de los que perecieron en la huida, cuyos cadáveres quedaron sin enterrar en las cunetas de los caminos, todavía yacen, unos blancos y con señales de heridas por golpes y sablazos, otros medios cubiertos de musgo y tierra. Los generales y samuráis importantes, sin embargo, se salvaron y lograron llegar a medianoche a Nara donde no hicieron otra cosa que lamentarse y mojar las mangas de sus armaduras con un río de lágrimas. ¿De qué les servía, pensaban, seguir vivos? ¡Qué bien comprendieron aquello de que a quien llega a la cima no le queda sino caer!

LIBRO DÉCIMO

Capítulo 1. EL ALZAMIENTO DE NITTA YOSHISADA

El día 2 del quinto mes del año tercero de la era Genkō [1333] Ashikaga Yoshiakira, segundo hijo del general Takauji, se escapó de Ōkuragaya y se refugió en un lugar desconocido. Como en Kamakura no se sabía aún la traición de Takauji, la reacción general ante la huida del hijo fue esta: «¡Ah, seguro que ha ocurrido algo!». Inquieto ante la falta de noticias de lo que pasaba en la capital, las autoridades de Kamakura enviaron a Nagasaki Takayasu y Suwa Shinsho a Kioto. Cuando llegaron a Takahashi, en las tierras de Suruga, se encontraron con un mensajero de Rokuhara que venía a toda prisa trayendo las últimas noticias:

—Nagoshi Takaie ha caído en combate y Ashikaga Takauji se ha pasado al bando enemigo.

Nagasaki y Suwa exclamaron:

—¡Ah, qué peligro se cierne ahora sobre Kamakura! —y volvieron a esta ciudad.

Ashikaga Takewaka, el hijo mayor de Takauji, que vivía en el santuario de Izuyama con su tío, el monje Kakuhen, nada más saber la noticia de la defección de su padre y temeroso de que vinieran a detenerlo, se escapó en compañía de su tío y trece monjes más. Se disfrazaron de ermitaños y tomaron el camino de la capital. Sin embargo, quiso su mala suerte que se tropezaran en Ikushima-ga-hara con Nagasaki y Suwa que los reconocieron y detuvieron. Antes de ser apresados, el monje Kakuhen, sin decir una palabra, se hizo el harakiri desde el caballo en que estaba montado y se desplomó muerto a tierra.

—¿Hay prueba más clara de que este traidor rumiaba destruir al sogunato? —dijo Nagasaki; y ordenó:— ¡Que no escape ninguno!

Inmediatamente él mismo apuñaló a Takewaka y mandó matar a los trece monjes cuyas cabezas dejó expuestas a público escarnio en Ukishima-ga-hara.

El día 18 del tercer mes, Nitta Yoshisada, uno de los samuráis más señalados que vivían en las provincias del este, había regresado a sus tierras, en la provincia de Kōzuke, después del asedio infructuoso a la fortaleza de Chihaya y con el pretexto de una falsa enfermedad. En realidad, había entrado en contacto con el emperador depuesto, Godaigo[1], del cual el día 11 del mismo mes recibió un edicto imperial secreto con la orden expresa de destruir al sogunato. El regente, Hōjō Takatoki, que no sabía nada de este acuerdo, convocó a Nitta, al igual que a otros señores principales de las provincias del este, como las de Musashi, Awa, Kazusa, la propia Kōzuke, Hitachi y Shimotsuke, para que movilizaran sus huestes y, al mando de Yasuie, el hermano del regente, se dirigieran al este. Su misión no era otra que aplastar la rebelión y reconquistar la capital. Esperaba así reunir un inmenso ejército de más de cien mil hombres aguerridos y bien armados. Además, el sogunato decidió gravar a varios señoríos próximos a Kamakura con fuertes tributos que pudieran servir para recaudar víveres con que abastecer tan gran ejército.

Al señorío de Serada, que gobernaba Nitta Yoshisada y en el cual había familias ricas, el regente envió como recaudadores a dos hombres de confianza, Kanazawa Chikatsura y Kuronuma Hikoshirō. Les dio esta orden: «Debéis conseguir sesenta mil monedas antes de cinco días». Los dos enviados llegaron a Serada con una nutrida escolta armada y presionaron a los funcionarios locales enérgicamente para que recaudaran el dinero cuanto antes. Cuando Nitta se enteró, comentó indignado:

—Es humillante que los caballos de gente plebeya hayan pisado los alrededores de mi mansión. ¿Cómo voy a quedarme de brazos cruzados ante este ultraje?

Despachó un pelotón de samuráis a Serada para que detuvieran a los dos enviados sogunales. A uno, Chikatsura, lo ataron sin ningún miramiento y al otro, Hikoshirō, lo mataron y dejaron su cabeza expuesta al sol de la tarde.

Al enterarse el regente, se enojó mucho y reaccionó así:

—Nuestro clan de los Hōjō lleva nueve generaciones en la cúspide del poder y hasta ahora nadie de los cuatro mares había osado contravenir nuestras órdenes. Mal está que en las regiones lejanas de Kamakura no nos obedezcan, pero es intolerable el desacato también en las cercanas. El colmo ha sido que en la provincia de Kōzuke, una provincia aliada a nuestro clan, Nitta Yoshisada haya ido tan lejos como para matar a uno

---

1. Como se narra en el Libro VII, cap. 3.

de nuestros mensajeros y encarcelar a otro. Su delito no es leve. Si lo castigamos con tibieza, animaremos a que otros samuráis principales se alcen contra nuestra autoridad. Hay que darle un escarmiento.

Dio entonces la siguiente orden a los clanes aliados de Musashi y Kōzuke:

—Id y matad a Nitta Yoshisada y a su hermano menor Wakiya Yoshisuke. Quiero que me traigáis sus cabezas.

Tan pronto como Nitta supo que venían contra él, convocó una asamblea de sus hombres más fieles, entre ellos su propio hermano, y les preguntó:

—¿Cuál es vuestro parecer sobre lo que debemos hacer para defendernos?

Las opiniones eran muy dispares. Por ejemplo, uno dijo:

—Ocupemos posiciones detrás del río Tone y para defendernos utilicemos la comarca de Numata como fortaleza natural. Desde ahí esperaremos al enemigo.

Otro propuso:

—Tenemos muchos y fieles aliados en la provincia de Echigo. Podremos ir a la comarca de Tsubari, apoderarnos de la ruta del monte Ueda y esperar a que nos lleguen refuerzos de toda la provincia.

El hermano pequeño, Yoshisuke, después de haber oído esas y otras opiniones, dijo:

—La vía del guerrero se funda en dos principios: el desprecio a la muerte y el aprecio a la honra. El clan Hōjō lleva ciento sesenta años sosteniendo las riendas del poder y hasta hoy la autoridad de su gobierno, el sogunato, ha sido indiscutible para todos los hombres del Imperio. Aunque nos pertrechemos para la defensa detrás del río Tone, no venceremos si la suerte no está de nuestra parte. Igualmente, aunque recurramos a nuestros aliados de Echigo, será imposible llevar a cabo una buena estrategia si no estamos seguros de la lealtad de todos. Sería una deshonra que la gente comentara que un miembro de nuestro clan ha huido por haber matado a un enviado del regente Takatoki. Si hemos de morir, ¿qué importa si lo hacemos luchando para destruir al sogunato? Eso servirá para que, una vez muertos, nuestros descendientes se sientan orgullosos de nuestra hazaña y acrecienten su honra. La gloria que entonces habremos alcanzado servirá para purificar nuestros cadáveres abandonados en las cunetas de los caminos. Además, tenemos en nuestro poder un mandato imperial firmado por el hijo del Cielo, el emperador Godaigo. ¿Para qué lo queremos si no lo usamos? Hagamos honor a nuestro compromiso con el emperador, confiemos en el destino y alcémonos en armas desde el primero al último jinete de nuestro dominio. Convoquemos a todos los samuráis de Kōzuke y ataquemos cuanto antes el corazón del sogunato que es

Kamakura. Si perecemos, ¿habrá mayor gloria que caer en el campo de batalla y morir teniendo a esa ciudad como almohada[2]?

Así habló Wakiya Yoshisuke, poniendo el desprecio a la muerte y la honra del guerrero por encima de toda consideración. Los treinta samuráis, allegados todos ellos del clan Nitta, se mostraron de acuerdo con sus palabras.

El día 8 del quinto mes, a eso de la hora de la Liebre [seis de la mañana], el clan Nitta alzó la bandera de la rebelión en el santuario de Ikushina. Abrieron el escrito del mandato imperial de Godaigo, inclinaron tres veces la cabeza como señal de acatamiento y se pusieron en marcha hacia Kasakaeno, manteniendo en secreto su plan de atacar la sede del sogunato. La expedición la formaban, aparte de los hermanos Nitta, Ōdashi Muneuji y sus hijos Yukiuji, Ujiakira y Ujikane, Horiguchi Sadamitsu y su hermano menor Yukiyoshi, Iwamatsu Tsuneie, Satomi Yoshitane, Eda Mitsuyoshi, Momonoi Naoyoshi y otros. En total, ciento cincuenta samuráis.

En su corazón Nitta Yoshisada pensaba: «¿Seremos suficientes para plantar cara a los Hōjō que es el clan más poderoso del Imperio?». Pero sucedió que al caer la tarde de ese día vio cómo se les acercaban unos dos mil jinetes, todos gallardos y bien armados, que avanzaban por la otra orilla del río levantando una polvareda. Al principio, Yoshisada temió que pudiera tratarse de enemigos, pero cuando los tuvo cerca comprendió que eran aliados. Pertenecían a los clanes de Satomi, Toriyama, Ōida y Hanekawa, de la provincia de Echigo. Yoshisada se alegró mucho de esta ayuda, aunque se preguntó cómo podrían haber conocido su plan. Detuvo su caballo y les dijo:

—Nuestro clan de Nitta ha tomado una decisión trascendental para nuestro futuro. Todo ha sido tan repentino que no hemos tenido tiempo de avisaros. ¿Cómo es posible, por lo tanto, que hayáis acudido tan rápidamente?

Ōida, gobernador de Tōtōmi, con la espalda bien recta sobre la silla de montar, respondió:

—Ciertamente si no hubiésemos sabido que habíais tomado la decisión de alzaros contra el sogunato y honrar el mandato del emperador Godaigo, no se nos habría ocurrido la idea de venir armados. El pasado día 5 un ermitaño llegó a nuestras tierras. Dijo ser un emisario vuestro y recorrió toda la provincia de Echigo pregonando vuestra decisión de alzaros en armas. Por eso estamos aquí después de cabalgar día y noche. Los clanes que viven más lejos que nosotros llegarán mañana. Aunque sé que tenéis prisa por llegar a Kamakura para sorprender el enemigo, creo que sería buena idea esperar a que llegaran todos.

Muy extrañado, Yoshisada dijo:

---

2. Juego de palabras entre almohada, *makura* en japonés, y el nombre de la capital del sogunato.

—Pero isi yo no he enviado a ningún mensajero ni ermitaño! ¿Quién habrá sido esa persona? Ahora que lo pienso, seguro que ha sido un milagro del dios Hachiman que ha enviado en nuestra ayuda a ese ermitaño, o tal vez un *tengu* disfrazado[3].

Feliz por lo que consideró intervención divina, Nitta Yoshisada desmontó del caballo. Lo mismo hicieron sus acompañantes y los recién llegados. Se saludaron y descansaron. Posteriormente se presentaron hasta cinco mil samuráis de las provincias de Echigo, Shinano y Kai. Portaban, ondeando al viento, los pendones y divisas de sus respectivos clanes. Muy contento con estas incorporaciones, Yoshisada y su hermano Yoshisuke dieron la orden de ponerse en marcha.

El día 9 del quinto mes entraron en la provincia de Musashi. Se les unieron muchos guerreros de esa provincia y de otras más al este como Kazusa, Kōsuke, Shimotsuke y Hitachi. Fue una ayuda inesperada pues Yoshisada no los había llamado. La tarde de ese día el número de soldados a sus órdenes llegaba ya a doscientos siete mil[4]. La vasta planicie de Musashi, que se extendía hacia el infinito por los cuatro puntos cardinales, rebosaba de tantos samuráis y caballos que no había resquicio para un hombre más, ni espacio para el vuelo de las aves, ni lugar para que los animales se escondieran. La luna que se alzaba iluminando toda la llanura hacía brillar las guarniciones metálicas de las sillas, de los guanteletes y de los yelmos de los jinetes. Igual que las espigas de las eulalias moviéndose agitadas por el viento, así ondeaban los pendones y estandartes de tantos clanes reunidos; igualmente temblaban, mecidas por la corriente de aire, las telas de los mantos usados para protegerse de la flechas.

De varios puntos de la geografía del este y noreste llegaron urgentemente mensajeros a Kamakura. Traía malas noticias: sobre la ciudad estaba a punto de caer un inmenso ejército. Unos, los incapaces de prever el cambio que iba a producirse en el mundo, reaccionaban con desdén: «¡Qué exageración! ¿Quién podrá contra un hombre tan poderoso como Hōjō Takatoki? Si el ejército llegara de China o de la India para atacar Akitsushima[5], sí que habría motivos para alarmarse, pero siendo gente de por aquí, ¿qué podemos temer? No hay razón para tanto alboroto. Ya sabemos que algunos rebeldes desean abatir al sogunato, pero sus esfuerzos son como los de un simple insecto, como la mantis religiosa, cuando blande un hacha para impedir el paso de un carromato tirado por bueyes o como los intentos de la legendaria ave *shin wei* tratando de llenar el océano[6]». Otros, en cambio,

---

3. Véase nota 43, p. 106.
4. Esta cifra, así como las descripciones que siguen para ponderar el tamaño del ejército, hay que entenderlas como una de tantas hipérboles. Véase introducción, p. 24.
5. Nombre poético de Japón.
6. Ejemplos clásicos para expresar un esfuerzo fútil tomados de la literatura china.

aquellos que sabían percibir la esencia de los acontecimientos, reaccionaban diciendo en voz baja: «¡Verdaderamente, la situación es grave! Cuando todavía ni en el oeste ni en la capital se han sofocado las rebeliones, ahora, a las puertas de nuestra casa, cunde el número de clanes insurrectos. ¿Será el golpe de gracia al sogunato moribundo? En la antigua China Wu Tzu amonestó así al rey Fu Chai de Wu: 'Lo que ocurre en el lejano reino de Chin es una herida leve en nuestra piel, pero lo que ocurre en el reino vecino de Yueh es una herida mortal'. ¿Será lo mismo ahora?».

El mismo día 9, las autoridades del sogunato, después de deliberar, resolvieron enviar a Kanazawa Sadamasa, gobernador de Musashi, al mando de cincuenta mil soldados, a Shimokobe en donde podría atraer más tropas afectas al sogunato de las provincias de Kazusa y Shimosa, tras lo cual cargarían contra los rebeldes. Además, pusieron a setenta mil guerreros de Musashi y Kōzuke bajo las órdenes de Hōjō Sadakuni, de Nagasaki Yasumitsu, de Nagasaki Takashige y de Kaji Jirōsaemon para que ocuparan la ruta de Kamakura y defendieran las márgenes del río Iruma. El plan era atacar a los enemigos cuando trataran de cruzar el río. Aunque desde los años de la era Jōkyū [1220], las provincias del este habían gozado de paz y los guerreros casi se habían olvidado de tensar los arcos, ahora, después de tanto tiempo, el arrebato de volver a tomar las armas y oír los tambores de guerra bañó sus corazones de entusiasmo, siendo cosa maravillosa el espectáculo de verlos marchar a todos por caminos y pueblos vestidos de armaduras y yelmos relucientes, ciñendo filosas katanas y montando soberbios corceles de guerra.

Las tropas de Sadakuni y los otros generales marcharon durante dos días y el 11 del quinto mes a la hora del Dragón [ocho de la mañana] llegaron a la llanura de Kotesashi, en Musashi. Desde ahí podrían vigilar de lejos los movimientos del enemigo que comandaba Nitta Yoshisada cuyo ejército era numeroso como nubes apelotonadas y partículas de densa niebla, seguramente de más de cien mil guerreros. Asombrados, los generales Sadakuni y los dos Nagasaki detuvieron sus caballos e interrumpieron la marcha, pues no esperaban enfrentarse a un ejército tan inmenso.

Frente a ellos, Nitta Yoshisada y los suyos, tras cruzar rápidamente y sin oposición el río Iruma, se acercaron a las tropas del sogunato y empezaron a lanzar gritos de guerra para animarse unos a otros. Uno de ellos lanzó una flecha al ejército enemigo para señalar el comienzo de las hostilidades. Sus compañeros siguieron el ejemplo y una lluvia interminable de dardos cayó sobre las tropas de Kamakura. El zumbido de las flechas disparadas de un lado y otro era terrorífico. Como el terreno era llano y, por lo tanto, adecuado para la caballería, pronto dejaron de tirar flechas y embistieron a galope unos contra otros para entrar en el cuerpo a cuerpo desde sus monturas. Además, como todos eran de las regiones del este, estaban impacientes por blandir sus sables. Las sucesivas cargas de la caballería de uno y otro ejército se realizaban en pelotones, primero de cien de los Minamoto contra doscientos de los Taira[7]; después en batallones de mil de estos contra dos mil de aquellos. Más de treinta veces repitieron estas cargas, en oleadas sucesivas, así todo el día, de modo que al caer la tarde caballos y caballeros se hallaban reventados de cansancio. Trescientos hombres de Nitta Yoshisada cayeron en combate por quinientos de Kamakura. Pactaron una tregua por la noche y la reanudación del combate a la mañana siguiente. Los de Yoshisada se apartaron para descansar a tres *ri* [doce kilómetros], en la orilla del Iruma. Por su parte, los de Kamakura se retiraron a la misma distancia en las márgenes del río Kume. A pesar de la distancia que separaba los campamentos de los jefes de uno y otro ejército, estos eran tan grandes y había tantas tiendas en los campamentos que algunas estaban a escasa distancia unas de otras. Los guerreros de los dos bandos hablaban con sus compañeros del combate librado ese día mientras sus caballos pastaban tranquilamente. Los campamentos de ambos ejércitos estaban iluminados por el resplandor de las almenaras. Así pasó la noche y llegó el amanecer.

Nada más romper el alba, los guerreros cincharon sus monturas y se ataron los barboquejos de los yelmos. Todos esperaban ansiosos el reinicio del combate. Setenta mil soldados de Kamakara, comandados por Nagasaki Yasumitsu y Kaji Jirōsaemon tomaron la iniciativa y atacaron a los de Yoshisada que juntaron líneas, en forma de cuña, para repeler la agresión. Las tácticas de ataque y defensa de uno y otro ejército se asemejaban a las empleadas por los chinos Huang Shigong cuando pretendía atar un tigre con una cuerda o Zhang Liang para derrotar al ejército de demonios. Los guerreros de ambos bandos se mezclaron desordenadamente y entraron en combates cuerpo a cuerpo desde sus caballos, decididos a alzarse con la victoria o dejar la vida en el campo de batalla. El combate seguía y seguía aunque de cada mil hombres solo quedaba uno con vida. Al final, las tropas de Nagasaki y Kaji, sintiendo que llevaban las de perder, decidieron replegarse a Bubai-gawara. Las de Yoshisada tuvieron el impulso inicial de perseguirlas, pero cansadas como estaban de tantas horas bregando en el campo de batalla, desistieron para que descansaran los caballos. Después, avanzaron hasta las márgenes del río Hume donde esperaron la llegada del día siguiente.

No tardó en saberse en Kamakura que las tropas de Hōjō Sadakuni, Kaji Jirōsaemon y Nagasaki Yasumitsu habían llevado las de perder en la batalla del día 12 y se habían replegado a Bubai-gawara. Entonces, el regente envió a su propio hermano menor, Hōjō Yasuie como capi-

---

7. Es decir, respectivamente, los del clan Nitta y los del clan Hōjō.

tán general, al lado de Hōjō Kunitoki, Abo Saemon, Yūki, que era gobernador de Echigo, Nagasaki Tokimitsu, Satō Saemon, Andō Takasada, Yokomizo Gorō, Nanbu Magojirō, Shinfai Saemon, Miura Ujiakira y cien mil soldados más como tropas de refuerzo. Este ejército llegó a Bubai-kawara a medianoche del día 15. Al verlos llegar, las tropas derrotadas en la batalla del día 12 recobraron el ánimo y decidieron cargar contra el enemigo con las primeras luces del alba. Por su parte, Yoshisada ignoraba por completo la llegada de estos refuerzos. Sus tropas recibieron el ataque profiriendo los habituales gritos de combate. La primera línea del ejército de Kamakura consistía en tres mil arqueros escogidos que lanzaron una andanada de flechas. A continuación, doscientos mil soldados avanzaron por los dos flancos de los enemigos tratando de envolverlos y de penetrar en sus filas para matarlos a todos. Los guerreros de Nitta Yoshisada resistieron como pudieron e incluso algunos avanzaron hasta la retaguardia enemiga y luego retrocedieron para atacar la vanguardia. Galopaban sobre sus veloces caballos como rayos y chocaban contra los enemigos siete y ocho veces sin caer ni una sola vez. Pero los soldados de Kamakura eran mucho más numerosos gracias a las incorporaciones de tropas de refresco. Además, ardían en deseos de desquitarse por la deshonra de la derrota del día 12. Por estas razones, los guerreros de Yoshisada se vieron obligados a replegarse hasta Horikane. Esta vez perdieron, siendo muy elevado entre ellos el número de muertos y heridos.

Si las tropas de Kamakura hubieran perseguido al ejército de Yoshisada hasta Horikane, es probable que lo hubieran aniquilado, pero se quedaron relajados y convencidos de que tras esta derrota los de Yoshisada ya no tendrían ánimo ni fuerza para luchar. «¿Qué pueden hacer más? Seguro que los samuráis aliados que tenemos en Musashi y Kōzuke se encargarán de matarlos y de traernos la cabeza de Yoshisada», pensaban. Esta actitud era prueba de que la suerte había dado la espalda para siempre al sogunato de Kamakura.

Capítulo 2. LA OPINIÓN DE MIURA ŌTAWA

En esta situación de la guerra, Nitta Yoshisada no sabía qué hacer. Fue entonces cuando cierto samurái de nombre Miura Ōtawa Yoshikatu, que desde hacía tiempo sentía simpatía por Yoshisada, galopó a su campamento en la tarde del día 15. Lo seguían seis mil jinetes de la provincia de Sagami, hombres de los clanes de Matsuda, Kawamura, Doi, Tsuchiya, Honma y Shibuya. Con el semblante feliz por la visita, Yoshisada se apresuró a recibirlo. Lo trató con mucha cortesía y le preguntó qué pensaba de la guerra. Esto fue lo que Miura, con el gesto grave, contestó:

—Nuestro país se encuentra hoy dividido en dos campos que luchan entre sí jugándose la vida todos los días. Sin duda serán necesarias diez o veinte batallas para decidir quién será el vencedor, Y aun así, solamente el Cielo decidirá quién gana y quién pierde. Mi opinión personal es que seréis, vos, señor, quien gane la guerra. Si sumo mis tropas a las vuestras, llegamos a los cien mil hombres, una cifra todavía inferior a la del ejército enemigo. Pero, ¿por qué la inferioridad numérica va a ser un inconveniente? ¿Por qué no luchamos de nuevo, señor?

Yoshisada contestó a su huésped:

—La verdad es que tengo serias dudas de que mis soldados, fatigados de combatir en los últimos días, estén en condiciones de entrar nuevamente en batalla contra un enemigo que ahora tiene la moral por las nubes.

Miura replicó:

—Señor, me gustaría razonaros mi propuesta y la confianza en que la victoria nos sonreirá si atacamos. En la antigua China guerreaban los estados de Chin y de Chu. El general de Chu era Xiang Liang el cual, al frente de tan solo ochenta mil soldados, logró derrotar al ejército de ochocientos mil de Chin y cortar cuatrocientas mil cabezas. Tras esta victoria, sin embargo, Xiang Liang se volvió soberbio y descuidó preparar bien su ejército para la siguiente guerra. Uno de sus consejeros, Song Yi, cuando se enteró de la confianza en sí mismo que tenía su general, comentó: «Cuando un general consigue una victoria y se confía, ya ha perdido la siguiente batalla. Esta confianza vuelve indolentes a sus soldados y allana el camino para la victoria enemiga. ¿Quién dudará por eso de la ruina del estado de Chu?». Efectivamente, Xiang Liang fue derrotado por Zhang Han de Chin y el estado de Chu se sumió en la decadencia.

»Señor, ayer envié unos espías al campamento enemigo. Esta mañana han vuelto y me han informado que la arrogancia del general enemigo es como la de Xiang Liang. Siento que su destino será también el mismo y la predicción de Song Yi será válida también para él. Como mis tropas acaban de llegar y están frescas, en la batalla de mañana podrán ponerse en la vanguardia. ¿Qué os parece, señor?

A Yoshisada le pareció que Miura tenía razón. Con fe en sus palabras, decidió atacar al día siguiente y dar a Miura el mando de la vanguardia.

Capítulo 3. LA BATALLA DE BUBAI SEKIDO

A la hora del Tigre [cuatro de la madrugada] del día siguiente, el 16 del quinto mes, unos cuarenta mil soldados comandados por Miura Yoshikatsu se colocaron a la vanguardia y avanzaron hasta Bubai-kawara, los cauces secos del río Bubai, donde tenía fijado su campamento el enemigo. Las tropas de Miura se acercaron con sigilo, sin enarbolar los pendones ni lanzar gritos de guerra, pues su objetivo era sorprender al ejército de Kamakura y acabar la batalla cuanto antes. Tal como Miura había previsto, los adversarios acusaban el cansancio de las recientes batallas. Como, además, no habían imaginado un ataque nocturno, se hallaban descuidados: los caballos lo tenían sin ensillar y las armaduras y yelmos en el suelo. Algunos seguían acostados, medio desnudos, al lado de mujeres de la vida; otros, por haber bebido en exceso la noche anterior, dormían profundamente. Es evidente que estaban a punto de pagar por la maldad de acciones cometidas en vidas anteriores. Hay veces, sin embargo, en que los ganadores potenciales de una batalla se compadecen de quienes van a ser derrotados, pero no iba a ser el caso en esta ocasión.

Cuando las tropas de Miura cruzaron el río y se hallaban muy cerca del campamento enemigo, algunos centinelas advirtieron un movimiento sospechoso de sombras y corriendo fueron a avisar al capitán general Hōjō Yasuie y a los otros generales:

—Señorías, ahora mismo nos ha parecido ver a muchos jinetes que se acercan silenciosamente por el oeste. No han enarbolado sus pendones, por lo que no sabemos si son enemigos. Sería conveniente acercarse para confirmar su identidad.

Los generales contestaron:

—¡Bah! Seguramente son los hombres de Miura Yoshikatsu que viene de Sagami para unirse a nuestro ejército y ayudarnos contra los rebeldes. ¡Qué buena noticia!

Así pues, ni Yasuie ni ninguno de los generales se tomó en serio la advertencia de los centinelas. ¡Qué trágico que su destino estuviera escrito con letras tan claras!

Cuando las tropas de Nitta Yoshisada alcanzaron a las de Miura, dividieron el ejército de cien mil hombres en tres compañías las cuales, profiriendo de repente gritos de guerra, se abalanzaron contra el campamento de los de Kamakura por tres flancos distintos.

Despertado por el griterío, el capitán general Yasuie, preguntó aturdido:

—¿Dónde está mi caballo? ¿Y mi armadura, mis armas, mi yelmo? ¡Rápido, traédmelos!

Pero ya los samuráis de Yoshisada y de su hermano Yoshisuke habían entrado en el campamento enemigo y corrían con sus caballos por todas partes sembrando la confusión en las filas enemigas y atacando a diestro y siniestro. La compañía que mandaba Miura, formada por hombres de los ocho clanes de Bandō[8] y los siete de Musashi, se movían en formación de patas de araña, en dos círculos y una cruz, asestando sablazos mortales a cualquiera que se ponía a su alcance. ¡Qué gran mortandad causaron

---

8. Era otro nombre de la región de Kantō bajo el que se denominaban las provincias del este. Estos ocho clanes, *heishi*, tenían origen Taira o Heike.

en las desprevenidas tropas de Kamakura! A pesar de ser un ejército más numeroso, el del sogunato perdió esta batalla gracias a la estrategia de Miura. Los supervivientes se desperdigaron e intentaron llegar a Kamakura, al sur de Bubai Sekido. Hasta el mismo capitán general Hōjō Yasuie estuvo a punto de perder la vida. Y si no lo hizo fue gracias al sacrificio que de la suya hizo Yokomizo Hachirō. Este samurái mantuvo su posición y se puso a disparar flechas matando en un santiamén hasta a veintitrés enemigos montados. Después él, sin más flechas en la aljaba, sacó la katana y, ayudado por tres vasallos, plantó cara a un tropel de adversarios que cargaban contra ellos. Los cuatro lucharon con denuedo y finalmente perecieron. No solo se sacrificó Yakomizo. Otros trescientos samuráis que escoltaban a Yasuie, los cuales en generaciones pasadas habían sido favorecidos de una forma u otra por el clan Hōjō, pelearon valientemente hasta caer muertos. Esto dio tiempo a que el capitán general pudiera retirarse a Yamauchi y salvar la vida.

Otro de los generales del ejército de Kamakura, el joven Nagasaki Takashige, pidió a sus criados que llevasen las quince cabezas cortadas en la batalla del río Kume y, sin sacarse las flechas que llevaba clavadas en varias partes de su cuerpo, huyó a Kamakura y entró en la mansión del regente Takatoki. Llegó extremadamente debilitado y con los cordones blancos de su armadura teñidos de rojo por la sangre perdida. A la puerta estaba su abuelo, Nagasaki Enki, que lo recibió con enorme alegría y, nada más verlo, chupó la sangre de sus heridas y, con lágrimas en los ojos, le dijo:

—Hay un refrán que dice: «Nadie conoce mejor lo bueno y lo malo de un hijo que sus padres». ¡Qué grave error fue haberte echado de casa por inútil! Ahora veo que has realizado una proeza de caballero venciendo a tus enemigos y salvándote del peligro. Lo que has hecho es digno del mismo Cheng Ping y de Chang Liang, aquellos ilustres caballeros de China. Vuelve al campo de batalla y sigue peleando con gloria. Ganarás honra para ti y para nuestra familia, además de hacerte valer a los ojos de nuestro señor, el regente Hōjō Takatoki.

El anciano no hacía más que deshacerse en elogios por su nieto y recomendarle que siguiera luchando hasta el final. Takashige, emocionado, cayó de hinojos y se postró hasta tocar el suelo con la cabeza sin dejar de derramar cuantiosas lágrimas.

Capítulo 4. EL ASALTO A KAMAKURA Y EL MILAGRO
DE LA DIOSA AMATERASU

Cuando se extendió la noticia de que Nitta Yoshisada se había alzado con la victoria en Bubai Sekido y que las tropas del sogunato huían, numerosos samuráis de las ocho provincias del este, tantos como partículas de densa niebla o como nubes en un cielo cubierto, acudieron a Sekido donde se unieron a las fuerzas de Yoshisada. Se hizo alarde de las tropas dando como resultado seiscientos siete mil guerreros en total. Yoshisada, como capitán general, las dividió en tres compañías. La primera, al frente de la cual puso a Ōdachi Muneuji como general de la izquierda y a Eda Yukiyoshi como general de la derecha, constaba de cien mil hombres a caballo y debía avanzar hacia el paso del templo Gokuraku. La segunda la comandaba Horiguchi Sadamitsu, con Oshima como asistente y contaba con otros cien mil samuráis cuya misión era subir hacia Kobukuro-zaka. Finalmente, la tercera, que era la mayor, con quinientos siete mil jinetes, la acaudillaban los hermanos Nitta, Yoshisada y Yoshisuke, y se nutría de hombres de los clanes de Wakiya, Horiguchi, Yamana, Iwamatsu, Oida, Momonoi, Satomi, Toriyama, Nukada, Ichinoi y Hanekawa. Esta compañía subiría por Kewaizaka. El objetivo de las tres compañías era el mismo: la conquista de Kamakura, corazón del sogunato.

Los habitantes de Kamakura, a pesar de conocer la derrota de las fuerzas sogunales en Bubai Sekido ocurrida dos días antes, habían permanecido extrañamente tranquilos. Infravaloraban la amenaza del ejército de los hermanos Nitta y no se aprestaban para la defensa. Solamente cuando vieron con sus ojos que por la tarde del día anterior regresaba por Yamauchi el derrotado Hōjō Yasuie, la calma empezó a resquebrajarse. Afloraron los nervios y la inquietud se fue adueñando de los corazones. Poco después vieron también a Hōjō Sadamasa, a quien el regente había enviado a Shimokōbe, volver a Kamakura pasando por Shimomichi, tras haber perdido ante Koyama Hidetomo y Chiba Sadatane. «¿Qué va a ser de nosotros ahora?», era la pregunta que corría de boca en boca entre los habitantes consternados de la ciudad.

El día 18 del quinto mes a eso de la hora de la Liebre [seis de la mañana] el ejército de Yoshisada provocó incendios en unos cincuenta puntos de Muraoka, Fujisawa, Katase, Koshigoe y Jikkenzaka, localidades aledañas a la ciudad de Kamakura, tras lo cual se lanzó al asalto por tres direcciones. Los soldados que la defendían corrían confusos de un lado a otro, mientras que la gente, fueran nobles o plebeyos, buscaba refugio en los montes y campos de los alrededores. Eran muchos los que lamentaban la situación y, recordando la historia de China, comentaban: «Mientras el emperador Hsuan Tsung[9] escuchaba embelesado una canción celestial, los tambores de guerra de An Lushan retumbaban anunciando la invasión y conquista del palacio imperial. Igualmente, cuando el rey de Chu orde-

---

9. El soberano sexto de la dinastía Tang. Reinó en el siglo VII y estaba tan enamorado de su favorita Yang Kuei Fei que descuidaba los asuntos de gobierno y no advirtió el peligro de la invasión extranjera.

nó que encendieran almenaras como falsa alarma para contentar a su favorita, los estandartes de las hordas bárbaras ocultaron el cielo de tantas como eran y destruyeron su reino[10]». ¿Ocurriría lo mismo con Kamakura, la capital del sogunato?

Al enterarse el regente de que las tropas de Yoshisada venían atacando por tres puntos de la ciudad, dividió sus fuerzas también en tres ejércitos que puso al mando de otros tantos generales. El primero, Hōjō Tadatoki, habría de defender la cuesta de Kewaizaka con treinta mil soldados de los clanes de Awa, Kōzuke y Shimotsuke; el segundo general era Daibutsu Sadano, gobernador de Mutsu, el cual defendería el paso de Gokuraku-ji con cincuenta mil hombres de Kai, Shinano, Izu y Suruga; en tercer lugar, estaba el general Hōjō Moritoki, gobernador de Sagami, al cual, al frente de sesenta mil guerreros de Musashi, Sagami, Dewa y Ōshū, se le encomendó la defensa de Suzaki. Además de estos tres ejércitos, ochenta miembros destacados del clan Taira al mando de unos cien mil soldados de diferentes provincias del este permanecieron en la ciudad como tropas de refresco para ser enviadas con urgencia a cualquier punto débil de la defensa.

Los enfrentamientos se iniciaron a la hora de la Serpiente [diez de la mañana] del día 18 del quinto mes. Todo el día se pasó combatiendo con gran intensidad. Yoshisada no cesaba de enviar refuerzos para atacar sin interrupción. Por su parte, los defensores de Kamakura ocupaban los lugares estratégicos de la ciudad y rechazaban a los atacantes. El griterío que se alzaba de las gargantas de tantos miles de soldados de uno y otro bando era tan atronador que perforaba los cielos y estremecía la tierra. Había batallones que embestían en forma de escama, otros lo hacían atacando en formación de ala de grulla. Todos luchaban avanzando y retrocediendo, moviéndose a derecha y a izquierda. No había nadie que no combatiera conforme a las leyes de la vía del guerrero, es decir, sin miedo a la muerte y con la conciencia de que de esa batalla dependía la victoria o la derrota final. Con tal actitud, ¿qué soldado iba a estar dispuesto a huir? Cuando caía muerto un hombre, su padre avanzaba imperturbable pisando el cadáver de su hijo con los cascos de su caballo; cuando caía de su montura un señor principal, su vasallo o criado que luchaba a pie no

---

10. Al igual que el episodio anterior, este otro también lo cuenta el poeta Po Chi I en su oda «Canción de eterna pesadumbre»: el rey de Chu estaba preocupado porque su favorita, Pao Szu, nunca sonreía. Un día en que la dama vio el resplandor de una almenara, sonrió. El rey ordenó entonces que todas las noches se encendieran almenaras en las atalayas del palacio a fin de alegrar a la favorita. Cuando una noche los bárbaros se acercaban para invadir la capital y los centinelas advirtieron del peligro encendiendo almenaras, nadie en el ejército se lo tomó en serio, pensando que sería, como siempre, una falsa alarma para contentar a Pao Szu. Los bárbaros entonces pudieron entrar en la capital fácilmente y destruir el reino de Chu.

acudía a levantarlo, sino que se montaba en el caballo del señor y continuaba peleando. Unos forcejeaban cuerpo a cuerpo y ganaban; otros se cruzaban sablazos y perecían junto a sus enemigos. Todos los guerreros eran tan valerosos y fogosos en la lucha que cualquiera diría que la batalla no iba a acabar mientras quedara vivo un solo hombre.

El combate se enconó con especial violencia en el barrio de Suzaki donde Hōjō Moritoki, gobernador de Sagami, y sus hombres defendían con ardor sus posiciones. Hasta sesenta y cinco veces lanzó a sus soldados al contraataque en un día, al cabo del cual tan solo sobrevivían trescientos de los cincuenta mil con que había iniciado la jornada. Al mirar alrededor y reparar en la mortandad, Moritoki se volvió a Nanjō Takanao que era su asistente:

—En los ochos años de guerras entre los Han y los Chu de China, Kao Tsu de los Han siempre perdía, pero con una sola batalla que ganó, la del río Wu, consiguió destruir a todo el ejército de los Chu. Igualmente, de los setenta combates librados entre los Chi y los Chin, Chung Wen no ganó ni uno, pero gracias a la victoria alcanzada en el último de todos, en la frontera de Chi, conservó su reino. En las guerras ocurre que un soldado puede perder cien batallas, pero siempre que sobreviva podrá alzarse con la victoria final si gana la última. Ahora mismo, nuestros enemigos tienen la moral muy alta por las victorias recientes; pero creo que a nuestro clan al final le sonreirá la suerte y se llevará el triunfo. De todos modos, quiero decirte que no pienso quedarme para verlo, ni consolarme con esperanzas. Deseo hacerme ahora mismo el harakiri para salvar mi honra. Soy cuñado de Ashikaga Takauji y estoy seguro de que Hōjō Yasuie y otros miembros de mi clan se distanciarán de mí a causa de mi relación con el traidor Takauji[11]. ¡Qué gran deshonra que pongan en duda la lealtad de un guerrero! Cuando el príncipe chino Yen Tan le pidió ayuda a su maestro Tien Kuang y después añadió: «No se lo digas a nadie», el maestro se suicidó para no incurrir jamás en las sospechas del príncipe. En este momento, se combate con gran violencia y mis soldados están exhaustos. No sé si ganaremos o no, pero ¿para qué voy a sobrevivir si el dedo de la sospecha tarde o temprano me va a señalar?

Así, aunque la batalla no había terminado, Moritoki se despojó de la armadura, se quitó el casco y empuñando su katana corta se rajó el vientre, desplomándose muerto con el rostro mirando al norte[12].

A su lado, desolado, Takano dijo a los demás soldados:

—Nuestro general se ha hecho el harakiri. ¿Qué sentido tiene que sus hombres lo sobrevivamos? ¡Sigámoslo en la muerte!

---

11.   Su hermana era la esposa de Ashikaga Takauji.
12.   En imitación al buda Shakyamuni que, según la tradición, murió con el rostro vuelto al norte.

Dicho esto, Takano también se hizo el harakiri, tras lo cual los noventa guerreros sobrevivientes hicieron lo mismo, uno tras otro.

De esa manera, en la tarde del día 18 las tropas encargadas de la defensa del barrio de Suzaki perdieron la batalla y los asaltantes de Yoshisada tuvieron vía libre para adentrarse hasta Yamanouchi. Cuando Yoshisada supo el fin honroso de los defensores, comentó lacónicamente:
—Son cosas de la vida del guerrero —y con el rostro ensombrecido añadió:— Pero, ¡es tan triste que ocurran!

Durante muchos años Honma Yamashiro no Saemon, un guerrero de Kamakura, había gozado del favor del señor Osaragi Sadanao. Cierto día este reprochó a Honma alguna falta, castigándole a que no lo acompañara en la guerra. Por este motivo, Honma tuvo que permanecer en casa mientras su señor combatía en la defensa de la ciudad. Cuando corrió el rumor de que las tropas sogunales llevaban las de perder en los encuentros de Gokuraku-ji, de que la ciudad estaba siendo invadida por los rebeldes y de que el mismo Osaragi acababa de perecer luchando, Honma, seguido de otros cien guerreros, decidió abandonar su casa y, dispuesto a morir, lanzarse contra los enemigos. Era la madrugada del día 19. Honma y sus hombres se dirigieron a la cuesta de dicho templo, arremetieron contra treinta mil soldados al mando de Ōdachi Muneuji, uno de los generales del ejército invasor. Atacaron con tal ímpetu que este se vio obligado a replegarse hasta Koshigoe. Pero los hombres de Honma fueron tras ellos y Muneuji cayó muerto. Exultante por haber matado a un general, Honma se bajó del caballo, cortó la cabeza de Muneuji y la insertó en su katana. Luego visitó el campamento de Osaragi con la cabeza del enemigo, se hincó de rodillas ante la tienda de su señor y dijo:
—Con este trofeo quiero saldar mi deuda con Su Señoría. Además, os pido permiso para precederos en el camino al otro mundo. Hasta hoy estaba obsesionado por vuestro enojo. Era un apego mundano por el cual sería condenado por el rey Enma, el dios de los infiernos. Pero ahora estoy libre de este apego y puedo irme con el corazón en paz.

Se enjugó las lágrimas que le rodaban por las mejillas y se hizo el harakiri. Osaragi, que en realidad no había muerto a pesar del rumor, se emocionó y dijo:
—¡Así se comporta un hombre! ¡Qué gran ejemplo! Dicen que un solo soldado si mata al general enemigo es capaz de paralizar a un ejército entero por numeroso que sea, especialmente si avanza en formación desordenada. Este general ha sido Muneuji. También dicen que es compasivo premiar al hombre que realiza una proeza aunque sea movido por el odio. Este hombre ha sido mi fiel Honma. ¡Qué indómita fuerza de voluntad la suya!

Las lágrimas que caían sobre los guanteletes de su armadura no le permitieron seguir hablando. Se repuso y añadió dirigiéndose a sus hombres: —¡Vamos! ¡Ataquemos al enemigo para honrar a Honma Yamashiro! Y a la cabeza de sus hombres, que no dejaban de llorar, salió contra el enemigo.

Nitta Yoshisada recibió la noticia de la muerte del general Ōdachi Muneuji la noche del día 21 y también la del repliegue de sus tropas hasta Koshigoe. Rápidamente acudió con veinte mil hombres a la pendiente del templo Gokuraku pasando por Katase y Koshigoe. Al acercarse, observó a la luz de la luna de la madrugada la defensa de las tropas adversarias. La ladera que subía hacia el templo, al norte del campamento, era bastante empinada. Arriba, el enemigo había levantado una fortaleza de empalizadas de madera cuyos muros estaban protegidos por diez o veinte mil soldados sentados y ordenadamente parapetados tras los escudos. Al sur del campamento estaba el barrio de Inamura-ga-saki, cuyo acceso por la playa era sumamente estrecho. En la playa se erguían muchas estacas y había varios barcos a cuatro o cinco *chō* [unos quinientos o seiscientos metros] llenos de enemigos con los arcos listos para disparar. Ahora entendió por qué los hombres de Muneuji habían retrocedido sin poder atacar. Entonces, Yoshisada desmontó, se quitó el yelmo y con la vista clavada en el mar rezó así: «¡Oh, gran diosa Amaterasu, divinidad del sol y sagrada progenitora de la estirpe imperial! Dicen que sois la manifestación japonesa del buda Vairochana y que a veces os mostráis en forma de benéfico dragón. El emperador Godaigo, vuestro divino hijo, anda errabundo por los mares del oeste a causa de la iniquidad de un vasallo traidor. Heme aquí, fiel a mi deber como servidor de vuestro hijo, combatiendo a los enemigos que son lacayos del traidor. Solamente deseo ayudar al hijo del Cielo a restablecer la paz en el mundo y a gobernar con virtud. ¡Que los ocho dioses dragones que moran en el mar y están a vuestro servicio se dignen reparar en la lealtad que baña mi corazón y baje la marea a fin de que se alejen esos barcos y tengamos vía libre para avanzar con seguridad por la playa!».

Nitta Yoshisada oró con todo el fervor de su alma. Después desenvainó su katana de empuñadura engastada en oro y la arrojó al mar. ¿Escucharían su plegaria los dioses dragones?

Cuando esa noche la luna se puso por el oeste, la marea bajó unos veinte *chō* [veintidós kilómetros], un descenso extraordinario y jamás visto hasta entonces, y desde el cabo Inamura aparecieron bancos de arena donde antes había agua. Los barcos enemigos que antes flotaban cerca de Yoshisada fueron arrastrados por la aguas hasta irse a la deriva muy lejos. Sobrecogido por el prodigio, Nitta Yoshisada comentó a sus hombres:

—Cuentan que en China el general Li Kaung Li, cuando supo que en su fortaleza sitiada ya no quedaba una gota de agua, desenvainó la espada y la clavó en una roca de la que en el acto manó un abundante chorro de agua. También se dice que cuando la emperatriz Jingū atacó el reino coreano de Silla, arrojó una piedra preciosa al agua y al instante bajó la marea, pudiendo así ganar la batalla[13]. Tales precedentes de la historia antigua han hallado continuación en este auspicioso prodigio que acabamos de presenciar. Después, ordenó:

—¡Avanzad!

Los samuráis principales de los clanes Eta, Ōdachi, Satomi, Toriyama, Tanaka, Hanekawa, Yamana y Mamonoi al frente de sesenta mil hombres de las provincias de Echigo, Kōzuke, Musashi y Sagami cruzaron a pie enjuto las playas de Inamura-ga-saki y en línea recta entraron en Kamakura. Aunque los soldados del sogunato trataban por todos los medios de impedir el avance de las tropas de Yoshisada, se vieron atacados también por la retaguardia; por eso, cada vez que intentaban defenderse de los invasores por delante, se encontraban con compañeros que venían huyendo desde atrás. Sin saber dónde ir, las tropas de Kamakura se movían desordenadamente incapaces de ofrecer una resistencia organizada a la pujanza con que llegaban los invasores.

Entre los hombres del ejército de Kamakura había un samurái de nombre Shimazu Shirō, conocido por su fuerza hercúlea, del cual solía comentar Nagasaki Enki: «con un hombre así el sogunato estará a salvo». Incluso lo honró el día de la ceremonia de su mayoría de edad con el privilegio de llevar en la cabeza un *eboshi*[14]. Enki lo valoraba más que a un batallón de mil soldados y le había ordenado que no entrara en batalla, sino que permaneciera al lado del regente, pues deseaba reservarlo para intervenir en algún lance de excepcional importancia que pudiera presentarse. Cuando el regente supo que su ejército había sido derrotado en Inamura-ga-saki y que los enemigos ya estaban en la calle Wakamiya, llamó a Shimazu, le llenó una copa de sake y lo invitó a que diera tres sorbos. Después, le obsequió un soberbio corcel llamado Shiranami, criado en una caballeriza especial de tres *gen* cuadrados [cinco metros cuadrados y medio], y una montura repujada en plata. No había nadie que sintiera envidia al ver cómo el regente honraba a Shimazu.

Cuando Shimazu montó gallardamente en este caballo a la puerta del palacio del regente y lo echó a trotar, de las herraduras salía un eco

13. Conforme a cómputos legendarios, reinó en las primeras décadas del siglo III y es identificada en las crónicas chinas como «la reina Himiko o Pimiko» la cual «tenía hechizado a su pueblo». Se cree que las leyendas de sus hazañas bélicas se derivaron de las campañas militares, históricamente ciertas, de los japoneses en Corea, entonces fragmentada en varios reinos, llevadas a cabo a final del siglo IV. Se piensa, además, que la personalidad de esta soberana pudo ser en realidad la amalgama de varios dirigentes chamanes de épocas prehistóricas. Véase *Kojiki*, cit., pp. 177 ss.
14. Gorro de forma cónica habitual entre los cortesanos.

maravilloso que llegaba hasta los aposentos del palacio. Con todas sus armas y la tela del estandarte carmesí decorada con la divisa del clan que ondeaba airosa al viento procedente de la playa de Yui, este jinete ofrecía un espectáculo espléndido a los ojos de los miles de soldados que lo veían alejarse. Comentaban admirados:

—¡Verdaderamente es un caballero único entre miles! No cabe duda de que es el gran campeón de nuestra causa. Ahora entendemos por qué el señor Nagasaki Enki lo honraba tanto y le dejaba hacer lo que quisiera.

Hasta los samuráis enemigos, los de Yoshisada, al verlo llegar, pensaban: «¡Qué gallardía la de este jinete!». Varios samuráis enemigos galoparon hacia él con el ánimo de ganar honra venciendo a tan magnífico adversario. Entre ellos estaban hombres famosos por su fuerza como Kuriu, Shinozuka, Hata, Yabe, Horiguchi, Yura y Nagahama, los cuales rivalizaban por ser el primero en enfrentarse a Shimazu. Los soldados de uno y otro bando, sudando y con la respiración contenida, se pararon para observar el combate singular que iba a enfrentar a lo más granado de los dos ejércitos. Sin embargo, para sorpresa de todos, Shimazu desmontó, se quitó el yelmo temblando y se arregló el pelo y la armadura. Todos los ojos estaban clavados en sus movimientos. Sin ninguna vergüenza, avanzó en son de paz hacia donde estaban los enemigos y se sometió a ellos. Cuantos lo habían elogiado unos minutos antes, ahora lo odiaban.

Poco después de conocerse la rendición de Shimazu, un buen número de samuráis veteranos que a lo largo de muchos años habían recibido favores de sus señores, siguieron su ejemplo y rompieron su relación de vasallaje. Hijos que hasta entonces habían luchado al lado de sus padres, igualmente abandonaron a estos y se pasaron al enemigo. ¡Qué escenas tan terribles! Verdaderamente todo el mundo tenía la impresión de que a partir de ese día ya no habría más enfrentamientos entre los Nitta y los Hōjō, que era como decir entre los Genji y los Heike[15].

Capítulo 5. KAMAKURA EN LLAMAS

Entretanto, los hombres de Nitta Yoshisada no dejaban de provocar incendios en las casas situadas en el este y oeste de la playa de Kamakura, al este y oeste del cabo Inamura y a ambas orillas del río Inase. Y a la orden de «¡atacad, atacad!», las tropas invasoras se lanzaban al asalto de barrios, avanzando por calles e incendiando todo. El fuerte viento que venía de la

---

15. Los dos clanes de samuráis, conocidos también por los nombres respectivos de los Minamoto y los Taira, que venían contendiendo por el poder desde hacía ciento cincuenta años.

playa propagaba las llamas que se extendían hasta diez y veinte *chō* [entre mil doscientos y dos mil cuatrocientos metros] a la redonda elevando al cielo negras humaredas. Unos veinte barrios de la ciudad quedaron calcinados todos a un tiempo. Presa de las llamas, la capital fue fácilmente invadida por los hombres de Yoshisada que mataban y detenían a los defensores a pesar de su apresurada retirada. Muchas mujeres y niños, al verse perseguidos, corrían de un lado a otro hasta que, atosigados por el negro humo, caían al suelo en medio de las calles o se precipitaban a los fosos de agua. La escena hacía pensar en la batalla que tuvo lugar a las puertas del palacio de Indra en la cual los demonios *asuras*[16] fueron castigados por el dios de los cielos a arrojarse sobre sus propias espadas. Tal es el destino que aguarda a los pecadores cuando, perseguidos por implacables demonios, son forzados a precipitarse en el abismo llameante del infierno Avichi[17]. Un espectáculo igualmente indescriptible era el que ocurría en Kamakura. No había nadie que al verlo dejara de lamentar profundamente tanta destrucción y de derramar lágrimas de compasión.

Cuando las llamas envolvieron el palacio del regente Hōjō Takatoki, este se puso al frente de mil de sus hombres más fieles y buscó refugio en el valle Kasai donde estaba Tōshō-ji, el templo familiar de su clan. En el recinto del mismo templo hallaron también cobijo otros generales y samuráis principales con sus respectivos séquitos de fieles. Era el lugar elegido para quitarse la vida con dignidad y tranquilidad mientras la tropa combatía disparando flechas contra los invasores.

Entre los fieles del regente había dos hombres, padre e hijo: Nagasaki Takamitsu y Nagasaki Tamemoto. Los dos combatían con desprecio de sus vidas en la cuesta de Gokuraku-ji. Cuando oyeron los gritos de guerra de los enemigos en la calle Komachiguchi, en el centro de la ciudad, y vieron las llamas que envolvían la residencia del regente, dejaron solos en la cuesta del templo a los siete mil soldados que comandaban y con solo seiscientos de los más fieles se dirigieron a Komachiguchi resueltos a vender caras sus vidas. De inmediato las tropas de Yoshisada los rodearon para acabar con ellos. Takamitsu y su hijo hicieron correr esta orden entre sus seguidores:

—Luchad hasta la muerte y pagad así la deuda contraída hasta ahora con vuestros señores.

Estas palabras elevaron la moral de los seiscientos samuráis que embistieron con ferocidad al adversario empleando la formación de esca-

---

16. Indra o Shakra, referido en japonés como Taishaku, el señor de los dioses y deidad prominente en las escrituras del hinduismo. El budismo lo adoptó al lado de Brama como uno de sus dos principales dioses protectores. Los *asuras* son demonios de la mitología hindú en constante guerra contra los dioses.

17. Uno de los ocho infiernos ardientes —también los hay helados— de la tradición budista.

mas de pez. Así fue como lograron romper al enemigo y luego, rodeando al ejército rival como se rodea a un tigre feroz, y tras siete u ocho ataques sucesivos, consiguieron ahuyentar a las tropas de Yoshisada que se dispersaron como pequeñas arañas, retirándose a la calle Wakamiya para recuperar fuerzas y reorganizarse. Observaron entonces densas polvaredas causadas por el pataleo de caballos en los barrios del templo Tengudō y de Ōgigayatsu, señal segura de que se combatía con especial violencia. Los seguidores del regente resolvieron acudir por separado a cada uno de esos barrios para prestar ayuda. Tamemoto, pensando que sería la última vez que veía a su padre, se detuvo un instante para ver cómo este se alejaba. Al reparar en sus lágrimas, el padre en voz muy alta y con el gesto severo, le dijo:

—¿Qué te pasa? ¿Es necesario que te aflijas tanto solo por una despedida? Si uno de los dos muriera y el otro no, sí que habría razón de lamentarse pues pasaría tiempo antes de que volviéramos a vernos. Pero, ¿es que no sabes que los dos vamos a morir? Tenlo presente: moriremos los dos hoy para mañana mismo vernos en el otro mundo. ¿A qué vienen, por tanto, esas lágrimas? ¿Solo porque vamos a estar una noche sin vernos?

Ante estas palabras de su padre, Tamemoto se secó las lágrimas. Luego contestó:

—Está bien, padre. Marchad a vuestro campo de batalla que yo me iré al mío. Y encontrad la muerte como yo encontraré la mía. Me quedaré esperándoos en el otro mundo.

Y, con el semblante todavía entristecido, se dio la vuelta y galopó contra las tropas enemigas.

Todo el mundo se hacía lenguas del padre, Takamitsu, el cual, aguantando como pudo las lágrimas, tuvo la hombría de reprender a su hijo y en un trance así comportarse como un padre ejemplar cuando exhorta al hijo a jamás rehuir la muerte en el combate. Y eso a pesar de la natural aflicción que todo padre siente ante la muerte inminente de su hijo.

Al final solamente quedaron treinta samuráis al lado de Tamemoto. A su alrededor había tres mil soldados enemigos decididos a acabar con ellos. Pero la katana de Tamemoto, de nombre Omokage, de tres *shaku* y tres *sun* de larga [ciento diez centímetros] y fraguada por el famoso espadero Raitarō Kuniyuki a lo largo de cien días batiendo el acero, partió yelmos en vertical, rajó armaduras en diagonal y, entre la masa de atacantes, supo abrir camino para su dueño. Nadie osaba acercarse a Tamemoto, por lo que sus enemigos tuvieron que contentarse con dispararle flechas desde lejos. Siete se clavaron en el caballo. Resignado de que con una montura tan debilitada no podía acercarse a ningún rival digno, Tamemoto puso pie a tierra frente a la puerta del santuario de Tsurugaoka Hachiman, clavó su maravillosa katana en tierra e irguió la cerviz con gesto desafiante. Aun así, desmontado y todo, ningún solda-do de Yoshisasa osaba acercarse, limitándose a seguir tirándole flechas. Al ver que nadie se acercaba, Tamemoto dobló las piernas como si estu-viera herido y se puso de rodillas en el suelo. Fue el momento que apro-vecharon unos cincuenta samuráis del clan Ōtawa, tal como delataba la divisa de sus banderas, para acercarse a él creyendo que estaba herido con la intención de ser los primeros en cortar la cabeza a tan formidable enemigo. Pero Tamemoto se puso en pie de repente, volvió a empuñar la katana y les gritó:

—¿Quién se atreve a interrumpir mi siesta? ¿Es que no sabéis respe-tar el descanso de un guerrero reventado de fatiga? ¡Venga, acercaos! Os daré mi cabeza.

Como un rayo, se abalanzó contra los jinetes Ōtawa blandiendo una katana de la que todavía chorreaba sangre. Los jinetes, que pensaban que un demonio venía contra ellos, se detuvieron en seco y sin pensárselo dos veces volvieron grupas.

—¡Cobardes! —los insultó Nagasaki Tamemoto— ¿Dónde huis? ¡Volved!

Pero los soldados del clan Ōtawa sentían tanto miedo que les pare-cía que sus caballos no se movían a pesar de que cualquiera podía ver que corrían veloces.

Después, Tamemoto, con gran autoridad, se lanzó contra un enemigo tras otro hasta llegar a la retaguardia enemiga dejando a sus espaldas un reguero de cuerpos muertos. Luego volvió a las puertas del santuario; y así una y otra vez, consiguiendo causar gran mortandad en el ejérci-to enemigo. Combatía convencido de que sería su última pelea. ¿Aca-barían al final con él? Nadie lo sabe, pues para sorpresa de seguidores y adversarios, desapareció del campo de batalla y no se sabe qué fue de él después.

Capítulo 6. MUCHOS VALIENTES Y ALGÚN COBARDE

Hubo otros samuráis destacados en el ejército de Kamakura. Uno de ellos fue Osaragi Sadanao[18] que, al frente de veinte mil hombres, se había man-tenido firme hasta el día anterior defendiendo la cuesta del Gokuraku-ji del ataque de las tropas invasoras de Nitta Yoshisada. Como estas habían entrado en la ciudad por la playa de Kamakura y matado a numerosos defensores, a Sadanao solamente le quedaban trescientos hombres. Ade-más, los enemigos le habían obstruido toda vía de posible retirada, por lo que no podía avanzar ni retroceder. Después, cuando vio el palacio del

---

18. Aparecido en este mismo Libro X, cap. 4, p. 341.

regente devorado por las llamas, pensó que su destino estaba sellado. Alguno de sus asistentes hasta le sugirió que no perdiera tiempo en hacerse el harakiri.

Treinta de sus hombres se despojaron de sus armaduras, las colocaron sobre la arena del jardín de la mansión y, colocándose en fila, se prepararon para rajarse el vientre uno detrás de otro. Pero Sadanao los detuvo y les dijo:

—Quitarse la vida es la decisión más cobarde que podéis tomar. Un verdadero caballero de proeza gana honra y escribe su nombre en el libro de la historia abatiendo enemigos, aunque esté solo contra todo el mundo. ¡Vamos, salgamos a combatir animosamente contra los traidores! Así nos cubriremos de gloria y demostraremos al mundo el valor que atesora un verdadero samurái.

Doscientos de sus hombres le hicieron caso y salieron con él para combatir a los soldados de Ōshima, Satomi, Nukada y Momonoi. Los atacaron, juntándose y separándose, en tres oleadas sucesivas. De doscientos que eran al final no quedaron más que sesenta. Sadanao los reunió y les dijo:

—Luchar contra enemigos humildes y sin nombre famoso no vale para nada.

De nuevo salieron a embestir a los enemigos que, al mando de Wakiya Yoshisuke, el hermano de Nitta Yoshisada, eran tan numerosos como nubes apelotonadas en el cielo y partículas de densa niebla. Cada uno de los hombres de Sadanao buscaba y combatía a algún adversario digno de su clase. Unos mataron y otros fueron matados. Finalmente, todos perecieron en combate y sus cadáveres quedaron abandonados en el campo de batalla.

En el barrio de Yamanouchi se libró una batalla especialmente cruenta en el curso de la cual hirieron a Kanazawa Sadamasa, gobernador de Musashi, en siete puntos de su cuerpo y mataron a ochocientos de sus soldados. El malherido Sadamasa buscó refugio en Tōshō-ji, el mismo templo donde estaba el regente Takatoki, quien se mostró tan agradecido a Sadamasa por su valiente defensa que le dio un documento en el cual lo nombraba comandante supremo de las alas norte y sur del palacio de Rokuhara de Kioto y gobernador de la provincia de Sagami. Consciente de que el fin del clan Hōjō estaba próximo, Sadamasa reaccionó con alegría:

—¡Qué gran honor! ¡Tantos años lo he deseado! Su Señoría me ha honrado inmerecidamente a mí y a mi familia con estos nombramientos. Lo recordaré en el otro mundo.

Recibió respetuosamente el documento y con grandes letras escribió en el reverso del mismo: «Sacrificaré una vida de cien años para devolver la honra que mi señor me ha concedido en un solo día». Guardó el documento en el costado de su armadura y regresó, malherido como estaba, al campo de batalla con la intención de hallar la muerte. Los miembros del clan Hōjō y de los otros clanes que permanecían en el templo se hacían lenguas del valor y lealtad de Sadamasa.

Hōjō Mototoki, otro de los señores del clan gobernante, llevaba cinco días seguidos con sus noches defendiendo otra de las entradas de la ciudad, la cuesta de Kewai. De los tres mil soldados con que defendía este acceso solo le quedaban unos veinte. Las tropas de Yoshisada habían roto las distintas líneas de defensa de la ciudad y conseguido entrar en la misma, de modo que Mototoki se vio obligado a replegarse a Fuon-ji donde se quitó la vida al lado de los veinte sobrevivientes. Antes de hacerse el harakiri y después de saber que su hijo Nakatoki había logrado escapar de Rokuhara y quitarse también la vida en Banba, provincia de Ōmi, escribió un poema con sangre en uno de los pilares del templo. Estos eran los versos:

> ¡Hijo, espérame!
> No tardaré en seguirte
> al otro mundo,
> donde conversar podremos
> sobre este que dejamos.

Mototoki, un samurái aficionado a la poesía durante toda su vida, expresó en verso y con la calma que precede a la muerte todo su dolor. De los ojos de todos los presentes, sobrecogidos por el afecto y emoción del poema, salieron sinceras lágrimas.

En otra parte de la ciudad ocurrió un suceso extraño. Hōjō Toshitoki, hijo de Kunitoki, se hizo el harakiri para que le sirviera de ejemplo a su padre, cayendo muerto a los pies de este. Al ver el cuerpo sin vida del hijo, Kunitoki quedó trastornado y no cesaba de llorar. Cuando se sobrepuso, rezó fervorosamente por su hijo, cuyo cadáver tenía delante, y también por sí mismo. Recitaba el sutra que había entonado toda la vida, pero esta vez resaltaba los versículos más importantes con voz alta y sosegada. Después salió y, dirigiéndose a unos doscientos vasallos que lo esperaban para morir a su lado, les dijo:

—No ceséis de disparar flechas hasta que termine con el sutra —y volviéndose a Kano Gorō Shigemitsu, un viejo vasallo, que estaba a su lado, añadió:— Tan pronto me suicide prende fuego a la casa para que los enemigos no encuentren mi cabeza.

Cuando Kunitoki estaba a punto de terminar uno de los capítulos del sutra que recitaba, Kano salió a ver qué pasaba fuera. Enseguida volvió a entrar y dijo a Kunitoki:

—Señor, todos lo que tiraban flechas yacen muertos. Los enemigos están muy cerca. Debéis quitaros la vida cuanto antes.

Kunitoki respondió lacónicamente:

—En tal caso...

Sin terminar la frase, sostuvo el rollo del sutra en la mano izquierda y empuñó la katana corta con la derecha. Acto seguido, se hizo una profunda incisión en el vientre en forma de cruz, cayendo muerto con la cabeza en la misma almohada sobre la que reposaba la de su hijo.

Kano Shigemitsu, a pesar de haber servido largos años a su señor, de haber recibido muchas mercedes de él y de estar a su lado cuando este exhalaba el último suspiro, no siguió las instrucciones recibidas, ni siquiera se hizo el harakiri. Quitó las armaduras y katanas de los cuerpos sin vida de Kunitoki y de su hijo, se las entregó a unos criados junto con otros objetos valiosos que había en la casa y luego se escondió con los criados en las dependencias de Enkaku-ji. Este falso vasallo pensaba que podría vivir bien con los tesoros robados el resto de su vida. Pero el cielo lo castigó, pues Funada Yoshimasa y sus hombres, del ejército de Nitta Yoshisasa, que se enteraron del robo, asaltaron el templo Enkaku y detuvieron a Shigemitsu. Luego lo degollaron y expusieron su cuerpo en las arenas de Yuigahama. No hubo nadie que no se alegrara del fin que tuvo este traidor.

El comportamiento de la gente de Kamakura era, pues, en unos bueno y en otros malo. Había un tal Shiaku Shōn que llamó a su hijo para decirle con lágrimas en los ojos:

—He oído decir que los enemigos han roto las defensas de la ciudad y están ya por todas partes. Dicen también que varios señores de los Hōjō se han hecho el harakiri. Deseo irme al otro mundo antes que su señoría Hōjō Takatoki para que conozca mi lealtad. Como todavía no eres independiente y por tanto no tienes el rango de vasallo directo de su señoría, nadie pensará que eres un cobarde si no te quitas la vida a mi lado. Por eso, quiero que busques refugio en algún templo y te hagas monje. Así podrás rezar por mí y llevar una vida sin sobresaltos ni temores.

Su hijo, que se llamaba Tadayori, no respondió nada, sino que se quedó callado aunque con los ojos lacrimosos. Al cabo de un rato, repuso:

—No puedo creer que las palabras que acabo de oír hayan salido de la boca de mi padre, de un guerrero. Es verdad que no he disfrutado directamente del favor de nuestro señor Takatoki, pero todo lo que tiene mi familia se debe a su benevolencia. Además, si yo hubiera abrazado la vida religiosa desde mi adolescencia, entonces no habría podido saldar mi deuda de gratitud. Pero soy hijo de una familia de guerreros y vasallo del clan Hōjō. La gente me maldecirá a escondidas si ven que, ante la ruina del sogunato, yo me hago bonzo para estar más seguro. ¡Qué conducta tan vergonzosa! Si mi padre se hace el harakiri, prefiero ser yo quien lo guíe al otro mundo.

Sin más palabras, desenvainó la katana corta y se la enterró en el vientre. Cuando su hermano menor, de nombre Shiaku Shirō, lo vio muerto, quiso hacer lo mismo, pero el padre se lo impidió.

—Deja que yo me vaya primero —le dijo—, pues es natural que los mayores precedan a los menores en la muerte. Después podrás quitarte la vida si quieres.

El joven Shirō volvió a envainar la katana y se quedó contemplando a su padre con la cara seria. Shōn, con una sonrisa, ordenó a sus criados que le prepararan una silla de las usadas por los monjes. Una vez sentado en ella con las piernas cruzadas y las plantas de los pies hacia arriba, como en posición de loto, tomó un pincel que humedeció con tinta negra de la moleta de escribir que era igualmente negra y trazó las siguientes líneas de despedida:

> Ni cuerpo ni alma:
> tierra, agua, fuego y viento
> son el vacío.
> Mas dentro de la llama
> vacila un aire fresco.

Una vez escritos los versos, se quitó la ropa dejando el tronco desnudo, juntó las palmas de las manos, estiró el cuello y le pidió a su hijo:

—Ahora, córtame el cuello.

Shirō desenvainó la katana y se colocó detrás. Después de cortar la cabeza a su padre, enfiló la katana hacia su propio cuerpo y se hundió la punta en el vientre, empujándola hasta el guardamano, tras lo cual cayó al suelo de bruces. Tres criados que estaban presentes se acercaron corriendo a Shirō y con su misma arma, uno detrás de otro, se rajaron el abdomen, cayendo al suelo con los rostros sin vida uno al lado del otro, como pescados ensartados en un palo. De esa manera, todos estos vasallos, unos criados y otros señores de los Hōjō, saldaron su deuda de gratitud con el regente Takatoki por todas las mercedes recibidas a lo largo de tantos años.

La esposa de Nitta Yoshisada se las había arreglado para enviar en secreto una carta a su tío Andō Shūshu que luchaba en el bando de los Hōjō. La carta iba acompañada de otra del mismo Yoshisada. Al comienzo de las batallas por la conquista de Kamakura, Andō se había apostado con quinientos soldados en las márgenes del río Inase, pero las tropas de Serada Tarō lo obligaron a replegarse cuando atacaron su retaguardia llegando desde el cabo Inamura. Después, Andō fue rodeado por Yura y Nagahama y perdió a muchos de sus hombres, quedándole al final solo cien. Él mismo resultó herido, aunque consiguió volver a su casa que encontró reducida a cenizas por haber sido incendiada como tantas otras de la ciudad. Su mujer, sus hijos y la servidumbre habían desaparecido y nadie supo decirle qué había sido de ellos. Un hombre le informó, además, que el palacio del regente Takatoki había ardido y que este y su hermano menor Yasuie se encontraban refugiados en Tōshō-ji. Andō preguntó:

—¿No sabes si había entre las ruinas del palacio del regente restos de samuráis que se hubieran hecho el harakiri antes de que fuera incendiado?

—No vi a nadie —le respondió el hombre.

—¡Qué lástima! Eso quiere decir —comentó Andō— que aunque los caballos del enemigo hollaran con sus cascos los aposentos del regente Takatoki, el señor de Kamakura y amo del Imperio, nadie combatió hasta morir ni se quitó la vida. ¡Qué deshonra para la clase guerrera y cómo se reirán de nosotros las generaciones venideras!

Luego, volviéndose a sus hombres, dijo:

—¡Vamos, por lo menos quitémonos todos nosotros la vida en las ruinas del mismo palacio de su señoría para lavar algo del oprobio.

Andō y sus cien supervivientes cabalgaron hasta Komachiguchi, en el centro de la ciudad. Al llegar a Tōnotsu-ji, bajó del caballo para acercarse y contemplar mejor las ruinas del palacio del regente, al sur del templo. ¡Ah, aquel palacio, tantas veces visitado por Andō, un edificio de altos muros, luminoso y lleno de vida hasta hacía solo dos días, ahora no era más que un solar cubierto de ceniza y todavía humeante! Amigos y parientes con los que Andō había disfrutado hasta hacía bien poco, habían caído en el campo de batalla... ¡Qué inexorable es la ley que dicta que quienes están en la cima de la prosperidad no tardan en ser abatidos y confundidos con el polvo!

En medio del aturdimiento por estos pensamientos y del esfuerzo que hacía por aguantar el llanto, Andō fue interrumpido por la llegada de un hombre que dijo ser mensajero de la esposa de Nitta Yoshisada y que le traía una carta. Cuando la abrió, leyó estas líneas:

Más o menos puedo imaginar la situación en que está Kamakura. Te ruego que vengas como sea. Aunque me cueste la vida, yo me las arreglaré para que te perdonen.

Andō, después de leer, alzó la vista y con el tono irritado, comentó:

—Se dice que quien entra en un bosque de sándalos, sale del bosque con el aroma de este árbol pegado a la ropa[19]. Las mujeres de los samuráis están hechas para tener un corazón fuerte, capaz de sustentar a sus

---

19. Es decir, la mujer que se casa con un samurái, acaba impregnándose, quiera o no, de los valores marciales de su esposo.

familias y de traer al mundo guerreros famosos. En la historia china tenemos un ejemplo ilustre. Es el de la madre de Wang Ling que con su suicidio, hizo que su hijo ganara fama eterna como modelo y dechado de guerreros. Durante las guerras entre Kao Tsu, de los Han, y Hsiang Yu, de los Chu, un soldado de nombre Wang Ling se hizo fuerte en un castillo donde resistía todos los ataques de los Chu. Los generales de este ejército deliberaron sobre cómo conquistar la plaza. Como conocían el gran amor que Wang Ling sentía por su madre, tramaron una vil estrategia. Detuvieron a la madre y la pusieron como escudo humano delante de los soldados, pues estaban seguros de que Wang Ling no se atrevería a disparar contra su madre y acabaría rindiéndose. Sin embargo, la anciana madre, segura del amor de Wang Ling, pero también del alto sentido del deber que como guerrero tenía su hijo, se abalanzó contra la punta de una espada enemiga pereciendo en el acto. Gracias a este sacrificio, el nombre de Wang Ling se cubrió de gloria para la posteridad.

»Mi caso es parecido. Gracias a los favores que he disfrutado del sogunato, tengo un nombre en la sociedad. Si me rindo ahora a sabiendas de la ruina de los Hōjō, todo el mundo pensará con razón que soy un cobarde sinvergüenza. A lo mejor mi sobrina solo pretende salvarme por compasión femenina, pero estoy seguro de que su marido no me perdonaría. Sin duda que él, como guerrero, pensará '¿es que Andō no sabe lo que debe hacer un samurái honorable'. Por otro lado, es posible que mi sobrina me haya escrito inducida por su marido deseoso de sondear mis intenciones... Si así fuese, marido y mujer serían tal para cual y se cumpliría el dicho de 'cada oveja con su pareja'. En cualquier caso, si hiciera caso a lo que se me pide en esta carta, pondría en un grave compromiso a mi sobrina lo cual afectaría la honra de todo mi clan. En definitiva, ¡pobres de mi sobrina y de su marido por haberme escrito una propuesta tan vergonzosa! No me puedo fiar de ninguno de los dos si me merece algún respeto la honra de mis descendientes».

Tras estas cavilaciones que Andō rumiaba con rabia en su corazón, vio todo claro. Entonces, empuñando la katana en la misma mano en que sostenía la carta y en presencia del mensajero de su sobrina, se hizo resueltamente el harakiri.

Capítulo 7. EL SUICIDIO FINGIDO DE YASUIE

Suwa Moritaka, hijo de Suwa Samanosuke, era vasallo de Hōjō Yasuie, el hermano menor del regente Takatoki. La mayor parte de los soldados de Moritaka habían caído en los combates de esos días. Solo le quedaban dos jinetes. Con ellos se dirigió a la mansión de Yasuie y le dijo:

—Señor, parece que la batalla de Kamakura ya casi ha terminado y no nos queda sino acabar dignamente. Hemos venido hasta aquí para acompañaros hasta el último momento. Os ruego que toméis vuestra última decisión[20].

Con tales palabras, insinuaba que se suicidara cuanto antes. Pero Yasuie, después de ordenar a sus criados y a los dos soldados que se alejaran, le pidió a Moritaka que se acercara y en un susurro le dijo:

—Debido a todos estos disturbios sucedidos de improviso, nuestra casa y todo el clan están a punto de derrumbarse. La causa no es otra que la conducta de mi hermano Takatoki, el cual volvió la espalda al pueblo y violó la voluntad de los dioses. Pero, aunque el cielo aborrece la soberbia del regente y derriba al que está en la cima, tengo la confianza secreta de que en alguno de nuestros vástagos reverdecerá la gloria del clan y volverá a florecer el esplendor de nuestra casa. Y es que estoy seguro de que las buenas acciones acumuladas en vidas anteriores por nuestros antepasados no se han agotado todavía. Además, hay precedentes en la historia china. Hace muchos años hubo un ministro sagaz en el estado de Chi. Se llamaba Pao Shu. Al anticipar la destrucción del país debido a la sucesión de injusticias del duque Hsiang, ese ministro huyó llevándose al hijo del duque, el pequeño Hsiao Po. Efectivamente, el estado de Chi fue derrotado por Wu Chih que ocupó todo el país. Pao Shu, mientras tanto, crió a Hsiao Po y cuando se hizo mayor, volvió a Chi, reunió un ejército y mató a Wu Chih. Quien antes era el pequeño Hsiao Po se convirtió en el duque Huan de Chi y gobernó en paz muchos años.

»He dado muchas vueltas al asunto de si hacerme o no el harakiri. Teniendo en cuenta este precedente de la historia de China, he decidido conservar la vida para, más tarde, dar cumplida venganza y lavar la deshonra de mi clan. Me gustaría que también tú reflexionaras sobre tu futuro. Refúgiate en algún lugar seguro o, si lo prefieres, finge que te rindes a los enemigos. Así sobrevivirás. Ahora lo que importa es esconder a mi sobrino Kameju[21], el hijo del regente. Cuando llegue el momento adecuado, ayúdale para que se levante en armas y contribuya al renacimiento del clan Hōjō. Ya he pedido a Godai Muneshige que cuide a mi otro sobrino, Manju[22], el hermano mayor de Kameju. Estoy tranquilo sabiendo que está en buenas manos. Ahora solo me preocupa la seguridad de Kameju. ¿Podrás ayudarnos?

Moritaka, con lágrimas en los ojos, respondió:

—¿Cómo no voy a hacerlo, señor, si mi vida está unida al destino de los Hōjō de quienes he recibido tantos favores? No tengo miedo a la muerte y, de hecho, había venido aquí para suicidarme a vuestro lado. Deseaba de ese modo daros una prueba suprema de lealtad, pero haré caso de la

---

20. Es decir, hacerse harakiri.
21. También conocido como Hōjō Tokiyuki.
22. Por otro nombre Hōjō Kunitoki, el primogénito del regente Takatoki.

máxima que dice «decidir morir es fácil, idear una estrategia que pase a la historia es difícil». Así pues, obedeceré vuestras órdenes.

Moritaka fue desde allí a Ōgi-no-yatsu donde estaba refugiada la dama Niidono, la mujer del regente Takatoki. Niidono y sus damas de compañía se alegraron de ver a Moritaka. En el curso de la conversación, con la voz entrecortada por la emoción y las lágrimas a punto de salir, la dama Niidono preguntó al samurái:

—¿Qué será de unas pobres mujeres como nosotras en estos tiempos tan revueltos? ¿Qué refugio podremos encontrar para el pequeño Kameju?, ¿en qué lugar podrá estar seguro? Hace poco Godai Muneshige se llevó a su hermano Manju a no sé dónde, pero dijo que era un sitio muy seguro. Como confío en Muneshige, ya no estoy preocupada por él, pero sí lo estoy, y mucho, por el pequeño Kameju, especialmente si mi vida, frágil como una gota de rocío, se acaba...

Moritaka estuvo tentado un momento de hablarle sobre los planes que tenía Yasuie sobre Kameju, pero cambió de idea al pensar que el corazón de la mujer es voluble y podría contárselos a alguien. Así que la consoló como mejor pudo. Después, haciendo esfuerzos por contener las lágrimas, le dijo:

—Señora, creo que ya hemos llegado al final en este mundo. Los miembros más destacados de los Hōjō se han suicidado. Solo queda el regente, Hōjō Takatoki, refugiado en un templo de Kasai-ga-yatsu. Ha sido él quien me ha pedido que le lleve a Kameju pues desea verlo por última vez antes de quitarse la vida. Este es el motivo principal de visita.

Nada más oírle decir esto, Niidono, que antes se había mostrado aliviada por la visita, se turbó y con la voz compungida dijo:

—Como os he dicho, no me preocupo de Manju porque está en buenas manos, al cuidado de Muneshige. Pero, ¿cómo voy a dejar que te lleves al pequeño?

Moritaka que, aunque samurái, era humano y no estaba hecho de piedra ni era un árbol, no pudo aguantar más la pena que sentía en el fondo de su corazón por verse obligado a arrancar a un hijo de su madre. Buscó entonces razones para convencerla y le explicó:

—¡Ay, señora! ¡Cómo me duele decíroslo! Debéis saber que Godai Muneshige fue perseguido y descubierto poco después de que se llevara a Manju. Pero antes de ser apresado, consiguió entrar en una casa del barrio de Komachiguchi en donde, tras matar con gran dolor de su corazón al joven Manju, él mismo se hizo el harakiri. Después, uno de sus criados quemó la casa para que los enemigos no encontraran sus cadáveres. ¡Cómo siento daros esta noticia!

»En cuanto a Kameju, resignaos, señora, a que probablemente sea el último día que vea la luz de este mundo. No hay forma de esconderlo y no se puede quedar aquí. Los enemigos están por todas partes. Son como halcones agazapados en busca del faisán. Cuando lo encuentren, aunque esté escondido en la maleza, lo matarán sin piedad y luego arrojarán su cadáver a la calle. ¿Imagináis, señora, qué deshonra para la familia? Es, por lo tanto, preferible que sea su propio padre quien lo mate y los dos viajen juntos al otro mundo. Así es la vía del guerrero. Os lo ruego, señora, llamad al niño enseguida. No podemos perder más tiempo.

Pero tanto Niidono, como la nodriza de Kameju y otras damas de compañía, exclamaron:

—¡Qué cosas tan terribles nos habéis dicho! Si los enemigos matan a Kameju, podemos resignarnos, pero ¿cómo podremos aguantar el dolor cuando oigamos decir que murió a manos del hombre que lo engendró? Si va a ser así, vamos, sacad esa katana y matadnos a todas nosotras antes. Luego haced lo que queráis...

Mientras así hablaban, las mujeres en corro no hacían otra cosa que agarrarse a las mangas de Moritaka y dar rienda suelta a un llanto incontenible. El samurái, con la vista nublada por las lágrimas que luchaban por salir de sus ojos, veía todo borroso y a punto estaba de desmayarse por el dolor. Pero, haciendo de tripas corazón, dijo en tono severo y alzando la voz:

—¡Vamos, señora! Es indigno que el hijo de una familia ilustre de samuráis como los Hōjō no haya crecido preparado para este trance desde su más tierna infancia. ¡No podéis imaginar cómo arde de ganas su padre, su señoría el regente, de ver a su hijo!

Luego, volviéndose a Kameju, le dijo:

—Señor, venid conmigo porque es el deseo de vuestro padre que lo acompañéis al otro mundo.

Y, sin más palabras, Moritaka se acercó impetuosamente al muchacho, se lo echó sobre los hombros, encima de su armadura, y salió a toda prisa por la puerta.

Una vez fuera, seguían llegando a sus oídos los ayes de las mujeres cuyos tonos se le clavaban como agujas en el corazón. Incapaz de seguir caminando y con los ojos llorosos, se detuvo y volvió la vista. Vio que la nodriza de Kameju, de nombre Osai, había salido tras él. Caminaba descalza por la calle ajena a las miradas de la gente. La pobre mujer llevaba recorridos cuatro o cinco *chō* [unos quinientos metros], sin dejar de llorar, cayendo y levantándose a cada rato. Moritaka fustigó su caballo y lo lanzó al galope alejándose rápidamente de la desconsolada mujer la cual, antes de perder de vista al jinete que se llevaba al joven, tuvo fuerzas para exclamar:

—¡Ah, ¿A quién voy a cuidar ahora? ¿Qué sentido tendrá mi vida a partir de hoy?

La nodriza siguió errabunda cierto trecho hasta que encontró un viejo pozo en el que se arrojó y murió.

En cuanto a Moritaka huyó con su preciada carga hasta la provincia de Shinano y buscó refugio entre los sacerdotes sintoístas del santuario

Suwa. El joven Kameju, tal como predijo su tío Yasuie, se alzaría en armas la primavera del primer año de la era Kenmu [1334], llegando a apoderarse de la provincia de Musashi y zonas aledañas[23].

Por su parte, Hōjō Yasuie, como monje laico también llamado Shirō Sakon no Taifu, convocó a veinte vasallos de la lealtad de cuyos corazones no tenía ninguna duda y les explicó:

—Tengo la intención de huir a Ōshū para desde allí tramar algún plan mediante el cual podamos recuperar el poder. Me acompañarán Nanbu Tarō y Date Rokurō pues conocen bien la geografía de la región. A los demás os pido que os hagáis el harakiri, pero no sin antes prender fuego a esta mansión para que todo quede reducido a cenizas. Solamente así nuestros enemigos pensarán que yo también me he suicidado.

Los vasallos, sin discutir las órdenes de su señor, prometieron que así lo harían.

Nanbu Tarō y Date Rokurō prepararon la fuga de Yasuie. Se disfrazaron de humildes criados y para no levantar sospechas, se pusieron armaduras y yelmos con la divisa de los Nitta, es decir, una barra negra dentro de un círculo, y montaron en caballo. A su señor lo subieron a un modesto palanquín y lo taparon con una cota de malla ensangrentada. De esa guisa pretendían hacer creer a cualquier que los detuviera que eran soldados de Yoshisada de regreso con su señor herido a sus tierras. Fue así cómo consiguieron atravesar la provincia de Musashi. Una vez que los tres hombres abandonaron la mansión, el resto de vasallos de Yasuie salieron a la puerta y se pusieron a dar voces:

—¡Nuestro señor Hōjō Yasuie acaba de hacerse el harakiri! ¡Vamos a acompañarlo en la muerte!

A continuación prendieron fuego a la casa y luego, en medio del humo y las llamas crecientes, se sentaron en fila y uno tras otro se quitaron la vida rajándose el vientre. Otros trescientos samuráis que estaban fuera, cuando oyeron los gritos y vieron las llamas, se hicieron también el harakiri, rivalizando entre ellos por ser los primeros en acompañar a su señor en la muerte. Después, desangrados, se lanzaron a las llamas. Mientras, los enemigos, ajenos por completo a la treta de Yasuie, creyeron a pies juntillas que se había suicidado.

Más tarde, sería este Hōjō Yasuie quien, al servicio de la familia Saionji, habría de rebelarse al lado de su sobrino en la primavera del primer año de Kenmu [1334] bajo el nombre de general Tokioki.

---

23. Todavía en el verano del año siguiente, 1335, este Tokiyuki (el Kameju de la historia) sostuvo en jaque a las nuevas autoridades nombradas por Ashikaga Takauji, logrando incluso expulsar de Kamakura al príncipe Narinaga y a su regente Tadayoshi, el hermano de Takauji.

Desde la batalla de Musashino, en ochenta y siete batallas, Nagasaki Takashige, nieto de Nagasaki Enki, el gran valido del regente, y sus hombres jamás habían dejado de combatir en primera línea. Por eso no es de extrañar que al cabo de los sucesivos encuentros de las últimas jornadas, el número de sus vasallos y guerreros fuera reduciéndose paulatinamente hasta quedar solamente ciento cincuenta. Fue el 22 del quinto mes cuando Takashige se enteró de que las tropas de Nitta Yoshisada habían roto las defensas de Kamakura, entrado en la ciudad y exterminado a la mayor parte de los samuráis principales. A partir de ese día acudía con sus huestes allá donde le decían que el combate era más reñido y ahuyentaba a los adversarios atacándolos por la retaguardia y destruyendo sus campamentos. Cuando comprendía que su caballo estaba cansado, lo cambiaba por otro; cuando veía que su katana se rompía, la cambiaba por otra. Así pasó un día tras otro consiguiendo matar él solo hasta treinta y dos rivales y habiendo desbaratado tres veces las filas enemigas.

Entre combate y combate, fue a Tōshō-ji para visitar el regente Hōjō Takatoki. Cuando lo vio a la puerta, le dijo con el gesto apesadumbrado:

—Hoy es el último día que vengo a visitar a Su Señoría ante cuya presencia me habéis generosamente aceptado día y noche desde hace tantos años, permitiéndome que os sirva con humildad. A pesar de haber vencido a algunos enemigos y de haberme alzado con la victoria en diversos encuentros, son muchos los traidores que han desertado de nuestro bando y atacado nuestros campamentos y numerosos los enemigos que han penetrado en la ciudad, tantos que no me parece que podamos ganar esta guerra. Mi única preocupación ahora es evitar que los enemigos acaben con la vida de Su Señoría. Sin embargo, os ruego que no os quitéis la vida antes de que yo vuelva para estar a vuestro lado hasta el final. Mientras Su Señoría se mantenga con vida, lucharé con toda el alma para contarle cómo me ha ido cuando os vea en el otro mundo.

Tras estas palabras Takashige se despidió. Detrás quedó Takatoki que, con lágrimas en los ojos pues estaba convencido de que era el último adiós, lo veía alejarse del templo.

En su última batalla, Takashige llevaba sobre la cota de malla un kimono con un estampado de sol y luna; abajo, una *hakama* con faja de color rojo. Ensillaba una pieza de pan de oro, plata y estaño sobre un famoso corcel de nombre Tokei. Después de fijar la silla con la baticola, montó y, sabedor de que iba a ser la última vez que entraba en combate, quiso hacer una visita al anciano monje Nanzan, en el templo Sōju. El monje se hallaba de pie en el jardín. Takashige, tras saludar a los otros monjes, preguntó a Nanzan:

—¿Cómo debe comportarse un caballero de proeza?

—No tiene más que galopar delante de todos blandiendo su sable con ímpetu —respondió el monje.

Era lo que Takashige deseaba oír. Enseguida hizo una profunda reverencia al monje al tiempo que juntaba las manos. Después montó en Tokei y se alejó en dirección al campo de batalla. Mientras cabalgaba, se despojó de la divisa de su clan y, seguido de sus ciento cincuenta hombres, avanzó sin hacer ruido hasta donde estaba la formación enemiga. El deseo secreto de Takashige era infiltrarse sigilosamente entre las filas enemigas para llegar adonde estaba Nitta Yoshisada y vérselas con él en un combate singular. Como ni él ni ninguno de sus hombres iba con los estandartes desplegados ni las katanas desenvainadas ni las divisas en las armaduras, los hombres de Yoshisada los dejaron pasar sin que a nadie se le ocurriera pensar que se trataba del famoso Nagasaki Takashige. Le faltaba solo medio *chō* [cincuenta y cinco metros] para llegar donde estaba Yoshisada —¡qué suerte la de este hombre!— cuando alguien lo reconoció. Fue Yura Shinsaemon:

—¡Alerta, alerta! Los guerreros que vienen sin alzar sus estandartes son de Takashige. Este gran guerrero se ha metido en nuestro campamento seguramente dispuesto a morir peleando. ¡Matadlos a todos! ¡Que no escape ninguno!

De inmediato, unos tres mil soldados de los siete distritos de Musashi rodearon a Takashige y a sus fieles con la intención de acabar con todos allí mismo. Takashige lamentó que su plan hubiera fallado en el último momento, pero apiñándose con sus hombres, lanzó un grito de guerra para levantarles la moral. Y todos a una desenvainaron sus sables y con ímpetu feroz se lanzaron contra los tres mil enemigos que los cercaban.

La táctica empleada por Takashige y los suyos era aparecer y esconderse. A veces luchaban todos juntos, a veces se dispersaban; a veces se mostraban delante de los enemigos, a veces atacaban por detrás. Esta táctica sorprendió a los de Yoshisada que, además, tenían dificultad en identificarlos ya que, aunque los veían como compañeros, en realidad eran sus adversarios. Era como si Takeshige combatiera usando artes de magia pues daba la impresión de estar en todas partes al mismo tiempo y luchar contra todos de una vez. La confusión empezó a cundir entre los soldados de Yoshisada que se pusieron a combatir entre ellos. Uno de los generales hizo correr la voz: «¡Atención! Nuestros soldados han perdido la formación y pelean desordenadamente y entre sí. Parece ser que los enemigos no llevan las telas con sus divisas en las armaduras y que hay enemigos infiltrados en nuestras tropas. La orden es atacar a muerte a todo el que no lleve divisa. ¡Prestad mucha atención y no os confundáis!».

Los jinetes de las provincias de Kai, Shinano, Musashi y Sagami se lanzaron contra los hombres de Takashige. Muchos de aquellos cayeron de sus caballos y perecieron por los sablazos o por el impacto de la caída o de las patas de los caballos; algunos de estos fueron abatidos por los de Yoshisada. Una densa polvareda ocultó el cielo, mientras que el sudor y la sangre empapaban la tierra. Una escena semejante debió de ocurrir cuando Hsiang Yu derrotó a los tres generales de Han, o cuando el duque de Lu Yang hizo que el sol retrocediera en el firmamento a fin de poder seguir luchando más tiempo.

Igualmente Takashige no paraba de pelear sable en mano a pesar de que a su lado solamente le quedaban ocho jinetes. Seguía con la idea de acercarse a Yoshisada para matarlo. Con este objeto apartaba a golpe de katana a todo el que se le ponía delante. Takashige pensaba: «solamente si es un rival digno, me molestaré en cortarle la cabeza». Entonces un samurái de Musashi, de nombre Yokoyama Shigezane, le interceptó el paso. Cuando Takashige lo reconoció, pensó que no merecía la pena matarlo y quiso seguir adelante, pero Shigezane no dejaba de acosarlo. Entonces, Takashige no tuvo más remedio que defenderse. Lo hizo con el brazo izquierdo mientras que, como un rayo, descargó tal tajo con la derecha sobre el yelmo de Shigezane que se lo partió por la mitad ocasionándole la muerte inmediata. Su caballo dobló las rodillas y el jinete cayó al suelo.

Otro samurái que se atrevió a cortar el paso a Takashige fue Shō Tamehisa, también de Musashi, sin duda atraído por la fama del rival. Cuando lo vio venir contra él, Takashige soltó una risa y le dijo:

—Si deseara combatir contra todos los samuráis de las siete regiones de Musashi, no hubiera menospreciado luchar contra Shigezane. ¡Ven, acércate, que yo te enseñaré cómo trato a un vil inferior como tú!

Desde el caballo, Takashige echó mano a los cordones de la armadura de Tamehisa, lo levantó en el aire y lo arrojó a lo lejos con suma facilidad. Tamehisa, como un proyectil, chocó con dos guerreros compañeros suyos que, por la fuerza del impacto, cayeron del caballo y murieron escupiendo sangre.

Cuando comprendió que los enemigos sabían quién era, Takashige frenó su caballo y gritó para que todos lo oyeran:

—¡Soy Nagasaki Takashige, nieto de Nagasaki Enki, al servicio de Hōjō Takatoki, decimotercer regente del Imperio desde los tiempos de Taira Sadamori. Sadamori fue la tercera generación a contar desde el príncipe Kazurahara, quinto hijo del glorioso emperador Kanmu[24]. Tengo el poder de

---

24. El soberano 50 de la dinastía imperial. Reinó entre 781 y 806 y estableció la capital en Heian-kyō (la actual Kioto) en el año 794 dando comienzo a la era Heian. Según se cuenta en el *Heike monogatari* (cit., p. 93), el hijo del príncipe Kazurahara fue el príncipe Takami el cual vivía apartado de la corte imperial y falleció sin haber conseguido ningún rango. Debido a esto, su hijo Takamochi hubo de abandonar el clan imperial y asumir un apellido familiar, eligiendo el de Taira (o Heike, en lectura china). Fue el comienzo de esta genealogía de la cual se enorgullece Takashige.

la muerte del guerrero y voy a morir hoy para saldar mi deuda de gratitud con su señoría el regente. Si alguno de vosotros desea realizar una proeza, ¡que se acerque a luchar conmigo!

Luego arrancó las mangas de su armadura y los protectores de la cintura. A continuación envainó la katana y, extendiendo los brazos, se acercó al caballo de un enemigo y le dijo:

—¡Venga, peleemos!

Después se acercó a otro y le pidió lo mismo. Iba así, de enemigo en enemigo, con el cabello alborotado y la katana enfundada. Este aspecto y proceder asustaban tanto a los enemigos que ninguno se atrevió a luchar contra él, antes bien, se apartaban acobardados. Nadie deseaba enfrentarse a Takashige por nada del mundo.

Entonces los ocho vasallos que seguían a su lado se le acercaron y le dijeron:

—Señor, tened cuidado: estamos rodeados de muchos enemigos. No olvidéis que Kamakura está siendo invadida de tropas enemigas que incendian y saquean las casas de la gente. Señor, recordad que prometisteis al regente volver al templo de Tōshō para animarlo a que se quite la vida.

Takashige, al notarse estorbado por sus propios hombres, dijo:

—Está bien. La verdad es que ver a los enemigos huir de mí me hace tanta gracia que había olvidado por completo la promesa que hice a su señoría. De acuerdo, volvamos a Tōshō-ji.

Takashige y los suyos se alejaron de Yamanouchi al trote. El ruido de los cascos de los caballos llamó la atención de un batallón enemigo del clan de Kodama compuesto por unos quinientos hombres los cuales, pensando que Takashige y sus ocho fieles huían, les gritaron:

—¡Cobardes! ¡Volved y combatid!

Y fueron tras ellos.

—¿Qué gente tan impertinente! No valen para nada—comentó Takashige que siguió cabalgando sin hacer caso a sus perseguidores.

Pero los quinientos jinetes no cejaban en su persecución. Finalmente, los ocho hombres de Takashige, cuando los sintieron cerca, detuvieron sus caballos y se dieron la vuelta para enfrentarlos. Pero entonces los de Kodama retrocedieron. Reemprendieron la marcha los de Takashige y nuevamente los de Kodama se lanzaron en su persecución. Así, desde Yamanouchi hasta Kasai-ya-yatsu, dieciocho veces tuvieron que volverse para ahuyentar a sus perseguidores.

Cuando por fin llegaron, Takashige se arrancó hasta veintitrés flechas que traía clavadas en la armadura y lo hizo con la facilidad con que se dobla una hierba o una planta de arroz. Su abuelo, Nagasaki Enki, que estaba en la puerta, le preguntó:

—¿Por qué has venido tan tarde? ¿Ha llegado ya el final?

Takashige, empleando el lenguaje formal, le respondió con el rostro grave:

—Quise acercarme a Yoshisada para pelear con él, pero ha sido inútil. Hasta veinte veces me lancé contra su escolta, pero ni siquiera he podido guerrear con un rival digno. No tuve más remedio que matar a cuatrocientos o quinientos soldados humildes. ¡Ah, si no me hubiera sentido culpable por acabar con gente tan baja, seguro que habría podido empujar a todos hasta la playa de la ciudad y con mi sable abrir sus carnes a través y en vertical. Al final, he vuelto porque estaba preocupado por su señoría.

Las palabras de Takashige sirvieron para derramar algo de consuelo a los presentes.

Capítulo 9. EL FIN DEL REGENTE

Poco después, Takashige se presentó corriendo adonde estaba el regente Takatoki. Le dijo:

—Ruego a Su Señoría que se haga el harakiri. Pero permitidme que os prepare el camino.

Luego de despojarse de la armadura, pidió a su hermano menor Nagasaki Shinuemon que le serviera sake en un cuenco. Takashige bebió tres veces, dejó la taza delante de Settsu Dōjun al que dijo:

—Ahora te cedo la taza. Pero también te daré un aperitivo de acompañamiento.

Tras decir esto, Takashige se abrió el costado izquierdo con su katana corta y siguió cortando a través por toda la superficie de su vientre hasta el lado derecho. Las entrañas se le salieron frente a Dōjun. Luego, vencido por el dolor, se derrumbó.

Dōjun tomó la taza en sus manos y con una sonrisa amarga dijo:

—¡Qué buen aperitivo! Hasta para alguien que no beba, con tal aperitivo es imposible negarse a beber...

Después de beber la mitad del sake, dejó la taza frente a Suwa Shinshō y se hizo también el harakiri.

A su vez, Suwa Shinshō dio lentamente tres sorbos, puso la taza frente a Hōjō Takatoki, el regente, y le dijo:

—Los jóvenes invitamos a Su Señoría a que beba en este refinado convite. No sería cortés que rechazaseis nuestra invitación con la excusa de la edad. Es el turno de Su Señoría.

Shinsō se hizo el harakiri y dejó su katana delante del regente.

Nagasaki Enki había esperado a hacerse el harakiri porque estaba preocupado por el regente[25]. Su nieto, Shinuemon, que ese año iba a cumplir quince años, dijo con una gravedad impropia de su edad:

25. Porque temía que actuara con cobardía y no siguiera el ejemplo.

—Quiero escribir el nombre de mi abuelo en el libro de la historia, así cumplo mi deber de buen nieto. ¡Que los dioses y los budas me perdonen!

Rápidamente empuñó la katana corta y de dos tajos cortó las venas de los brazos de su abuelo. Luego se rajó su propio vientre y cayó abrazado al cuerpo desangrado del abuelo.

Finalmente, Hōjō Takatoki, ante el ejemplo valiente del muchacho, también se hizo el harakiri. Después, hizo lo propio Adachi Tokiaki, su abuelo materno.

Mientras, los criados habían prendido fuego al templo y las llamas empezaron a rodearlos. Cuando otros miembros del clan Hōjō y de otros clanes que estaban por allí vieron a los muertos, se quitaron la ropa dejando al descubierto sus torsos blancos como la nieve. Unos se rajaron el vientre, otros se degollaron. El fuego era voraz y las llamas subían al cielo. Negras humaredas llenaban las estancias. Hermanos entre sí, padres e hijos entre sí, compañeros de armas entre sí, se degollaban; y ensangrentados caminaban tambaleándose hasta dar con sus cuerpos en las llamas. Doscientos ochenta y tres hombres de los Hōjō y otros clanes vasallos pusieron así fin a sus vidas. He aquí los nombres de algunos: Hōjō Sadaiki, Sasuke Munenao, Hōjō Akizane y su hijo Tokiaki, Hōjō Tomosada, Hōjō Norisada, Sasuke Tokimoto, Igu Muneari, Jō Moroaiki, Jō Aritoki, Nanbu Shigetoki, Mutsu Ietoki, Sagami Takamoto, Musashi Tokina, Hōjō Tokihide, Hōjō Sadakuni, Hōjō Kin'atsu, Hōjō Harutoki, Karita Atsutoki, Tōtōmi Akikatsu, Bizen Masao, Sakagami Sadamoto, Mutsu Takamoto, Adachi Takakage, Adachi Akitaka, Adachi Takashige, Adachi Nin'a, Nagasaki Takamitsu, Suda Jirōsaemon, Nakahara Takachika, Nakahara Chikasada.

La sangre empapaba la tierra del patio del templo y corría como un caudaloso río. Los cadáveres se amontonaban y llegaban hasta la calle como si fueran colinas. Como estaban todos quemados por las llamas, era imposible identificarlos. Cuando acabó todo, se pudieron contar hasta ochocientos setenta cuerpos calcinados.

Después, las personas relacionadas con los muertos por lazos de parentesco, vasallaje, amistad o por simple conocimiento, ya fueran monjes o seglares, hombres o mujeres, plebeyos o nobles, agradecidos a los muertos por pasadas mercedes, o bien los siguieron en la muerte o bien se quedaron con vida sumidos en perpetuo dolor. Dicen que solo en Kamakura, perecieron por su propia mano hasta seis mil personas.

¡¿Cómo se podría describir aquella funesta jornada en Tōshō-ji, el templo de Kamakura?! Aquel infausto día 22 del quinto mes del año tres de la era Genkō [1333] se puso repentino fin a nueve generaciones del clan Hōjō que vivieron en la cima de su prosperidad, en el pináculo de su prepotencia. Aquel día el clan Minamoto dio cumplida venganza por las ofensas recibidas a lo largo de muchos años. Aquel día volvió a confirmarse una ley inexorable: el orgullo siempre precede la caída porque ni los cielos ni la tierra están al lado del soberbio. Aquel día, en fin, no hubo nadie que no se doliera por haber sido testigo del calamitoso derrumbe del sogunato de Kamakura, no hubo nadie que no sollozara de compasión.

LIBRO UNDÉCIMO

Capítulo 1. LA PERFIDIA DE GODAI MUNESHIGE

El día 22 del quinto mes del tercer año de la era Genkō [1333], el sogunato de Kamakura terminó de recibir el golpe de gracia. Ante Nitta Yoshisada, que se había alzado sobre todas las provincias del este, los samuráis más señalados y los clanes más poderosos de la región doblegaban humillados la cerviz. La misma sumisión mostraron los que habían servido a Yoshisada largos años y en cuya lealtad este confiaba ciegamente. Por otro lado, hombres que hasta entonces habían apoyado al clan Hōjō y recibido del mismo muchos beneficios, ahora, con el objeto de salvar sus vidas, trataban de congraciarse con Yoshisada a través de intermediarios y rendían pleitesía al nuevo señor. En sus corazones pensaban: «Más nos vale ensuciarnos respirando el polvo que levantan los robustos caballos de los nuevos amos y barrer la entrada de sus casas». Hasta ese punto se humillaban buscando cómo lisonjear a Yoshisada. Algunos de estos aduladores violaron la condición sagrada de monjes del clan Hōjō a los cuales, sin respeto alguno a sus hábitos religiosos, sacaron de los templos y mataron; otros quebrantaron los votos de fidelidad de las viudas de los caídos en combate obligándolas a contraer nuevamente matrimonio y mancillando su honor. ¡Qué dolor causa imaginar la vergüenza que debieron de sentir estas pobres mujeres! Además, sabían que sus maridos, muertos como buenos caballeros por lealtad a sus señores, vagaban por el mundo de ultratumba, convertidos en demonios y obligados a guerrear eternamente[1]. ¡Qué desgraciados sus destinos! De

---

1. Se pensaba que los caídos en el campo de batalla renacían como *asuras* o demonios, un estado de constante beligerancia que los obligaba a combatir contra los dioses para siempre.

todos modos, los que se humillaron para conservar sus efímeras vidas malvivieron con hambre y miseria el resto de sus días siendo, además, objeto del desprecio y del escarnio de toda la sociedad.

Uno de estos habría de ser un tal Godai Muneshige, un samurái que había recibido grandes mercedes del difunto regente Hōjō Takatoki. Incluso estaba emparentado con él, pues su hermana pequeña había dado a luz a Kunitoki, el primogénito del regente. Por eso el joven vástago de los Hōjo era a la vez su sobrino y señor natural. Antes de morir y con plena confianza en su cuñado Muneshige, el regente le dijo:

—Te confío mi hijo. Escóndelo y cuídalo bien hasta que los cuatro mares recuperen la calma. Cuando la ocasión sea favorable, álzate en armas con él y dame cumplida venganza.

—Así lo haré, señor —respondió Muneshige.

Pero en la última batalla de Kamakura, Muneshige, después de dejar a buen recaudo a su sobrino, se rindió al enemigo.

En los cuatro o cinco días siguientes todos los supervivientes del clan Hōjō fueron cazados y exterminados: a unos los degollaban, a otros los arrojaban a las aguas profundas de los ríos. Sus tierras eran confiscadas y pasaban a la propiedad de Yoshisada y de sus fieles. También mataron a todos cuantos dieron refugio a los supervivientes.

Muneshige pensó entonces: «¡No tenemos nada que hacer! Será mejor que informe a Yoshisada de dónde tengo escondido a Kunitoki antes de que otro se me adelante y se lo diga. Así le daré una prueba de mi lealtad y seguramente me recompensará con algunas tierras. ¿De qué me sirve seguir cuidando con tantos sacrificios a alguien cuya vida ya no vale nada? Está visto que la suerte nos ha dado la espalda para siempre».

Una noche se acercó adonde tenía escondido al joven Kunitoki y le dijo:

—Señor, no sé quién habrá sido el traidor que ha revelado a nuestros enemigos vuestro escondite. Lo cierto es que, según he oído, Funada Yoshimasa, uno de los hombres fieles de Yoshisada, está haciendo preparativos para venir a buscaros y deteneros. Sería terrible que os encontraran aquí, por eso es necesario que partáis inmediatamente. Aprovechad la oscuridad de la noche y dirigíos a las montañas de Izu donde estaréis seguro. Yo me quedaré aquí para entretener a Funada con alguna explicación que se me ocurra. Si no consigo convencerlo, me haré el harakiri proclamando mi nombre y lealtad a los Hōjō.

El joven Kunitoki, muy asustado, le preguntó:

—¿Y quién va a ayudarme por esos caminos aunque sienta compasión por mi pobre aspecto? Prefiero quedarme y compartir tu destino.

Muneshige insistió:

—Señor, recordad lo que dijo vuestro padre, mi señor Takatoki. Debéis conservar la vida para vengarlo. Fue su última voluntad y debéis

366

respetarla. Marchad enseguida y escondeos donde sea. Yo también intentaré seguir con vida y ayudaros a recuperar la gloria de vuestra casa, tal como se lo prometí a vuestro padre.

Convencido, el joven huyó de Kamakura en la noche del 27 del quinto mes. Antes, en vida de su padre, que había sido el dueño y señor del Imperio, este joven jamás salía sin una nutrida escolta de trescientos o quinientos guerreros montados en buenos caballos. Hasta cuando iba a rezar a un templo, siempre llevaba una lucida comitiva. Pero de la noche a la mañana ¡cómo había cambiado todo! Tan solo lo acompañaba en su fuga un humilde criado que le llevaba la katana. El joven Kunitoki se veía obligado a tocar el polvo de los caminos calzado con unas gastadas sandalias de paja y tocado de un rústico sombrero. Sin caballo, sin un destino fijo, a la deriva por agrestes sendas y desconocidos caminos, ¡qué lamentable aspecto el suyo y qué tristes pensamientos embargaban su corazón! ¿Quién no podía llorar viéndolo así?

Una vez que se fue Kunitoki, por la cabeza de Muneshige pasaron estos pensamientos: «No estaría bien que fuera yo quien lo matara y entregara su cabeza a Yoshisada. Sería una traición demasiado evidente y la gente no me lo perdonaría jamás. Será mejor que ponga al corriente a Funada de la ruta que ha seguido Kunitoki para que sea él quien lo mate y me repartiré con él la recompensa que seguro nos dará Yoshisada». Se apresuró entonces adonde estaba Funada y le dijo:

—Hōjō Kunitoki se dirige en estos momentos al santuario de Izu y va por tal y tal camino. Podrás encontrarlo fácilmente. Una vez que lo detengas y lo mates, ¿no crees que Nitta Yoshisada me recompensará perdonándome la vida y dándome alguna propiedad importante?

«Son las palabras de un traidor», pensó Funada el cual, sin embargo, contestó:

—Seguro que sí.

Muneshige acompañó a Funada al lugar del camino por donde estaba seguro de que habría de pasar el joven y se quedó esperándolo.

Al alba del día 28 del quinto mes, Kunitoki, sin soñar que los enemigos le habían tendido una emboscada para detenerlo, llegó al final de un camino y se dispuso a esperar una barca para cruzar el río Sagami. Por el vestido parecía un mendigo. Ocultos lo acechaban Muneshige y Funada, acompañado de unos soldados. Cuando Muneshige reconoció al joven, dijo a Funada:

—Aquel joven con aspecto miserable es Kunitoki.

Inmediatamente los soldados de Funada desmontaron de sus caballos, se acercaron al joven y lo apresaron. Como habían viajado a toda prisa por la noche, no traían palanquín ni nada, así que lo ataron firmemente con la cuerda de la barca y lo montaron en un caballo. Dos de los soldados llevaron por las bridas el caballo y así transportaron al joven

Hōjō Kunitoki hasta Kamakura. Cuando la gente lo veía pasar y se enteraba de quién era, no podía evitar derramar lágrimas de compasión. Al enterarse Yoshisada de su detención, comentó:

—Es tan joven que no deberíamos temer nada, pero tampoco podemos ignorar que es el primogénito de nuestro principal enemigo. ¿Cómo podríamos dejarlo con vida?

Y ordenó que al amanecer del día siguiente y en secreto le cortaran la cabeza.

¡Qué poca justicia rinden las simples palabras «¡qué pena!» al dolor sentido por la gente cuando se enteró de esta muerte!

En cuanto a Godai Muneshige, su vileza fue el asombro de todo el mundo. Hizo pensar en casos de la historia de China, como aquel Chen Ying que mató a su propio hijo para salvar la vida del hijo de su señor, o en Yu Jang que cambió de aspecto solo para saldar su deuda de gratitud hacia su antiguo señor[2]. ¡Qué abismal diferencia entre la bajeza del traidor Muneshige y el abnegado heroísmo de aquellos chinos! ¿Cómo pudo causar la muerte del primogénito del señor al que había servido tantos años? Al conocer su ruindad, la gente se quedaba boquiabierta y escupía al suelo con odio. Cuando Nitta Yoshisada conoció los detalles, comentó:

—Un comportamiento tan infame e inhumano es inaudito. —Y ordenó:— Apresad a Muneshige y matadlo. Servirá de escarmiento a todo el mundo.

Aunque Muneshige logró escapar, desde entonces no pudo vivir en paz. No encontraba nadie que le diese comida ni asilo a pesar de ser tan grande el mundo. Fue obligado a disfrazarse de mendigo y a vivir de la limosna, hasta que murió abandonado en la calle. Su conducta quedó marcada como la más abyecta que puede cometer un hombre en la historia del mundo. Y la gente se compadecía tanto por la muerte del joven e inocente Kunitoki como se irritaba por la perfidia de Muneshige.

Capítulo 2. EL REGRESO TRIUNFAL DEL EMPERADOR GODAIGO

Los generales Rokujō Tadaaki, Ashikaga Takauji y Akamatsu Norimura despacharon correos al emperador Godaigo que continuaba refugiado en el monte Funanoe con noticias de que Rokuhara había caído, la capital había sido conquistada y los enemigos principales se habían hecho el harakiri en Banba, provincia de Ōmi. Los cortesanos que acompañaban a Godaigo se pusieron a deliberar sobre qué hacer. Cuando alguien propuso el inmediato regreso a la capital, Yoshida Mitsumori comentó:

2.   Tras sucesivos y diversos disfraces, Yu Jang logró acercarse al hombre que había derrotado a su señor, tras lo cual lo mató y luego se suicidó.

—Es cierto que las autoridades supremas de Rokuhara han sido derrotadas, pero no lejos de la capital sigue apostado un poderoso ejército que asedia la fortaleza de Chihaya y que puede caer fácilmente sobre Kioto. Además, ¿no se dice que las fuerzas de las ocho provincias del este pueden abatir fácilmente al resto del Imperio sin sufrir y que Kamakura sola puede abatir a esas ocho provincias sin menoscabo? No olvidemos que en la rebelión de Jōkyū[3] las tropas imperiales pudieron rechazar a las sogunales de Iga Mitsusue, pero cuando se enfrentaron a los ejércitos del este y luego a los de Kamakura, perdieron estrepitosamente, tras lo cual los militares gobernaron a sus anchas en los cuatro mares. Aunque la causa imperial haya ganado dos o tres batallas, tal vez no estamos más que ante dos o tres victorias de las diez que hay que ganar. Hay un dicho en nuestro país: «Un soberano no se acerca a un criminal». Por eso mi parecer es que Su Majestad continúe aquí y no abandone la fortaleza. Desde donde está ahora Su Majestad puede dar las órdenes necesarias a sus vasallos y observar cómo se desarrollan los acontecimientos en las provincias del este.

Todos los cortesanos se mostraron de acuerdo con la opinión de Mitsumori. Sin embargo, el emperador seguía indeciso sobre quedarse en Funanoe o regresar a la capital. Un día abrió *El libro de los cambios* y ordenó que le hicieran un vaticinio con ayuda de palillos de bambú. La adivinanza le enseñó el siguiente pasaje sobre hechos de guerra:

Cuando a un ejército le asiste la justicia, si se nombra como capitán general a un hombre veterano y virtuoso, el desenlace de la batalla siempre será afortunado. El rey será el jefe supremo y premiará a sus súbditos según sus merecimientos. Unos servirán en el gran ejército y otros heredarán el patrimonio que pasarán a sus descendientes. Nunca se debe emplear como generales a plebeyos aunque hayan realizado acciones meritorias.

En el comentario de Wang Pi a dicho libro se leía:

«El rey será el jefe supremo» quiere decir que el soberano todavía no ha perdido el poder. En cuanto a la frase «unos servirán en el gran ejército y otros heredarán el patrimonio que pasarán a sus descendientes» significa que el reino será pacificado. Y debido a que ciertos hombres de clases bajas son malvados está escrito lo de «nunca se debe emplear como generales a plebeyos». —¿Qué duda tengo ahora?—, se dijo Godaigo al conocer esta interpretación.

Así pues, el día 23 de quinto mes, el emperador dejó el monte Funanoe, en la provincia de Hōki, y, subido al palanquín imperial, tomó la ruta San'in en dirección este rumbo a la capital del Imperio. ¡Qué dis-

---

3. Cuando el emperador Gotoba en 1221 intentó vanamente arrebatar al poder al clan Hōjō.

tintos eran ahora los vestidos de los miembros del cortejo a los empleados en los séquitos imperiales habituales en la capital! Únicamente Sesonji Yukifusa y Yoshida Mitsumori llevaban la indumentaria oficial de
cortesanos; en cambio, los demás cortesanos y funcionarios vestían armaduras y marchaban a caballo delante y detrás del palanquín imperial.
En cuanto a los soldados de la escolta, naturalmente que vestían todos
armaduras e iban fuertemente armados, con yelmo y arcos y flechas. La
escolta que formaban se estiraba a lo largo de treinta *ri* [ciento veinte
kilómetros]. Enya Takasada marchaba de avanzadilla, un día antes del
paso del palanquín, a la cabeza con mil hombres. Asayama Yoshitsura,
al mando de otros quinientos, cabalgaba a la zaga un día detrás. Kanaji Saburō, al lado izquierdo del palanquín, portaba la enseña imperial,
mientras que Murakami Nagatoshi cabalgaba a la derecha como guardia
personal del soberano. La divinidad de la lluvia había lavado los caminos
y la deidad de los vientos había barrido el polvo. Como la misma majestad con que avanza la estrella Polar en el firmamento, se movía por la
tierra el palanquín imperial con el hijo del Cielo dentro. ¡Qué diferente todo de cuando, en la primavera del año pasado, su majestad viajaba
camino del destierro a la remota isla de Oki y las lágrimas resbalaban
por sus augustas mejillas al contemplar la sombra de las nubes cubriendo los montes y la luz de la luz iluminando las aguas del mar! Ahora, en
cambio, el cielo estaba despejado y la luz del sol iluminaba el semblante
radiante del emperador. Daba la impresión de que el viento al soplar gritaba con todas sus fuerzas: «¡Viva el emperador!». Y hasta el humo de las
pequeñas hogueras que encendía la gente en la playa para hacer sal del
agua marina parecía transformarse en la suave humareda que salía de los
fogones de las casas celebrando jubilosamente el paso del cortejo imperial[4]. ¡Qué grato oír el murmullo de las canciones y poemas con que se
celebraba el viaje del hijo del Cielo!

El día 27 del quinto mes el cortejo llegó al monte Shosha, en la provincia de Harima, donde estaba Engyō-ji, un templo cuya visita hacía
largo tiempo que el emperador deseaba realizar. Se personó en los diferentes pabellones del templo para hacer sus oraciones; especialmente
le interesó el llamado Mieidō donde desde hacía muchos años se veneraba la imagen del monje Shōkū, fundador del templo y de la cual parecía irradiar una extraña fuerza sobrenatural. Su majestad mandó llamar a uno de los monjes más ancianos para que le informara sobre los

---

4.   Era metáfora de un pueblo feliz ver el humo salir de las chimeneas de las casas. La
imagen se remonta a un episodio narrado en el *Kojiki* (cit., p. 204) según el cual el emperador
Nintoku (310-399), asociado tradicionalmente al prototipo confuciano de monarca bene-
volente, subió a una montañas desde donde observó complacido cómo subían mansamente
al cielo columnas de humo de las chimeneas de la gente.

objetos sagrados allí atesorados. El monje, con el semblante grave, se puso a enumerar, uno tras otro, todos los tesoros y a relatar la historia de cada uno. Dijo, por ejemplo, que allí había un pliego doblado de papel de Sugihara en el cual se hallaban, escritos en letras minúsculas, el *Sutra del loto,* el *Sutra de Muryōgi* y el *Sutra de Fugenkan.* Según contó el monje, estas sagradas escrituras habían sido copiadas por una encarnación del octavo de los diez dioses del Infierno mientras Shōkū recitaba el *Sutra del loto* en un cuarto apartado del templo. Otra de las reliquias era un par de desgastadas sandalias de cedro japonés calzadas por el fundador del templo cuando caminó desde el monte Shosha al monte Hiei, es decir, treinta y cinco *ri* [cerca de ciento cincuenta kilómetros], en unas dos horas. Había además una estola que usaba también Shōkū hecha de lino y de color crema. Al darse cuenta de que estaba ennegrecida por el largo uso debido al humo del incienso quemado en las ceremonias, el monje pensó «habrá que lavarla» y le pidió a un joven criado, el cual en realidad era la encarnación de una divinidad protectora del budismo, que la lavara.

—Démela Su Reverencia. Yo la limpiaré como es debido —respondió el dios.

Y, volando, la deidad puso rumbo al oeste. Una vez que la prenda quedó bien lavada, la deidad la colgó en el cielo para que se secara. La estola refulgía como las nubes cuando se encienden por los rayos del sol del ocaso. Asombrado por lo limpia que estaba, Shōkū preguntó al criado:

—¿Con qué agua la has lavado?

—En las cristalinas aguas del lago Manasarovara, en la India, pues en Japón no hay agua lo bastante pura para lavar la estola de Su Reverencia.

Entre otros tesoros, había una estatua del *bodisatva* Kannon esculpida por el dios Vishvakarman, dios de la arquitectura y las artesanías. Además, había un mueble donde se guardaban sutras e imágenes sagradas cuyas puertas eran abiertas por el rey Fudō Myōō[5] y los otros cuatro Reyes Guardianes de la enseñanza budista —Gōzanze Myōō, Gundari Myōō, Daitoku Myōō y Kongōyasha Myōō— que entonaban cánticos de alabanzas a dicha estatua.

Además, el viejo monje le contó al emperador Godaigo que cada vez que Shōkū recitaba el *Sutra del loto,* dos deidades, Fudō Myōō y Bishamon[6], encarnados en sendos criados, se ponían a rezar ante la estatua del

---

5. En sánscrito, Achala o Achalanatha, es considerado el principal de los cinco grandes reyes de la sabiduría combatientes de los demonios que obstaculizan la práctica budista. Se le representa con el gesto iracundo, rodeado de llamas, con las cuales destruye las dificultades kármicas del creyente, y sosteniendo una espada. Véase nota 20, p. 79.

6. Bishamon-ten o Tamon-ten (en sánscrito Vaishravana), el más destacado de los cuatro reyes celestiales de la mitología budista, con la función de proteger a los practicantes del budismo.

bodisatva. Añadió que las maravillas no acababan ahí pues el día que tuvo lugar la dedicación del pabellón de Shakyamuni en Enryaku-ji, mientras Shōkū entonaba himnos en alabanza en este monte Shosha, su sonido milagrosamente resonaba entre las nubes del monte Hiei en donde está situado dicho templo, de modo que los bonzos del mismo experimentaron en sus corazones una sobrecogimiento místico.

Tras oír el relato del monje, el emperador sintió su fe acrecentada e inmediatamente ordenó la donación al templo de unas fincas en Yasumuro, en la misma provincia de Harima, cuyo usufructo estaría destinado a sufragar la recitación continua de sutras en el templo. Por cierto que todavía hoy se sigue observando la orden imperial y los ecos de la escritura sagrada resuenan día y noche, sin descanso, en las estancias de Engyō-ji. Verdaderamente fueron auspiciosos los buenos deseos formulados por su majestad en dicho templo con los cuales pretendía la erradicación de la iniquidad y la plantación de buenas semillas para la iluminación.

El día 28 del quinto mes el emperador Godaigo visitó el monte Hokke y el día 30 llegó al templo Fukogon, provincia de Settsu, donde descansó y repuso fuerzas. A dicho templo llegó ese mismo día Akamatsu Norimura y sus tres hijos al frente de quinientos guerreros. Llegaban para rendir homenaje a su majestad. El emperador los elogió con el semblante alegre:

—Hemos conseguido recuperar el poder gracias a que hombres leales como vosotros os habéis batido con valor contra el enemigo. Os daremos la recompensa que merecéis.

Y les ordenó que guardaran las puertas del templo.

A la tarde del mismo día dos samuráis de Kono Nyudō, Doi Michimasu y Tokuno Michitsuna, deseosos de presentar sus respetos al soberano, llegaros en unos trescientos barcos.

Godaigo permaneció en Fukugon-ji un día entero. A mediodía del siguiente, en medio de los preparativos para la reanudación del viaje a la mañana siguiente, llegaron tres mensajeros a caballo. Venían a toda prisa y del cuello de uno de ellos colgaba una carta urgente de Nitta Yoshisada. Bajaron de sus caballos a la puerta del templo y en el patio hicieron entrega de la misiva al emperador:

Hemos conquistado todas la provincias del este y Hōjō Takatoki y demás miembros de su clan han sido abatidos. Su Majestad puede regresar sin temor al palacio imperial de la capital.

Entonces el emperador hizo la siguiente reflexión: «¡Qué maravilla! Ya sabía que las tropas afectas a nuestra causa habían logrado subyugar fácilmente a las autoridades militares de Rokuhara después del éxito de batallas anteriores. La cuestión era cómo someter las provincias del este donde está la capital sogunal Kamakura. ¡Qué difícil tiene que haber sido. Por eso, ¡qué extraordinarias buenas nuevas me traen estos hombres!».

Una vez entendida la trascendencia de la noticia, Godaigo y sus cortesanos se volcaron en alabanzas a la proeza de Nitta Yoshisada. Además y de forma inmediata, el soberano mandó que escribieran esta respuesta al samurái: «¡Enhorabuena! Recibirás cualquier premio que desees por tu hazaña». A los tres mensajeros les concedió puestos como funcionarios militares y los agració con recompensas honoríficas.

El día 2 del sexto mes, cuando el emperador ya se encontraba dentro del palanquín para reemprender la marcha a Hyōgo, se presentó una visita inesperada: Kusunoki Masashige con sus tres mil guerreros. ¡Qué gallardo el aspecto de todos ellos! El soberano levantó la persiana del palanquín y ordenó a Masashige que se acercara.

—Has batallado con bravura y lealtad a nuestra causa, caminando con sinceridad por la verdadera vía de las relaciones entre soberano y vasallo —le dijo—. Tus méritos son grandes y la Casa Imperial, con nuestra persona a la cabeza, te lo agradece profundamente.

Masashige, con el semblante grave respondió respetuosamente:

—Si no hubiera sido por la sabiduría inconmensurable y las virtudes místicas de Su Majestad, ¿qué hubiera podido conseguir un vasallo plebeyo como yo usando contra los enemigos insignificantes ardides?

Masashige rehusó recompensa y honores, y se postró humildemente ante el palanquín imperial.

A partir de ese día, el cortejo imperial se enriqueció con la presencia de Masashige y de sus tres mil hombres que cabalgaron a la cabeza de la comitiva.

Así pues, a lo largo de los dieciocho *ri* [setenta y cuatro kilómetros] hasta la capital, numerosos samuráis cabalgaban delante y detrás del palanquín imperial, y un nutrido grupo de cortesanos hacía lo propio a ambos flancos del mismo. Todos, con su presencia, engalanaban el majestuoso cortejo que avanzaba lentamente hacia Kioto.

Al caer la tarde del día 5 del sexto mes llegaron a Tō-ji. Ante las puertas del templo se detuvieron vehículos y caballos, los cuales, sumados a los guerreros y cortesanos que habían llegado a la capital para dar la bienvenida al soberano, sin faltar los ministros de Administración Civil, de Ritos y Ceremonias, del Consejo de Control de la Izquierda y la Derecha, los jefes del Gabinete Imperial de Adivinaciones, del Gabinete Médico del Palacio, funcionarios altos y bajos de la Casa Imperial, se asemejaban por su número a apiñadas nubes en un día de cielo cubierto cuando se extienden sobre la vasta tierra. Los colores azules y morados de la indumentaria oficial de los cortesanos de rangos más altos se reflejaban en el fondo oscuro del tono austero del templo, recordando las estrellas cuando brillan en el firmamento. En una ceremonia de gran boato y magnificencia todo el pueblo del Imperio se postró a los pies de emperador Godaigo. El hijo del Cielo permaneció un día en Tō-ji. El 6 del sexto mes tuvo lugar su regreso al palacio imperial de Nijō, en la capital. Ese mismo día el soberano nombró al samurái Ashikaga Takauji nuevo ministro de Ceremonial; a su hermano pequeño Tadayoshi, jefe del Gabinete de Caballerizas Imperiales; y a Rokujō Tadaaki, jefe de la Guardia Imperial. En todo momento y mientras la comitiva se movía por las calles de la capital, el emperador se hacía escoltar por quinientos samuráis, todos con sus katanas, que marchaban delante y detrás del palanquín imperial. Takakuji y Tadayoshi, con sus cinco mil jinetes, cabalgaban al final, detrás de la nutrida comitiva de cortesanos. Como los dos samuráis eran capitanes generales, todos sus guerreros portaban armaduras fastuosas. Detrás del regimiento de los Ashikaga, cabalgaba Sasaki Tokinobu con setecientos hombres, Utsunomiya Michitsuna con quinientos, Doi Michimasu y Tokuno Michitsuna con dos mil samuráis. Tampoco faltaban en el séquito imperial Yuki Chikamitsu, Nawa, Kusunoki Masashige, Akamatsu Norimura, Sasaki Takasada, cada uno de ellos con batallones de trescientos o quinientos jinetes que portaban los respectivos pendones de los diferentes clanes. ¡Qué diferente era la indumentaria de todos ellos con respecto a la empleada por los miembros del cortejo imperial que no hace mucho se formó para acompañar a su majestad camino del destierro! También la vigilancia, poco más de un año después, era ahora mucho más severa. Las calles de la capital estaban abarrotadas de un público de toda clase y condición que no dejaba ni un momento de vitorear al soberano con gritos de fervor, un público exaltado y entregado a su soberano de cuyo gobierno virtuoso de ahora en adelante no tenían dudas. ¡Qué impresionante espectáculo el que conoció la capital en aquella triunfal jornada del sexto mes!

Capítulo 3. LA BATALLA DE TSUKUSHI

En Kioto y Kamakura reinaba por fin la paz gracias a Ashikaga Takauji y a Nitta Yoshisada. «Es el momento de enviar el ejército a Tsukushi[7] para aniquilar los últimos reductos del sogunato», pensaba el emperador Godaigo. Toda la isla seguía bajo el control del gobernador militar Hōjō Hidetoki. El soberano nombró como general de la fuerza expedicionaria contra Tsukushi a Nijō Moromoto, jefe del Dazaifu, el órgano de gobierno imperial en Kiushu. Pero el día 7 del sexto mes se presentaron en la capital unos emisarios enviados por Kikuchi, Shōni y Ōtomo,

---

7. La isla de Kiushu.

los cabezas de prominentes familias samuráis de Kiushu, con este mensaje: «Los enemigos de la causa imperial de Kiushu han sido derrotados. Apenas quedan algunos». Juzgando que se trataba de una gran noticia, el soberano quiso saber los detalles. Realmente lo ocurrido era tan misterioso que es apropiado relatarlo con detalle.

Cuando el emperador Godaigo estaba en Funanoe, los tres samuráis de Kiushu nombrados, es decir, Kikuchi Taketoki, Shōni Sadatsune y Ōtomo Sadamune le expresaron su adhesión. Godaigo, creyendo en su lealtad, les escribió una carta con su sello y les procuró un estandarte con los colores y divisas imperiales para que lucharan en su nombre. Aunque no revelaron su designio a nadie, el compromiso de los tres hombres fue conocido en Kiushu, ante lo cual el gobernador militar Hōjō Hidetoki ordenó a Kikuchi que viniera a Hakata y compareciera en su presencia pues deseaba sondear sus verdaderas intenciones. Kikuchi, creyendo que el complot se había descubierto y que el gobernador lo convocaba para matarlo, pensó: «No conviene que el enemigo tome la delantera. Seré yo quien tome la iniciativa: iré a Hakata en son de guerra y derrotaré a Hidetoki». Decidió avisar del plan a sus aliados Shōni y Ōtomo, el segundo de los cuales le dio una respuesta harto ambigua pues no conocía aún la noticia del derrumbe del sogunato de Kamakura. En cuanto a Shōni, tan pronto supo que las tropas de Rokuhara habían ganado varios encuentros seguidos, no solo rompió la alianza con Kikuchi, sino que mató al mensajero, un tal Yawata Yashirō Muneyasu, cuya cabeza incluso envió a Hidetoki como prueba de su fidelidad a la causa sogunal.

Cuando Kikuchi se enteró de la traición de sus dos aliados, montó en cólera y exclamó:

—¡Qué estúpido por mi parte haber confiado en esos dos cobardes! ¡Está bien! No los necesito: iré yo solo a combatir al gobernador.

El día 13 del tercer mes, a eso de la hora de la Liebre [seis de la mañana], Kikuchi Taketoki, con una hueste de tan solo ciento cincuenta hombres, se presentó en el santuario Aso para rezar por el éxito de la campaña. Ofrendó una flecha y compuso el siguiente poema:

> Basta esta flecha
> que humilde al dios ofrezco
> para que él sepa
> que en mi corazón late
> sincera devoción.

Poco después pasó por el santuario Kushida cuando ocurrió algo extraordinario: su caballo se negaba a dar un paso más. Era evidente que la divinidad del santuario o bien estaba irritada por la descortesía de pasar a lo largo de sus puertas sin desmontar o tal vez deseaba prevenirle del fin funesto de su empresa. El caso es que Kikuchi, presa del enojo, dijo:

—¿Qué pasa ahora? No puede ser que el dios me impida pasar cuando me dirijo a guerrear contra los enemigos de la causa imperial. Si está irritado por no detenerme, que sirva esta ofrenda como desagravio.

Sacó del carcaj varias flechas cuyos extremos posteriores tenían forma de horquilla y las lanzó con toda su fuerza contra la puerta del santuario. Solo entonces el caballo se movió y reanudó la marcha.

—¡Bien! ¡La divinidad ha aceptado mi ofrenda! —exclamó con una sonrisa y pasó a lo largo del santuario. Curiosamente sus hombres observaron una gran serpiente de dos jō de larga [tres metros y treinta y tres centímetros] que acababa de morir por algún flechazo de Kikuchi.

Más tarde Kikuchi y sus samuráis llegaron al edificio de Chinzei Tandai y empezaron a lanzar gritos de guerra para darse ánimos. Las tropas de Hidetoki, que estaban apercibidas para la batalla, salieron a las puertas y entablaron un reñido combate. Los hombres de Kikuchi eran muy inferiores, pero luchaban con gran denuedo y una dureza semejante a la del oro o la piedra, y con la conciencia de que sus vidas eran menos importantes que una mota de polvo o un puñado de basura. Ante su ímpetu, los soldados del gobernador se vieron obligados a replegarse al interior de la fortaleza. Los de Kikuchi, animados por la victoria, consiguieron franquear los muros y destruyeron la puerta principal. Incapaz de contener su avance, el gobernador Hōjō Hidetoki consideró hacerse el harakiri.

Pero fue en ese momento cuando la retaguardia de Kikuchi se vio sorprendida por un ataque inesperado: unos seis mil hombres de Shōni y Ōtomo venían contra él lanzando gritos de guerra. Al comprender lo desesperado de la situación, Kikuchi llamó a su hijo Takashige, que era gobernador de Higo, y le dijo:

—Vuelve a Higo con cincuenta guerreros jóvenes y salva la vida. Yo me quedaré luchando hasta morir contra los traidores Shōni y Ōtomo. Pero no me pesará mi muerte pues moriré cumpliendo mi deber como hombre. Caeré con la cabeza orientada a la fortaleza que acabo de conquistar. Vuelve a casa a toda prisa, recupera fuerzas y después venga mi muerte.

Pero su hijo le respondió con el tono resuelto:

—¡Qué cosas decís, padre! ¿Cómo se os ha ocurrido pensar que voy a obedeceros? Prefiero mil veces quedarme aquí pase lo que pase. ¡Qué dicha poder morir a vuestro lado!

Su padre con el gesto sañudo lo recriminó ásperamente:

—Un samurái valiente no se hace el harakiri a la ligera a no ser que se vea rodeado de enemigos y sin escapatoria alguna. El samurái valiente de verdad intenta salvar la vida para cumplir con la voluntad de su señor y ayudar a prosperar a sus descendientes. ¡Inútil! ¡Haz lo que te digo!

Takashige obedeció y, con el corazón abatido, se disponía a retirarse a Higo. Pero su padre lo llamó otra vez y le hizo la siguiente confesión:

—Hijo mío, no puedes imaginarte la pena que siento al pensar en tu madre y en tus hermanos esperándome en casa. Los pobres jamás pensaron que la despedida del otro día iba a ser la última. Dales esto como recuerdo.

Se arrancó la divisa del clan que llevaba cosida al yelmo y en el anverso de la tela escribió los siguientes versos:

> Ignorantes
> de saber que mi vida
> acaba esta noche,
> mi esposa y mis hijos me aguardan
> en mi casa, en mi tierra.

Entre sus hombres no había nadie, tuviera relación de parentesco o no con Kikuchi, que pudiera aguantar las lágrimas. Takashige, también en medio de sollozos, recibió la divisa de su padre y con el alma rota emprendió el regreso a Higo dejando atrás a su padre de más de cuarenta años.

Cuando perdió de vista a su hijo, Kikuchi dijo a sus hombres:

—Ya no me queda otra cosa que hacer, sino morir luchando. ¡Ánimo, valientes! ¡Lancémonos contra la puerta de la fortaleza y muramos con la gloria del guerrero!

Y él mismo, cabalgando al lado de su tío Akaboshi Aritaka, de su segundo hijo Kikuchi Higo Saburō y con sus cien hombres detrás, asaltó el edificio de Chinzei Tandai. A punto estuvieron de vérselas con el mismo Hōjō Hidetoki para matarlo, pero se interpusieron cuatro hombres de este —Koike Gorō, Saida Matasaburō, Takeda Hachirō y Suo Hikoshichi— gracias a cuyo sacrificio el gobernador salvó la vida. Ajenos al ataque de los traidores Shōni y Ōtomo que ya llegaban a la retaguardia, Kikuchi y su hijo Saburō no dejaban de pelear contra las tropas de Hidetoki. A pesar del coraje con que batallaron y de vender caras sus vidas, todos los hombres de Kikuchi fueron exterminados por los soldados de Shōni y Ōtomo. En la historia de China tenemos los casos de Chuan Chu y Ching Ko, celosos por sacrificarse por su soberano, y de Hou Sheng y Yu Jang que valoraban el honor mucho más que la vida.

La gente admiraba el proceder honorable de Kikuchi Taketoki y censuraba a los traidores Shōni y Ōtomo. «Han actuado inhumanamente», decían de estos. Pero, ajenos a las críticas, los dos se limitaban a observar los sucesos. Supieron, por ejemplo, que el día 17 del quinto mes las tropas fieles a Godaigo habían subyugado al gobierno militar de Rokuhara y que el ejército sogunal que sitiaba Chihaya se había replegado a Nara. La noticia sorprendió especialmente a Shōni Sadatsune que pensó: «Voy a matar al gobernador Hidetoki para salvar la vida». Envió un mensajero a Kikuchi Takeshige, el hijo del hombre al que había traicionado, y otro a su aliado Ōtomo Sadamune para proponerles atacar conjuntamente al gobernador. Al principio, Takeshige pensó fingir que aceptaba la propuesta para después vengarse más fácilmente de Shōni, pero pronto cambió de opinión e, incapaz de todo disimulo, mató al mensajero. El joven Kikuchi dijo a sus vasallos: —Primero acabaré con el gobernador de los Hōjō; luego, me vengaré cumplidamente del traidor Shōni. Por su parte, Ōtomo prometió colaborar con Shōni para probar su lealtad a la causa imperial y salvar la vida.

No tardó en llegar a oídos del gobernador de Kiushu la noticia del alzamiento de Shōni y Ōtomo, pero simuló no saber nada y envió a Nagaoka Rokurō para sondear el ánimo de los rebeldes. Shōni, que sin duda conocía las intenciones del gobernador, rechazó entrevistarse con Nagaoka con la excusa de que estaba enfermo. El mensajero, antes de volver, visitó al hijo de Shōni, Yorihisa. Mientras esperaba a ser recibido, miró por una rendija lo que pasaba dentro de la mansión. Observó entonces que los hombres de Shōni afilaban las puntas de sus flechas y engrasaban la superficie de los escudos. Además, en las dependencias de la guardia había apilados muchos palos verdes de bambú, de los usados como astas para los pendones y estandartes de guerra. Incluso en las telas de estos había pinturas de color blanco. Era evidente, por tanto, que se preparaban para la guerra. Por si no fueran poco estos indicios, Nagaoka recordaba haber oído decir que el emperador Godaigo había entregado a Shōni las enseñas oficiales de la causa imperial. Decidió entonces matar allí mismo a Yorihisa, aunque ello le costase la vida.

Ignorante de las intenciones de Nagaoka, Shōni Yorihisa salió a recibir al mensajero del gobernador. Nada más sentarse, Nagaoka desenvainó su katana y se abalanzó contra él al tiempo que le gritaba:

—¡Traidor! ¿Cómo habéis podido conspirar contra nosotros?

Pero Yorihisa era muy ágil y detuvo el golpe protegiéndose con un tablero de *shogi* que encontró a mano. Los dos hombres se agarraron y empezaron a forcejear tratando de derribarse para ponerse uno encima del otro. En esto se presentaron varios samuráis jóvenes de Yorihisa que hundieron sus katanas en el cuerpo de Nagaoka, tras lo cual ayudaron a su señor a levantarse. Así murió Nagaoka, sin haber podido matar a Shōni Yorihisa.

Cuando su padre se enteró, dijo:

—Es evidente que el gobernador Hidetoki ya está al corriente de la conspiración. No hay más remedio que luchar.

El día 25 del quinto mes, a la hora del Caballo [mediodía], Shōni Sadatsune y Ōtomo Sadamune atacaron la residencia del gobernador al frente de un ejército de siete mil soldados. Como suele ocurrir en estos tiempos degenerados de la Era Postrera de la Ley[8], nadie atiende a los deberes

---

8. Sobre este concepto budista, véase introducción, p. 12.

378

y cada uno busca su provecho. Por eso, las tropas sogunales de las nueve provincias[9] de Tsukushi que hasta hacía pocas horas se habían mostrado fieles al gobernador, se dispersaron y huyeron olvidándose de todas las mercedes que Hidetoki les había dispensado. ¡Qué violación del código del honor! El gobernador no tardó en caer derrotado y se hizo el harakiri. Los trescientos cuarenta miembros de su clan siguieron su ejemplo y también se suicidaron. ¡Qué desoladora imagen la de Tsukushi! Ayer Shoni y Ōtomo estaban en el bando de Hidetoki y asesinaron a Kikuchi. Hoy cambian de opinión y abaten a Hidetoki. ¡Qué razón tenía el poeta Po Chi I cuando escribió aquellos famosos versos!:

Ni las montañas abruptas de Taihang, ni los caudalosos ríos de Wu
debe temer el viajero que avanza intrépido por el camino de la vida,
sino la inconstancia que anida en el corazón de los hombres.

Capítulo 4. LA RENDICIÓN DE HŌJŌ TOKINAO

Por su parte, el gobernador militar de Nagato, Tokinao, también miembro de los Hōjō, nombrado años atrás para organizar la defensa contra los mongoles[10], había salido con unos cien barcos dispuesto a ayudar en la defensa de la capital contra los rebeldes al sogunato, pero cuando estaba en las costas de Suō se enteró de la caída de Kioto y, poco después, de la de Kamakura. Tras esto decidió bajar a Kiushu con la intención de prestar auxilio al gobernador Hidetoki. Sin embargo, al llegar a Akamaga-seki, supo que este se había hecho el harakiri y que las regiones de Iki y Tsushima, además de Tsukushi, estaban ya bajo total control de las tropas imperiales. Entonces tuvo lugar la deserción de muchos de sus soldados. Solamente cincuenta hombres permanecieron a su lado.

Así pues, Hōjō Tokinao y estos cincuenta fieles pusieron proa a una playa remota en la ensenada de Yanagi-ga-ura donde decidieron hacerse fuertes. Cuando intentaron ocupar una isla próxima, vieron que había enemigos que los esperaban con flechas. Cambiaron de rumbo y se dirigieron a otra playa, pero también en ella había adversarios dispuestos a matarlos. Ante esta situación, los barcos de Tokinao, con la inquietud de no poder confiar en nadie, ni siquiera de sus propios hombres, navegaban sin rumbo como si no hubiera nadie al mando del timón. ¡Qué angustia la

9. Kiushu quiere decir «nueve provincias».
10. En 1274 y en 1282 dos tentativas de invasión mongola desde el continente habían puesto en jaque las defensas de las costas occidentales y meridionales del archipiélago japonés. Nagato, parte de la actual prefectura de Yamaguchi, estaba en el extremo sur de Honshu.

suya! «No me importaría quitarme la vida si antes supiera qué ha sido de mi mujer y de mis hijos a los que dejé en Nagato», con pensamientos así iba a la deriva. Pero, con la intención de prolongar su vida, se las arregló para desembarcar y despachar un mensajero a Shimazu para avisarle de su intención de rendirse. Shimazu, su amigo muchos años, sintió compasión por él y le envió un pelotón de soldados para que lo escoltaran hasta su residencia.

Por otro lado, había un monje de nombre Shunga, pariente del emperador Godaigo por el lado materno, el cual había sido desterrado a Chikuzen después de la batalla de Kasagi. Por esos días, una vez sabida la caída del sogunato, todos los clanes importantes de Tsukushi acudieron a este Shunga para pedir su intercesión protectora y ponerse a sus órdenes pues, antes de que Godaigo nombrara a alguien, este monje parecía estar al mando de todas aquellas provincias. A él dirigió sus pasos también Shimazu llevando consigo a su amigo Tokinao y pidió una audiencia.

—No hay problema. Intercederé por tu amigo —le prometió Shunga.

Tokinao, profundamente agradecido, se postró hasta tocar la frente con el suelo, una postura más propia de la gente inferior. Entonces, el monje, con lágrimas en los ojos, comentó:

—A pesar de ser inocente, yo padecí en carne propia el destierro al comienzo de la era Genkō. Entonces tú me trataste como si fuera tu verdadero enemigo. Cuando me insultabas y humillabas con tu comportamiento descortés hacia mi persona, yo me tapaba la cara para que no vieras mis lágrimas. Pero he aquí que los cielos ahora han encumbrado a un monje humilde como yo. ¡Cómo ha cambiado la rueda del destino! Con razón dicen que las dichas y las desdichas se suceden vertiginosamente. A veces hasta me parece estar soñando. Ayer yo me bañaba en las desdichas, hoy eres tú quien te bañas en ellas. Sin embargo, no te preocupes pues yo intentaré salvar tu vida. ¿No se dice «conquista a tu enemigo con bondad»?

Tras oír estar palabras, Tokinao, con los ojos lacrimosos, volvió a postrarse y a humillarse aún más agachando la cabeza hasta el suelo.

—El ser humano debe actuar siempre con bondad —añadió el monje a modo de despedida.

Los seguidores de Shunga y otros samuráis veteranos que estaban presentes escuchaban con atención las palabras sabias del monje y asentían gravemente.

Shunga envió un mensajero a la capital pidiendo el perdón para Hōjō Tokinao. El emperador atendió su ruego y perdonó al antiguo gobernador de Nagato.

A pesar de la reprobación general por haberse rendido, Tokinao conservó su vida y esperaba la ocasión de recuperar la antigua prosperidad de su casa. Sin embargo, lamentablemente murió poco después por causas naturales.

En el curso de las batallas de la capital Kioto, un samurái señalado, Sasuke Tokiharu, había ido a Ushigawara, distrito de Ōno, en Echizen, para sofocar un foco de rebelión contra el sogunato. Pero cuando se extendió la noticia de que Rokuhara había caído, todos sus soldados desertaron de la noche a la mañana, tras lo cual solamente permanecieron a su lado su mujer, sus hijos y un puñado de miembros de su clan, los Aikawa.

A mediodía del 12 del quinto mes, los monjes de Heisen-ji, secundados por bandas de samuráis de Echizen y regiones vecinas, marcharon contra Ushigawara. Esperaban así hacer méritos ante el emperador para recibir como recompensa las tierras que hasta entonces estaban en poder de Tokiharu. Cuando este vio el elevado número de enemigos que venían contra él y convencido de que jamás podría ganar, ordenó a veinte de sus hombres que salieran a defenderse, y a las mujeres y niños que se rapasen la cabeza como si hubieran abrazado la vida religiosa, confiando así en que se les respetase la vida. Mientras, pidió a un monje que se pusiera a rezar por todos ellos.

Después de irse el monje, Tokiharu explicó a su esposa:

—Nuestros dos hijos son aún muy pequeños, a pesar de lo cual estoy seguro de que los enemigos los matarán teniendo en cuenta sobre todo que son varones. Antes de que los maten ellos, prefiero matarlos yo y llevarlos conmigo al otro mundo. A ti, en cambio, como eres mujer, creo que te respetarán la vida aunque sepan que eres mi esposa. Para que te consueles del dolor de la viudez, desearía que volvieras a casarte con otro hombre. Sabiendo que eres feliz, yo también estaré contento cuando yazga bajo el musgo y las hojas, y viva en el reino de las tinieblas a la sombra de las hierbas.

Su esposa, con el tono irritado, le contestó:

—¿Cómo? ¿Es que no sabes que hasta el pato mandarín que vive en el agua y el gorrión que anida en los árboles jamás se olvidan del amor de sus parejas? ¿Y pretendes que yo, que soy ser humano, me olvide? Llevamos juntos diez años, hemos criado a dos hijos y jurado estar unidos hasta después de mil generaciones... Dices que te vas a suicidar y a quitar la vida a nuestros hijos..., que vas a desaparecer como desaparecen las gotas de rocío por la mañana... ¿Y qué será de mí?, ¿cómo crees que podré sobrevivir? Naturalmente que me resultará imposible aguantar y seguir con vida. Prefiero mil veces morir a tu lado ahora y así honrar la promesa que hicimos de enterrarnos en la misma tumba.

La mujer se tapó la boca con el antebrazo para ahogar los sollozos mientras que a su lado Tokiharu también se ocultó la cara con la manga de su kimono y, sin poder decir nada, empezó a llorar amargamente.

Uno de sus hombres llegó corriendo y le dijo:

—Señor, los veinte hombres enviados han sido ya abatidos y los enemigos acaban de cruzar el río Hako. Parece que han entrado en el monte, detrás de la casa.

Entonces, Tokuharu, sin perder más tiempo, encerró a sus dos hijos, de cinco y seis años, en un gran cajón de los usados para guardar armaduras. Luego ordenó a dos nodrizas que lo cargaran a hombros y lo arrojaran a las aguas del río Kamakura para que los niños se ahogaran dentro. Pero la madre, incapaz de soportar el dolor de la despedida, acompañó a las nodrizas hasta el río con la intención secreta de lanzarse también ella a las aguas. ¡Cómo sufría Tokiharu al ver a su esposa ir detrás del cajón que contenía a los dos pequeños!

Cuando llegaron a la orilla, la madre abrió el cajón para mirar a sus hijos por última vez. Los pequeños, alzando la vista, le dijeron:

—Madre, ¿dónde vas tú? ¿Por qué vas a pie? Nos da pena verte caminar. ¡Vamos, entra aquí, que todavía hay sitio para ti...!

Incapaz de aguantar oírlos hablar así, la madre fue presa de un llanto incontenible. Después, enjugándose las lágrimas, a duras penas acertó a decirles:

—Hijos míos, este río se llama Hachidokuchi que quiere decir «el cauce de las ocho virtudes». Es uno de los ríos que hay en el paraíso, donde los niños juegan después de renacer. Quiero que os lancéis a sus aguas rezando igual que hago yo ahora.

Los dos pequeños y su madre, sentados mirando al oeste[11] y con las manos juntas en actitud de rezo, se pusieron a balbucir y a entonar el sagrado nombre del buda Amida. Cuando acabaron de rezar, cada una de las nodrizas, sin dejar de verter abundantes lágrimas, tomó en brazos a un niño y se arrojó resueltamente al río, pereciendo todos ahogados. Tras ellos, la madre se lanzó igualmente a las mismas profundidades.

En casa, Tokiharu, sin nada que lamentar, se hizo el harakiri mirando también al oeste. El monje, que poco antes había rezado por los niños y la madre, recogió su cadáver y lo incineró. Dio también nombres póstumos budistas a todos para honrar su memoria y rezar por ellos.

Dicen que cuando uno renace, pierde el recuerdo de todo lo que hizo en la vida anterior. Sin embargo, por cualquier apego o pasión que se tenga al morir, la persona sufre a lo largo de las siguientes quinientas vidas en que renazca. Por eso, ¡qué pena que los pensamientos y las lágrimas de Tokiharu y su esposa se hubieran convertido en las llamas en las cuales habrían de arder en el fondo del infierno durante tan largo tiempo[12]!

<hr>

11. La dirección donde se creía que se localizaba el paraíso de la Tierra Pura.
12. A causa de no haber sido capaces de librarse de apegos mundanos en el momento de su muerte.

Fue así como Hōjō Sosuke Tokiharu pasó a convertirse en un puñado de cenizas.

El protector de la provincia de Etchū y gobernador de la provincia de Tōtōmi era Nagoe Tokiari, el cual, junto a su hermano menor Aritomo y su sobrino Sadamochi, habían tomado posiciones en Futatsuka a fin de interceptar el paso de las tropas imperiales que iban a atacar la capital por la ruta de Hokuriku. Pero no tardaron en saber que Rokuhara había caído y que Kioto estaba en poder de los enemigos. Entonces, los grupos de samuráis, llegados de Noto y de diversas regiones de Etchū para ayudar a Tokiari, se retiraron a Hōshōnotsu donde acordaron pasarse al bando imperial y se juramentaron para atacar a Nagoe. Hasta los propios vasallos de este, de cuya lealtad y disposición para entregar la vida por su señor nadie dudaba, desertaron y, declarándose partidarios de Godaigo, resolvieron volverse en armas contra Nagoe. ¡Quién lo hubiera dicho unos días antes! En definitiva, al lado de Nagoe solo quedaron unas setenta personas, incluidos miembros de su familia y viejos criados.

El 17 del quinto mes, a eso de la hora del Caballo, que es la del mediodía, unos diez mil guerreros enemigos avanzaron contra Nagoe y los suyos. «¿Qué podemos hacer ante tantos adversarios?», pensó Nagoe, «Si luchamos siendo tan pocos, no tardaremos en ser apresados y humillados, lo cual será una deshonra para nuestros descendientes». Resolvió entonces que las mujeres y los niños subieran a un barco y se internaran en alta mar donde el barco debía ser hundido para que todos perecieran ahogados. Así los libraba a todos de la ignominia de la captura. En cuanto a él mismo, su hermano y su sobrino, se retirarían a una fortaleza donde se harían tranquilamente el harakiri.

Hacía veintiún años que Nagoe y su esposa intercambiaron la promesa de compartir la misma tumba. Fruto de su amor fueron dos niños que habían criado con gran cariño. El mayor tenía nueve años y el pequeño, siete. Por su parte, Aritomo, el hermano menor de Nagoe, solo llevaba tres años casado y su esposa esperaba un bebé. En cuanto a Sadamochi, el sobrino, tenía como prometida a una mujer de alcurnia que había llegado a la agreste Etchū de la capital hacía solo cuatro o cinco días para casarse con él. Cuando Sadamochi acertó a ver a esta mujer, tres años antes, por la rendija de una puerta en la capital, quedó irremediablemente enamorado de ella. Y no era para menos, pues se trataba de una belleza sublime: rasgos exquisitos de la cara con unas delicadas cejas verdes pintadas en la frente. Desde aquella visión, Sadamochi ardía de amores y se moría de ganas de verla de nuevo. Al final, envalentonado por la conciencia de la brevedad de la vida, se decidió a raptarla. Como hacía muy poco que había intimado con ella y se hallaba en la gloria de la consumación de su amor, ahora lamentaba profundamente tener que decirle adiós para siempre. ¿No le había confesado poco antes aquello de «antes la muerte que renunciar a unirme a ti[13]»? Y eso a pesar de que, como buen samurái, siempre había sentido desprecio por la vida. Sabía además que la existencia humana es algo tan efímero como la vida de una gota de rocío posada en la hoja de una hierba que al final se evapora con la misma brevedad que la posada en el tronco del árbol[14]. Ahora, en cambio ¡qué duro era separarse de su amor para siempre! ¡Cómo le dolía este dulce revuelo producido en su corazón! Ella, igualmente vencida de amor, lo echaba de menos y lloraba de pena. ¡Qué sufrimiento embargaba los corazones de estos dos jóvenes amantes que, no bien habían conocido la dicha del amor, se veían obligados a separarse!, ¡y para siempre!

«¡El enemigo ya está cerca! ¡Mirad el polvo que levantan sus caballos!». Eran los gritos de los escasos hombres de Nagoe que, alborotados, advertían de la llegada de los samuráis adversarios. En medio de sollozos, las mujeres y los niños se despidieron de maridos y padres, y subieron al barco que los llevó a alta mar. Con los rostros apoyados en la borda y vacilando entre tirarse a las negras aguas o seguir aferrados a la vida, daban rienda a las lágrimas y exclamaban:

—¡Ah, qué odioso este viento favorable que nos aleja de la costa!

¿No era natural que lamentaran tener que poner fin a sus vidas? Finalmente los hombres dejaron de remar y el timonel detuvo el barco. Una mujer, cargando a sus dos hijos, uno en cada brazo, se arrojó por la borda. La siguieron otras dos mujeres que se lanzaron cogidas de la mano. Y después las demás, llevándose a sus hijos al otro mundo. Todas fueron pasto de la voracidad de las aguas. La superficie del mar quedó sembrada de kimonos rosados y *hakamas* carmesíes que flotaban entre las olas, haciendo pensar en los pétalos de cerezo en primavera y en las hojas de arces en otoño desparramados en las aguas de los ríos Yoshimo y Tatsuta. Muy pronto, sin embargo, el mar se encrespó y las olas engulleron cuerpos y ropajes.

En tierra, los hombres, sin nada ya que lamentar, incendiaron la mansión y se hicieron el harakiri. ¡Qué pobre es la palabra «triste» para describir la escena que allí tuvo lugar!

¿Permanecieron vagando por esos lugares, el mar para unas y la mansión para otros, los espíritus de todos aquellos muertos, mujeres y hombres, que perecieron suspirando por reunirse con sus parejas? El caso es que más tarde, un barco de mercancías en ruta a la capital desde Echibo, mientras cruzaba estas mismas aguas, se vio sorprendido por una repentina tempestad que lo impidió avanzar. El piloto tuvo que echar el ancla en

13. Son los versos de un poema de Arihara no Narihira (827-880) que aparece en la antología *Shinkokinshū* del año 1212.
14. Nueva alusión a otro poema del *Shinkokinshū* en donde se menciona que el destino del rocío, ya esté posado en la hoja y dure menos o en la corteza y dure más, es siempre el mismo: desaparecer.

384

alta mar. Solamente a medianoche las aguas se serenaron. Fue entonces cuando, en medio del claro de luna, los marineros oyeron unos sollozos. Eran de mujer. Al mismo tiempo, creyeron percibir unas voces masculinas que llegaban de la costa y que, en tono lastimero, suplicaban:

—Por piedad, acercad el barco a la playa. Queremos embarcar.

El piloto, medio muerto de miedo, obedeció las voces y acercó el barco a la costa. Vieron a tres hombres de rostro demacrado y pálido que les dijeron:

—Queremos que nos llevéis a alta mar.

Los dejaron subir y cuando el barco volvió a alta mar, los tres hombres se arrojaron a las aguas, pero milagrosamente quedaron de pie sobre ellas. Los marineros boquiabiertos no dejaban de mirar la escena a la luz de la luna. Vieron entonces que tres mujeres de entre dieciséis y veinte años, con el rostro acongojado y lágrimas en los ojos, surgieron de las olas. Iban vestidas de ricos kimonos y *hakamas* de seda. En el momento en que los tres hombres iban a juntarse con las tres mujeres, surgió una llama entre unos y otras que los obligó a separarse de nuevo. Las mujeres, entre ayes y suspiros de resignación por no poder reunirse jamás con sus parejas, volvieron a sumergirse en las profundidades del mar. En cuanto a los hombres, igualmente abatidos por el desencuentro y con lágrimas en los ojos, explicaron a los marineros:

—Hemos conseguido verlas, pero ha sido imposible estar con ellas.

Los marineros los agarraron por las mangas, los ayudaron a subir al barco y de nuevo los llevaron a Futatsuka.

—¿Quiénes sois? —se atrevieron a preguntarles.

—Nos da mucha vergüenza decíroslo, pero por cortesía ya que nos habéis dejado subir al barco, os lo diremos: somos Nagoe Tokiari, Nagoe Aritomo y Nagoe Sadamichi. A pesar de que nuestras cenizas yacen bajo el musgo, nos resulta imposible viajar al otro mundo a causa de la pasión que sigue viva en nuestros corazones.

Apenas habían terminado de hablar cuando, en un abrir y cerrar de ojos, los tres hombres se esfumaron.

Fue un caso extraordinario. Dice la leyenda que en la India había un pescador de nombre Subhakara tan perdidamente enamorado de una reina que murió consumido por la pasión. Sin ir tan lejos, en nuestro país, se cuenta que la princesa Ujihashi estaba tan consumida de amor por su esposo que pasaba las noches con las largas mangas de su kimono extendidas en el suelo, las cuales empapaba con sus lágrimas. Eran sucesos ocurridos en tiempos remotos y, a pesar de habernos llegado por escrito, quién sabe si serían o no ciertos. Pero el caso acaecido en las costas de Etchū fue presenciado por testigos de nuestro tiempo. ¡Qué dolor causa en los corazones de los vivos imaginar la terrible fuerza que la pasión amorosa es capaz hasta de impedir el eterno descanso de los muertos!

La capital había sido pacificada. Pero cuando las nuevas autoridades el palacio imperial supieron que restos del ejército sogunal que había sitiado las fortalezas del monte Kongō todavía seguían activos en la capital del Sur y pretendían reorganizarse para atacar la capital, decidieron enviar contra ellos a Nakanoin Sadahira al frente de una tropa de cincuenta mil hombres. Se unió a ella Kusunoki Masashige con veinte mil soldados que salieron de Kawachi para atacar la retaguardia del enemigo.

A pesar de la deserción de muchos hombres, el ejército del sogunato lo formaban todavía unos cincuenta mil. «Nos batiremos con valor», decían, pero lo cierto es que la mayoría de ellos estaban desanimados y malgastaban el tiempo sin hacer nada, como peces a punto de morir en un charco pequeño y turbio. Su situación, además, empeoró cuando Utsunomiya Kintsuna, con una hueste de setecientos samuráis, que inicialmente pensaba resistir a las tropas imperiales en Hannya-ji, uno de los accesos a Nara, tomó el camino de Kioto para rendirse al emperador Godaigo. Después, como las cuentas de un rosario, grupos de cinco, diez, cien y doscientos jinetes, abandonaron la capital del Sur y se pasaron al bando imperial. Solo se quedaron en Nara aquellos sobre los que habían llovido las mercedes del clan Hōjō.

Como la causa del sogunato ya estaba perdida, habría sido mucho más honorable que los samuráis principales de los Hōjō y clanes aliados hubieran tomado la decisión de morir en el campo de batalla con lo cual sus nombres hubieran pasado con gloria a la historia. Pero, ¡ay, que por razones kármicas el miserable deseo de apegarse a la vida estaba muy arraigado en sus corazones! Fue así como trece de ellos —Hōjō Harutoki, Hōjō Takanao, Hōjō Tomonobu, Sasuke Sadatoshi y otros miembros de los Hojō—, además de Nagasaki Takasada, Nikaidō Sadafuji y otros, en total cincuenta samuráis menos importantes, se hicieron monjes en el templo Hannya para escapar a la muerte. Así pues, al uso de los monjes, estos antiguos samuráis salieron por ahí con la cabeza rapada, vistiendo negros hábitos y un cuenco en la mano.

Pero la nueva condición de religiosos no le impidió a Nakanoin Sadahira detenerlos a todos. Les ató las manos a la espalda, los colocó tumbados boca abajo sobre la silla de los caballos y, con una escolta de varios miles de soldados, los condujo a Kioto. ¡Qué deshonra verse llevados así como prisioneros! Antiguamente, en los tiempos de la insurrección de Heiji [1159-1160] el clan Taira hizo prisionero a Minamoto Yoshihira. Después, en la era Genryaku [1184] fue el clan Minamoto quien capturó vivo a Taira Munemori. Uno y otro, en diferentes momentos de la historia, sufrieron la afrenta de ser paseados como prisioneros por las calles de la capital ante toda la gente, después de lo cual fueron decapitados.

Yoshihira y Munemori fueron apresados bien a su pesar, o bien por engaño o bien por accidente, pues los dos hubieran deseado morir combatiendo o suicidándose[15]. Pero el pueblo inmisericorde se burló de ellos al verlos prisioneros y todavía hoy, más de cien años después, los descendientes de aquellos dos samuráis continúan sufriendo el oprobio y se sonrojan de vergüenza. Tampoco se puede decir que no tuvieron la oportunidad de poner dignamente fin a sus vidas por propia mano. Antes bien, deponiendo toda intención de lucha y dejando a un lado el sable con la cual pudieron haberse rajado el vientre, se enfundaron unos hábitos religiosos. Por eso ahora se veían prisioneros y con las manos atadas. ¡Qué vergüenza ser vistos por todo el mundo en tal estado escoltados por los soldados del emperador Godaigo a lo largo de las calles de Kioto! Jamás se había conocido que un samurái pasara tal afrenta. Verdaderamente fue un final penoso el de estos guerreros de los Hojō.

Cuando llegaron al centro de la ciudad, los despojaron de sus hábitos negros, los llamaron por sus nombres de samuráis, no por los nombres que se habían puesto al hacer profesión religiosa, y los confiaron, uno a uno, a diversos capitanes del ejército imperial. En espera de la condena, los prisioneros fueron aposentados en unas pequeñas celdas, donde se levantaban, dormían y reflexionaban sobre el mundo sin dejar de llorar.

Para mayor desgracia suya, corría el rumor de que sus hijos y esposas dejados en Kamakura habían sido secuestrados por pueblerinos viles. ¡Qué desgracia sobre todo para las esposas que habían jurado amor eterno a sus maridos y enterrarse juntos! En los lejanos tiempos de la dinastía china de los Han, la dama Wang Chao Chun fue forzada a desposarse con un general de los bárbaros; asimismo, los hijos de la nobleza de aquel tiempo, dechados en las artes y que habían vivido toda la vida en fastuosos palacios, tuvieron que trabajar como esclavos en las casas de hombres rudos e indignos hasta de respirar el mismo aire que ellos. Su destino no fue muy diferente del de Teng Tung[16].

El hecho de que las mujeres y los hijos de esos samuráis los sobrevivieran no merma lo terrible de la tragedia de estos prisioneros. En efecto, había algún viajero que pasaba por donde estaban encerrados y decía: «¡Qué pena! Una mujer que extendía la manga para pedir limosna por la calle cayó muerta el otro día. ¿De quién sería madre tal mujer?». Otras veces oían decir: «¿De quién sería padre ese caminante vestido de andrajos que iba por ahí buscando a sus parientes? El pobre hombre fue

15. Al primero, Yoshihira, hermano de Minamoto Yoritomo, lo detuvieron por un engaño después de haberse escondido. Munemori, hijo y heredero del poderoso Taira Kiyomori, fue capturado cuando estaba a punto de ahogarse tras haberse arrojado al mar nada más saber que había perdido la batalla naval de Dan-no-ura en 1185.
16. Otro personaje de la China de los Han que murió de hambre después de haber vivido en la opulencia.

detenido y decapitado poco después». Cada vez que oían estos o parecidos comentarios, los presos se lamentaban: «¡Ah, ¿por qué no habremos muerto antes?».

El día 9 del séptimo mes, quince samuráis principales fueron ejecutados en Amidagamine. Entre ellos estaban Hōjō Harutoki, Hōjō Takanao, Hōjō Tomobonu, Sasuke Sadatoshi, Nagasaki Takasada. ¡Qué necios! Si hubieran caído en combate, sus nombres habrían sido recordados con orgullo por las generaciones futuras y habrían adquirido para siempre la gloria del guerrero. Pero así, ejecutados tras haber sido detenidos, ¡qué mancha imborrable para sus descendientes!

Una vez que Godaigo recuperó la dignidad imperial, fueron muchas las voces que se alzaron para pedirle clemencia. Daría así, decían, prueba de benevolencia y compasión lo cual habría de ser auspicioso para reiniciar su gobierno. Pero el soberano no atendió esas voces y ordenó la ejecución secreta de algunos enemigos cuyos cadáveres fueron enviados a los templos de cada uno donde recibieron los correspondientes funerales. Sus cabezas, por lo menos, no fueron expuestas en la capital a escarnio público.

Nikaidō Sadafuji, de Dewa, había sido consejero del gobierno sogunal y colaborador íntimo del regente Takatoki. El emperador, que desde hacía tiempo estaba al corriente del talento como administrador de este hombre, deseó perdonarle la vida y le ofreció tierras para que pudiera vivir. Pero cuando llegó el otoño del mismo año, Godaigo concibió la sospecha de que podría conspirar contra él y ordenó su ejecución. Su cuerpo, sin embargo, recibió unos funerales dignos de su antigua posición.

Capítulo 7. LA ESPOSA DE NOBUTOSHI Y LA SABIDURÍA DE SHINSAEMON

Entre los samuráis fieles al clan Hōjō, Sakai Nobutoshi era el mejor estratega. Además, tenía un alto concepto de sí mismo y abrigaba el deseo secreto de que algún día el regente Hōjō Takatoki reconociera su valía y lo nombrara capitán general del ejército del sogunato. Lo cierto es que Takatoki no sentía ninguna estima por él. Sakai lo sabía y por eso odiaba al regente. Este lo había enviado, junto con otros samuráis principales, a atacar el monte Kongō. Sakai tuvo que obedecer de mala gana. Rokujō Tadaaki, el consejero del emperador, se aprovechó de la conocida antipatía que se profesaban Sakai y el regente para enviar una carta imperial al primero instándole a sumarse a su causa. Sakai accedió y con su hueste de soldados abandonó el cerco de Kongō para ir a la capital.

Después de que el sogunato fuera destruido, los líderes de los Hōjō apresados, ejecutados y sus tierras confiscadas, a Sakai se le perdonó la vida, aunque lo mandaron a la isla de Awa solo, pues le desposeyeron de criados y vasallos. La dicha de ayer se trocó en desdicha de hoy. Sakai, que había vivido en carne propia la verdad de que quien sube arriba no tarda en caer, se sentía hastiado del mundo y deseaba retirarse a algún lugar apartado. En el fondo de su corazón anhelaba abrazar la vida religiosa.

Cuando pedía noticias sobre lo que pasaba en las regiones del este, le respondían:

—¿Es que todavía no lo sabes? Todos los miembros del clan Hōjō han perecido.

Sin nadie a quien recurrir ni esperanzas de que su suerte mejorase, Sakai se afligía cada vez que oía o veía algo. Así ocurrió, por ejemplo, cuando a sus oídos llegó el siguiente rumor: «El emperador ha dado la orden de que se detenga y se ejecute a todos los antiguos vasallos del sogunato, pues aunque algunos se han rendido para salvar la vida, en realidad traman una conjura contra la corte imperial». Y, efectivamente, Sakai Nobutoshi no tardó en ser detenido. ¿Qué le quedaba por hacer en este mundo? En realidad no tenía ningún miedo a morir, excepto que le daba mucha pena su esposa y sus hijos a quienes había dejado en su tierra natal. ¿Qué sería de ellos? Le pidió al guardia que lo custodiaba que le dejara su vieja katana corta y una prenda de su vestido para dárselos a un monje, que a diario venía a visitarlo para confortarlo y pedirle que rezara antes de morir, con el encargo de que, una vez ejecutado, fuera a su tierra y entregara a su mujer e hijos los dos objetos.

—Así lo haré —prometió el monje.

Sakai, profundamente aliviado, se preparó para la muerte. Se sentó en una estera con la espalda bien recta, recitó diez veces la invocación al buda Amida[17] y compuso el siguiente poema:

> Los buenos tiempos
> yo no los disfrutaba;
> los malos tiempos
> me toca padecerlos
> como nadie los padece.

Y le cortaron la cabeza. Su final fue tan triste que no había nadie que no mojara las mangas de la ropa con lágrimas de compasión.

El monje partió enseguida a Kamakura llevando la katana y la prenda de Sakai. Buscó donde vivía su esposa y, dándole los dos objetos, le dijo:

—Esto es lo que tu marido me entregó para ti.

Nada más oír estas palabras, a la mujer se le nubló la vista por el llanto. Cuando se sobrepuso, contestó al monje:

17. El llamado *nenbutsu* que consistía en la frase *Namu Amida Butsu* (Alabado sea el buda Amida), una de las devociones principales de los seguidores de la escuela budista Tierra Pura.

389

—Su Reverencia ha sido muy generosa por venir hasta aquí. ¡Qué agradecida estoy por haberme traído estos recuerdos de mi marido!

Después tomó una moleta de escribir para preparar tinta, cogió el pincel y en la parte inferior de la prenda de Sakai escribió estos versos:

> Dime: ¿qué ojos
> querías que esta prenda
> vieran?, ¿los míos?
> ¿Y quieres que tras perderte
> yo pueda seguir viva?

Colocó el vestido de su marido sobre la cabeza, empuñó resueltamente la katana corta y se la clavó en el pecho muriendo al instante. ¡Qué corta se queda la palabra «dolorosa», a pesar de sus cuatro sílabas, para describir la escena! Aunque son muchas las parejas que se prometen permanecer juntas en este mundo y en el otro, que esta mujer se quitara la vida nada más conocer la muerte de su marido con la misma arma y ropa de este fue un caso extraordinario.

Lo habitual esos días en Kamakura era que las esposas de los samuráis ejecutados en la capital, las cuales también habían realizado los mismos votos de fidelidad, se despeñaran por algún precipicio. Todo antes que volver a casarse. Hubo también mujeres de edad avanzada que, cuando supieron que sus hijos habían muerto, se lanzaron a simas profundas al verse desamparadas y sin comida que llevarse a la boca. Eran sucesos tan desgraciados que la gente se tapaba ojos y oídos para no verlos ni oírlos.

El clan Hōjō había estado en la cúspide del poder nueve generaciones, desde la era Jōkyū [1221], aunque su ascendencia en el gobierno militar era anterior, desde hacía ciento sesenta años. Esta casa había detentado el poder y su influencia se había extendido por todo el Imperio. Entre gobernadores militares y administradores generales del clan habían sumado más de ochocientos, siendo, además, incontable el número de vasallos que les rendían homenaje. Por eso, el pueblo creía que, aunque la caída de Rokuhara había sido fácil, se habría de tardar por lo menos diez o veinte años en someter Kamakura o Tsukushi. La realidad, sin embargo, fue que solamente en cuarenta y tres días las tropas imperiales de Godaigo consiguieron acabar con toda resistencia en Rokuhara, Kamakura y Tsukushi, habiéndose combatido en sesenta y seis campos de batalla simultáneamente.

¡Qué insensatos fueron los samuráis de las provincias del este por no haber basado su gobierno, a pesar de haberlo ejercido durante tantos años como dueños y señores absolutos, en la justicia y la virtud! Eso explica que a pesar de llevar siempre buenas armaduras y agudos aceros, fueran abatidos de la noche a la mañana por hombres armados simplemente con palos y látigos. La historia nos enseña que la soberbia es una antesala de la decadencia tan cierta como la humildad lo es de la prosperidad. No hay muchos ejemplos de esta verdad tan evidentes como el destino de los Hōjō al cual hemos asistido en las páginas de esta historia. Aun así, el ser humano, hundido en el mar proceloso de los apetitos, sigue viviendo alegremente de espaldas a esa irrefutable verdad y perdido por las sendas erradas de este mundo.

En la cúspide del poder del sogunato de Kamakura, Kudō Shinsaemon era un samurái principal que ocupaba un alto cargo en el gobierno militar, por lo que su casa prosperó y su nombre era pronunciado con respeto en todos los rincones. Sin embargo, sensible al desorden y a la injusticia que había en el Imperio a causa de la política insensata de Hōjō Takatoki, amonestaba frecuentemente a este con buenos consejos, pero el regente siempre hacía oídos sordos. Decepcionado y hastiado de la política cuando todavía los Hōjō disfrutaban del poder, Shinsaemon renunció al mundo y a sus pompas, abrazó la vida religiosa y se recluyó en el monte Kōya. A este retiro llegaban de vez en cuando noticias de los graves sucesos que estaban ocurriendo en el país. La firme resolución de Shinsaemon vaciló hasta que, finalmente, decidió abandonar Kōya para ver y oír directamente qué pasaba en las regiones del este. Pero antes de salir, en una de las columnas de su celda escribió este poema:

En ropa espléndida
y brocados de seda
hay quien regresa;
Mas yo en mísera ropa
y negro hábito vuelvo.

Llegó a Kamakura y se encontró una ciudad en ruinas y escombros por los incendios. Donde antes estaba el palacio del regente, ahora crecían lozanas las hierbas de primavera en cuyas hojas tenían efímera morada las gotas de rocío. Mientras Shinsaemon caminaba abriéndose paso entre la maleza, las mangas se le iban mojando y no sabía si era por las lágrimas de sus ojos o por el rocío de la hierba. Con el corazón acongojado, compuso estos versos:

Si este lugar
en su época dorada
no hubiese visto,
¿podría alguien negarme
que camino en un sueño?[18].

18. En este poema o *tanka*, al igual que en la mayoría de los incluidos en esta obra, se ha tratado de preservar en la versión española la misma estructura métrica del original: cinco versos de 5 / 7 / 5 / 7 / 7 sílabas cada uno.

Así, de monte en monte y de camino en camino, Shinsaemon vagaba de un lado para otro, hasta que finalmente, convencido de la realidad del sueño, de nuevo abandonó el mundo, abjuró esta vez para siempre de sus ilusiones y acabó sus días como un desconocido monje. ¡Qué proceder tan sabio el suyo!

Anexo 1

PERSONAJES PRINCIPALES*

A. *Del bando del sogunato de Kamakura*

Adachi Tokiaki, abuelo materno del regente
Hino Sukena, cortesano emisario
Hōjō Akizane, samurái
Hōjō Harutoki, general del ejército que asedia Chihaya
Hōjō Hidetoki, gobernador de Kiushu
Hōjō Nakatoki, jefe supremo de Rokuhara
Hōjō Norisada, jefe supremo de Rokuhara
Hōjō Sadamasa, jefe supremo de Rokuhara
Hōjō Takatoki, regente, laico de Sagami, líder del clan, antagonista de la obra
Hōjō Tokimasu, jefe supremo de Rokuhara
Hōjō Yasuie, hermano menor del regente
Kanazawa Sadafuyu, general que conquista Akasaka
Katsuya Muneaki, samurái
Kōgon, emperador de la rama rival del emperador Godaigo
Kudō Takakage, general
Nagai Samasuke, general
Nagasaki Enki, consejero de Hōjō Takatoki
Nagasaki Takasada, general que pone cerco a Chihaya
Nagasaki Takashige, nieto de Nagasaki Enki
Nagasaki Takasuke (Takatsuna), consejero de Hōjō Takatoki
Nagoshi Takaie, general
Nanjō Munenao, samurái
Nikaidō Sadafuji, general

* En versalitas, los más destacados en la trama narrativa.

393

Nikaidō Yukitomo, samurái
Sakon Tokimasa, guardián que custodia a Godaigo
Sasaki Dōyo, samurái, monje laico
Sasaki Kiyotaka, samurái que custodia Godaigo
Sasuke Tokiharu, samurái
Suwa Moritaka, samurái
Utsunomiya Kintsuna, general

B. *Del bando del sogunato al principio, pero después del bando del emperador Godaigo*

ASHIKAGA TAKAUJI, general
Godai Muneshige, samurái
Hōjō Tokinao, samurai, gobernador de Nagato
Miura Ōtawa, samurái
NITTA YOSHISADA, general
Sasaki Tokinobu, samurái
Wakiya Yoshisuke, hermano de Nitta Yoshisada

C. *Del bando del emperador Godaigo*

AKAMATSU NORIMURA, general de las tropas al asalto de Rokuhara
Akamatsu Sokuyū, hijo de Norimura, samurái
Asuke Shigenori, ejecutado
Chūen, monje, desterrado
GODAIGO, emperador, hijo de Gouda
Enkan, monje
Fujiwara Fujifusa, consejero medio
Hino Suketomo, samurái conspirador, ejecutado
Hino Toshimoto, cortesano conspirador, ejecutado
Ichinomiya Nakatsukasa, hijo de Godaigo
Jōson Hoshinnō, hijo de Godaigo
Kazan-in Morotaka, gran consejero, desterrado
Kikuchi Taketoki, samurái
Kitabatake Tomoyuki, consejero medio, ejecutado
Kojima Takanori, samurái
KUSUNOKI MASASHIGE, samurái
Madenokōji Fujifusa, hijo de Nobofusa
Madenokōji Nobufusa, gran consejero
Madenokōji Suefusa, hijo de Nobofusa
Minamoto Chikako / dama Minbukyō, dama favorita de Godaigo, madre de Moriyoshi
Monkan, monje, desterrado

MORIYOSHI, hijo de Godaigo
Muneyoshi, hijo de Godaigo
Murakami Yoshiteru, fiel al príncipe Moriyoshi
Narahara Norifusa, samurái
Nawa Nagatoshi, samurái
Nijō Tameakira, cortesano
Ono no Hōin Ryūchū, monje
Rokujō Tadaaki, cortesano y general, acompaña a Godaigo en el destierro
Sadayoshi, hijo de Godaigo
Saionji Kishi, emperatriz consorte, esposa de Godaigo
Sakurayama Shirō, samurái, monje laico
Shōjun, monje
Shunga, monje
Taira Naritsuke
Tajimi Kuninaga, samurái conjurado
Takayoshi, hijo de Godaigo
Toin Kintoshi, gran consejero
Toki Yorinao, delator de conspiración
Toki Yorisada, samurái conjurado
Tono Hyōe, samurai
Tsuneyoshi, hijo de Godaigo
Yasuki, mujer de Godaigo

Anexo 2

MAPAS DE JAPÓN

SIGLO XIV

Fuente: Adaptación de *The Princeton Companion to Classical Japanese Literature*, Princeton University Press, 1985, p. 421.

Aki	50	Kii	32	
Awa (1)	7	Kōzuke	9	
Awa (2)	54	Michinoku (*v.* Mutsu)		
Isla Awaji	40	Mikawa	21	
Bingo	46	Mimasaka	43	
Bitchū	45	Mino	14	
Bizen	44	Musashi	8	
Bungo	60	Mutsu	1	
Buzen	59	Nagato	52	
Chikugo	62	Noto	23	
Chikuzèn	61	Islas Oki	68	
Dewa	2	Ōmi	26	
Echigo	11	Ōsumi	66	
Echizen	25	Owari	22	
Etchū	12	Isla Sado	10	
Harima	39	Sagami	17	
Hida	13	Sanuki	53	
Higo	64	Satsuma	67	
Hitachi	4	Settsu	36	
Hizen	63	Shima	30	
Hōki	47	Shimōsa	5	
Hyūga	65	Shimotsuke	3	
Iga	28	Shinano	15	
Isla Iki	58	Suō	51	
Inaba	42	Suruga	19	
Ise	29	Tajima	38	
Iwami	48	Tamba	35	
Iyo	56	Tango	34	
Izu	18	Tosa	55	
Izumi	41	Tōtōmi	20	
Izumo	48	Islas Tsushima	57	
Kaga	24	Wakasa	33	
Kai	16	Yamashiro	27	
Kawachi	37	Yamato	31	
Kazusa	36			

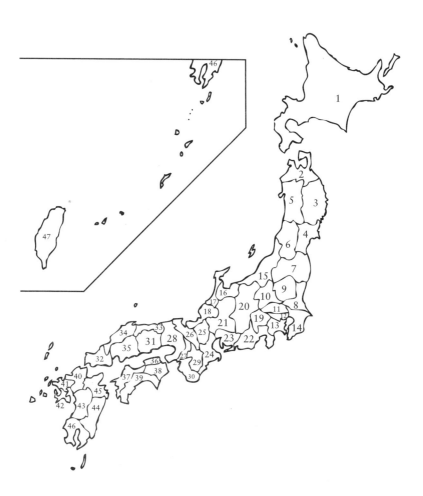

Fuente: Adaptación de *The Princeton Companion to Classical Japanese Literature*, Princeton University Press, 1985, p. 428.

LISTADO DE PREFECTURAS POR ORDEN ALFABÉTICO

Aichi	23	Miyazaki	44
Akita	5	Nagano	20
Aomori	2	Nagasaki	42
Chiba	14	Nara	29
Ehime	37	Niigata	15
Fukui	18	Ōita	45
Fukuoka	40	Okayama	31
Fukushima	7	Okinawa	47
Gifu	21	Ōsaka Fu	27
Gumma	10	Saga	41
Hiroshima	35	Saitama	11
Hokkaidō	1	Shiga	25
Hyōgo	28	Shimane	34
Ibaragi	8	Shizuoka	22
Ishikawa	17	Tochigi	9
Iwate	3	Tokushima	38
Kagawa	36	Tōkyō To	12
Kagoshima	46	Tottori	33
Kanagawa	13	Toyama	16
Kōchi	39	Wayakama	30
Kumamoto	43	Yamagata	6
Kyōto Fu	26	Yamaguchi	32
Mie	24	Yamanashi	19
Miyagi	4		

Anexo 3

TABLA CRONOLÓGICA DE SUCESOS NARRADOS

ERA	FECHA		SUCESO	LIBRO
Bunpō	2.º año [1318]	3 de agosto	Kishi es nombrada emperatriz consorte.	I, 4
Genkyō	2.º año [1322]	Primavera	Ceremonias de maldición contra sogunato.	I, 5
		Verano	Grave sequía.	I, 3
Shōchū	2.º año [1324]	23 de marzo	Visita imperial a Iwashimizu.	II, 1
		10 de mayo	Detención de conspiradores contra sogunato.	I, 9
	3.er año [1326]	8 de marzo	Hōjō Takatoki cae enfermo y abraza la vida religiosa como laico.	II, 2
		8 de junio	Detención de los monjes acusados de conspirar.	II, 2
		13 de julio	Destierro de los monjes Enkan y Chūen.	II, 2
		26 de julio	Llegada a Kamakura del prisionero Hino Toshimoto.	II, 3
Gentoku	2.º año [1330]	8 de marzo	Visita imperial a Tōdai-ji y Kōfuku-ji.	II, 1
		27 de marzo	Visita imperial a Enryuku-ji.	II, 1
		25 de junio	Muerte del exemperador Gouda.	II, 1
	3.er año [1331]	29 de mayo	Ejecución de Hino Suketomo.	II, 5
		3 de julio	Gran terremoto.	II, 7
Genkō	1.er año [1331]	24 de agosto	Huida del emperador Godaigo a Nara y batalla de Kasagi.	II, 7
		27 de agosto	Sueño imperial de Godaigo en Kasagi.	III, 1
		28 de agosto	Batalla de Sakamoto.	II, 8
		3 de septiembre	Batalla de Kasagi.	III, 2

	1 de octubre	Prisión de Godaigo en Byōdō-in.	III, 7
	13 de octubre	Abdicación forzada de Godaigo.	III, 8
	? de octubre	Batalla de Akasaka y suicidio fingido de Kusunoki.	III, 8
2.º año [1332]	8 de enero	Juicio a defensores de fortaleza de Kasagi.	IV, 1
	8 de marzo	Destierro de Godaigo a Oki.	IV, 5
	3 de mayo	Ejecución de Asuke Shigenori.	IV, 7
	2 de junio	Destierro de Kazan-in Morokata.	IV, 8
	19 de junio	Ejecución de Kitabatake Tomoyuki.	IV, 8
	22 de marzo	Kōgon es investido nuevo emperador.	V, 1

Shōkei	1.ᵉʳ año [1332]	28 de abril	Cambio de era.	V, 1
		17 de mayo	Kusunoki Masashige marcha contra Sumiyoshi.	VI, 2
		21 de mayo	Batalla de Tennō-ji.	VI, 2
		19 de julio	Utsunomiya conquista Tennō-ji.	VI, 3
		3 de agosto	Kusunoki visita Sumiyoshi y lee el libro secreto.	VI, 4
		25 de octubre	Fiesta de las Abluciones.	V, 1
		8 de noviembre	Llegada a Kioto de un gran ejército de las provincias del este.	VI, 6
		13 de noviembre	Fiesta de la Ofrenda de la Nueva Cosecha.	V, 1

Shōkei	2.º año [1333]	28 de enero	Marcha del gran ejército del este contra Yoshino y Akasaka.	VI, 6
			Asedio a la fortaleza de Yoshino.	VII, 1
		2 de febrero	Batalla de Akasaka.	VI, 7
		11 de febrero	Nitta Yoshisada recibe un edicto imperial.	VII, 3
			Batalla de Maya.	VIII, 1
		23 de febrero	El emperador Godaigo se escapa de Oki.	VII, 5
		29 de febrero	Batalla de Funanoe.	VII, 6
		12 de marzo	Primer asalto a la capital. Derrota de Akamatsu.	VIII, 2
		13 de marzo	Kikuchi Taketoki ataca al gobernador de Kiushu.	XI, 3
		15 de marzo	Batalla de Yamazaki.	VIII, 4

Genkō	3.ᵉʳ año [1333]	27 de marzo	Ashikaga Takauji marcha sobre la capital (Kioto).	IX, 1
		28 de marzo	Ataque a la capital de los bonzos guerreros.	VIII, 5
		3 de abril	Batalla de la capital.	VIII, 6
		9 de abril	Retirada de Uchino e incendio de Saifuku-ji y Jōjū-ji.	VIII, 8
		27 de abril	Batalla de Yawata y muerte de Nagoshi Takaie.	IX, 2

Anexo 4

GLOSARIO DE TÉRMINOS FRECUENTES

asura (*ashura*): tipo de demonio de la mitología hindú, interpretado por el budismo como beligerante y hostil a los dioses.

biwa: instrumento musical semejante al laúd. Consta de cuatro cuerdas y tiene forma de pera. Se usaba para acompañar la recitación de relatos.

bodisatva: en el budismo mahayana, ser celestial cuya compasión por los seres vivos le hace objeto de veneración entre los creyentes budistas.

chō: medida de longitud equivalente a 109,09 metros.

darani: frase en sánscrito tomada de las escrituras budistas a la que se atribuye podres sobrenaturales.

eboshi: sombrero negro y cónico usado por los cortesanos.

gekokujō: vuelco del orden social, «situación en la cual los de abajo se imponen a los de arriba».

go: juego de mesa vagamente parecido al de las damas.

hakama: especie de falda pantalón.

hitatare: prenda holgada e informal vestida por los samuráis cuando iban de campaña militar o de caza.

jitō: administrador provincial del gobierno sogunal, frecuentemente con funciones recaudatorias.

jō: medida de longitud equivalente a unos tres metros.

kan: moneda de cobre en uso en el siglo XIV.

kesa: hábito religioso budista.

koku: medida de capacidad equivalente a 0,18 metros cúbicos, es decir, a unos 180,39 litros.

koto: especie de cítara japonesa de trece cuerdas, 180 centímetros de largo y 30 centímetros de ancho, que se coloca horizontalmente en el suelo o mesa baja para ser tocada con unos plectros enfundados en los dedos de la mano.

kuge: funcionarios asociados a la corte imperial, cortesanos.

mappō: noción budista con la se explica la confusión de los tiempos y el decaimiento de la ley budista, «Era Postrera de la Ley».

naginata: arma compuesta de una hoja curva y cortante dispuesta al final de un asta de madera de roble de unos 60 centímetros de longitud.

renga: poesía con estrofas encadenadas, especialmente popular en los siglos XIV y XV.

ri: una legua japonesa, equivalente a casi cuatro kilómetros (3927 metros).

shaku: unidad de longitud equivalente a 30,30 centímetros.

shakubōshi: instrumento musical de percusión consistente en dos tablillas con el canto de una de las cuales se golpea la superficie de la otra. Sirve para marcar el compás.

shikken (*shikke*): regente del sogún o del emperador, gobernante de facto durante el periodo en que se desarrolla la obra.

shugo: gobernador militar.

sōhei (*shūto*): bonzos guerreros.

sun: unidad de longitud equivalente a 3,03 centímetros.

tengu: especie de duende del folklore japonés que suele representarse en forma humanoide con cara roja, larga nariz y alas. Se piensa que habita en las montañas y que es hostil a la práctica budista.

torii: edificación a modo de puerta de madera o de piedra levantada en los puntos clave de un recinto sintoísta o en la senda que lleva al mismo y que funciona como puerta que delimita el espacio sagrado y como símbolo de un santuario.

yamabushi: ermitaño o asceta que vive en la montaña y al que se le atribuyen poderes mágicos.